예수 묵상

초판 1쇄 | 2015년 3월 23일

정지련 지음

발행인 | 전용재
편집인 | 한만철

펴 낸 곳 | 도서출판 kmc
등록번호 | 제2-1607호
등록일자 | 1993년 9월 4일

(110-730) 서울특별시 종로구 세종대로 149 감리회관 16층
(재)기독교대한감리회 출판국

대표전화 | 02-399-2008 팩 스 | 02-399-4365
홈페이지 | http://www.kmcmall.co.kr
디 자 인 | 디자인통

값 15,000원

ISBN 978-89-8430-673-8 93230

※ 이 도서의 국립중앙도서관 출판시도서목록(CIP)은 서지정보유통지원시스템 홈페이지(http://seoji.nl.go.kr)와 국가자료
   공동목록시스템(http://www.nl.go.kr/kolisnet)에서 이용하실 수 있습니다.(CIP제어번호: CIP2015004994)

렉시오 디비나에 따른
예수 그리스도 이해

예수 묵상

정지련 지음

kmc

머리말

'노블레스 오블리주'(noblesse oblige)란 말이 회자되고 있다. 사회적 신분에 따르는 책임을 다하는 사람이 그만큼 적다는 말이기도 하다. 사회적 혜택을 많이 누린 사람이 받은 혜택을 다시 사회에 되돌려 주는 것이 순리일진데, 현실은 예나 지금이나 그렇지 않은 것처럼 보인다. 그러나 세상에서 버림받았지만 이러한 고통 속에서 오히려 심오한 진리를 깨달아 세상을 위해 헌신하는 사람들도 역사 속에 존재해 왔다.

그리스도교 안팎의 많은 사람들에게 예수는 이러한 유형의 성자(聖者)로 간주되었다. 예수가 많은 사람들에게 존경받는 이유도 이와 무관하지 않다. 다른 존재를 위해 사는 것을 자신의 존재 이유로 여기는 분을 어떻게 존경하지 않을 수 있겠는가? 이러한 관점을 종교학적으로 심화시킨 엘리아데(Mircea Eliade, 1907~1986)는 예수를 '히에로파니'(Hierophany), 즉 거룩(聖)의 현현(顯現)이나 신성을 드러내 주는 계시의 매체로 설명하기도 한다.

그러나 그리스도인으로서 예수에 관해 말하려는 사람은 성서를 기준으로 삼아야 한다. 물론 부활하시고 살아계신 예수를 선포하는 성서는 '내가 만난 예수'에 관해 말할 수 있는 여지를 남겨 놓는다. 그럼에도 '내가 만난 예수'는 성서의 빛에서 검증되어야 한다. 부활하신 분의 자기 계시와 조우했던 사도들의 체험과 증언이 반영되어 있는 신약성서의 선포는 승천하신 − 즉 보이지 않는 하나님의 영광 속으로 들어가셨기에 자신을 드러내면서도 감출 수밖에 없는, 따라서 단편적으로밖에 자신을 계시할 수 없는 – 예수를 체험하는 이후 세대의 체험과는 질적으로 다를 수밖에 없기 때문이다.

그러나 지적인 성서 해석이 모든 체험의 기준이 된다는 말은 결코 아니다. 그리스도교 수도원 전통은 지성이 아니라 침묵과 기도를 통해 성서에 접근하는 '렉시오 디비나'(Lectio Divina)를 실천해 왔다. 깊은 영성 속에서 평생 사랑을 실천했던 인도의 성자 사두 선다 싱(Singh, Sadhu Sundar 1889~1929?)은 다음과 같이 말한다. "예수 그리스도에 관해서 알고 싶다면 성경을 읽지 않으면 안 된다. 그러나 만약 예수를 직접 알아야 되겠다고 생각한다면 기도를 해야 한다. 읽는 것만으로는 불충분하다. 기도는 진리의 문을 여는 유일한 열쇠이며 참된 열쇠이다. …… 성경을 이해하는 데 히브리어나 헬라어가 필요한 것이 아니다. 그것을 쓴 예언자들 중에 강림하셨던 성령과 친히 교제하는 것이 필요하다."

사실 지성만으로 성서의 예수를 이해하려는 시도는 – 그리스도교 역사 전체를 감안하면 – 그리 오래 되지 않았으며, 지성주의의 한계를 절감하며 머리만이 아닌 마음의 종교를 지향하려는 현대의 지성인들 앞에서 자신의 한계를 여실히 드러내고 있다. 사실 성령의 감동을 받은 저자가 쓴 성서를 성령의 조명(照明) 없이 이해할 수 있을까? 그리고 은총을 기다리는 기도 없이 성서를 온전히 이해할 수 있을까? 기도하지 않고 하는 강도(講道)는 정말 강도(強盜)짓이라고 말한 시무언(是無言) 이용도(李龍道 1901~1933) 목사의 꾸지람은 과장된 것일까?

이러한 맥락에서 오늘날 침묵과 고요 속에서 자신의 중심을 머리에서 마음으로 이동시키며 마음속 깊은 곳에서 들려오는 세미한 하나님의 음성에 자신의 모든 것을 맡기려는 사막교부의 기도 전통과 유대교와 그리스도교의 전통적인 성서묵상 방식인 '렉시오 디비나'가 부각되고 있다.

사실 기도 가운데 성령의 세미한 부르심을 지각하며 성서를 읽는다면 전에는 보거나 듣지 못했던 것이 드러나게 될 것이다. 해석학적으로 말하자면, 눈물(통회와 공감의 눈물)의 은총을 받은 사람의 해석학적 지평은 은총 없이 성서를 읽은 사람들의 해석학적 지평과는 다를 수밖에 없기 때문이다. 그리고 성령의 음성이나 눈물의 은총을 체험하지 못하더라도 침묵과 기도 속에서 자신이 얼마나 세상의 가치관이나 사상에 휘둘리고 있는지를 깨닫고 이른바 '세상'을 내려

놓는 과정을 거친다면 성서는 새로운 해석의 실마리를 던져줄 것이다.

물론 성서를 읽거나 성서를 읽으며 깨달은 것을 표현하기 위해서는 또 다시 지성에 의지할 수밖에 없다. 그러나 머리에서 마음으로 내려와 마음의 깊이를 체험하는 과정은 지성을 변화시킨다. 무엇보다도 세상이 강요하는 강박관념이나 가치관으로부터 지성을 해방시킬 것이다. 간략하게 말하자면, 지성 그 자체가 아니라 은총에 의해 변화되지 않은 지성만으로 성서를 읽는 것이 문제라 할 수 있다.

본서는 성서에 대한 이러한 이해 속에서 기도와 성서묵상을 통해 얻은 작은 깨달음들을 펼쳐놓은 책이다. 물론 수덕에 진보가 없으면 기도를 제한하고, 기도가 깊어지지 않으면 성서 읽기를 제한했던 수도원 전통을 생각하고, 필자의 미약한 기도와 묵상 능력을 감안하면 독자에게 죄송한 마음뿐이다. 그럼에도 불구하고 이 작은 책이 성서를 통해 성육신의 신비에 나아가려는 사람들에게 조그마한 도움이라도 되기만을 바라면서 용기를 내보았다.

언변이 좋지 않은 화자(話者)에게 정성껏 귀를 기울여 주셨던 교우들과 후학들, 그리고 내 글을 세심하게 읽고 조언을 아끼지 않았던 분들에게도 감사의 마음을 전한다. 그리고 이 책의 출판을 허락해 주시고 아름다운 책으로 만들어 주신 감리회 본부 출판국(도서출판 kmc)의 직원 여러분에게도 진정한 감사를 전한다.

언제나 자식 걱정과 기도로 삶을 채우셨던 부모님께 이 책을 바친다.

2015년 3월
정 지 련

차 례

프롤로그

　종교학의 분류에 의하면, 그리스도교는 - 감추어진 하나님의 뜻이 특정한 인물이나 사건 속에서 나타났다고 믿는 - 계시종교(啓示宗敎)에 속한다. 세계종교 가운데는 그리스도교 외에도 유대교와 이슬람이 계시종교에 속한다. 유대교, 그리스도교, 이슬람은 구약성서를 하나님의 계시로 받아들이는 공통점을 가지면서도 자신만을 구약의 계승자로 선포하는 특성을 갖는다. 유대교는 모세의 토라(tora)를 뛰어넘는 계시를 인정하지 않으며 자신을 약속의 상속자로 이해한다. 그러나 이슬람은 무함마드(Muhammad)의 코란(qor'ān)을, 그리스도교는 예수를 각각 하나님의 최종적인 계시로 주장한다.

　그리스도교는 예수를 그리스도(Χριστός), 즉 메시아(messiah)로 고백한다. 예수는 하나님 나라를 가져오신 분이라는 것이다. 그러나 그리스도교의 이러한 자기주장은 유대교의 반발을 불러일으켰다. 예수는 랍비(rabbī)나 예언자는 될 수 있지만 메시아는 아니라는 것이다. 하나님 나라가 아직 도래하지 않았기 때문에 예수는 메시아가 될 수 없다는 것이다.

　중세 시대의 유대교는 다분히 의도적으로 예수를 폄하했다. 심지어는 예수를 사생아(私生兒)로 태어나 마술을 행하다가 처형된 사람으로 소개하기도 했다. 그러나 현대 유대교 학자들은 중세의 랍비들과는 달리 예수를 유대교의 틀 안에 존재했던 유대 사상가 가운데 한 사람으로 이해한다.

　유대교에 비해 이슬람은 예수에 호의적인 태도를 취한다. 예수의 동정녀 수태를 인정하고 예수를 예언자로 존경한다. 심지어는 예수를 메시아로 부르기도 한다. 그러나 이슬람에서 말하는 메시아는 구원자가 아니라 신의 은총을 받은 자를 뜻한다. 예수는 분명 하나님이 보내신 예언자지만, 그리스도교에서 말하는 메시아는 아니라는 것이다.

예수를 따랐던 사람들도 처음부터 예수를 메시아로 고백했던 것은 아니다. 그들에게 처음 비쳐진 예수의 모습은 랍비와 예언자였을 것이다. 토라의 뜻을 풀어주며 비유로 하나님 나라를 전해 주셨던 예수의 모습은 동시대인들에게는 랍비로 비쳐졌을 것이며, 독특한 권위를 갖고 하나님의 뜻을 선포하고 병든 자를 고치는 행위는 예언자를 연상시켜 주었을 것이다. 예수를 그리스도, 곧 메시아로 고백하기 시작한 것은 십자가에 달려 돌아가셨던 예수가 제자들에게 다시 나타났던 사건이 전해지면서부터다. 그리스도교에서 부활절 신앙이 중요한 이유가 바로 여기에 있다. 부활절 신앙이 없었다면 예수를 메시아로 고백하는 관점에서 쓰인 신약성서는 존재할 수조차 없었을 것이다. 그러나 그리스도교가 유대교의 테두리를 넘어서면서 예수를 메시아로 고백하는 신앙고백은 헬레니즘 문화 속에서 새로운 개념을 발견해야 했다.

이러한 흐름 속에서 예수를 로고스(Logos)가 육신이 되신 분으로 선포하는 성육신(Incarnation/聖肉身) 사상이 등장했다. 그러나 성육신 사상과 더불어 강조점이 예수가 선포하셨던 하나님 나라에서 예수의 인격적 정체성으로 전이된다. 이러한 성육신 사상은 몇 세기에 걸친 논쟁 끝에 칼케돈 공의회(Council of Chalcedon, 451)에서 양성론(two natures of Christ/兩性論) 교리로 공포된다. "그는 신성에 있어서는 성부 하나님과 동일한 본질(homoousios)을 지니셨고, 인성에 있어서는 우리와 동일한 본질을 지니고 계셨는데, 모든 면에서 우리와 같으나 죄는 없으시다. 신성에 있어서는 성부께서 영원 전에 낳으셨으나, 인성에 있어서는 우리 인간과 우리의 구원을 위하여 동정녀 마리아, 곧 하나님을 낳은 자(theotokos)에게서 나셨다. 이 유일하신 그리스도, 곧 성자요, 주요, 독생자는 두 가지 본성 가운데서 혼동 없이, 변화 없이, 나뉨 없이, 분리되지 아니하고서 이해된다. 이 두 가지 본성의 구별은 연합에도 불구하고 전혀 무효화되지 아니하고, 오히려 각 성의 본성들이 보존되면서도 하나가 되어 하나의 인격과 본체가 되며, 이것은 다시는 두 개의 인격으로 나누어지거나 분리되지 아니하고,

유일하신 성자요, 독생하신 하나님 말씀이요, 주 예수 그리스도가 되신다."

칼케돈 공의회의 그리스도론 교리가 명백하게 보여주듯이, 고대교회의 그리스도론은 그리스도의 인격적 정체성에 관심을 집중시켰다. 당연히 초창기 그리스도교의 중심 메시지였던 종말론적 메시지는 뒷전으로 물러났으며, 때로는 교회로부터 무언의 압력뿐 아니라 물리적인 핍박을 받기도 했다. 이러한 경향은 20세기까지 계속되다가 예수를 묵시적(apocalyptic/黙示的) 예언자로 소개한 슈바이처(A. Schweizer) 이후 수그러들었고, 신약성서의 종말론적 성격과 메시아 그리스도론이 다시 부각되기 시작했다. 현대 개신교 신학에서는 판넨베르크(W. Pannenberg)와 몰트만(J. Moltmann)이 이러한 흐름을 주도했다.

계몽주의 시대 이후에는 고대교회의 그리스도론에 이의를 제기하는 역사적 예수 연구(Study of the Historical Jesus)가 반향을 불러일으켰다. 신앙의 눈으로 바라본 예수가 아니라 신앙 이전에 존재했던 실제 인간 예수에 초점을 맞춘 이 연구는 예수께서 우리와 똑같은 인간이었다는 사실을 전제하면서 학문적으로 검증된 성서비평을 통해 예수의 인격적 특징이나 역사적 모습을 재구성하려 했다. 물론 – 어제나 오늘이나 언제나 한결같으신 그리스도에 대해 말하려는 – 전통적인 그리스도론의 입장에서 보면, 그리스도론의 내용을 부활 이전의 예수에 제한하거나 신앙의 관점을 차단하는 역사적 예수 연구는 방법이나 내용 면에 있어서 편협한 시도로 비쳐질 수밖에 없다. 그러나 역사적 사실을 추구하는 역사적 예수 연구의 의미마저 부정해서는 안 된다. 왜냐하면 그리스도교는 신화(神話)가 아니라 역사적 사건에 토대를 두고 있는 계시종교이기 때문이다. 사실 성서비평을 통해 역사적 진실을 추구하려는 시도는 그리스도교 신앙에 상응한다.

근대 이후 수많은 예수 상(像)들이 후대에 전해졌다. 그러나 이와 같이 다양한 해석들이 나타나는 상황을 부정적으로 볼 필요는 없다. 시대의 흐름에 따른 신학적 상황의 변화뿐 아니라, 결코 획일화를 용납하지 않는 예수 그리스도의 신비도 다양한 해석들을 요청하기 때문이다. 그러나 임의적인 해석을 막기 위해선 모든 그리스도론의 토대가 되는 신약성서에 대한 자신의 입장과 해석 방법을 제시해야 한다. 이러한 의미에서 본서는 먼저 성서 해석학의 문제를 살펴보면서 – 그리스도교의 전통적인 해석 방법이었던 – 렉시오 디비나(lectio divina)를 실천적인 대안으로 제시하려 한다.

전통적인 그리스도론은 예수의 인격과 사역을 구분해 먼저 예수의 인격을 해명한 후 예수의 사역을 기술하는 방식을 채택했다. 예수가 누구신지를 먼저 밝힌 후 구원을 위해 예수가 어떤 일을 하셨는지를 제시하는 이러한 방식은 내적으로는 성서의 다양한 그리스도론을 통합하고 이단 사상들을 경계하며, 외적으로는 동시대인들에게 그리스도를 이해시키는 기능을 수행했다.

동시대인들과의 열린 대화를 통해 성서의 다양한 관점을 통합하는 것은 매우 중요하다. 그러나 성서의 다양한 관점들을 통합시키는 과정 자체도 중시되어야 한다. 통합을 위해 특정한 관점들에 침묵을 강요하거나 단지 논리적으로만 통합을 시도하는 것은 문제의 소지를 안고 있다. 왜냐하면 관점들 사이에 나타나는 긴장은 단지 지성에 의해 해소될 수 있는 성질의 긴장이 아니기 때문이다. 오히려 다양한 관점들 사이에 존재하는 긴장들을 있는 그대로 드러내면서 다양성을 통합시킬 새로운 관점이 나타날 때까지 묵상하는 것이 중요하다.

본서는 이를 위해 예수의 삶 속에 나타난 중요한 사건들인 탄생, 수세, 선포, 십자가, 부활, 승천, 재림을 순서대로 다루면서 한 주제 내에 나타나는 긴장뿐 아니라, 주제들 사이에 나타나는 긴장들도 있는 그대로 드러내려 했다. 그리고 이 책 마지막 부분에서는 성육신 사상을 발전시킨 고대교회의 그리스도론을 비판적으로 고찰해 보았다.

이러한 과정을 통해 본서는 예수의 인격적 정체성을 겸손에서 찾게 되었다. 그러나 예수의 인격적 특징을 겸손으로 보는 것은 예수를 폄하하려는 시도가 아니라, 오히려 겸손을 메시아의 자격으로 제시하는 것이다. 겸손한 존재만이 만유를 품고 새롭게 창조될 수 있기 때문이다.

1

성서 해석에 대한

물음

역사적 예수와 신앙의 그리스도
성서 해석의 역사
성서영감론
렉시오 디비나

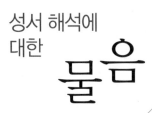

제1장

성서 해석에 대한 물음

> 먼저 알 것은 성경의 모든 예언은 사사로이 풀 것이 아니니
> 예언은 언제든지 사람의 뜻으로 낸 것이 아니요
> 오직 성령의 감동하심을 받은 사람들이 하나님께 받아 말한 것임이라.
>
> (벧후 1:20~21)

　신약성서에 비평적으로 접근하면서 예수의 실제 모습을 재구성하려 했던 자유주의 신학의 역사적 예수 연구는 오늘날에도 진행되고 있다. 역사적 예수 연구는 오늘날 다양한 방법과 연구결과들을 제시하고 있지만, 한 가지 주장에서는 모두 일치한다. 즉 그리스도교의 전통적 교리뿐 아니라 - 예수를 그리스도로 선포하는 - 성서의 신앙고백도 역사적 예수의 빛에서 검증되어야 한다는 것이다.

　그러나 현대의 주요 신학자들은 그리스도교 신앙이 예수를 역사적 인물로만 기억하지 않는다는 사실을 상기시키며, 현존하시는 그리스도야말로 간과할 수 없는 신학의 토대라고 주장한다.[1] 부활하셔서 현존하시는 분이야말로 역사적 예수를 깊이 이해하는 데 중요한 역할을 수행한다는 것이다. 달리 말하자면, 현존하시는 그리스도에 대한 체험 없이는 역사 속에 사셨던 예수를 피상적으로밖에 이해할 수 없다는 것이다.

　물론 역사적 예수 연구의 전제(前提)에 많은 문제가 있다는 것은 주지(周知)

1　예를 들자면, 가톨릭 신학자 카스퍼(W. Kasper)는 다음과 같이 말한다. "지상 생애 동안의 예수 내지 역사적 예수만을 단차원적으로 그리스도 신앙의 척도와 기준으로 삼는다는 것은 확실히 온당치 않다. 그리스도론의 내용과 그 으뜸가는 기준은 지상 생애 동안의 예수와 부활하여 현양되신 그리스도이다. 이것은 하나의 그리스도론을 구상할 때 지상 생애 동안의 예수와 부활하여 현양되신 그리스도가 서로 상응할 수 있도록 구상해야 한다는 결론에 우리를 이끌어 준다." 참조. 발터 카스퍼/박상래 옮김, 『예수 그리스도』(왜관: 분도출판사, 1996), 54.

의 사실이다. 그러나 그리스도교 신앙의 역사적 근거를 찾으려는 역사적 예수 연구의 의도는 존중되어야 한다. 현존하시는 분은 과거 유대 땅에 사셨던 분과 동일한 분이어야 하기 때문이다. 따라서 역사적 인물이었던 예수를 현존하시는 그리스도의 빛에서 이해하는 것도 중요하지만, 현존하시는 그리스도에 대한 체험을 역사적 사실에 비추어 검증해 보는 일도 필수적이다.

이와 같은 — 현존하시는 그리스도와 역사적 예수 사이의 — 해석학적 긴장은 사실 성서 자체의 내적 긴장에서 비롯되었다. 복음서는 예수에 관한 전승들을 부활절 신앙의 빛에서 수집하고 편집한 책이다. 따라서 그룬트만(W. Grundmann)이 지적했듯이, 부활절 신앙이 없었다면 그 어떤 예수 전승도 전해지지 않았을 것이다.[2]

그러나 초대교회가 이러한 전승들을 창작한 것은 아니다. 예수의 삶과 말씀에 관한 전승들은 부활절 이전에 이미 존재했으며, 이러한 전승에 내포되어 있는 역사적인 기억들 가운데 상당수는 부활절 신앙에 용해되지 않고 존속하며, 때로는 부활절 신앙과 마찰을 빚으며 내적 긴장을 고조시킨다.

이와 같은 성서의 구조적 특성에 상응하는 해석학을 모색하기 위해선 그리스도교 성서 해석학의 발전과정을 탐구하면서 이러한 발전 과정 속에서 나타나는 해석학 전통이 무엇인지를 조명해 보는 일이 중요하다. 전통의 중재 없이 근원을 파악하려는 시도는 해석학적으로 불가능하기 때문이다. 그러나 해석학의 역사를 살펴보기에 앞서 신약성서의 내적 긴장이 표출된 '역사적 예수와 신앙의 그리스도' 문제를 숙고하면서 문제의 초점이 어디에 있는지를 먼저 살펴보겠다.

역사적 예수와 신앙의 그리스도
●

계몽주의 시대에는 권위주의적인 교회와 정통주의(Orthodoxy/正統主義) 신학에서 벗어나 역사적 이성의 빛에서 예수의 전기(傳記)를 쓰려는 시도들이 감행되었다. 교회의 권위와 교리로부터 해방된 실제의 예수, 즉 역시의 예수를 찾

---

2 참조. Walter Grundmann, *Die Geschichte Jesu Christi* (Berlin: Evangelische Verlagsanstalt GmbH, 1959), 18.

아 나섰던 것이다. 그들은 역사의 예수가 교회가 가르치는 그리스도와는 다른 분이라는 사실을 입증하려 했다. 그들은 이러한 목적을 이루기 위해 역사적 이성의 눈으로 받아들일 수 있는 인간 예수의 모습을 찾았다.[3]

역사적 예수 연구의 창시자라 할 수 있는 라이마루스(H. S. Reimarus, 1694~1768)는 성서에서 비이성적인 부분을 제거하면 실제적인 예수에 접근할 수 있다고 믿었다. 그에게 예수는 실패한 유대교 묵시사상가였다. 달리 말하자면, 예수의 예언이 실패로 끝나자 제자들이 예수의 시신(屍身)을 은밀한 곳에 숨긴 후 예수가 부활했다는 이야기를 퍼뜨리면서 그리스도교가 탄생했다는 것이다.

라이마루스와는 달리 그리스도교를 변증하려 했던 슈트라우스(D. F. Strauss, 1808~1874)도 복음서 전승들을 신화(神話)와 역사로 구분하면서 역사적 예수를 찾아내려 했다. 슈트라우스 이후 수많은 자유주의 신학자들이 역사적 예수를 재구성하는 데 심혈을 기울였다. 대표적인 인물이 하르낙(A. von Harnack, 1851~1930)이다. 그는 예수를 유대교의 한계에서 벗어나 보편적인 지혜를 가르치는 교사(敎師)로 묘사한다.

그러나 성서비평의 발전과 더불어 복음서의 종말론적 성격이 드러나자 하르낙의 예수상은 후퇴하고 슈바이처(A. Schweitzer, 1875~1965)가 제시하는 유대 묵시사상가 예수상이 부각되기 시작한다. 그리고 역사적 예수 연구에도 제동이 걸리기 시작했다. 특히 불트만(R. Bultmann, 1884~1976)은 역사적 예수를 재구성하는 작업이 실패로 끝날 수밖에 없음을 강조한다. 복음서의 예수 전승들은 초대교회의 삶의 현장에서 생성되었기 때문에 역사적 예수 연구의 자료가 될 수 없다는 것이다. 물론 이 전승들 가운데 일부는 역사적 예수에게 소급되는 것도 있을 수 있지만, 그것마저도 공동체에 의해 새로운 양식으로 변모해 원래의 모습을 찾을 길이 없다는 것이다. 달리 말하자면, 복음서 전승의 배후로 돌아가 역사적 예수의 모습을 찾는 것은 자료의 성격상 불가능하다는 것이다. 그는 한걸음 더 나아가 역사적 예수의 모습을 찾아내는 일이 불가능할 뿐만 아니라 불필요하다고 말한다. 그리스도교 신앙에 중요한 것은 - 케리그마

---

3 저명한 교회사가 펠리칸(J. Pelikan)은 계몽주의의 역사적 예수 탐구가 우주적 그리스도에 대한 신앙을 포기한 데서 비롯되었다고 주장한다. "계몽주의 시대에 역사적 예수에 대한 탐구가 가능하고도 필연적인 일이 되었던 것은 계몽시대의 철학이 우주적 그리스도를 폐위하고 추방시켰기 때문이다." 참조. 야로슬라프 펠리칸/김승철 옮김, 『예수의 역사 2000년』 (서울: 도서출판 동연, 1999), 294.

(Kerygma)를 듣는 자에게 결단을 촉구하는 - 현존하는 그리스도이며, 역사적 예수를 찾아 나서는 것은 - 현존하시는 그리스도를 중재하려는 - 복음서의 의도를 거스르는 불신앙이라는 것이다.[4]

반면에 불트만의 제자 케제만(E. Käsemann, 1906~1998)은 1954년 "역사적 예수의 문제"(das Problem des historischen Jesus)라는 논문에서 역사적 예수 연구의 가능성과 필요성을 강조한다. 예수에 대한 전승들은 부활절 이전에 이미 존재했으며, 역사적으로 신빙성 있는 전승들이 의외로 많다는 것이다. 물론 그는 역사적 예수만을 복음으로 간주하지는 않는다. 그는 단지 역사적 예수의 가르침과 행적이 현존하시는 그리스도의 척도가 됨을 주장하려 했다. 역사적 예수를 간과한 신앙의 그리스도는 가현설(docetism/假現說)에 빠질 위험이 있으며, 진정한 그리스도교 신앙에서는 부활하신 주(主)와 지상의 예수 사이에 동일성이 존재해야 한다는 것이다. 케제만의 이러한 요청은 푹스(E. Fuchs), 보른캄(G. Bornkamm), 콘첼만(H. Conzelmann)의 지지를 받았다. 최근에는 슐츠(S. Schulz)가 이러한 입장을 대변한다. 그는 다음과 같이 말한다. "역사적 예수의 메시지와 부활절 이후 공동체의 메시지를 구분하기 어려운 것은 역사적 비평 방법의 한계 때문이 아니라, 지상적 예수의 메시지가 부활절 이후 등장한 예수 공동체의 메시지와 같기 때문이다. 양자 사이에는 역사적인 맥락과 내용상의 일치가 존재한다. …… 부활절 이후의 예수 공동체가 역사적 예수의 메시지를 긍정했기 때문에 이 메시지가 부활절 이후에도 계속 보존되고 선포된 것이다. 부활절 이후에도 예수 운동은 근본적인 변화를 맞이하지 않았기 때문에 하나님 나라 선포, 지혜론, 그리고 무엇보다도 예수의 율법 해석이 존속할 수 있었다. 부활절 이후에도 선포자는 선포된 자가 되지 않았다. 선포자는 부활절 이후에도 선포자로 선포되었다."[5]

1980년대 이후에는 역사적 예수 연구가 미국에서 활발하게 진행되고 있다. 그들의 논조는 분명하다. 그리스도교 신앙의 근원은 교회의 선포가 아니라 역사적 예수이며, 예수의 인격적 특성과 메시지만큼은 재구성할 수 있다는 것이다.

---

4 여기서 불트만은 역사적 예수가 아니라 선포되는 그리스도에 예수의 정체성이 있다는 켈러(M. Kähler)의 입장을 따른다.
5 Siegfried Schulz, *Neutestamentliche Ethik* (Zürich: Theologischer Verlag, 1987), 24~25.

그러나 최근의 역사적 예수 연구들은 대립적인 양상을 보여주고 있다. 예를 들자면, 샌더스(E. P. Sanders)와 라이트(N. T. Wright)는 역사적 예수를 유대교의 맥락에서 이해할 때 가장 잘 이해할 수 있다고 주장하지만, 예수 세미나(The Jesus Seminar)의 회원들(R. W. Funk, J. M. Robinson, M. Borg, B. Mack, J. D. Crossan)은 예수를 보편적이면서도 혁신적인 지혜를 가르치는 교사로 제시한다. 그 결과 예수의 정체성을 찾으려는 사람들은 끝없이 이어지는 논쟁 속에서 회의감에 빠지기도 한다.

물론 역사적 예수 연구는 – 역사적 사건에 토대를 두고 있는 – 성서 신앙에 상응한다. 그러나 신앙의 그리스도를 도외시하고 지상의 예수만을 신앙의 기준으로 삼는 것은 그리스도교 전통에 위배된다. 자신의 기준에 맞는 전승만을 역사적 전승으로 간주하는 예수 세미나는 진보적이 아니라 또 다른 하나의 근본주의자라고 말하는 윌스(G. Wills)의 지적은 역사적 예수 연구의 폐쇄성을 지시해 준다.[6] 무엇보다도 신앙의 빛에서 바라본 예수를 역사적 사실에 대한 왜곡으로 간주하는 역사적 예수 연구의 편파성은 반드시 지적되어야 한다. 이러한 맥락에서 카스퍼는 다음과 같이 말한다. "예수는 오늘날에도 '성령 안에서' 하나의 산 임재이다. …… 우리에게는 역사학의 매개뿐 아니라 '성령 안에서' 예수 그리스도에게 직접 다가갈 수 있는 통로가 트여 있다."[7]

그러면 이른바 신앙의 그리스도와 역사적 예수를 포괄적으로 파악할 수 있는 길은 없는가? 그러나 이러한 물음은 새로운 것이 아니다. 성서 해석의 역사를 살펴보면, 그리스도교 전통이 이미 이러한 문제와 씨름해 왔다는 사실을 알게 된다.

성서 해석의 역사

●

거룩한 책을 비평의 대상으로 간주하는 근대의 성서비평은 성서 해석의 역사에서 획기적인 사건이었다. 그 전에는 성서가 결코 비평의 대상이 될 수 없었

6 참조. 게리 윌스/권혁 옮김, 『예수는 그렇게 말하지 않았다』 (서울: 돌을새김, 2009), 24.
7 발터 카스퍼/박상래 옮김, 『예수 그리스도』 (1996), 54.

으며, 성령의 감동을 받아 기록된 거룩한 책으로 이해되었다. 거룩한 책은 이에 상응하는 해석학을 요청한다. 고대교회의 알레고리적 해석이 바로 이러한 해석에 속한다. 그렇다고 그리스도교 전통이 성서에 대한 문자적이며 역사적인 이해를 간과한 것은 결코 아니었다. 알레고리적 해석에 치우치는 경향이 없진 않았지만, 그럴 때면 항상 문자적 해석을 요구하는 목소리도 높아졌다. 성서 해석의 역사가 입증해 주듯이, 그리스도교 전통은 성서를 거룩하면서도 역사적인 책으로 이해해 왔다.

1. 고대교회의 성서 해석

고대교회의 해석학은 알레고리적 해석[8]을 대변하는 알렉산드리아 학파 (School of Alexndria)와 문자적 해석을 강조하는 안디옥 학파(School of Antioch) 가 주도했다. 알렉산드리아 학파의 선구자는 그리스 철학의 영향을 받은 유대 철학자 필로(Philo, B. C. 15~A. D. 50)였다. 그는 성서에 두 가지 의미, 즉 모든 사람에게 개방되어 있는 문자적 의미와 소수의 사람들만이 찾을 수 있는 숨겨진 의미가 있음을 주장하며, 이러한 숨겨진 의미를 찾기 위해 알레고리적 해석을 도구로 삼았다. 이러한 해석의 배경에는 분명 – 형상(form/形相)과 질료 (matter/質料)의 이원론을 말하는 – 플라톤(B. C. Platon, 428~348) 사상이 자리 잡고 있다.

필로의 이러한 해석은 고대교회의 클레멘트(Clement of Alexandria, 150~215) 와 오리게네스(Origenes, 185~254)에게 계승되었다. 오리게네스도 성서에 문자적으로 해석될 수 있는 구절이 있다는 사실을 부정하지는 않는다. 그러나 그는 성서의 모든 구절에 숨겨져 있는 영적 의미가 중요하고, 이 의미를 찾는 것을 성서 해석학의 과제로 제시한다.

이를 위해 교부들은 그리스 신화를 해석하는 데 사용되었던 알레고리적 방법을 성서에 적용한다. 그러나 알렉산드리아 학파의 알레고리적 해석이 비성서적인 것은 아니다. 알레고리적 해석은 필로 이전에도 존재했으며, 신약성서에도 존재한다. 씨 뿌리는 사람의 비유에 대한 예수의 해석(막 4:10~20; 마

---

8 알레고리란 용어는 '다른 이야기'를 뜻하는 희랍어 allegoria에서 유래한 것으로서 대상의 의미를 은유적으로 표현하는 문학 형식을 뜻한다. 은유가 한 단어나 문장과 관계된다면, 알레고리는 우화(寓話)처럼 이야기 전체에 적용된다. 그러나 알레고리란 본래 해석의 방법이었다. 즉 그리스 사상의 중심이 신화에서 철학으로 옮겨가면서 그리스 신화의 의미를 해석하는 데 적용되었던 해석 방법이었다.

13:10~23; 눅 8:9~15)이 바로 알레고리적 해석에 속한다. 그리고 무엇보다도 알레고리적 해석의 토대가 성서영감론(Inspiration of the Scripture/聖書靈感論)에 있다는 사실이 간과되어서는 안 된다. 성서가 성령의 감동을 받은 사람들에 의해 기록되었다면, 성서의 문자는 성령 안에서 체험된 하나님의 신비에서 유래하며, 다시금 이러한 신비를 지시하게 된다. 따라서 참된 해석이란 이러한 하나님의 신비의 빛에서 문자를 바라보며, 문자들이 가리키고자 하는 상징적 의미를 드러내야 할 과제를 갖는다. 바로 여기서 알레고리적 해석은 신학적 정당성을 획득한다. 알렉산드리아 학파는 또한 알레고리를 시간적 차원으로 펼쳐 나간다. 이것이 바로 모형론(typology/模型論)이다. 이를 통해 고대교회는 구약의 구절들을 신약의 예수 그리스도를 지시해 주는 예시(豫示)로 이해할 수 있었다.

그러나 그리스 철학의 사변에 맞서 히브리 전통을 고수하려 했던 안디옥 학파는 알렉산드리아 학파의 알레고리적 해석에 맞서 성서의 역사적 사실성을 강조한다. 성서가 말하는 하나님의 신비는 항상 구체적인 역사 속에서 계시되기 때문에 성서가 말하는 계시 사건은 상징이 아니라 역사로 이해해야 한다는 것이다. 알렉산드리아 학파가 질료와 형상의 구분을 말하는 플라톤에 가깝다면, 안디옥 학파는 형상이 질료 안에 현존하는 것을 강조하는 아리스토텔레스(Aristoteles, B. C. 384~322)에 가깝다고 말할 수 있다.[9]

안디옥 학파는 성서의 역사적 사실성으로부터 문자적(또는 문법적) 해석이란 귀결을 이끌어낸다. 문자적 해석만이 성서의 역사성을 보증해 줄 수 있다고 믿었기 때문이다. 안디옥 학파는 문맥이나 구절 전후 관계를 통해 구절의 의미를 파악할 뿐 아니라 그 구절의 객관성을 추구함으로써 임의적 해석을 방지하려 했다. 그러나 안디옥 학파가 성서영감론을 부정하는 것은 아니다. 성서영감론은 두 학파 모두의, 아니 당시 신학계 전체의 전제였다. 안디옥 학파의 테오도루스(Theodore of Mopsuestia, 350~428/29)는 알렉산드리아의 오리게네스와 마찬가지로 성령에 의한 감동을 성서 저자의 의식이 신비를 바라볼 수 있는 상태, 즉 성령에 의해 조명된 상태로 보았지만, 이러한 상태 속에서도 저자들의

---

9 참조. Julio C. Trebolle Barrera, *The Jewish Bible and the Christian Bible: an introduction to the history of the Bible,* trans. Wilfred G. E. Watson (Leiden, New York, Köln: Brill, 1997), 530.

인간성과 개성은 소멸되지 않는다고 주장한다. 그러나 이러한 성서영감론에 대한 해석은 정반대의 방향으로 전개된다. 즉 – 저자의 특별한 개성이 구체화된 – 문자를 넘어서는 영적 의미란 존재하지 않으며, 저자의 특별한 문법과 어법에 주의를 기울이는 것이 동시에 성서의 영적 의미를 드러내는 일이라는 것이다.

이러한 전통은 테오도루스에서 절정을 이루었지만, 그가 네스토리우스(Nestorius, 386~451)와 함께 정죄 당하면서 주도권을 알렉산드리아 학파의 알레고리적 해석에 넘겨줄 수밖에 없었다. 그러나 안디옥 학파의 흔적이 완전히 사라진 것은 아니었다. 오히려 알렉산드리아 학파가 주도했던 고대교회의 성서 해석학은 안디옥 학파의 신학적 요청도 받아들였다. 즉 교부들은 – 구약을 그리스도의 모형(模型)으로 해석하기를 거부하는 – 유대교에 맞서서는 알레고리적 해석을 강조했지만 – 예수의 탄생과 죽음, 그리고 부활의 역사성을 부정하는 – 영지주의자들의 극단적인 알레고리적 해석에 대해서는 성서 텍스트의 역사성과 문자적 해석을 주장했다.[10] 예를 들자면, 구약의 어떤 구절들은 알레고리적으로 해석하면서도 다른 구절들은 문자적으로 해석해 나갔다. 그리고 어떤 구절들은 문자적이면서도 알레고리적으로 해석해야 한다고 주장했다. 그러나 이러한 구분은 임의적인 것이 아니었다. 그들에게는 분명한 기준, 신앙의 전통(regula fidei)과 이성이라는 원칙이 있었다. 즉 모든 구절이 아니라 이성에 대립되는 성서 구절만 문자적으로 해석될 수 없었다. 그러나 이 구절에 적용한 알레고리적 해석 또한 신앙의 전통에 부합되어야 했다.[11]

2. 중세의 성서 해석

고대교회에는 문자적 해석이 약화되고 알레고리적 해석이 전면에 대두되었다. 중세에도 이러한 경향은 계속되었다. 성서 해석은 알레고리적 해석에 의존하고 있었으며, 문헌학적이며 역사적 의미는 알레고리적 사색에 자리를 양보했다. 중세교회는 고대교회의 해석학을 따르면서도 고대교회의 삼중적(문자적, 도덕적, 영적) 의미에 종말론적(신비적) 의미를 덧붙인다. 일반적으로 중세의 성서 해석은 텍스트에 대한 문자적 해석에 근거해 텍스트의 교리적 의미와 윤리

10 Ibid., 534.
11 Ibid., 535.

적 의미를 해명한 후, 텍스트에 내포되어 있는 종말론적 신비를 탐구하면서 끝을 맺는다.

예를 들자면 예루살렘은 문자적으로는 이스라엘의 도성을 의미하지만, 영적으로는 교회를, 도덕적으로는 인간의 영혼을 지시하며, 종말론적으로는 천국을 의미한다는 것이다. 슈툴마허(P. Stuhlmacher)는 중세의 성서 해석을 인간의 삶 전체를 포괄하려는 해석으로 이해한다.[12] 성서가 인간의 삶 전체를 포괄한다는 사상은 스콜라 신학(Scholasticism)에서도 계승된다. 스콜라 신학의 대명사 토마스 아퀴나스(Thomas Aquinas, 1226~1274)의 저서 『신학대전』(Summa Theologica)도 성서의 사중적 의미란 틀 속에서 내용을 전개하고 있다.

그러나 이러한 과정에서 약간의 변화가 생겨났다. 성서의 영적 의미를 중시했던 고대교회와는 달리 성서의 다중적(多重的) 의미 그 자체를 선호하기 시작한 것이다. 성서는 이제 하나의 의미가 아니라 무한한 의미의 세계로 독자를 초대하는 역할을 수행했다.[13] 이러한 다양한 의미가 상이한 해석들을 불러일으키자 교회는 교회의 전통과 교리에 부합되지 않는 해석에 제재를 가하기 시작했다. 결국 교회의 전통과 교리가 성서 해석의 기준이 되고 말았다. 따라서 중세의 성서 해석은 임의적이거나 극단적인 알레고리적 해석을 막는 데는 성공했지만, 결국에는 성서를 전통과 교리에 종속시키는 결과를 초래했다. 물론 중세에도 이성과 신앙의 조화를 꾀했던 스콜라 신학이 에라스무스(Desiderius Erasmus, 1469~1536)와 루터(M. Luther, 1483~1546)에 앞서 문법적 해석의 필요성을 역설했지만, 이성에 근거한 문법적 해석 위에 교리에 근거한 영적 의미를 위치시킨다는 점에서는 이전 세대와 크게 다르지 않았다.

그러나 중세에 교리적이며 지적인 해석만 존재했던 것은 아니다. 중세의 수도사들은 초기 그리스도인들의 성서 묵상과 해석 방식이었던 렉시오 디비나(lectio divina)를 복원시키는 운동을 펼쳐 나갔다. 특히 카르투시오회(Ordo Cartusiensis)의 9대 원장이었던 귀고 2세(Guigues II, ~1188)는 이 운동을 수도원 전체에 전파시켰다. 그는 렉시오 디비나를 독서(lectio), 묵상(meditatio), 기도(oratio), 관상(contemplatio)의 네 단계로 설명한다. 그에 의하면, 렉시오 디

---

12 Peter Stuhlmacher, *Vom Verstehen des Neuen Testaments* (Göttingen: Vandenhoeck und Ruprecht, 1986), 90.

13 참조. Julio C. Trebolle Barrera, *The Jewish Bible and the Christian Bible: an introduction to the history of the Bible* (1997), 547.

비나의 첫 단계인 독서는 자신의 온 힘을 집중해 성서를 주의 깊게 읽음으로써 묵상에 사용할 자료를 발견하는 단계이며, 둘째 단계인 묵상은 말씀 안에 숨겨진 진리를 깨닫는 단계를 말한다. 셋째 단계인 기도는 깨달음 속에서 온 힘을 다해 자신의 마음을 하나님과 나누려는 과정이며, 마지막 단계인 관상은 기도자의 마음이 하나님 안에 머무는 것을 의미한다. 요약하자면, 렉시오 디비나란 지성만이 아니라 삶 전체로 성서에 다가서면서 성서가 성령의 감동 속에서 증언했던 사건이 지금 성령 안에서 현재화되기를 추구한다.

하지만 렉시오 디비나는 12세기 이후 물음과 논증을 추구하는 스콜라 신학의 기세에 눌려 위축되기 시작했으며, 종교개혁 이후에는 가톨릭의 반(反)종교개혁 운동으로 말미암아 – 몇몇 수도원에서만 명맥을 유지했을 뿐 – 대부분의 교회에서 자취를 감추고 말았다. 그리고 종교개혁 이후 개신교에 존재했던 렉시오 디비나도 진리를 객관적인 것으로 간주하는 정통주의 신학과 이성을 최고의 기준으로 설정하는 계몽주의적 사조로 말미암아 사람들의 관심에서 멀어졌다. 그러다가 성서 운동과 전래개혁을 추구했던 제2차 바티칸 공의회를 기점으로 가톨릭과 개신교에서 다시 주목받고 있다.

3. 루터의 '오직 성서'

신학적인 관점에서 보자면, 루터의 종교개혁은 로마서 1장 17절에 대한 주석에서 비롯되었다고 말해도 과언이 아니다. 루터가 고백하고 있듯이, '하나님의 의(義)'의 의미를 하나님의 준엄한 심판이 아니라, 하나님의 신실하심과 약속의 성취로 이해하도록 만든 루터의 통찰력이야말로 당시의 신학과 교회를 개혁할 수 있는 사상적 원동력이 되었다. 루터의 이러한 통찰력은 신학적으로는 칭의론(Doctrine of Justification/稱義論)을 전면에 부각시켰으며, 이러한 통찰력에 이르는 과정에서 성서 해석의 원리도 제시된다. '성서는 스스로 해석한다.'(scriptura sui ipsius interpres)는 명제가 바로 그것이다.

이 명제는 우선 교회의 전통이나 특별한 체험에 근거해 성서를 해석하는 것을 비판한다. 당시의 교리적 해석이나 알레고리적 해석이 성서가 자명하지 않다는 전제 위에 세워져 있음을 간파한 루터는 성서가 자명하다고 천명한다. 그렇다고 루터가 문법적 해석마저 배제하는 것은 아니다. 루터는 오히려 적극적으로 문법적 해석을 요청하며, 문법적 해석을 통해 성서 본문의 의미가 드러난 다는 사실을 강조한다. 그러나 문법적 해석도 루터에게는 예비적인 역할을 수 행할 뿐이다. 성서가 스스로 말하는 것을 듣는 데서부터 진정한 해석이 시작된 다는 것이다. 달리 말하자면, 바른 해석자는 문법적 해석을 통해 성서가 스스 로 말할 수 있도록 도와주어야 할 뿐 아니라, 성서가 스스로 말하려는 것을 들 으려는 태도를 견지해야 한다는 것이다.

물론 루터는 성령의 감동을 받은 사람들에 의해 기록된 성서는 오직 성령의 현존 안에서만 해석될 수 있음을 인정한다. 그러나 성서의 깊은 의미를 이해할 수 있도록 해석자를 인도하는 성령은 – 성서 밖의 그 어떤 전통이나 신비 체험이 아니라 – 오직 성서(sola scriptura)로부터 온다는 사실을 강조한다. 루터는 이러 한 의미에서 '오직 성서'를 선언한다. 오직 성서만이 영감을 받았으며, 해석자 를 바른 인식으로 인도하는 성령도 오직 성서를 통해서만 주어진다는 것이다.

루터가 선언한 '오직 성서'를 이전 세대는 알지 못했다. 루터 이전에는 성서가 포괄적인 전통의 맥락에서 이해되었다.[14] 이러한 사실을 감안해 보면, '오직 성 서'의 메시지가 분명하게 드러난다. 교회의 전통은 인간적인 것에 불과하다는 것이다. 이에 맞서 트리엔트 공의회(Council of Trient)는 하나님의 계시가 성서 와 전통 모두에 내포되어 있다고 선언한다. 현대 가톨릭 신학뿐 아니라 대부분 의 개신교 신학자들도 '오직 성서'에 동조하지만은 않는다. 예를 들자면, 개신 교 신학자 아수무센(H. Asmussen)은 다음과 같이 말한다. "성서와 전통을 종교 개혁자들처럼 명확하게 구분할 수는 없다. 성서는 신적이며, 전통은 인간적이 라고 말할 수는 없다."[15]

역사적인 관점에서 보더라도 양자는 – 사도들의 전승이라는 – 동일한 근원으 로부터 나왔다. 루터교 신학자 알트하우스(P. Althaus)도 다음과 같이 말한다. "사도들의 선포 역시 원래는 구전(口傳) 말씀이었다. 이것은 복음의 본성과 일 치하는데, 왜냐하면 복음은 단지 읽은 것을 통해서 배우게 되는 그런 진리의 전달이 아니기 때문이다. 오히려 복음은 인간을 초청하시는 부르심이다."[16] 성

---

14 참조. Bernhard Lohse, *Martin Luther. Eine Einführung in sein Leben und sein Werk*, 2. Aufl. (München: Beck, 1982), 160~161.

15 Hans Asmussen und Thomas Sartory, *Gespräch zwischen der Konfessionen* (Frankfurt am Main: Fischer Bücherei KG, 1959), 21.

16 파울 알트하우스/이형기 옮김, 『루터의 신학』 (서울: 크리스챤다이제스트, 1994), 90.

서 이전에 전승이 존재했으며 정경의 형성과정에서도 교부들의 결단이 작용했다는 것은 부인할 수 없는 사실이다. 성서는 분명 전통의 일부다. 그러나 동일한 역사적 관점에서 보더라도 전통과 구분되는 성서만의 역할을 부정할 수 없다는 사실도 강조되어야 한다. 알트하우스는 다음과 같이 말한다. "성경은 구전 말씀의 근원을 갖고 있으며, 또 구두 선포를 위하여 존재한다. …… 기록된 성경이 필요한 것은 사도들의 규범적 메시지가 잊혀지면 설교가 이단적으로 왜곡될 수 있는 위험이 있기 때문이다. 그래서 기독교는 성경, 즉 사도적 설교를 지속적으로 기억시켜 주는 성경을 글로 된 형태로 가질 필요가 있었다."[17]

물론 예수 세미나나 성서주의(biblicism)처럼 전통 없이 성서를 이해하려는 것은 너무 소박한 생각이다. 푈만(H. G. Pöhlmann)이 지적하듯이, "오로지 그 강물을 따라 그 원천적 형태로 거슬러 갈 수 있을 뿐"[18]이다. 그러나 루터가 강조하듯이, 전통을 무비판적으로 성서 해석의 기준으로 삼는 것도 문제다. 따라서 다음과 같은 결론이 도출된다. 전통의 빛에서 성서 해석을 심화시켜야 하지만, 이러한 전통도 성서의 빛에서 비판적으로 검증되어야 한다.[19] 전통과 성서는 양자택일이나 조화의 관계가 아니라 해석학적 순환이나 긴장 관계 속에서 이해되어야 한다.

루터의 '오직 성서'는 사실 수많은 교파적 논쟁을 촉발시켜 왔고, 때로는 개신교 내에서도 비판을 받아왔다. 그러나 성서 본문에 이성적으로 접근하면서도 성서로부터 주어지는 깨달음을 기다리는 성서 묵상을 - 물론 루터 이전과 당시에도 이러한 묵상은 수도원의 영성 훈련 방식으로 존재해 왔지만 - 성서 해석과 연관시킨 것은 루터의 커다란 공헌이 아닐 수 없다.

4. 계몽주의 이후의 성서비평

종교 개혁자들은 말할 것도 없고 계몽주의 시대의 성서비평학자 제믈러(J.

---

17 앞의 책, 91. 푈만(H. G. Pöhlmann)도 양자의 관계에 대해 다음과 같이 말한다. "사도적 원전승은 전승의 원천으로서 그 전승의 강물 - 이것은 다른 지류들로부터 흘러온 물도 받아들인다. - 로부터 비록 분리될 수는 없지만 구분될 수 있다." 참조. 홀스트 푈만/이신건 옮김, 『교의학』, (천안: 한국신학연구소, 1989), 87.

18 앞의 책, 87.

19 로제는 양자의 관계에 대해 다음과 같이 말한다. "전통은 성서를 설명하거나, 최소한 성서 안의 어두운 부분들을 설명해 준다. 그러나 다른 한편으로는 성서가 전통의 규범이 된다." 참조. Bernhard Lohse, *Epochen der Dogmengeschichte* (Stuttgart: Kreuz Verlag, 1988), 39.

S. Semler, 1725~1791)도 성서영감론을 확신하고 있었다. 그들에게 성서는 오직 성령 안에서 진리를 매개해 주는 거룩한 책으로 인식되었다. 그러나 계몽주의 의 비평적이며 역사적 의식이 확산되면서부터 성서의 본래적이며 진정한 의미 를 역사성에서 찾기 시작했다.[20] 이러한 분위기 속에서 역사적 이성은 성서 해 석의 주도적 원리가 된다. 반면에 신학적 해석은 단지 본래적 의미에 대한 왜 곡이나 후대의 재창조로 인식되었다. 이러한 흐름 속에서 역사적 예수에 대한 연구가 본격화되었으며, 성서비평이 성서 해석의 주된 도구로 자리 잡기 시작 했다.

학문적인 의미의 성서비평은 자료비평으로부터 시작되었다. 벨하우젠(J. Wellhausen, 1844~1918)은 토라가 모세의 단일저작이 아니라 J(야훼), E(엘로힘), D(신명기), P(사제)문서를 사용한 복수 저자들의 저작이라는 학설을 주장했다. 그리고 이보다 앞서 바이세(C. H. Weisse, 1801~1866)는 마태와 누가복음도 마 가복음과 ─ 지금은 현존하지 않지만 당시에는 존재했을 것이라고 추정되는 ─ 예수의 어록(Q 자료)을 토대로 편집되었다는 두 자료설을 관철시켰다. 디벨리우스(M. Dibelius, 1883~1947)와 불트만(R. Bultmann, 1884~1976)은 한걸음 더 나아가 문 서적 자료 이전에 구전 전승이 존재했음을 밝혀냈다. 그들은 또한 최초 전승의 문학적 양식을 분석함으로써 복음서 전승이 역사적 문서가 아니라 공동체 신 앙의 산물이라고 주장한다. 이러한 맥락에서 양식비평은 역사적 예수 연구의 불가능성을 주장하기도 했다.

그러나 복음서 저자가 단순히 전승의 수집자가 아니라는 사실이 드러나면서 자료비평과 양식비평을 보완하려는 편집비평이 등장한다. 즉 복음서의 저자들 은 수집된 전승들을 특정한 관점 하에서 편집한 신학자라는 것이다. 편집비평 이란 용어는 마르크센(W. Marxsen)이 처음 사용했으며, 케제만(E. Käsemann, 1906~1998)과 보른캄(Günther Bornkamm, 1905~1990)에 의해 부각되었다. 편 집비평은 자료들의 수집과 수정, 그리고 배열에서 편집자의 고유한 의도가 나

---

20 스페인의 해석학자 트레볼레 바레라(Julio C. Trebolle Barrera)는 여기서 계몽주의와 낭만주의를 구분하면서 다음과 같이 말한다. "성서 텍스트에 대한 역사적 관점을 발전시킨 것은 계몽주의가 아니다. 계몽주의는 비시간적인 범주와 가치를 지향한다. 역사적 접근은 18세기 말까지는 시작되지 않았다. 역사적 접근은 19세기 독일에서 발전했다." 참조. Julio C. Trebolle Barrera, *The Jewish Bible and the Christian Bible: an introduction to the history of the Bible* (1997), 551~552. 그는 계속해서 양자를 다음과 같이 구분한다. "계몽주의의 해석이 텍스트의 역사적 사건들을 발견하기 시 작했다면, 낭만주의 해석학은 모든 해석의 근본적인 역사성을 드러내려 한다. 종교적 도그마를 대신하려는 합리적 진 리도 도그마와 마찬가지로 역사적이며 상대적이다." 참조. Ibid., 553.

타난다고 전제한 후 단편적 전승들을 비교함으로써 편집자의 의도를 찾아내려 한다. 그러나 케제만은 복음서를 저자의 신학적 관점이 관철된 책으로 보면서도 저자들이 역사적인 사실에도 관심을 가졌기 때문에 복음서를 통해 예수에 관한 역사적 윤곽을 추론해 낼 수 있다고 주장한다. 그룬트만도 케제만의 의도를 지지한다. "예수의 제자들은 …… 위임받은 자료에 신실하게 대할 의무감을 가졌다. …… 공동체가 전승을 변형시키고 부분적으로 창작했다는 것은 이 공동체를 인도하는 영의 모습과 모순된다."[21] 공동체가 신앙의 빛에서 역사적 사실을 해석한 것은 분명하지만, 역사적 사실을 임의적으로 수정하거나 왜곡시킨 것은 아니며 오히려 존중했다는 것이다.

자료비평부터 편집비평에 이르기까지 성서비평은 다양하게 발전되었지만, 한 가지 면에서는 일치한다. 즉 모든 성서비평은 성서의 형성 과정을 역추적하면서 최초의 전승과 사건을 찾아내려 한다. 이러한 비평 방법에 대해 스페인의 저명한 해석학자 트레볼레 바레라(Julio C. Trebolle Barrera)는 최초의 것에 최고의 가치를 부여하는 이 방법이 후대의 전통에 주어진 중재적 가치는 전혀 고려하지 않는다고 비판한다.[22] 이러한 비판은 폭넓은 지지를 받는다. 전통의 중재 없이 성서에 접근하려는 시도의 소박성에 대해선 해석학자와 역사가 사이에 이미 공감대가 형성되어 있다. 무엇보다도 선입견이나 전 이해(前理解) 없는 해석이란 존재하지 않는다는 철학적 해석학의 비판은 정당하다.[23] 이러한 해석학적 요청은 전통의 중재 없이는 이해 자체가 불가능하다는 사실을 주지시키면서 진정한 전 이해와 잘못된 전 이해를 구분하는 전통의 역할을 존중하도록 만든다.

또한 성서 본연의 성격이 성서비평의 한계를 지적해 준다. 즉 역사의 예수를 부활절 신앙의 빛에서 바라보았던 성서의 성격을 감안하면 역사적 시각으로는 파악할 수 없는 부분이 성서에 존재한다는 사실을 인정하지 않을 수 없다. 그리고 이와 같이 역사적 시각으로는 파악할 수 없는 부분이 신약성서의 주요 메시지를 형성하고 있다는 사실에서 역사적 성서비평의 한계는 여실히 드러난다.

21 Walter Grundmann, *Die Geschichte Jesu Christi* (1959), 24~25.
22 참조. Julio C. Trebolle Barrera, *The Jewish Bible and the Christian Bible: an introduction to the history of the Bible* (1997), 49.
23 참조. Hans-Georg Gadamer, *Wahrheit und Methode* (Tübingen: Mohr, 1986), 281~295.

그러나 트레볼레 바레라도 인정했듯이, 근원을 향해 나아가려는 성서비평의 시도는 긍정되어야 한다. 이러한 시도 자체는 성서적이기 때문이다. 그는 다음과 같이 말한다. "성서는 가장 오래된 전승과 창시자를 중시한다. 모든 종교적 문헌은 ─ 후대의 발전이 초기의 메시지를 부요하게 만들고 확장시킨다 할지라도 ─ 최초의 계시에 절대적 우위성을 부여한다. …… 최초의 역사적 사건 없이는 신구약 정경의 나머지도 의미를 상실한다."[24]

성서영감론

앞에서 살펴본 성서 해석의 역사는 그리스도교 전통이 성서영감론의 테두리 안에서 문법적이며 역사적인 해석을 수용했음을 밝혀준다. 알레고리적 해석의 틀 안에서 문법적 해석을 받아들인 고대교회나 성서가 스스로 말하도록 돕는 것을 성서 해석의 임무로 간주한 루터의 성서 해석학도 이러한 사실을 입증해준다. 그러나 계몽주의의 비평적 의식이 이러한 전통에 의문을 제기하면서 양자의 관계는 상호보완이 아니라 상호대립의 관계로 바뀌기 시작했다.

현대사회의 세속화가 이러한 경향을 부추긴 것은 분명하다. 다윈(Charles Darwin, 1809~1882)의 진화론과 프로이트(Sigmund Freud, 1856~1939)의 영향을 받아 거룩(聖)의 세계를 변두리로 추방한 현대사회는 ─ 성서도 비평의 대상이 되어야 한다는 ─ 성서비평의 주장을 당연한 것으로 간주한다. 물론 성서비평도 오늘날 비판의 대상이 되고 있다. 성서비평이 추구하는 객관성은 해석학적으로 불가능하며, 편견 없는 객관성을 추구하려는 성서비평학도 일종의 편견에 불과하다는 것이다. 그럼에도 불구하고 성서비평의 비판적 기능은 수용되어야 한다. 이러한 기능을 부정하는 것은 결국 세상과의 소통을 거부하는 결과를 초래할 것이다.

그러나 성서 해석은 세상과의 소통도 중시해야 하지만, 성서 자체의 요청에 상응해야 한다. 여기서 중요한 물음이 제기된다. 성서비평은 성서의 요청에 상

---

24 Julio C. Trebolle Barrera, *The Jewish Bible and the Christian Bible: an introduction to the history of the Bible* (1997), 418~419.

응하는가? 분명한 것은 신앙의 역사적 근원을 찾으려는 성서비평의 시도가 성서적이라는 사실이다. 성서 신앙이 말하는 계시는 역사적 토대를 갖고 있기 때문이다. 영지주의(Gnosticism/靈知主義)에 대한 끊임없는 비판은 그리스도교 신앙이 역사적 토대를 얼마나 소중하게 생각하는지를 입증해 준다. 그러나 성서는 신앙의 역사적 토대뿐 아니라, 이러한 역사적 사건을 영의 빛에서 바라본 사도의 해석도 중시한다. 아니 사도의 해석을 역사적 사건보다 중시한다. 사도의 해석이 역사적 사건의 깊이를 드러내 준다는 것이다. 이러한 성서 자체의 요청에 비추어 보면 사도의 해석을 이차적 해석이나 역사적 사실에 대한 왜곡으로 이해하는 성서비평의 한계가 여실히 드러난다.

그러면 성서비평으로 말미암아 성서 해석학의 주변으로 밀려났던 그리스도교의 전통적 성서영감론은 성서의 요청에 상응하는가? 그리고 성서영감론은 ― 모든 전승의 역사적인 맥락과 언어적 한계를 중시하는 ― 일반적인 해석학의 전제를 받아들일 수 있는가? 이를 위해 먼저 성서영감론의 역사를 간략하게 살펴본 후, 성서영감론의 의미를 신학적으로 조명해 보자.

1. 성서영감론의 역사

성서영감론의 역사는 그리스도교의 역사보다 오래된 것이다. 예수 당시에도 성서영감론은 낯선 것이 아니었다. 유대교는 말할 것도 없고, 비이성적 영감을 신의 근원으로 간주했던 그리스 사상도 영감론에 거부감을 느끼지 않았다. 사실 신약성서의 성서영감론(참조. 딤후 3:16; 벧후 1:21)은 유대교의 성서영감론에서 비롯된 것이다. 유대교는 성서영감론에 근거해 미드라쉬(מדרש, Midrash)와 알레고리라는 해석학을 발전시켰으며, 이러한 해석학은 그리스도교 성서 해석학에 커다란 영향을 끼쳤다.[25]

고대교회도 성서영감론을 당연한 것으로 받아들였다. 알렉산드리아 학파의 오리게네스뿐 아니라 안디옥 학파의 테오도루스도 성서영감론을 성서 해석의

---

25 미드라쉬란 랍비 유대교의 성서 해석을 가리키는 말이다. 미드라쉬는 '찾아내다', '검증하다'란 뜻의 히브리어 '다라쉬'(דרש)에서 유래한 말로서 문자적인 의미뿐 아니라 그 이면에 숨겨진 의미들을 찾아내려는 해석을 가리킨다. 미드라쉬에는 할라카 미드라쉬와 학가다 미드라쉬가 있다. 할라카 미드라쉬란 토라의 의미를 찾아 현 상황에 적용시키는 법률적 성격을 가지며, 학가다 미드라쉬는 토라의 영적 의미를 찾아내 이것을 비유와 이야기 형태로 풀어 설명하는 것이다. 랍비 유대교의 미드라쉬와 헬레니즘 유대교의 알레고리는 텍스트의 숨겨진 의미를 찾는다는 점에서는 일치한다. 그러나 이러한 목적을 이루기 위한 방법에 있어서 대화적이며 들으려는 태도를 강조하는 미드라쉬는 상상력과 체험에 의존하는 알레고리와 구분된다. 참조. 귄터 스템베르거/이수민 옮김, 『미드라쉬 입문』(서울: 바오로딸, 2008), 19~38; Julio C. Trebolle Barrera, *The Jewish Bible and the Christian Bible: an introduction to the history of the Bible* (1997), 473~479.

전제로 받아들였다. 그러나 고대교회의 성서영감론은 개신교 정통주의의 축자영감설(verbal inspiration/逐字靈感說)과는 다른 것이었다. 오리게네스에게 영감이란 의식이 소멸된 상태가 아니라, 특별한 조명(照明) 속에 있는 상태를 말한다.[26] 즉 성령의 영감을 받은 상태에서도 인격적 특성은 배제되지 않는다는 것이다.

물론 교부(敎父)들은 전통도 성령에 의해 생성된 것으로 이해했으며, 교회도 성령의 인도함을 받는 기관으로 이해했다. 그러나 종교개혁 이전까지는 이들의 관계가 해명되지 않았다. 이러한 상황 속에서 루터는 성서뿐 아니라 전통도 영감을 받았다고 말하는 가톨릭교회에 맞서 성서만이 영감을 받았다고 주장함으로써 격렬한 논쟁을 불러일으켰다.

종교개혁 이후에도 가톨릭과 개신교 모두는 성서영감론을 성서 해석의 전제로 간주했다. 그러나 종교개혁자들의 논리를 체계화시키려 했던 개신교 정통주의자들은 성서만이 신앙의 규범이라는 사실을 강조하기 위해 극단적인 축자영감설을 주장한다. 일리리쿠스(M. F. Illyricus, 1520~1575)는 문자뿐 아니라, 심지어 구약성서의 모음기호까지도 영감 받은 것이라고 주장한다. 즉 성서 기자들의 개성과 역사성은 성서에 아무런 영향력도 행사할 수 없었으며, 단지 성령이 불러주는 것을 받아 적는 일밖에 할 수 없었다는 것이다. 따라서 성서 기자들의 기록에는 오류가 있을 수 없다고 주장한다. 이러한 축자영감설은 당대에 이미 많은 비판을 받았다.[27] 무엇보다도 성서의 다양성과 상이성이라는 부인할 수 없는 사실이 축자영감설을 거부할 수밖에 없도록 만든다는 것이다.

그러나 계몽주의의 역사적 이성은 축자영감설뿐 아니라 성서영감론 자체에도 의문을 제기하기 시작한다. 이성의 검증을 피할 수 있는 책이란 존재하지 않는다는 것이다. 그 결과 19세기의 자유주의 신학은 성서영감론을 주변으로 밀어내고 그 자리에 성서비평을 위치시킨다. 성서도 비평의 대상이 되기 시작한 것이다. 20세기에 들어오면서 성서비평에 대한 비판과 더불어 성서영감론

---

26 참조. Bernhard Lohse, *Epochen der Dogmengeschichte* (1988), 220.
27 라흐트만(H. Rahtmann, 1585~1628)은 성서영감을 성서의 문자가 아닌 말씀의 선포에서 찾았으며, 제믈러(J. S. Semler, 1725~1791)도 축자영감설을 학문적으로 불가능한 가설에 불과하다고 비판한다.

을 받아들이며 성서의 권위를 회복시키려는 노력이 시작되었지만,[28] 성서비평의 우세는 여전하다.

2. 성서영감론의 근거와 의미

계몽주의 사조는 분명 성서영감론을 거부한다. 그러나 우리가 이미 앞에서 살펴보았듯이 축자영감설과 성서영감론은 구분되어야 한다. 그리스도교의 본래적인 성서영감론은 성서 저자의 영감을 의식이 소멸된 상태가 아니라 성령에 의해 조명되고 고양된 상태로 제시함으로써 성서가 기록될 때 성령의 조명뿐 아니라 성서 저자의 특성과 한계도 작용한다는 사실을 받아들인다. 고대교회부터 종교개혁에 이르기까지 성서영감론에 기초한 그리스도교 전통이 성서에 대한 영적 해석뿐 아니라 문자적 해석을 동시에 강조해 왔다는 사실이 이를 입증해 주고 있다.

역사적인 관점에서 볼 때 성서영감론은 성서의 권위를 다루는 맥락에서 나왔다. 신약성서의 경우 성서의 권위는 사도의 권위에서 비롯되었다. 물론 모든 성서들이 사도들에 의해 기록된 것은 아니다. 사도 이전에도 예수에 관한 구전 전승과 문서로 된 자료들이 존재했으며, 사도 아닌 성서 기자들이 이러한 전승들을 수집하고 편집했다는 것도 분명한 사실이다. 그러나 성서 기자들이 임의로 전승들을 수집하고 편집한 것은 아니었다. 그들에게는 사도의 신앙(regular fidei)이라는 규범이 있었다. 성서 텍스트의 형성 과정과 정경화(政經化) 과정에서도 사도들의 신앙에 부합하느냐 아니냐가 가장 중요한 기준이었다.

사실 초대교회에서 사도는 절대적 권위를 가졌다. 사도는 영의 전권 속에서 말할 수 있었다. 로제(Bernhard Lohse, 1928~1997)는 다음과 같이 말한다. "구약에서 율법과 예언자가 병존하듯이, 신약에서도 주와 사도가 병존한다."[29] 그러면 공동체는 왜 사도에게 권위를 부여했을까? 사도란 도대체 누군가? 예수의 제자들이 주로 사도가 되었지만 예수의 제자라 해서 자동적으로 사도가 되

---

28 성서영감론을 지지하는 현대의 대표적 신학자로는 바르트와 슈톨마허를 들 수 있다. 바르트는 영감론이 성서의 역사적이며 언어적 성격을 부정하는 것이 아니며, 인간적 오류 가능성도 배제하는 것이 아니라고 말한다. 참조. K. Barth, *Kirchliche Dogmatik I/2*, 6. Aufl. (Zürich: Theologischer Verlag, 1982), 593. 슈톨마허도 성서영감론을 성서에 뿌리내리고 있는 그리스도교 성서 해석학의 원리로 제시한다. 참조. Peter Stuhlmacher, *Vom Verstehen des Neuen Testaments* (1986), 57~58.

29 Eduard Lohse, *Die Entstehung des Neuen Testaments* (Stuttgart, Berlin, Köln, Mainz: Kohlhammer, 1972), 13.

는 것은 아니었다. 큉(H. Küng, 1928~)은 정당하게 사도의 조건을 부활하신 분의 현현과 관련시킨다. "사도란 부활하신 분의 증인이다. …… 사도는 주님으로부터 선교와 선포를 위임받은 자다."[30] 바울의 회심 이야기는 이러한 견해를 지지해 준다. 따라서 사도들이 모두 죽고 난 후에는 그 누구도 사도의 권위를 주장할 수 없었다. 초대교회는 사도들이 부활하신 분의 나타나심(顯現) 속에서 하나님 나라의 도래를 보았고 그 나라를 위해 부르심을 받았다고 믿었기 때문에, 달리 말하자면 성령의 빛에서 예수의 정체성에 대한 온전한 통찰력을 갖게 되었다고 믿었기 때문에 사도들에게 절대적인 권위를 부여했다. 물론 초대교회는 부활하신 분의 나타나심이 중단된 후에도 현존하시는 그리스도를 체험했다. 그러나 초대교회는 부활하신 분에 대한 체험과 − 하나님의 영광 속에서 − 현존하시는 그리스도에 대한 체험을 질적으로 구분한다. 후자는 단편적일 뿐 아니라 전자와의 일치 속에서만 자신의 진정성을 인정받을 수 있다는 것이다.

초대교회는 사도들이 죽은 후 사도의 권위를 성서에서 찾았다. 성령의 감동 속에서 그리스도의 현존을 체험했던 사도들의 신앙이 성서에 반영되어 있다고 믿었기 때문이다. 요약하자면, 성서의 권위는 사도의 권위에서 비롯되었으며, 사도의 권위는 부활하신 분의 자기 계시와 부르심에서 비롯되었다고 말할 수 있다. 따라서 부활하신 분의 현현이 실제적인 사건이 아니라면 사도의 권위도 실추될 수밖에 없으며, 성서의 권위도 토대를 상실할 수밖에 없다. 따라서 성서영감론이란 이성적으로 증명될 수 있는 것이 아니라 부활 신앙의 토대 위에서만 해명될 수 있다는 사실이 밝혀진다.

그러나 앞에서 이미 말했듯이, 그리스도교 전통은 성령에 의한 감동이 저자의 개인성과 유한성, 그리고 역사적 제약성을 부정하지 않는다는 사실을 분명하게 밝히고 있다. 사실 축자영감설은 지성의 희생을 초래할 뿐 아니라 그리스도교 전통에도 부합하지 않는다. 성서의 성육신(成肉身) 사상 또한 하나님의 진리가 초역사적인 현상이 아니라 구체적인 역사적 사건이나 인물 속에서 계시된다고 가르침으로써 성서 전승의 역사성을 인정한다.

그렇다면 성령의 빛에서 기록된 성서에도 역사적 제약과 언어적 한계가 존재한다고 말할 수 있을 것이다. 따라서 성서 전승에서 역사적 한계와 언어적 제

30 한스 큉/정지련 옮김, 「교회」(서울: 한들출판사, 2007), 498.

약성을 분별해 성서의 진실에 더 가까이 다가서기 위해선 − 성서로 하여금 스스로 말하도록 하는 성서 묵상과 더불어 − 성서비평을 받아들여야 한다는 결론이 대두된다. 달리 말하자면, 성서의 권위를 존중하려는 성서영감설과 신앙의 역사적 토대에 다가서려는 성서비평을 상호모순이 아닌 상호보완적 관계로 이해할 수 있어야 한다. 이러한 맥락에서 성서의 영적 의미와 더불어 성서의 문자적 의미를 중시해 왔던 그리스도교 전통이 시사해 주는 바는 실로 크다고 할 수 있다.

렉시오 디비나

성서는 그리스도교 전통에서 신앙의 규범뿐 아니라 신앙생활에서도 가장 중요한 매개로 이해되어 왔다. 그리스도교 신앙에서 성서를 읽고 이해하며 실천하는 것만큼 중요한 것은 없다. 그러나 성서는 성서의 본성에 상응하는 해석학을 요청한다. 성서는 거룩한 책이면서도 역사적인 책이며, 인간적인 책이면서도 거룩한 책이기 때문이다. 따라서 지성적이며 이성적인 성서 이해와 더불어 성서의 영을 기다리며 성서로 하여금 스스로 말하도록 섬기는 해석이 요청된다. 그러나 이러한 해석은 결코 새로운 것이 아니다. 고대와 중세는 물론이고 − 성서를 이성의 빛에서 비평하기 시작했던 계몽주의 신학의 선구자라 할 수 있는 − 제믈러도 성서영감론을 전제하고 있었다.

그리고 하나님의 영에 대한 신실한 기다림과 냉철한 이성의 비판적 의식을 하나의 실천 속에서 통합하려 했던 시도 또한 그리스도교 전통 속에서 처음부터 존재해 왔다. 렉시오 디비나란 성서 묵상 방식이 바로 이러한 전통에 속한다.

이미 앞에서 살펴보았듯이 렉시오 디비나는 12세기의 수도사 귀고 2세에 의해 정형화되고 체계화되었지만 그 역사는 훨씬 이전까지 거슬러 올라간다. 베네딕트 수도회는 물론이고 오리게네스 같은 교부들도 렉시오 디비나를 실천했다. 렉시오 디비나의 역사는 랍비 유대교의 미드라쉬 해석 전통까지 거슬러 올라간다.[31] 사실 렉시오 디비나와 미드라쉬는 배경과 전제는 다르지만, 온 몸과

---

31 참조. 엔조 비앙키/이연학 옮김, 『말씀에서 샘솟는 기도』 (왜관: 분도출판사, 2001), 116~118. 프랑스와 까쎙제나−트레베디/서인석 옮김, 『말씀의 불꽃』 (왜관: 분도출판사, 2002), 59~63. Julio C. Trebolle Barrera, *The Jewish Bible and the Christian Bible: an introduction to the history of the Bible* (1997), 473~475.

마음을 다해 성서에 귀 기울이는 가운데 살아계신 하나님의 음성을 들으려는 공통점을 가지고 있다. 구약성서학자 왕대일은 성서의 숨은 뜻을 찾기 위해 본문의 음성에 귀 기울이는 "미드라쉬의 유산을 기독교 신앙의 지평에서 수렴한 것이 바로 렉시오 디비나"라고 말한다.[32]

그리스도교가 유대교와 공유하는 성서 해석의 유산이라 할 수 있는 렉시오 디비나의 특징은 무엇보다도 성서를 살아 있는 하나님의 말씀으로 이해한다는 점에 있다.[33] 여기서 성서는 해석자의 이해의 대상이 아니라, 오히려 듣는 자에게 말씀하시는 주체로 이해된다. 달리 말하자면, 렉시오 디비나는 성서 텍스트가 성령의 임재 가운데 현재화되기를 기다리는 것이라 할 수 있다. 그러나 이러한 들음은 수동적인 자세가 아니라, 오히려 삶 전체의 헌신을 요구한다. 이러한 삶 전체의 참여를 귀고 2세는 독서와 묵상, 그리고 기도로 이어지는 '수도승의 사다리'로 표현한다.

그러나 해석학의 입장에서는 다음과 같은 물음이 제기된다. 렉시오 디비나는 성서 해석이라기보다는 영성 훈련의 방식이 아닌가? 사실 일반적인 렉시오 디비나의 수행은 인식의 획득보다는 영성 훈련에 초점을 맞추고 있는 것처럼 보인다. 현대 가톨릭의 영성에 적지 않은 영향력을 행사하고 있는 보세(Bose) 수도원의 원장인 비앙키(E. Bianchi)도 렉시오 디비나를 '말씀에서 샘솟는 기도'라고 정의한다.[34]

그렇지만 비앙키가 이로써 견제하려는 것은 말씀에서 샘솟지 않는 기도와 기도 없는 독서지, 결코 '말씀에서 샘솟는 기도'와 '기도와 함께 하는 독서'[35]를 구분하려는 것은 아니다. 수도원 전통의 렉시오 디비나에서는 영성 훈련과 성서 해석이 분리되지 않는다. 말씀에서 샘솟는 기도는 의식적이든 무의식적이든 인식을 내포하기 마련이며, 이러한 인식의 빛에서 성서를 새롭게 선포해야 하기 때문이다.

---

32 왕대일, "성서 해석학과 그 패러다임의 전환 – 넓이의 해석에서 깊이의 해석으로," 『신학과 세계』 66 (2009), 24.

33 참조. 엔조 비앙키/이연학 옮김, 『말씀에서 샘솟는 기도』 (2001), 30. 허성준 신부도 렉시오 디비나의 목적을 살아계신 "하느님의 말씀과 하나 됨"에서 찾으며, 까생제나–트레베디 또한 이러한 맥락에서 렉시오 디비나를 "만남을 위한 독서"로 정의한다. 참조. 허성준, 『수도 전통에 따른 렉시오 디비나』 (왜관: 분도출판사, 2003), 191. 프랑스와 까생제나–트레베디/서인석 옮김, 『말씀의 불꽃』 (2002), 26.

34 참조. 엔조 비앙키/이연학 옮김, 『말씀에서 샘솟는 기도』 (2001), 33.

35 참조. 앞의 책, 58.

렉시오 디비나는 기도 없는 독서를 견제한다. 그러나 학문적인 독서 그 자체가 거부되는 것은 아니다. 귀고 2세도 다음과 같이 말한다. "묵상 없는 독서는 메마르며, 독서 없는 묵상은 오류에 빠지기 쉽다."[36] 렉시오 디비나와 학문적 연구가 대립되는 것처럼 생각하는 것은 잘못이다.[37] 까쌩제나-트레베디(F. Cassingena-Trevedy)는 다음과 같이 말한다. "우리는 우선 문법과 문헌학이라는 도구들로써 시작하지만 고고학과 역사학이라는 도구들로써 탐구를 계속 진행해 나갈 것이다. 이어서 성경 신학은 좀 더 멀리 데려다 줄 것이며, 교리신학과 영성신학은 더 높은 지점으로 인도해 줄 것이다. 최종적으로는 '비둘기의 날개'(시 55:7)에 실려 침묵 안에서 완성되는 관조기도의 영역에까지 날아가게 될 것이다. …… 계몽주의 시대 이래 오늘에 이르기까지 성경 연구의 비극은 의심의 여지없이 많은 주석가들이 이런 사다리 개념을 상실한 데서 기인한다."[38] 비앙키도 다음과 같이 말한다. "요컨대 독서를 통해 찾는 과정에서 지성이나 학문적 방편을 이용하는 것은 꼭 필요하지만, 중요한 것은 지성을 비추어주는 신앙이다."[39] 즉 거부되어야 할 것은 학문적이며 비평적인 연구 자체가 아니라, 자신을 절대화시키는 성서비평이라 할 수 있다.

요약하자면, 렉시오 디비나를 성서 해석의 원칙으로 삼는다고 현대의 성서비평을 거부해야 하는 것은 아니라는 말이다. 렉시오 디비나는 오히려 독서의 과정에서 그리스도교의 해석전통뿐 아니라 현대의 성서비평도 - 물론 이성의 빛에서 검증하면서 - 적극적으로 받아들일 수 있다. 물론 비평적인 이성과 그리스도교의 전통은 성서 해석의 최종적인 단계가 아니다. 그러나 이성과 전통은 자신의 절대성 주장을 내려놓을 수만 있다면, 임의적이거나 왜곡된 해석을 방지하고 해석의 바른 방향을 지시해 주는 순기능을 가질 수 있다. 보다 깊은 인식에 도달하려는 렉시오 디비나의 묵상은 반드시 이러한 과정을 거쳐야 한다. 해석자는 또한 이러한 과정 속에서 생겨나는 - 역사적 사실과 신앙의 증언 사이의 -

---

36 귀고 2세의 「수도승의 사다리」는 허성준, 『수도 전통에 따른 렉시오 디비나』 (2003), 213에서 재인용했다.

37 허성준 신부의 글에는 오해를 불러일으킬 소지가 있는 표현들이 나타난다. "수도 전통은 언제나 성서에 대한 학문적 독서 방법보다는 마음으로 읽고 맛들이는 렉시오 디비나 방법을 선호했다." 참조. 허성준, 『수도 전통에 따른 렉시오 디비나』 (2003), 54. 그러나 그는 귀고 2세를 다루는 부분에서는 학문적 방법을 인정한다. "성서에 대한 아무런 전(全) 이해나 지식 없이 성서를 읽게 될 때, 자칫 말씀을 자구적으로 해석하거나, 혹은 자기 식으로 생각할 위험이 있다. 그러므로 성서 독서를 할 때는 말씀에 대한 정확한 전 이해가 있어야 한다." 참조. 앞의 책, 78.

38 프랑스와 까쌩제나-트레베디/서인석 옮김, 『말씀의 불꽃』 (2002), 75~76.

39 엔조 비앙키/이연학 옮김, 『말씀에서 샘솟는 기도』 (2001), 78.

긴장과 갈등을 묵상의 자료로 삼으며 묵상과 기도를 통해 성서로 하여금 스스로 말하도록 기다려야 한다. 그리고 이러한 인내의 과정 속에서 새로운 빛이 비춰진다면, 해석자는 양자 사이의 갈등과 긴장을 새롭게 이해할 수 있게 될 것이다.

2

예수의

탄생

동정녀 수태 교리의 역사적 근거
동정녀 수태 교리의 의미
동정녀 수태 교리 묵상

제2장

예수의 탄생

> 천사가 대답하여 이르되 성령이 네게 임하시고
> 지극히 높으신 이의 능력이 너를 덮으시리니
> 이러므로 나실 바 거룩한 이는 하나님의 아들이라 일컬어지리라.
>
> (눅 1:35)

예수의 탄생을 기리는 성탄절은 주후 350년 교황 율리우스 1세(Julius I)가 예수의 탄생일을 12월 25일로 제정한 데서 비롯되었다. 이러한 성탄절 날짜 제정에는 역사적 고증(考證)보다는 예수가 한겨울에 태어났다는 복음서의 보도와 당시의 동지(冬至) 축제가 참작되었을 것이다.

사실 예수의 출생연도를 새로운 기원의 시작으로 보는 견해도 6세기에야 나타났다. A. D. 525년 수도사 디오니시우스 엑시구우스(Dionysius Exiguus)가 교황 요한 1세의 요청으로 A. U. C.(Ab urbe condita, 로마 설립연도) 대신에 예수의 출생연도를 새로운 기원의 시작으로 제시하는 표준 달력을 만들면서부터 예수의 탄생일이 새로운 기원의 시작으로 인식되었다. 이 달력은 예수의 출생 일자를 A. U. C. 753년 12월 25일로 정하고 A. U. C. 754년을 A. D.(Anno Domini) 1년으로 계산했지만, 현대 성서신학은 디오니시우스의 계산에서 착오를 발견하고 예수가 B. C. 4~6년경 탄생했을 것으로 추정한다.

예수의 탄생지에 관해서도 마태와 누가복음은 예수의 탄생 장소를 베들레헴으로 기술하고 있지만, 베들레헴 탄생 전승이 역사적인 사실에 근거한 것인지 아니면 – 메시아가 다윗의 도성 베들레헴에서 태어날 것이라는 – 구약성서 미가의 예언을 예수에게 투사한 것인지는 아직 해명되고 있지 않다.

그러나 성탄절(聖誕節)의 여러 주제들 가운데 그리스도교 전통이 가장 깊은 관심을 가졌던 것은 출생지나 출생연도가 아니라 예수의 정체성에 관한 문제였다. 따라서 예수의 동정녀 탄생, 보다 정확하게 말하자면 예수의 동정녀 수태 전승이 다른 전승들보다 전면에 부각되었다.[1]

이 전승은 비록 성서 내에서 차지하는 비중은 크지 않지만, 그리스도교 교리 전통 내에서 일찍부터 확고한 위치를 차지해 왔다. 고대 로마 교회의 세례문답과 니케아 콘스탄티노플 공의회 신조뿐 아니라 사도신경도 예수의 동정녀 수태를 고백한다. 물론 이 교리가 순탄한 길을 걸어온 것만은 아니다. 오히려 교회 안팎으로부터 수많은 도전에 직면해야 했다. 예수를 다른 인간들과 마찬가지로 정상적인 출생과정을 거쳤던 분임을 전제하는 양자론(adoptionism/養子論)과 예수의 인간성을 부정하는 가현설(docetism/假現說)이 동정녀 수태 교리를 위협했으며, 교회와 경쟁관계에 있었던 유대교 랍비들은 사생아설(私生兒說)을 동정녀 탄생 교리의 진실로 제시했다. 그러나 3세기 이후 그리스도교의 세계적인 성장과 더불어 이러한 비판들은 수면 위에서 자취를 감추었다. 미국의 저명한 가톨릭 성서학자 브라운(Raymond E. Brown)은 이러한 상황에 대해 다음과 같이 말한다. "1600년(200~1800) 동안 동정녀 수태는 거의 모든 그리스도인들에게 생물학적 의미로 받아들여졌다. 이 기간 중에는 이 교리에 그 어떤 이의도 제기되지 않았다."[2]

그러나 19세기 이후 이 교리는 다시 논란의 대상이 되었다. 계몽주의의 영향을 받은 19세기에는 특히 신화설(神話說)이 대두되었다. 동정녀 탄생은 실제로 일어난 역사적 사건이 아니라 특정한 메시지를 전하기 위한 고대의 신화였다는 것이다. 그리고 20세기에는 신학적 관점에서도 비판이 제기되었다. 특히 동정녀 탄생 교리에 예수의 온전한 인간성을 희생시킬 위험성이 내재되어 있다는 비판이 주목을 받았다. 인간적인 아버지 없이 태어난 예수가 어떻게 우리와

---

1 가톨릭의 저명한 신약성서학자 브라운은 동정녀 탄생과 수태를 구분하면서, 전자는 성서의 메시지를 넘어서서 예수의 기적적인 출산과 마리아의 평생 동정을 암시할 수 있다고 말한다. 참조. Raymond E. Brown, *The Virginal Conception and Bodily Resurrection of Jesus* (New York · Paramus · Toronto: Paulist Press, 1973), 27.

2 앞의 책, 37.

똑같은 인간일 수 있겠느냐는 것이다.[3]

이러한 상황을 감안하면 먼저 성서학적 관점에서 – 동정녀 수태 전승을 포괄하고 있는 – 예수 탄생 이야기의 문학적 성격과 동정녀 수태 전승의 역사성 문제를 살펴본 후 신학적 관점에서 이 동정녀 수태 메시지의 의미를 논구해 보는 것이 바람직한 것처럼 보인다.

동정녀 수태 교리의 역사적 근거

1. 예수 탄생 이야기의 문학적 성격

1) 전승의 장르 문제

예수의 탄생 이야기는 마태복음 1~2장과 누가복음 1~2장에만 나타난다. 바울은 예수의 탄생 이야기를 알지 못했던 것처럼 보이며,[4] 요한복음도 예수를 단지 요셉의 아들로만 부르고 있다.[5] 그리고 예수의 탄생 이야기를 전하는 마태와 누가도 서로 다른 방식으로 이야기를 전개해 나간다. 마태복음에서는 천사가 마리아의 수태를 전제하면서 요셉에게 수태의 비밀을 전해 준 후 동방박사 이야기가 이어지지만, 누가복음에서는 천사가 요셉이 아닌 마리아에게 성령에 의한 수태를 예고하고, 동방박사 대신에 천사로 하여금 목자에게 기쁜 소식을 전하도록 만든다. 또한 마태가 이집트 피난 이야기와 영아 학살 이야기를 덧붙임으로써 독자로 하여금 예수를 모세와 비교하도록 만든다면, 누가는 예수의 탄생을 요한의 탄생과 비교하면서 예수 탄생의 의미를 은유적으로 제시해 준다.

현대 성서신학은 마태와 누가의 예수 탄생 전승이 후대의 전승이라고 주장한

---

3 참조. Emil Brunner, *Dogmatik II: Die Christliche Lehre von Schöpfung und Erlösung* (Zürich: TVZ, 1972), 377. 본회퍼(D. Bonhoeffer)도 비슷한 어조로 말한다. "동정녀 탄생 교리는 하나님의 성육신을 표현하려는 것이다. 그러나 여기서 성육신의 중요한 점, 즉 예수가 우리같이 되었다는 사실이 간과될 수 있지 않을까?" 참조. 본회퍼/유석성 옮김, 『그리스도론』(서울: 대한기독교서회, 2010), 90. 틸리히(P. Tillich)도 동정녀 탄생 교리에 가현설로 오인될 소지가 있다고 보며 다음과 같이 말한다. "이 교리에는 인간적 아버지를 배제함으로써 인간의 곤궁에 전적으로 참여하는 그리스도에 대한 이해가 곤란에 빠질 위험성이 존재한다." 참조. Paul Tillich, *Systematic Theology, vol. 2* (Chicago: The university of Chicago press, 1957), 160.

4 참조. 갈 4:4. "때가 차매 하나님이 그 아들을 보내사 여자에게서 나게 하시고 율법 아래에 나게 하신 것은."

5 참조. 요 1:45; 6:42.

다. 즉 마태와 누가의 예수 탄생 전승은 – 초기의 전승이 나타났던 상황과는 다른 상황 속에서 – 특정한 전제와 목적을 가지고 생성된 전승이라는 것이다. 이러한 주장의 의미에 대해 독일의 성서학자 그룬트만(W. Grundmann)은 다음과 같이 말한다. "이 이야기는 후대의 전승이며, 따라서 논란의 여지가 없는 전승들이 아니다. 이 전승들은 십자가에 달리셨고 부활하셨으며 승천하신 예수에 대한 신앙이 확고해졌을 때, 즉 교회가 예수를 하나님의 아들로 인정한 후 형성된 전승이다. …… 따라서 복음서의 예수 탄생 전승에서는 역사적인 사실이 아니라, 선포하고 고백하는 성격이 중시되어야 한다."[6] 단적으로 말하자면, 예수의 탄생 이야기는 부활절 신앙의 전제 아래서 예수의 정체성을 직관적인 형식으로 고백한 것이며, 따라서 순수한 역사적 보도로 보기 어렵다는 것이다.

대부분의 현대 신학자들은 이러한 사실 정황에 근거해 마태와 누가복음에 수록되어 있는 예수의 탄생 이야기들이 역사적 기록이 아니라는 데 동의한다. 물론 복음주의(Evangelism) 신학자들은 예수 탄생 전승의 역사성을 주장한다. 그러나 그들도 탄생 전승 전체를 역사적 보도로 보지는 않는다. 단지 전승의 뿌리에 역사적 사실이 있다고 주장할 뿐이다. 복음주의 신학자들도 예수 탄생 전승이 신학적으로 해석된 전승임을 인정한다.[7]

그렇다면 예수 탄생 이야기는 그 어떤 메시지를 전하기 위해 상상력에 호소하는 창작이나 신화(神話)란 말인가? 역사적 예수 연구의 개척자였던 19세기의 슈트라우스(D. F. Strauss)와 신약성서의 비신화화를 주장했던 20세기의 불트만(R. Bultmann)은 이 전승을 신화로 간주한다.[8] 그리고 예수 세미나(Jesus Seminar) 회원인 보그(M. Borg)도 비슷한 견해를 피력한다. "이 이야기들은 역사적 보도가 아니라 문학적 창작이다. 문학적 창작으로서 이 이야기들은 기억된 역사가 아니라 예수의 의미와 관련된 핵심적 진리를 표현하기 위해 고대의 종교적 이미지를 사용한 은유적 이야기이다."[9] 물론 예수 탄생 전승을 신화나

---

6 Walter Grundmann, *Die Geschichte Jesu Christi* (1959), 379.

7 참조. 벤 위더링턴/요단출판사 번역위원회 옮김, "예수의 탄생", 「예수복음서 사전」 (서울: 요단출판사, 2003), 61.

8 현대의 저명한 신화학자 캠벨(J. Campbell)은 히브리 전통에는 처녀수태 관념 자체가 없다는 사실을 주지시키면서 예수의 탄생 이야기가 그리스 전통에서 그리스도교로 흘러 들어왔을 것이라고 추정한다. 참조. 조셉 캠벨 · 빌 모이어스/이윤기 옮김, 「신화의 힘」 (서울: 고려원, 1999), 326. 그는 신화의 기능에 대해 다음과 같이 정리한다. 첫째, 만물의 신비를 깨닫는 세계의 문을 열어주는 기능, 둘째, 신비의 샘으로서의 우주를 보여주는 기능, 셋째, 질서를 세우는 사회적 기능, 넷째, 교육적 기능. 참조. 앞의 책, 81~82.

9 마커스 보그 · N. 톰 라이트/김준우 옮김, 「예수의 의미」 (서울: 한국기독교연구소, 2001), 275.

전설로 말하는 것이 이 전승들이 무가치하다는 말은 결코 아니다. 예수 세미나의 설립자 크로산(J. D. Crossan)은 다음과 같이 말한다. "예수의 탄생 이야기들은 종교적인 창작, 혹은 비유다. 이것은 예수의 출생 이야기들이 가치가 없다는 것을 의미하는 것이 아니라, 문자적 의미에서 역사적인 사실로 이해되어서는 안 된다고 하는 것을 의미한다."[10]

이 전승에 신화적 표상들이 나타나는 것은 분명하다. 누가에는 천사, 목자, 구유가 등장하며, 마태는 동방박사로 하여금 별을 따라 예수가 태어나신 곳을 찾아가도록 만든다. 또한 마태와 누가가 공통적으로 전하고 있는 동정녀 수태 이야기도 이집트에서 인도까지 널리 퍼져 있었던 당시 고대사회의 신화에 자주 등장하는 주제다. 그리스 신화에서도 신들이 인간의 딸들과 결혼해 영웅들을 낳았으며, 알렉산더, 아우구스투스 등의 역사적 인물들도 신의 아들로 소개된다.

그러나 복음서의 탄생 전승에는 이 전승의 유래를 이방 신화로 볼 수 없도록 만드는 구성 요소들도 존재한다. 구약성서와의 연관성이 바로 그것이다. 사실 구약성서적 배경을 가진 사람은 이 전승이 말하고자 하는 바를 그리 어렵지 않게 파악할 수 있다. 예수를 구약성서의 정점으로 바라보는 신앙의 빛에서 구약성서적 사건과 인물들을 예수에 대한 모형(模型)들로 받아들인 흔적들이 전승 도처에 나타나기 때문이다. 마태는 예수의 족보를 다윗에게까지 소급시킬 뿐 아니라, 모세와의 연관성도 암시하고 있다. 모세가 이집트 파라오의 손에서 구해졌듯이 아기 예수도 헤롯의 손에서 벗어났고, 모세가 이집트에 있었듯이 예수도 부모와 함께 이집트로 피난길을 떠난다. 이러한 이야기에는 분명 예수가 이스라엘이 고대했던 다윗의 자손이며, 새로운 모세임이 암시된다. 누가도 예수의 탄생 이야기에 앞서 세례 요한의 출생 이야기를 전한다. 그리고 요한을 이스라엘의 위대한 예언자로 표상하면서도 예수를 요한보다 위대한 분으로 소개한다.

예수 탄생 전승의 많은 부분들이 - 물론 전체가 다 그런 것은 아니지만 - 예수를 구약의 성취로 제시하는 모형론(typology/模型論)에 의해 전개된다는 것은 분명한 사실이다. 그리고 모형론이 - 문자의 숨겨진 의미, 곧 영적 의미를 추구하

---

10 존 도미닉 크로산/한인철 옮김, 『예수는 누구인가』 (서울: 한국기독교연구소, 1998), 39.

는 - 알레고리를 시간적 차원으로 펼쳐 나가는 해석임을 감안한다면 탄생 전승의 장르를 - 역사적 보도로도 볼 수 없지만 - 일반적인 의미의 신화로 간주할 수 없다는 사실이 밝혀진다.

2) 전승의 형성과정

최근에는 이러한 사실들을 고려하면서 탄생 전승의 장르를 - 부분적으로는 주위 종교의 신화나 전설을 받아들이긴 했지만, 전체적으로 보자면 - 유대 문학, 특히 성서의 숨겨진 영적 의미를 찾기 위해 성서를 묵상하면서 창조적으로 풀어나가는 랍비적 미드라쉬(Midrash)[11]로 보려는 시도들이 부각되었다. 예를 들자면, 유대 해석학 전문가 스템베르거(G. Stemberger)는 예수의 탄생 전승을 미드라쉬로 이해하며 다음과 같이 말한다. "예수의 유년 사화 전체가 구약 구절을 인용해서 발전되었음을 수긍한다면, 하이네만이 '창조적 역사 기록'이라고 정의한 대로, 라삐들이 성경을 해석하는 근본원칙에서 시행되었다고 볼 수 있다."[12] 물론 반대의 목소리도 있다. 예를 들자면, 복음주의 신학자 위더링턴 3세(B. Witherington III)는 미드라쉬가 오랜 시간이 흐른 후에야 비로소 형성된다는 점을 들어 - 예수께서 죽은 지 얼마 되지 않아 등장했던 - 복음서의 장르를 미드라쉬로 보는 것에 이의를 제기한다.[13]

브라운(R. E. Brown)도 라이트(A. Wright)의 미드라쉬 정의[14]를 제시하면서 미드라쉬가 엄밀한 의미에서는 탄생 이야기의 문학적 장르가 될 수 없다고 말한다.[15] 즉 예수의 탄생 이야기가 유대교 미드라쉬처럼 다음 세대에게 성서 텍스트의 의미를 풀어주기 위한 것은 아니라는 것이다. 그러나 브라운은 예수 탄

---

11 미드라쉬(Midrash)란 랍비 유대교의 구약성서 해석을 가리키는 말이다. 미드라쉬는 '찾다', '묻다'란 뜻을 가진 랍비 유대교의 포괄적인 개념으로서 해석학적으로는 문자적인 의미뿐 아니라 그 이면에 숨겨진 깊은 의미들을 찾아내는 해석을 가리킨다. 미드라쉬에는 할라카(Halakha) 미드라쉬와 학가다(Haggadah) 미드라쉬가 있다. 할라카 미드라쉬가 토라의 의미를 찾아 현 상황에 적용시키는 법률적 성격을 가졌다면, 학가다 미드라쉬는 토라의 영적 의미를 찾아내 이것을 비유나 이야기 형태로 풀어낸다. 랍비 유대교의 미드라쉬와 헬레니즘 유대교의 알레고리는 텍스트의 숨겨진 의미를 찾는다는 점에서는 일치한다. 그러나 이러한 목적을 이루기 위한 방법에 있어서 대화적이며 들으려는 태도를 강조하는 미드라쉬는 상상력과 체험에 의존하는 알레고리와 구분된다. 참조. Julio C. Trebolle Barrera, The Jewish Bible and the Christian Bible: an introduction to the history of the Bible, trans. Wilfred G. E. Watson (1997), 473~475, 479.

12 귄터 스템베르거/이수민 옮김, 「미드라쉬 입문」 (서울: 바오로딸, 2008), 31.

13 벤 위더링턴/요단출판사 번역위원회 옮김, "예수의 탄생", 「예수복음서 사전」 (2003), 61.

14 "랍비적 미드라쉬는 성서와 관련된 문학이다. 미드라쉬는 다음 세대를 위해 성서텍스트를 보다 잘 이해시키고 유용하게 만들려는 시도다. 출발점은 성서 텍스트다. 그리고 전체적으로 보자면 성서 자료를 다루는 데 창조적이다." 참조. Addison Wright, The Literary Genre Midrash (Staten Island: Alba, 1967), 74.

15 Raymond E. Brown, The Birth of Messiah: A Commentary on the Infancy Narratives in the Gospels of Matthew & Luke (New Haven: Yale University Press, 1999), 561.

생 이야기의 주석 내지는 전개 스타일을 미드라쉬로 제시한다.[16] 달리 말하자면 미드라쉬를 탄생 이야기의 문학적 장르로 말하기는 어렵지만, 전승의 해석학적 기술이나 방법은 분명 미드라쉬적이라는 것이다. 복음주의 신학자들도 탄생 전승에 미드라쉬적 전개방식이 있다는 사실을 인정한다.[17]

예수 탄생 이야기의 장르는 아닐지라도 이 이야기의 전개 방식만큼은 미드라쉬로 볼 수 있다는 것은 무엇을 의미하는가? 그것은 무엇보다도 복음서 기자들이 무(無)에서 유(有)를 창조한 것이 아님을 시사한다. 그들 앞에는 분명 묵상의 자료가 놓여 있었다. 그러나 복음서 기자들에게 주어진 자료는 토라(Tora)가 아니었다. 그러면 그들에게 전해졌던 자료는 무엇이었을까? 현대 성서학자들은 서로 상이한 탄생 이야기를 전하는 마태와 누가에게 공통적으로 주어져 있는 내용이 양자에게 전해진 전승이라고 주장한다. 달리 말하자면, 예수께서 성령에 의해 잉태되었다는 이른바 동정녀 수태 전승이 바로 복음서 기자들의 묵상 자료였다는 것이다. 이러한 견해에서 현대 성서학자들은 보수와 진보의 차이를 넘어서서 일치를 보인다. 이러한 사실은 우선 동정녀 수태 전승이 이사야 7:14("처녀가 잉태하여 아들을 낳을 것이요 그의 이름을 임마누엘이라 하리라.")의 빛에서 예수의 탄생을 상상해낸 창작이라는 주장을 논의에서 배제하도록 만든다.[18]

그렇다면 복음서의 예수 탄생 전승이 형성된 과정을 다음과 같이 재구성할 수 있을 것이다. 먼저 복음서 기자들은 공동체에 전해져 내려온 동정녀 수태 전승을 묵상했을 것이다. 그리고 이러한 묵상을 통해 깨닫게 된 예수의 의미를 구약성서의 맥락에서 모형론의 도움을 받아 서술하는 가운데 예수 탄생 전승이 생성되었다고 말할 수 있다. 이로써 한편으로는 초대교회가 유대교로부터 성서뿐 아니라 성서 해석학도 받아들였다는 사실이, 다른 한편으로는 예수 탄생 이야기의 토대가 동정녀 수태 전승이라는 사실이 드러난다.

---

16 앞의 책, 561.

17 참조. 벤 위더링턴/요단출판사 번역위원회 옮김, "예수의 탄생", 「예수복음서 사전」 (2003), 61.

18 참조. 마커스 보그 · N. 톰 라이트/김준우 옮김, 『예수의 의미』 (2001), 267. 복음주의 신학자 마샬(I. H. Marshall)뿐 아니라 슈바이처와 큄멜(W. G. Kümmel)도 마태의 창작설을 비판한다. 슈트라우스(F. Strauss, 1808~1874)는 마태가 이사야 7장 14절을 히브리어 성서가 아니라 희랍어 번역본인 70인역(Septuaginta)에서 인용했기 때문에 젊은 여자를 뜻하는 히브리어 알마(almah)를 처녀를 뜻하는 희랍어 파르테노스(parthenos)로 오역했다고 주장했다. 그러나 이러한 주장을 하르낙(A. von Harnack)과 바르트(K. Barth)는 반박한다. 문맥상 오역이 아니라는 것이다. 그러나 대부분의 현대 신학자들은 이사야 7장 14절을 동정녀 수태로 해석하지 않는다.

2. 동정녀 수태 전승의 역사성 문제

그러면 마태와 누가에게 공통적으로 전해졌던 이야기, 즉 천사의 입을 통해 예수를 성령에 의해 수태되신 분으로 말하는 동정녀 수태 전승은 어떤 전승이었을까? 브라운은 이 전승의 특징들을 다음과 같이 열거한다. 첫째, 이 전승은 천사의 예고 형태를 취한다. 둘째, 예수께서 다윗의 후손이며 성령의 능력으로 하나님의 아들로 태어났다는 신학적 메시지를 제시한다. 셋째, 성령으로 수태하신 분이라는 천사의 예고를 동정녀 수태와 연결시키는 구조를 갖는다.[19]

브라운의 이러한 분석은 현대 성서학자들 사이에서 공감을 얻고 있다. 사실 이 전승이 문학적으로나 내용적으로 구약성서의 맥락에서 예수 탄생의 의미를 제시하고 있다는 것을 부인하는 신학자는 오늘날 거의 없는 것처럼 보인다. 그러나 논란의 대상이 되고 있는 것은 동정녀 수태, 보다 정확하게 말하자면 예수를 성령의 새로운 창조로 제시하는 구약성서적 메시지와 결합된 동정녀 수태 개념이다. 이 개념을 둘러싼 신학적 논쟁은 동정녀 수태 개념이 역사적 사실에 근거한 것이냐, 아니면 주변 종교의 신화나 전설에서 비롯된 것이냐는 물음에 초점을 맞추고 있다. 이러한 논쟁과 이러한 논쟁을 촉발시킨 동정녀 수태 전승의 구조에 직면해 먼저 동정녀 수태 전승의 역사성 문제를 반성해 본 후 — 예수를 성령의 새로운 창조로 제시하는 구약성서적 메시지와 동정녀 수태 개념을 결합시킨 — 전승의 메시지를 해명해 보는 것이 방법적으로 적절한 것처럼 보인다.

1) 논쟁의 초점

가톨릭은 전통적으로 동정녀 수태 전승을 마리아의 증언에 기초한 역사적 전승으로 이해해 왔다. 제2차 바티칸 공의회(1962~1965) 이전에는 동정녀 수태 전승의 역사성을 긍정하는 분위기가 지배적이었다. 현대의 보수적인 가톨릭 신학자들(R. Laurentin, A. Feuillet, J. McHugh)도 이러한 견해를 지지한다. 그러나 공의회 이후 동정녀 수태 교리에 자유로운 비판의 목소리들이 쏟아져 나오기 시작했다. 동정녀 수태 교리가 성육신 교리뿐 아니라 성서적 증언에도 상응하지 않는다는 것이다.[20]

---

19 Raymond E. Brown, *The Birth of Messiah: A Commentary on the Infancy Narratives in the Gospels of Matthew & Luke* (1999), 522.

20 이러한 주장을 펼치는 신학자로는 스위스 출신의 튀빙엔 신학자 큉(H. Küng)과 네덜란드의 예수회 신부 반 킬스동크(J. van Kilsdonk)를 들 수 있다.

개신교에서는 계몽주의 시대 이후 진보적인 신학자들이 동정녀 수태 전승의 역사성에 지속적으로 이의를 제기해왔다. 이에 맞서 개신교 정통주의 신학자들은 동정녀 수태 전승의 역사성을 결코 포기할 수 없는 신앙의 기준으로 제시했다. 후자가 예수의 정체성을 그분의 독특한 출생 방식에서 찾는다면, 전자는 예수께서 다른 인간과 다르게 수태되어야 한다는 논제를 비판한다.

　이러한 논쟁은 성서비평을 수용하는 현대 신학에서도 계속되었다. 진보적인 신학자들은 역사성이 아니라 신학적 의미를 추구하는 것이 동정녀 수태 전승의 성격에 부합하는 것이라고 주장하는 반면, 복음주의 신학자들은 성서비평을 통해 오히려 동정녀 수태 전승의 역사성이 드러난다고 주장한다. 동정녀 수태 전승이 역사적 근거가 있는 전승이라는 것이다. 물론 복음주의 신학자들이 이 전승을 부활절 이후의 전승으로 간주하는 진보적 신학자들의 주장을 거부하는 것은 아니다. 그러나 복음주의 신학자들은 이 전승이 부활절 이후의 전승이라 할지라도 부활절 이전의 역사적 사실에 근거하고 있다고 주장한다. 간략하게 말하자면, 부활절 이전에 발생했던 역사적 사실에 대한 부활절 이후의 신학적 해석이라는 것이다.

　전승사 비평의 빛에서 보더라도 동정녀 수태 전승의 기원을 부활절 이전으로 주장하는 것을 반박할 수는 없다. 부활절 이전에도 역사적 개연성을 가진 예수 전승들이 존재했기 때문이다. 그러나 동정녀 수태 전승을 부활절 이전 전승으로 간주하는 경우에도 부활절 이전에 형성된 다른 전승들과의 차이가 간과되어서는 안 된다. 동정녀 수태 전승의 역사적 개연성을 입증해 줄 수 있는 증인은 제자 공동체가 아니기 때문이다.

　복음주의 신학자들은 이 전승이 가족의 증언에서 비롯되었을 가능성이 높다고 주장한다. 이 전승이 부활절 이전에 생성되었다 할지라도 그들의 증언에서 비롯되지 않았다면 역사적 개연성을 인정받기 어렵기 때문이다. 이러한 맥락에서 마샬(I. H. Marshall)은 다음과 같이 말한다. "이야기 자체의 성격은 마리아 자신이 제공한 정보이거나 아니면 신학적 구성, 또는 그 둘의 병합으로 보인다."[21] 복음주의 소장 신학자 위더링턴 3세도 - 역사 비평 연구로는 동정녀 수태 전승이 마리아와 요셉의 증언에 기초한 전승이라는 주장을 지지할 수도 없지만 동시에

21　하워드 I. 마샬/한국신학연구소 번역실 옮김, 『국제성서주석 · 루가복음 I』 (천안: 한국신학연구소, 1989), 66.

반박할 수도 없다는 학문적인 입장을 취하면서도 – 해석의 정황상 마리아 증언설이 더 개연적임을 암시한다.[22] 역사적으로 동정녀 탄생을 부정했던 이론 가운데 하나였던 마리아 착각설도 역으로 동정녀 수태 전승이 마리아의 증언에 근거하고 있다는 이론을 지지해 준다고 말할 수 있다.[23]

그러나 성서 전체를 살펴보면 동정녀 수태 전승이 마리아의 증언에서 비롯되지 않았을 개연성이 더 많다. 마리아 증언설의 역사적 개연성에 의문을 제기하도록 만드는 전승들, 예를 들자면 예수의 사역을 가족들이 이해하지 못했다는 전승들은 분명 역사적 사실을 내포하고 있기 때문이다. 누가복음의 마리아는 순례 중에 잃어버렸던 아들을 성전에서 다시 발견하면서 다음과 같이 말한다. "아이야 어찌하여 우리에게 이렇게 하였느냐 보라 네 아버지와 내가 근심하여 너를 찾았노라."(2:48) 마가복음 또한 예수의 친척들이 예수께서 미쳤다는 소식을 듣고 예수를 붙잡아가려 했다는 이야기를 들려주며,[24] 요한복음도 형제들이 예수를 믿지 않았다고 전한다.[25]

동정녀 수태 전승의 역사성을 주장하는 신학자들은 마리아의 증언 외에도 고대교회의 역사를 제시한다. 굳건한 사실적 토대가 없었다면 예수가 사생아로 태어났다는 비방을 불러일으킬 수도 있는 동정녀 수태 교리를 어떻게 지속적으로 주장했겠느냐는 것이다. 사생아에 대한 당시의 시선을 감안한다면, 그리고 예수를 사생아로 묘사했던 2세기 유대인들의 비난을 감안한다면, 동정녀 수태 전승은 결코 근거 없이 가볍게 지어낼 이야기가 아니라는 것이다. 사실 복음서의 예수 탄생 이야기를 주의 깊게 살펴보면 복음서 기자들이 동정녀 수태를 의심한 흔적은 거의 찾아볼 수 없다. 오히려 고대교회의 역사가 암시하듯이 이 전승을 복음서 기자들이 사실적인 것으로 받아들였을 가능성이 더 높다.

성공회 신학자 라이트(N. T. Wright)는 이러한 견해를 받아들이면서도 동정녀 수태 전승이 본래는 역사적 은유(historized metaphor)였다고 주장한다.[26] 즉 복음서 기자들이 사실적인 것으로 받아들였던 동정녀 수태 전승은 본래 예수

---

22 벤 위더링턴/요단출판사 번역위원회 옮김, "예수의 탄생", 「예수복음서 사전」 (2003), 61.

23 파울루스(H. G. G. Paulus, 1761~1851)는 동정녀 수태 전승을 마리아의 증언에 근거한 사실적 전승으로 이해하는 것에 반대하면서 마리아의 증언을 마리아의 경건한 착각으로 간주했다.

24 참조. 마가복음 3:21.

25 참조. 요한복음 7:5.

26 참조. 마커스 보그 · N. 톰 라이트/김준우 옮김, 「예수의 의미」 (2001), 272.

의 신성을 확신했던 사람들이 만들어낸 은유였다는 것이다. 이 점에서 라이트는 예수 세미나의 신학자들과 견해를 같이한다. 크로산은 "경이로운 생애와 죽음은, 거꾸로 회고하여(in retrospect), 경이로운 수태와 출생 이야기를 갖게 되는 것"[27]이라고 말하며, 보그도 동정녀 수태 전승을 "예수의 중요성에 관한 초기 기독교인들의 핵심적인 확신을 표현한" 은유적 이야기로 본다.[28] 요약하자면 라이트와 예수 세미나의 신학자들은 동정녀 수태 전승을 은유적 이야기로 제시하는 데 동의하는 것처럼 보인다. 동정녀 수태 전승은 예수에 대한 체험을 – 그것이 부활절 신앙이든, 부활절 이전의 예수에 대한 체험이든 간에 – 예수 생애의 처음으로 투사하는 가운데 생성된 은유였다는 것이다.

이러한 투사는 신을 인간 소망의 투사체(投射體)로 이해하는 포이에르바흐(L. Feuerbach)의 이론과는 다른 것이다. 포이에르바흐에게는 투사가 신을 인간의 창작으로 간주하도록 만드는 부정적인 기능을 수행하지만, 진보적 신학자들에게는 투사가 강한 추정(推定)의 성격을 갖는다. 구체적으로 말하자면, 동정녀 수태 전승은 예수 안에서 경험했던 '하나님의 영의 창조적 활동'이 예수의 생애 처음에도 작용했을 것이라고 추정하는 가운데 생성되었다고 말할 수 있다.

진보적 신학자들이 예수 탄생의 신비를 부정하는 것은 아니라는 사실이 여기서 다시 한 번 입증된다. 진보적 신학이 거부하는 것은 단지 예수 탄생의 신비를 해소하는 – 동정녀 수태 전승에 대한 – 문자적이며 사실적인 이해뿐이다. 몰트만은 다음과 같이 말한다. "동정녀 탄생을 '실사적'이거나 '생물학적인' 것이라 말하는 것은 이 이야기의 의도를 벗어난다. 동정녀 탄생을 이와 같이 현대적으로, 실증주의적으로 규정하는 것은 그것의 의도와 진리를 보존하는 것이 아니라 오히려 그것을 파괴한다."[29] 동정녀 수태를 생물학적 기적으로 입증하려는 것은 과학적 불가능성이란 이유를 들어 동정녀 수태를 거부하는 것만큼이나 신앙의 신비를 해소할 수 있다는 것이다.

2) 논쟁에 대한 평가

앞에서 기술한 동정녀 수태 전승에 대한 논쟁을 요약해 보면, 양자의 신학적

---

27 존 도미닉 크로산/한인철 옮김, 『예수는 누구인가』 (1998), 43~44.

28 마커스 보그 · N. 톰 라이트/김준우 옮김, 『예수의 의미』 (2001), 280.

29 위르겐 몰트만/김균진 · 김명용 옮김, 『예수 그리스도의 길』 (서울: 대한기독교서회, 1990), 127.

동기와 차이가 명백하게 드러난다. 즉 진보적인 신학자들이 이 전승을 성령 충만했던 역사적 예수에 대한 체험 속에서 예수의 생애 처음을 추정하는 은유로 보면서 전승의 상징적 성격을 강조한다면, 복음주의 신학자들은 이 전승을 동정녀 수태를 직접적으로 입증해 줄 수 있는 증거들에 의해 세워진 역사적 전승이라고 주장한다.

여기서 균형 잡힌 시각과 전문성으로 폭넓은 지지를 받고 있는 브라운의 견해에 비평적인 물음을 제기해 보는 것이 문제의 핵심을 파악하는 데 도움이 될 것이다. 브라운은 자신의 연구 결과들을 다음과 같이 요약한다. "학문적으로 검증할 수 있는 성서적 증거만으로는 동정녀 수태의 역사성에 대한 물음을 해결할 수 없다. 그러나 역사성을 위한 증거가 그 반대의 경우보다 더 우세하다."[30]

브라운은 동정녀 수태 전승의 역사성을 반대하는 증거들로 마태와 누가를 제외한 나머지 성서의 침묵과 동정녀 수태 전승이 후대의 신학적 진술이라는 사실을 든다.[31] 그러나 브라운은 이 전승의 역사성을 지지해 주는 중요한 증거들도 있다고 주장한다. 즉 이 전승은 – 1세기 그리스도인들이 받아들였던 이방과 유대의 자료들 가운데 유사한 자료가 없는 – 이른바 전례가 없는 전승이며[32] 유대교가 지속적으로 주장했던 사생아설 또한 거꾸로 살펴보면 동정녀 수태가 실제로 일어난 사건에 근거한 것임을 암시하지 않느냐는 것이다.[33]

그는 역사적 연구를 통해 요셉과 동거하기 전에 이미 임신 중이었던 마리아가 조기 출산했다(Early Birth/早期出産)는 소문이 동정녀 수태 전승을 탄생시켰을 가능성이 높다고 주장한다.[34] 물론 마리아의 조기 출산에 관한 소문 하나만으로 동정녀 수태 전승이 형성된 것은 아니며, 이러한 사실을 유대인들처럼 사생아설로 해석할 수도 있음을 브라운도 인정한다. 즉 공동체는 이러한 사실을

---

30 Raymond E. Brown, *The Birth of Messiah: A Commentary on the Infancy Narratives in the Gospels of Matthew & Luke* (1999), 698.

31 물론 브라운은 이러한 침묵이 전승의 역사성을 박탈할 수는 없다고 말한다. 그러나 전체적으로 보자면, 동정녀 수태 전승을 후대의 신학적 진술로 보는 것이 타당하다고 말한다. 참조. Raymond E. Brown, *The Virginal Conception and Bodily Resurrection of Jesus* (1973), 61.

32 참조. Raymond E. Brown, *The Virginal Conception and Bodily Resurrection of Jesus* (1973), 62.

33 참조. 앞의 책, 65~66. 2세기의 희랍철학자 켈수스(Celsus)는 예수가 마리아와 로마군인 판테라(Phantera) 사이에서 태어난 사생아였다고 주장했다.

34 참조. Raymond E. Brown, *The Birth of Messiah: A Commentary on the Infancy Narratives in the Gospels of Matthew & Luke* (1999), 526~527.

신앙의 빛에서 유대인들과는 달리 동정녀 수태로 해석했다는 것이다.[35]

여기서 우리는 그의 논제에 두 가지 물음을 제기하려 한다. 첫째, 그가 여기서 말하는 역사성을 위한 결정적 증거란 마리아의 조기 출산이다. 그러나 마리아의 조기 출산이 당시 인근 주민들에게 공공연한 사실이었다면, 이러한 사실을 상식적인 차원에서 해석한 사생아설이 예수의 생애 당시 이미 떠돌아 다녔을 것이다.

이러한 관점에서 보면 2세기에 유대인들 사이에서 실체를 드러냈던 사생아설은 간접적으로 마리아의 조기 출산설을 지지해 줄 수도 있다. 그러나 이 가설의 정당성은 브라운이 지적했듯이 역사적으로 확인된 2세기의 사생아설이 복음서의 동정녀 수태 전승에 대한 반작용(反作用)인지, 아니면 이 전승과는 무관한 독립적인 전승인지의 여부에 달려 있다. 후자가 옳다면, 즉 복음서 이전에도 사생아설이 존재했다는 사실이 입증될 수 있다면 마리아의 조기 출산은 더 큰 개연성을 갖게 될 것이다. 그러나 전자가 사실이라면, 조기 출산설의 설득력은 반감될 수밖에 없다. 그러나 브라운도 인정했듯이 현재의 역사적 연구로는 사생아설의 역사적 근원을 확인할 수 없다는 데 이 가설의 문제가 있다.

둘째, 브라운은 복음서의 동정녀 수태 전승과 이방의 유사한 전설 사이에 존재하는 차이를 부각시키면서 동정녀 수태 전승의 상징적 성격을 주장하는 신학자들을 비판한다. 물론 브라운이 상징설을 비판한 최초의 신학자는 아니다. 복음주의 신학자들도 일찍부터 같은 이유로 상징설을 비판해 왔다.[36]

사실 현대 신학은 신을 성적 존재로 생각하는 타문화권 탄생 신화와의 차이를 인정한다는 점에서 의견의 일치를 보이고 있다. 그러나 현대 신학의 이러한 이해는 전혀 새로운 것이 아니다. 이미 675년에 제11차 톨레도 공의회(Councils of Toledo)는 성령을 예수의 아버지로 보는 견해를 정죄한 바 있다. 그리스도교 전통은 복음서의 동정녀 수태 전승과 – 풍요와 다산을 신들의 성적 관계에서 비롯된다고 보는 – 성(性)의 신화와 성적 제의를 말하는 이방 신화와의 차이를 항상 인식해 왔다. 성령은 마리아의 배우자가 아니라 생명의 창조적 능력으로, 마리아 또한 성령의 배우자가 아니라 성령의 도구로 이해되어야 한다는 것이다.

---

35 앞의 책, 527.
36 참조. 벤 위더링턴, "예수의 탄생", 「예수복음서 사전」(2003), 61.

브라운은 이러한 차이를 부각시키면서 동정녀 수태 전승의 역사성에 무게를 실어준다. 그러나 이방 신화와의 차별성이 동정녀 수태 전승의 역사성을 보증해 주는 직접적인 단서가 될 수 있을까? 물론 브라운의 가설에 개연성이 있는 것은 분명하지만, 단지 내용적으로 다르다고 이방 신화를 받아들인 것이 아니라고 말할 수 있을까? 무엇보다도 한 종교의 신화나 상징이 타 문화권에서는 변형의 과정을 거쳐 수용된다는 종교사적 사실이 브라운에게 간과된 것은 아닌가? 그리스 문화권의 로고스 개념도 그리스도교 공동체에 받아들여지면서 내용상의 변화를 겪지 않았는가? 성서 전승 도처에 이웃 종교의 상징들을 변형시켜 받아들인 흔적들을 감안한다면, 내용적으로 다르다는 사실은 오히려 수용의 과정에서 생겨난 의미의 변화를 지시할 수도 있지 않은가? 그렇다면 그리스도교 공동체가 이방의 신화를 구약성서의 맥락에서 – 내용상의 의미를 변경시켜 – 수용했다는 견해도 긍정적으로 검토해야 하지 않을까?

이러한 물음은 상징설이 더 개연적이라고 주장하는 것은 아니며, 단지 앞으로의 과제를 제시하려는 것뿐이다. 달리 말하자면, 동정녀 수태를 단지 상징으로만 보는 견해에 대한 브라운의 비판을 받아들이면서도, 브라운이 말하는 동정녀 수태의 역사성 가설에도 문제가 전혀 없는 것은 아니라는 점을 밝힐 뿐이다.

동정녀 수태 전승의 역사성을 주장하는 신학자들과 이 전승을 상징으로 보는 신학자들 사이에 대립각만 세워진 것은 아니다. 양자 사이에는 구조적인 공통점도 발견된다. 무엇보다도 양자 모두는 동정녀 수태 전승이 역사적 체험에 토대를 두고 있다는 사실을 인정한다. 달리 말하자면, 양자는 이 전승이 신학적 창작이 아님을 인정한다. 단지 전자가 이 전승의 근원을 예수의 부모나 주변 인물들의 증언에서 찾는다면, 후자는 예수에 대한 제자 공동체의 역사적 체험에서 찾는다는 점이 다를 뿐이다. 또한 현대의 복음주의 신학자들과 진보적인 신학자들은 동정녀 수태 전승을 단순히 역사적인 사실이 아니라 역사적 사실에 대한 신학적 해석으로 이해한다는 점에서도 일치한다. 달리 말하자면 양자는 동정녀 수태 전승을 역사적 사실에 토대를 둔 신앙고백, 즉 – 다르게도 해석될 수 있는 – 역사적 사실을 믿음의 눈으로 바라보고 고백한 것으로 이해한다는 점에서 일치한다.

동정녀 수태 교리의 의미

앞에서 우리는 동정녀 수태의 역사성 문제에서 "학문적으로 검증할 수 있는 성서적 증거만으로는 동정녀 수태의 역사성에 대한 물음을 해결할 수 없다."는 브라운의 견해에 동의하면서도 "역사성을 위한 증거가 그 반대의 경우보다 더 우세하다."는 그의 견해에는 물음을 제기했다.

그러나 필자는 현대의 – 극단적인 보수주의 신학자들과 자유주의 신학자들을 제외한 나머지 – 대부분의 신학자들과 함께 동정녀 수태 전승을 역사적 사실에 토대를 둔 신앙고백으로 이해한다. 동정녀 수태 전승을 신앙고백으로 이해하는 것은 – 현대 신학이 동정녀 수태의 역사성 문제에서는 의견의 일치를 보이진 못하지만 – 동정녀 수태 교리의 의미를 해명하는 차원에서는 충분히 한목소리를 낼 수 있다는 것을 암시하기도 한다. 그렇다면 동정녀 수태 교리의 본래적 메시지는 무엇인가?

앞에서 암시했듯이 동정녀 수태 교리를 정확하게 이해하기 힘든 이유는 이 신앙고백에 상이한 근원을 갖고 있는 두 가지 개념들이 결합되어 있기 때문이다. 성령에 의한 잉태와 동정녀 수태 개념이 바로 그것들이다. 신앙고백에서 양자는 논리적으로 조화를 이루고 있는 것처럼 보이지만 사상사적 맥락에서는 상충할 수밖에 없다. 전자는 구약성서의 맥락에서 생성된 것이지만 후자는 구약성서에는 낯선 개념이기 때문이다.

물론 예수께서 성령에 의해 수태되셨다는 고백이 교리의 중심 메시지를 형성한다. 그럼에도 불구하고 공동체가 왜 동정녀 수태라는 개념을 받아들였는지가 해명될 때 이 교리가 전하려는 메시지가 더 잘 이해될 수 있을 것이다.

1. 성령에 의한 잉태

성령에 의한 잉태란 구약성서적 배경을 가진 신앙고백이다. 이러한 사실은 성령에 의한 잉태가 구약성서의 대망이 예수 안에서 성취되었음을 지시하는 신앙고백임을 암시해 준다. 그러나 이러한 신앙고백의 본래적인 메시지를 규명하기 위해선 먼저 신앙고백의 형성에 영향력을 행사한 체험이 무엇이었는지가 해명되어야 한다.

부활하신 분에 대한 체험이 성령의 잉태라는 신앙고백에 지대한 영향력을 행사했다는 것은 주지의 사실이다. 부활하신 분에 대한 체험이야말로 예수의 정체성을 성령으로 설명해 줄 수 있는 길을 열어주기 때문이다. 몰트만은 다음과 같이 말한다. "예수의 탄생 이야기는 부활절의 증인들이 부활하셨고 성령 안에 현존하신 그리스도에게서 경험한 것을 이차적으로 역 소급하여 투사시킨 것이다. …… 이리하여 예수의 탄생을 이야기하는 사람은 예수의 미래와 그의 유래가 서로 상응할 수밖에 없다는 논리를 따른다. 다시 말하여 그리스도가 하늘로 올라가셨다면 그는 하늘로부터 내려왔을 수밖에 없을 것이다. 그가 하나님의 살리는 영 안에 현존한다면 그는 이미 이 영으로 말미암아 태어났을 수밖에 없을 것이다."[37]

그러나 성서비평을 통해 부활하신 분에 대한 체험뿐 아니라 부활 이전의 예수로부터 받은 감동도 전승 형성에 적지 않은 영향력을 주었다는 사실도 입증되었다. 그렇다면 공동체가 부활절 이전의 예수에게 받은 인상은 무엇이었는가? 다양한 대답이 나올 법하지만 현대 신학자들은 오히려 한목소리를 낸다. 예수는 성령의 사람이었다는 것이다. 성령을 그리스도론의 중심에 위치시키는 몰트만은 물론이고, 예수 세미나의 보그도 카리스마적 권세를 예수의 인격적 특징으로 제시한다.[38] 그리고 가톨릭 신학자 카스퍼도 다음과 같이 말한다. "성서가 증언하는 바와 같이 육화는 물론이요 예수의 전 역사와 운명은 '성령 안에서' 이루어진다. 성서는 예수의 생애의 각 단계마다 성령이 작용하는 것으로 보고 있다."[39]

초대교회가 성령의 현존에서 부활절 이전의 예수와 이후의 예수가 통일을 이루고 있음을 확신했다는 것은 분명하다. 그리고 이러한 확신 속에서 예수의 정체성을 표현해야 할 필요성을 느꼈으며, 이러한 정체성을 당시 고대의 관습을 따라 탄생 이야기를 통해 드러내려 했을 것이다. 그렇다면 동정녀 수태 교리의 동기도 분명하게 드러난다. 즉 이 교리는 예수 탄생의 비밀보다는 예수의 정체성을 제시하는 데 그 목적을 갖고 있다고 말할 수 있다.

37 위르겐 몰트만/김균진 · 김명용 옮김, 『예수 그리스도의 길』(1990), 126.
38 마커스 보그 · N. 톰 라이트/김준우 옮김, 『예수의 의미』(2001), 75.
39 발터 카스퍼/박상래 옮김, 『예수 그리스도』(1996), 453.

이로써 성령에 의한 잉태란 신앙고백 속에 내포된 의미가 해명될 수 있다. 예수의 삶은 처음부터 성령의 삶이었다는 것이다. 몰트만도 동정녀 수태 전승의 신학적 의도를 하나님의 영과 아들 신분을 결합시킨 데서 찾는다. "유대교의 기다림에 의하면 하나님의 메시아적인 아들은 하나님의 영으로 충만한 인간이다. 거꾸로 메시아적 인간은 메시아 시대에 성령을 모든 육 위에 부어주신다. 그는 주의 영 가운데서 오시며 주의 영을 가져와서 온 땅을 채운다. 예수는 처음부터, 그의 모든 현존에 있어서 하나님의 메시아적 아기였다고 말할 수밖에 없다면 우리는 또한 다음과 같이 말할 수밖에 없을 것이다. 즉 그는 처음부터 하나님의 영으로 충만하였고 그의 모든 현존은 영으로 말미암아 일어났다는 것이다."[40] 슈바이처도 동정녀 수태 전승의 의미를 영과 예수의 하나 됨에서 찾는다.[41] 예수와 영은 결코 분리된 적이 없다는 것이다. 그러나 슈바이처의 존재론적인 표현보다는 예수를 요한과 비교하며 "성령의 도구나 그릇이 아닌 성령의 창조"[42]로 묘사한 그룬트만의 표현이 성서적 사고에 더 상응하는 것처럼 보인다.

그렇다면 예수를 성령의 창조로 선포하는 것은 어떤 의미를 갖는가? 성령을 새 창조의 영으로 소개하는 예언자 전통의 빛에서 볼 때 이러한 선포는 예수 안에서 하나님의 종말론적 창조가 시작되었음을 뜻한다. 슈바이처가 지적했듯이 "성령은 창세기 1:2에 이미 언급되어 있으며 이제 새 창조를 시작하고 있는 하나님의 창조적 힘이다."[43] 이러한 맥락에서 몰트만도 다음과 같이 말한다. "성령으로 말미암은 메시아적 아기의 탄생은 …… 인간과 우주가 거듭나게 되는 사건의 시작이요 희망의 표식이다."[44] 하나님의 새 창조의 약속이 예수의 탄생에서 이미 결정적으로 성취되었다는 것이다. 달리 말하자면, 예수는 생애 중간에 하나님의 영의 현존 속에서 부름을 받은 예언자가 아니라 생애 처음부터 성령 없이는 존재하지 않았던 분이시라는 것이다. 이로써 예수께서 생애 중간에 하나님의 아들로 부르심을 받았다는 양자론이 거부된다.

---

40 위르겐 몰트만/김균진 · 김명용 옮김, 『예수 그리스도의 길』(1990), 131~132.

41 에두아르트 슈바이처/김균진 옮김, 『성령』(서울: 대한기독교서회, 1982), 96.

42 Walter Grundmann, *Die Geschichte Jesu Christi* (1959), 384.

43 에두아르트 슈바이처/김균진 옮김, 『성령』(1982), 92.

44 위르겐 몰트만/김균진 · 김명용 옮김, 『예수 그리스도의 길』(1990), 132.

2. 동정녀 마리아

그러나 예수 안에서 하나님의 종말론적 창조가 시작되었다거나 예수가 메시아라는 메시지는 다른 전승에서도 찾아볼 수 있는 메시지다. 그러면 동정녀 수태 교리만이 갖고 있는 특별한 의미는 무엇일까? 이러한 물음은 '동정녀 마리아에게 나시고'의 의미에 대해 물음을 제기하도록 만든다.

동정녀 수태를 상징으로 이해하는 슈바이처는 다음과 같이 말한다. "당시의 세계관에 의하면, 동정녀 탄생은 특별한 일이긴 하나 유일한 것은 아니었다. 따라서 동정녀 탄생에 대한 설화는 예수를 하나밖에 없는 하나님의 아들로서가 아니라, 단지 한 위대한 인간으로 묘사하는 것이다."[45] 이렇게만 이해한다면, 동정녀 수태의 의미는 성령 잉태가 지시하는 의미와 많은 부분에서 겹쳐진다. 따라서 동정녀 수태가 전체 전승에서 차지하는 의미는 미미하다고밖에 말할 수 없다.

그러나 교회의 역사를 살펴보면, 고대교회에서 이미 동정녀 수태의 독자적인 의미가 부각되기 시작했음을 알 수 있다. 동정녀 수태가 성령에 의한 잉태와 구분되면서 각각 예수의 인성과 신성을 지시하는 역할을 수행했다. 즉 성령에 의한 잉태는 양자론에 맞설 무기로 사용되었으며, 동정녀 수태는 영지주의의 가현설에 맞서 예수의 인성을 보증하기 위한 수단이 되었다.[46] 달리 말하자면, 고대교회의 해석은 동정녀 수태 전승을 성육신 사상과 연결시키는 고리 역할을 수행했다고 말할 수 있다.

동정녀 수태에서 – 우리와 마찬가지로 여인의 몸에서 태어나 피와 살을 가진 – 실제 인간 예수를 읽어냈던 고대교회의 해석은 물론 이단에 맞서기 위한 시대상황적인 해석일 수도 있다. 그러나 고대교회의 이러한 해석은 결코 임의적인 해석이 아니다. 모성(母性)은 동정(童貞)과 대립되는 개념이 아니라, 오히려 후자를 포괄하는 개념이기 때문이다.

그러나 이로써 동정녀 마리아의 의미가 다 소진된 것인가? 동정녀를 그저 여인으로만 해석해도 되는 것인가? 실제로 몰트만은 동정녀의 동정에 특별한 의

---

[45] 에두아르트 슈바이처/한국신학연구소 번역실 옮김, 『국제성서주석 · 마태오 복음』 (1992), 91.

[46] 동정녀 수태 전승에서 하나님의 새 창조를 읽어낸 몰트만도 초대교회 신학에서 그리스도의 동정녀 탄생은 그의 신성을 가리키는 표식이라기보다는 그의 참된 인간성을 가리키는 표식이었다고 말한다. 참조. 몰트만/김균진 · 김명용 옮김, 『예수 그리스도의 길』 (1990), 130.

미를 부여하지 않는다. 몰트만은 심지어 다음과 같이 말하기도 한다. "그리스도의 탄생의 이야기가 말하고자 하는 이 의도를 오늘 우리가 실현하고자 한다면, 루터가 말한 바와 같이 그리스도를 '가능한 한 깊이 육 안으로 이끌어 들이기' 위하여 그리스도의 비동정녀 탄생을 강조하는 것이 나을 것이다."[47]

앞에서 우리가 이미 살펴보았듯이, 브루너와 본회퍼, 그리고 틸리히도 몰트만의 견해에 동의하는 것처럼 보인다. 동정녀의 동정을 강조하면, 따라서 우리와는 다른 예수를 강조하다 보면 자칫 성육신 사상이 주장하는 우리와 동일한 본질을 공유한 예수상이 파괴될 수 있다는 것이다. 이러한 비판은 현대 신학자들이 새로운 것을 주장하는 것이 아니라 - 동정녀 수태에서 예수의 인성을 강조했던 - 고대교회의 해석을 증인으로 내세우고 있음을 시사해 준다.

그러나 앞에서 거론했던 신학자들이 과연 고대교회의 전통에 충실한지는 의문이다. 예수를 중보자(仲保者)로 고백하는 그리스도교 전통은 '우리와 동일하면서도 다른 인간' 예수를 선포하고 있기 때문이다. "우리에게 있는 대제사장은 우리 연약함을 동정하지 못하실 이가 아니요 모든 일에 우리와 똑같이 시험을 받으신 이로되 죄는 없으시니라."(히 4:15)

그리스도교 전통은 - 예수를 초인(超人)이 아니라, '우리와 같으면서도 다른 인간'으로 제시하는 - 예수의 무죄성(無罪性) 교리의 근원을 동정녀 수태 교리에서 찾았다. 물론 아우구스티누스(Augustinus, 354~430) 이후 중세교회는 예수께서 남녀 간의 성적 결합을 통해 태어나지 않았기 때문에 죄 없이 태어날 수 있었다고 주장해 왔다.[48] 그러나 이러한 견해의 전제, 즉 인간의 원죄가 성적 교제를 통해 유전된다는 사상은 현대인뿐 아니라 - 성 자체를 죄악시하지 않는 - 성서의 사상에도 맞지 않는다. 브라운이 지적했듯이, 성서적인 관점에서는 예수께서 요셉과 마리아의 성적 결합을 통해 태어났다 할지라도 하나님의 아들이 될 수 없는 것이 아니기 때문이다.[49]

그러나 문제가 된 것은 동정녀 수태에 대한 생물학적 해석이지 예수의 동정녀 수태와 무죄성 교리 자체가 아니다. 그리스도교 전통이 강조해 왔던 '우리

---

47 몰트만/김균진·김명용 옮김, 『예수 그리스도의 길』(1990), 130.
48 동정녀를 생물학적 순결로 이해하고 동정녀 수태를 예수의 무죄성의 근거로 간주했던 아우구스티누스의 영향으로 가톨릭교회는 마리아의 영원한 처녀성이라는 교리를 주장하기도 했다. 이러한 이해에는 성을 죄악시하는 그리스 금욕주의 전통이 전제되어 있다.
49 Raymond E. Brown, *The Virginal Conception and Bodily Resurrection of Jesus* (1973), 42.

와 같으면서도 다른 인간'이신 예수의 정체성은 논란의 대상이 될 수 없기 때문이다. 사실 칼케돈 공의회(Council of Chalcedon, 451)도 예수를 실제적인 인간이 아니라 참(truly) 인간, 즉 우리와 동일하면서도 – 인간 본질의 완전한 실현에서 – 구별되는 인간으로 선포하고 있다.[50]

이러한 정황들은 동정녀 수태의 의미가 '우리와 같으면서도 다른 인간' 예수를 선포하는 데 있음을 입증해 준다. 이러한 사실에 비추어보면 생물학적 해석뿐 아니라 브루너나 몰트만의 해석도 어느 하나를 위해 다른 하나를 희생시킬 위험성을 내포하고 있음이 드러난다. 사실 그리스도교 전통의 빛에서 보면, 동정녀 수태에 대한 생물학적 해석뿐 아니라 상징적 해석 또한 문제를 여실히 드러낸다. 그러나 다른 각도에서 보면, 현대의 진보적 신학자들과 복음주의 신학자들의 차이는 본질적인 차이가 아니라 강조점의 차이, 즉 진보적 신학자들이 예수와 우리의 동일성을 강조하는 반면, 복음주의 신학자들은 예수와 우리의 차이를 강조하는 것이 다를 뿐이라고 말할 수도 있다. 따라서 동일성과 차이를 동시에 말할 수 있는 가능성을 제시하는 것이 동정녀 수태의 해석학적 과제로 제시된다.

그렇다면 동정녀 수태는 양자를 포괄하는 방식으로 새롭게 해석되어야 하지 않을까? 물론 이러한 시도들은 끊임없이 감행되어 왔다. 예수의 정체성을 참 인간으로 제시한 칼케돈 공의회의 철학적 해석뿐 아니라, 생물학적 해석도 이러한 시도들의 일환이라고 말할 수 있다. 그러나 성서는 동시대인에게 설득력을 가질 수 있을 뿐 아니라, 성서에도 적합한 해석 범주를 요청한다. 그룬트만은 여기서 실마리를 제공해 주는 것처럼 보인다. "동정녀란 말은 남자를 알지 못한다는 의미만을 갖는 것이 아니다. 이 말은 또한 신학적 의미를 갖는다. 호세아 예언자 이후 이스라엘은 신실하지 못한 신부로 간주되었다. 다른 신들을 따랐기 때문이다. …… 마리아는 믿는 자였기에 예수의 어머니가 된 것이지, 예수의 어머니였기에 믿는 자가 된 것은 아니다."[51] 하나님의 선택의 이유가 신앙의 순종에 있다는 것이다. 가톨릭 성서학자 이영헌 신부도 마리아론을 전개하면서 다음과 같이 말한다. "마리아의 동정은 한마디로 하느님의 말씀을 사랑

---

50 라너는 칼케돈 공의회의 참 인간을 인간 본질이 유일하게 최고조로 실현된 사건으로 이해한다. 참조. Karl Rahner, *Schriften zur Theologie, Bd. IV* (Einsiedeln·Zürich·Köln: Benziger Verlag, 1962), 142.

51 Walter Grundmann, *Die Geschichte Jesu Christi* (1959), 383.

과 신뢰 가운데 경청하고 조건 없이 받아들여 마음속에 간직하면서 그 말씀에 순종하는 자세로 요약될 수 있다. 이런 내적 자세의 상징적 표현이 바로 동정성이다."[52]

마리아의 순종을 강조하는 누가복음(1:26~38)뿐 아니라 마태복음의 탄생 이야기(1:18~25)도 이러한 사실을 뒷받침해 준다. 누가복음에서 마리아에게 주어졌던 수태고지(受胎告知)와 순종의 이미지가 마태복음에서는 요셉에게 주어진다. "요셉이 잠에서 깨어 일어나 주의 사자의 분부대로 행하여 그의 아내를 데려왔으나 아들을 낳기까지 동침하지 아니하더니 낳으매 이름을 예수라 하니라."(마 1:24~25) 이와 같이 등장시키는 인물은 다르지만 순종하는 자를 통해 하나님의 새로운 창조가 이루어진다는 메시지에서는 누가와 마태가 일치한다.

그렇다면 생애 모든 순간에 하나님을 신뢰하셨던 예수의 순종도 후천적인 것이 아니라 모태의 순종을 통해 주어진 예수의 인격적 정체성으로 제시하려는 데 동정녀 수태 교리의 의도가 있었던 것은 아닐까? 달리 말하자면, 순종이란 이미지를 통해 우리와의 동일성뿐 아니라 우리와의 차이를 동시에 말하려는 데 이 교리의 의도가 있었던 것은 아닌가?

물론 이러한 시도는 예수의 무죄성 교리를 긍정적인 용어로 바꾸어 놓은 것에 불과하며, 아직 완결된 해석도 아니다. 단지 동정녀 수태 개념을 통해 전해져 내려오는 - 예수께서 우리와 같으면서도 다른 인간이시라는 - 초대교회의 확신이 잊혀지지 않는 데 기여하게 되기만을 바랄 뿐이다.

동정녀 수태 교리 묵상
●

우리는 앞에서 동정녀 수태 전승의 역사성 문제를 해명하면서 이 전승을 역사적 전승으로 보는 견해뿐 아니라 비(非)역사적인 전승으로 보는 견해에도 문제가 있음을 알게 되었다. 그리고 동정녀 수태 전승을 - 예수의 정체성을 하나님의 새로운 창조로 선포하는 - 신앙고백으로 제시하며 이 신앙고백의 의미를 논구해 보았다.

52　이영헌, 『신약성서에 따른 예수의 어머니 마리아』 (서울: 바오로딸, 2000), 41.

그리고 '동정녀 마리아에게 나시고'를 '우리와 동일한 인간이면서도 우리와 전적으로 다른 인간' 예수를 선포하는 신앙고백으로 해석했다. 그리고 양자를 포괄할 수 있는 방법 가운데 하나로 동정녀의 동정을 순종으로 해석하는 방안을 제시했다. 이러한 해석은 또한 부활하신 분의 몸인 신령한 몸이, 그리고 오늘도 우리를 부르시고 우리에게 당신의 몸을 내어주시는 현존하시는 그리스도의 몸이 부활 후에 비로소 생겨난 것이 아니라 처음부터 존재했던 예수의 정체성이었다는 사실을 암시해 주기도 한다.

그러나 우리는 이러한 주장이 도상(途上)에 있는 미완성의 가설임을 자백한다. 오히려 신앙 고백의 깊이로 들어가면 갈수록 무지의 지(無知의 知)를 깨닫게 된다. 따라서 앞으로 더 깊은 연구와 묵상을 위해 두 가지 과제를 제시해 보겠다. 첫째, 동정녀 수태 전승이 부활절 신앙을 전제한 것임을 감안한다면, 이러한 신앙을 전제하지 않는 역사적 연구에도 귀를 기울여야 한다. 왜냐하면 신앙의 빛에서 바라본 예수와 역사의 빛에서 바라본 예수 사이의 긴장이야말로 더 깊은 해석으로 나아가기 위해선 반드시 거쳐야 하는 과정이기 때문이다.

역사적 연구는 다음과 같은 물음으로부터 출발한다. 부활절 신앙을 배제하더라도 남는 것, 즉 역사적으로 확인될 수 있는 것은 무엇인가? 이 물음에 대답하기 위해 여러 가지 가설들이 제시되었지만 브라운의 연구 결과를 능가하는 것은 아직 존재하지 않는 것처럼 보인다. 이미 언급했듯이 브라운은 마리아의 조기 출산을 가장 개연성 있는 가설로 제시한다. 그리고 이러한 마리아의 조기 출산을 공동체는 믿음의 빛에서 동정녀 수태로 해석했지만, 반대자들은 사생아설로 해석했을 것이라고 추정한다.

이러한 정황은 사생아설을, 그리고 예수의 자연적인 출생을 전제하는 양자론도 열린 대화의 장소로 초대할 것을 요청한다. 물론 예수께서 정상적인 성적 결합이나 불법적 관계로 태어나셨다 할지라도 '성령에 의한 잉태'가 부정되는 것은 아니다. 달리 말하자면, 성서적인 관점에서는 양자론이나 사생아설이 역사적인 실체로 받아들여져도 하나님의 아들이라는 예수의 정체성이 부정되지는 않는다. 왜냐하면 성서가 말하는 성령에 의한 수태란 성령을 마리아의 성적 배우자로 표상하는 것이 아니기 때문이다.

그러나 이러한 신학적 이해가 역사적 연구 자체를 무시해도 좋다고 말하는 것은 아니다. 역사적 연구는 – 예수를 하나님의 아들로 고백하는 – 신앙을 잘못된 전제로부터 해방시켜줄 뿐 아니라 신앙을 깊이 이해할 수 있는 눈을 열어주기 때문이다. 무엇보다도 브라운이 주장했듯이 그리스도교 신앙은 비록 고통이 심할지라도 결코 진리 외의 그 어떤 것에서 도피처를 찾지 않기 때문이다.[53]

둘째, 전통적인 가톨릭은 마리아를 예수의 어머니요, 교회의 어머니로 표상해 왔다. 그러나 최근에는 가톨릭 내에서도 독립된 주제로서의 마리아론을 경계하고 비판하는 목소리가 드높다. 마리아론이 신학적 연구나 교회일치 운동에서 걸림돌이 되고 있다는 것이다. 물론 마리아의 신적 모성(母性)을 전제하는 마리아론이나 평생 동정론(ἀειπάρθενος)은 개신교인으로서는 받아들이기 힘든 것이다.[54] 그러나 "교회의 마리아 숭배와 마리아론의 뿌리를 우리는 유대 베들레헴 대신 에베소의 다이아나 여신의 숭배에서 찾아야 하지 않을까?"[55]라는 몰트만의 비판은 지나친 감이 없지 않다. 물론 마리아 공경이 마리아 숭배로 변질되는 것은 경계해야 되겠지만, 모든 마리아론과 마리아 공경을 비성서적으로 폄하하는 것은 옳지 않다. 마리아를 순종과 모성의 상징으로 제시하는 마리아론, 즉 예수를 낳은 어머니의 역할에 초점을 맞추는 마리아론은 개신교인도 충분히 수용할 수 있는 것이다. 사실 순종과 모성의 상징인 마리아가 그리스도를 드러내야만 하는 교회에 더할 나위 없이 소중한 모범이요 상징이라는 사실은 영성의 빈곤에 시달리는 개신교에 암시하는 바가 크다. 그리고 마리아에 대한 이해가 깊어질 때 예수에 대한 이해도 더욱 깊어진다는 것은 결코 부정할 수 없는 사실이기 때문이다.

---

53 Raymond E. Brown, *The Virginal Conception and Bodily Resurrection of Jesus* (1973), 68.
54 마리아의 평생 동정론은 553년 콘스탄티노플 공의회에서 교리로 제정되었다.
55 위르겐 몰트만/김균진 · 김명용 옮김, 『예수 그리스도의 길』 (1990), 122.

3

예수의

수세

제3장

예수의 수세

> 그 때에 예수께서 갈릴리 나사렛으로부터 와서 요단 강에서 요한에게 세례를 받으시고 곧 물에서 올라오실새 하늘이 갈라짐과 성령이 비둘기 같이 자기에게 내려오심을 보시더니 하늘로부터 소리가 나기를 너는 내 사랑하는 아들이라 내가 너를 기뻐하노라 하시니라.
>
> (막 1:9~11)

복음서에 의하면, 예수의 사역은 요단 강에서 세례를 받으면서부터 시작된다. 마가와 누가는 요단 강에서 세례를 받고 물에서 올라오시는 예수에게 하나님의 영이 임하면서 예수를 아들로 부르는 하나님의 음성이 들렸다고 전한다. 마태는 이 전승에 세례 요한이 세례 받으러 나오는 예수를 만류하는 장면을 첨가하며, 요한복음은 세례 요한으로 하여금 세례 받으러 나오는 예수를 메시아로 고백하도록 만든다.[1]

예수가 요한에게 세례 받았다는 전승은 예수를 그리스도로 고백하는 공동체에게 커다란 부담이 되었을 것이다. 예수가 여느 사람들과 마찬가지로 죄 사함을 받기 위해 세례를 받았다는 추론이 가능하고, 요한을 예수의 스승으로 생각할 수도 있기 때문이다. 따라서 복음서 저자가 부담스러운 전승을 받아들인 것은 그 전승이 역사적 사실에 근거하기 때문이라고 말할 수밖에 없다.[2]

그러나 초대교회는 이러한 역사적 사실을 받아들이면서도, 요한을 오히려 예수의 길 예비자로 선포한다. 이것이 바로 예수의 수세(受洗)를 전하는 복음서의

---

1 참조. 마 3:13~17; 막 1:9~11; 눅 3:21~22; 요 1:29~34.

2 현대 신학은 여기서 의견의 일치를 보인다. 가톨릭 신학자 카스퍼(W. Kasper)는 다음과 같이 말한다. "이 세례기사를 역사적 핵심이 전혀 없는, 단순한 공동체 신학으로 평가할 수는 없다. 왜냐하면 이 기사는 초창기의 공동체가 그리스도를 선포하는 데 오히려 부담이 되는 기사였기 때문이다. …… 따라서 우리는 예수가 요한으로부터 세례를 받았다는 확실한 사실로부터 시작해도 좋을 것이다." 참조. 발터 카스퍼/박상래 옮김, 「예수 그리스도」 (1996), 106.

관점이다. 따라서 복음서의 메시지를 본래적으로 이해하기 위해선 수세 전승의 토대가 되는 역사적 사실을 밝혀낸 후 이러한 역사적 사실을 신앙의 빛에서 해석한 수세 전승의 메시지를 해명해 보아야 한다.

세례 요한에 대한 역사적 물음

1. 요세푸스의 요한

요한에 관한 정보를 제공해 주는 자료로는 복음서 외에도 1세기 로마와 유대에서 활동했던 요세푸스(Flavius Josephus)의 『유대고대사』를 들 수 있다. A. D. 93년에 완성된 이 책은 그레코 로마 세계에 유대교를 변증하려는 목적 하에 유대의 역사를 시초부터 70년 예루살렘 함락 때까지 기술하고 있다.

이 책 18권 5장에서 요세푸스는 헤롯이 전쟁에서 패한 원인을 요한의 억울한 죽음에서 찾으며 요한을 – 사람에 대해서는 정의롭게 행하며, 하나님 앞에서는 경건할 것을 가르쳤던 – 선한 사람으로 묘사한다.[3] 요세푸스의 해석은 대략 다음과 같다. 첫째, 요한의 세례는 의로운 행위를 통해 영혼을 깨끗하게 씻은 사람이 행하는 일종의 정화 의식이다. 둘째, 요한의 처형 원인은 요한의 선동을 염려한 헤롯의 불안에서 비롯되었다. 그러나 요세푸스는 복음서와 달리 요한의 세례 운동을 예수의 사역과 연관시키지 않는다.

요세푸스는 이와 같이 요한을 이성과 정의의 테두리 내에서 움직였던 유대 예언자로 소개한다. 이러한 해석에 대해 성서학자 박찬웅은 다음과 같이 말한다. "요세푸스가 요한을 '선한 사람'으로 규정하는 것은, 유대 사회의 대표적 인물을 헬라–로마 문화권의 이해 방식에 부합되게 소개하는 것이며, 이를 통해 요세푸스는 요한을 마치 헬라의 현자나 철학자처럼 묘사하고 있는 것이다."[4]

달리 말하자면, 요세푸스는 요한에게서 유대 묵시적 예언자의 특징을 모두 제거했다는 것이다.[5] 사실 로마 황제의 도움을 받아 저술활동을 펼쳤던 요세푸

---

3 참조. 요세푸스/성서자료연구원 옮김, 『유대고대사 IV』 (서울: 달산, 1992), 244~246.
4 박찬웅, "요세푸스의 세례요한 해석", 「신약논단」 제17권 제3호 (2010년 가을), 796.
5 박찬웅은 다음과 같이 말한다. "요세푸스는 종말론적 심판 예언자의 이미지를 완전히 제거했다고 볼 수 있다." 참조. 박찬웅, "요세푸스의 세례요한 해석", 「신약논단」 제17권 제3호(2010년 가을), 795.

스는 그레코 로마 문화를 넘어서지 않는 범위 내에서 유대교의 모습을 그리려 했을 것이다.

물론 다른 견해도 존재한다. 요세푸스는 그레코 로마 세계에 다름 아닌 유대 예언자의 실제 모습을 전해 주려 했으며, 이러한 측면에서는 요세푸스와 마태가 일치한다는 것이다.[6] 물론 양자 모두 요한을 예언자로 소개하고 있다. 그러나 예언자에 대한 이해에 있어서는 양자의 차이가 여실히 드러난다. 요세푸스가 유대 예언자와 헬라 철학자의 공통점에 주목했다면, 마태는 유대 예언자 요한의 종말론적 메시지에 초점을 맞추고 있다. 물론 마태는 마가와는 달리 세례와 죄 용서를 연관시키지 않으며 회개를 강조한다. 그러나 마태가 전해 주는 요한의 회개 설교는 일반적인 윤리적 가르침이 아니라 임박한 하나님의 심판을 전제하는 종말론적 설교다.

간략하게 말하자면, 공관복음서 모두에 공통적으로 나타나는 요한의 종말론적 설교가 요세푸스에게 전혀 나타나지 않는 점과 세례에 대한 상징적 이해, 그리고 요세푸스의 저술 의도를 감안하면, 요세푸스의 요한을 실제 요한의 모습으로 보기는 어려울 것이다. 그럼에도 불구하고 복음서의 관점과 대조되는 요세푸스의 관점은 복음서의 요한 전승을 비평적으로 바라보는 데 기여할 수 있다. 복음서의 시각과 판이하게 다른 요세푸스의 관점이 복음서의 의도를 보다 명백하게 드러내주며, 이를 통해 역사적 사실을 추론하는 데 도움이 되기 때문이다.

2. 요한의 세례

복음서에 의하면, 요한은 요단 강에서 세례 운동을 펼치며 임박한 하나님의 심판을 선포하며 회개를 촉구했던 예언자였다. 복음서는 다음과 같이 전한다. "세례 요한이 광야에 이르러 죄 사함을 받게 하는 회개의 세례를 전파하니 온 유대 지방과 예루살렘 사람이 다 나아가 자기 죄를 자복하고 요단 강에서 그에게 세례를 받더라."(막 1:4~5)

---

6 참조. 류호성, 『"유대교대사"와 마태복음이 전하는 공통의 세례요한 상"』, 「신약논단」 제13권 제4호 (2006년 겨울), 777. 또한 다음 문헌들을 참조하시오. 게르트 타이센 · 아네테 메르츠/손성현 옮김, 『역사적 예수: 예수의 실제 삶에 대한 총체적 연구』 (서울: 다산글방, 2001); 에케하르트 슈테게만 · 볼프강 슈테게만/손성현 · 김판임 옮김, 『초기 그리스도교의 사회사: 고대 지중해 세계의 유대교와 그리스도교』 (서울: 동연, 2009).

별명이 세례자로 붙여졌을 정도로 요한에게 세례는 중요하다. 그러나 요한이 세례의 창시자가 아닌 만큼 요한의 세례는 먼저 종교사적 맥락에서 조명되어야 한다.

요한이 베풀었던 세례를 – 이방인이 유대교로 개종하기 위해 받는 – 개종세례로 볼 수도 있을 것이다. 그러나 요한은 세례를 – 이방인을 배제한 것은 아니지만 – 유대 백성에게 베풀었다. 개종세례의 관점에서 보자면, 이방인들이 하나님의 백성이 되기 위한 일종의 통과의례를 요한이 유대인들에게 확장시켰다고도 말할 수 있을 것이다. 그러나 이러한 가설에는 요한이 유대인과 이방인의 차이를 전혀 인정하지 않았다는 전제가 선행되어야 한다. 그러나 이방인 선교가 아니라 하나님의 백성에 초점을 맞추는 요한의 메시지를 감안하면, 요한의 세례가 개종세례에서 비롯되었다는 가설은 개연성이 부족해 보인다.

하나님의 백성도 회개의 세례를 받아야 한다는 요한의 주장은 오히려 세례를 정화 의식으로 이해했던 에세네파(Essene)[7]의 입장과 비슷해 보인다. 사실 양자는 하나님의 심판과 회개를 강조하며 회개를 세례와 밀접하게 연관시킨다는 점에서 일치한다. 이러한 유사성에 근거해 몇몇 신학자들은 요한을 에세네파 출신으로 보기도 한다.

그러나 양자의 차이도 엄연하게 존재한다. 에세네파는 입회하려는 사람뿐 아니라 공동체의 모든 지체에게 정기적으로 세례를 베풀지만, 요한의 세례는 단 한 번 주어진다. 그리고 요한의 공동체는 모든 사람에게 개방되어 있다는 점에서 세속과 단절하고 은둔적인 수도생활을 추구했던 에세네파와 구분된다.

이와 같이 요한의 세례는 개종세례나 정화의식과는 다른 자신만의 특성을 보여준다. 그렇다면 여기서 두 가지 물음이 제기된다. 첫째, 요한에게 세례란 개인의 구원을 위한 것인가, 아니면 세상에 빛을 발할 의무를 가진 하나님의 백성을 회복시키려는 의도를 갖는가? 거칠게 표현하자면, 요한은 현존하는 세상에 그 어떤 희망도 갖지 않는 전형적인 묵시사상가인가, 아니면 세상에 하나님 나라의 빛을 발할 하나님의 백성을 쇄신하려는 예언자 전통에 속하는가? 이 물

---

7 고대사 기록에서 에세네파에 대한 언급은 유대인 역사가 필로와 요세푸스에게서 나타난다. 그리고 근대에는 사해 근처의 한 동굴에서 사해사본이 발견되면서 그 실체가 세상에 알려졌다. 에세네파는 바리새파나 사두개파와는 달리 광야에서 금욕생활을 수행하면서 부패한 사제들을 비난했다. 그들은 종말론적 신앙을 가졌으며 모든 재산을 공동으로 소유했다. B. C. 150년경 시작된 에세네파 운동은 A. D. 1세기 말 유대 독립전쟁의 와중에 소멸되었다.

음 앞에서 큄멜(W. G. Kümmel)은 전자를 주장하며[8], 라이트(T. N. Wright)는 후자를 대변한다.[9]

요한이 요단 강에서 세례를 베풀었으며, 누구에게나 열려 있는 공동체를 지향했다는 사실은 라이트의 해석을 지지해 주지만, 임박한 하나님의 심판을 말하며 유대인의 특권을 부정하는 대목은 분명 요한을 묵시사상가로 제시하는 큄멜의 입장을 지지해 준다. 그러나 묵시사상과 예언자 사상을 그렇게 명확하게 구분할 수 있는가라는 물음 앞에서 양자의 차이는 본질적인 차이라기보다는 강조점의 차이라고 말하는 것이 적절할 것이다.

둘째, 요한에게 세례란 회개를 위한 상징적인 의식인가, 아니면 실제적인 죄 사함이 일어나는 성례전인가? 요세푸스는 요한의 세례를 유대교의 정결의식으로 이해한다. "요한은 세례가 하나님께 용납되기 위해서는 앞서 말한 선한 행실이 전제되어야 한다고 생각했다. 요한은 사람들이 지은 죄를 용서받기 위한 수단으로서 세례를 받는 것이 아니라, 의로운 행동으로 인해 영혼이 이미 깨끗함을 입은 것처럼 몸의 정화를 위해서 세례를 받아야 한다고 설파하였다."[10]

사실 세례가 일종의 정화 의식이라는 요세푸스의 이해는 세례에 앞서 선한 행위를 강조하는 복음서의 보고에서 크게 벗어나는 것은 아니다.[11] 그러나 마가복음 1장 4절은 요한의 세례를 죄 용서와 연관시킨다. 이러한 맥락에서 그룬트만(W. Grundmann)은 요세푸스에게 이의를 제기한다. "에세네파에서는 회개한 자가 스스로 자신을 정화시키지만, 마가복음에서는 세례가 죄의 용서를 가져온다. 세례는 인간 전체를 정화시키며 이러한 정화를 통해 하나님의 백성을 새롭게 세운다."[12]

에세네파에게 세례란 이미 회개의 행위를 통해 깨끗해진 사람에게 주어지는 상징적인 의식이지만, 요한에게는 죄인들에게 부어지는 실제적인 은혜의 사

---

8 W. G. 큄멜/박창건 옮김, 『주요 증인들에 따른 신약성서신학』 (서울: 성광문화사, 1985), 30.

9 톰 라이트/이혜진 옮김, 『예수』 (서울: 살림출판사, 2007), 31~33.

10 요세푸스/성서자료연구원 옮김, 『유대고대사 Ⅳ』 (1992), 244~245. 박찬웅은 요세푸스의 해석을 다음과 같이 평가한다. "합리적 헬레니즘 지성인인 독자들의 눈에 요한의 세례 또한 건전하고 합리적인 것으로 인식되기를 원했던 것이라고 볼 수 있다." 참조. 박찬웅, "요세푸스의 세례요한 해석", 「신약논단」 제17권 제3호 (2010년 가을), 805.

11 참조. 마 3:7~10; 눅 3:7~9. 요한 전문가 메이슨(Steve Mason)도 다음과 같이 말한다. "요한이 세례의 전제조건으로서 특별히 회개를 요구하는 것에서는 요세푸스와 복음서들이 일치한다." 참조. 스티브 메이슨/유태엽 옮김, 『요세푸스와 신약성서』 (서울: 대한기독교서회, 2002), 214.

12 Walter Grundmann, *Die Geschichte Jesu Christi* (1959), 28.

건, 즉 죄 용서를 가져오는 성례전이라는 것이다. 사실 마가복음 1장 4절과 누가복음 3장 3절은 세례를 죄 용서와 연관시키며, 특히 마가복음 1장 5절은 세례에 그 어떤 조건도 제시하지 않는다.

요한이 회개의 세례를 요청하고 죄 용서를 선포하는 장면(막 1:4)은 구원의 현재를 말하는 대목이다. 구약성서 전통에서 죄 용서의 사건은 구원을 예비하는 단계가 아니라 구원의 현재를 지시하기 때문이다. 따라서 다가오는 하나님의 심판을 선포하는 요한에게도 현재는 구원의 가능성이 열려 있는 시간이라할 수 있다.[13]

따라서 마가복음 1장 4절이 역사적 진정성을 가진 진술인지가 중요한 물음으로 대두된다. 왜냐하면 요한의 세례를 죄 용서가 이루어지는 사건으로 이해한다면 구원의 현재와 미래의 심판이란 하나님 나라 메시지에 있어서 요한과 예수는 일치한다고 말할 수 있으며, 결국 요한의 메시지와 예수의 메시지를 구분하는 전통적인 신학[14]에 이의가 제기될 수 있기 때문이다. 이러한 맥락에서 요한의 자기 이해를 살펴보는 것은 역사적 사실에 다가서는 데 도움이 될 것이다.

3. 요한의 자기이해

복음서의 요한은 나보다 크신 이를 기다린다. "나는 너희로 회개하게 하기 위하여 물로 세례를 베풀거니와 내 뒤에 오시는 이는 나보다 능력이 많으시니 나는 그의 신을 들기도 감당하지 못하겠노라 그는 성령과 불로 너희에게 세례를 베푸실 것이요."(마 3:11. 참조. 눅 3:16; 막 1:7~8)

그리스도교 전통은 이 구절에 의지해 요한을 예수 그리스도의 길을 예비하는 예언자로 제시한다. 그러나 자신이 베푸는 세례와 오실 분이 베푸실 세례를 구분한 것은 과연 요한에게 소급되는 진술인가, 아니면 초대교회의 창작인가? 그리고 이 구절이 단지 초대교회의 창작이 아니라 역사적인 사실을 내포하고 있는 것이라면, 요한이 기다리는 분은 과연 누구인가?

---

13 스탠턴(G. Stanton)은 다음과 같이 말한다. "예수는 요한의 나타남이 새 시대를 열었다고 보았다. 그리고 우리는 요한의 세례가 죄의 용서와 연관되었음을 기억해야 한다.(막 1:4; 눅 3:3; 요세푸스를 참조) 요한의 예언적 경고에는 거친 말이 들어 있지만(특히 마 3:7~10; 눅 3:7~9) 죄 용서의 외침은 좋은 소식이다." 참조. 그레이엄 스탠턴/김동건 옮김, 『복음서와 예수』 (서울: 대한기독교서회. 1990), 213.

14 예를 들자면 예레미야스(J. Jeremias)는 다음과 같이 말한다. "세례자 요한은 소망의 틀 안에 남아 있었다. 반면에 예수님은 성취를 가져왔다고 주장하신다. 요한은 여전히 율법의 영역에 속해 있었으나 예수님과 함께 복음이 시작되었다." 요아킴 예레미야스/정광욱 옮김, 『신약신학』 (서울: 엠마오. 1992), 82.

대부분의 주석가들은 마태복음 3장 11절이 공동체의 창작이 아니라 공동체에 전해진 전승이라는 데 동의한다. 이 전승은 요한에게서 비롯되었다는 것이다. 내 뒤에 심판하실 분이 오실 것이라는 메시지는 자신을 하나님의 예언자로 이해했던 요한의 메시지와 일치하기 때문이다.

그러나 이 구절에 나오는 성령이란 말은 신학자들 사이에서 논란의 대상이 되었다. 이 구절의 문맥과 의미를 고려해볼 때 성령이란 단어는 오실 분이 예수임을 암시하기 위해 초대교회가 덧붙인 것이 아니냐는 것이다.[15] 슈바이처(E. Schweizer)는 다음과 같이 말한다. "세례 요한의 말은 본래 폭풍과 불로서 오실 메시아적 심판자를 알리고 있다. 그러나 공동체는 예수와 함께 그들에게 임하는 이 심판보다 더 나은 것은 없다고 생각하였다. 그러므로 그들은 그것을 하나님의 거룩하며 거룩하게 하는 영으로 이해하게 되었다."[16]

요한이 기다렸던 심판자가 초대교회에 의해 예수로 변형되었다는 것이다. 물론 불과 성령 모두가 요한의 말이라고 주장하는 견해도 존재한다.[17] 그러나 어떠한 경우에도 요한이 기다렸던 분이 심판자였다는 것은 분명하다. 그러면 요한이 기다렸던 심판자는 누구인가? 하나님인가, 아니면 메시아인가? 요한이 하나님을 기다렸다면 자신을 메시아로 이해했을 개연성이 높으며, 메시아를 기다렸다면 자신을 예언자로 보았을 개연성이 높다. 그러나 이 물음 앞에서도 현대 신학은 대립 양상을 보이고 있다. 위더링턴 3세(B. Ⅲ. Witherington)는 오실 분을 인간적인 메시아로 보지만,[18] 그룬트만은 오실 분을 하나님으로 해석하며 다음과 같이 말한다. "세례 요한은 자신을 하나님의 선구자로 이해했다. 구원과 심판을 위해 오실 분은 하나님이다."[19]

---

15 퀌멜(W. G. Kümmel)이 이러한 입장을 취한다. 참조. W. G. 퀌멜/박창건 옮김, 『주요증인들에 따른 신약성서신학』(1985), 32.

16 E. 슈바이처/김균진 옮김, 『성령』(서울: 대한기독교서회, 1982), 89~90.

17 예를 들자면, 복음주의 신학자 마샬(I. H. Marshall)은 다음과 같이 말한다. "성령과 불로 세례를 준다는 요한의 말은 유대교에서도 그 근원을 찾을 수 있는 것으로 요한은 그 결정적인 단계를 선언한다고 볼 수 있다." 참조. I. 하워드 마샬/한국신학연구소 번역실 옮김, 『국제성서주석·루가복음 I』(천안: 한국신학연구소, 1989), 186. 보른캄(G. Bornkamm)도 불과 성령 세례 전승을 역사적으로 신뢰할 수 있는 전승으로 간주한다. "그리스도교는 세계 심판자를 성령과 불세례라는 형상으로 이해하지 않았으며, 초대교회의 그리스도 표상도 요한이 선포한 심판자상과 대립되어 있다. 바로 이러한 사실이 요한의 세례 전승을 역사적으로 신뢰할 수 있는 전승으로 이해하도록 만든다." 참조. Günter Bornkamm, Jesus von Nazareth (Stuttgart; Berlin; Köln; Mainz: Kohlhammer, 1988), 43.

18 벤 위더링턴, "세례 요한", 『예수복음서 사전』(서울: 요단출판사, 2003), 625. 가톨릭 신학자 그닐카(J. Gnilka)도 오실 분을 인자와 연관시킨다. 참조. 요아킴 그닐카/정한교 옮김, 『나자렛 예수』(왜관: 분도출판사, 2002), 108~109.

19 Walter Grundmann, Die Geschichte Jesu Christi (1959), 32. 로빈슨도 그룬트만의 견해를 지지한다. "요한의 원래 메시지는 장차 오실 이가 자신보다 뛰어나다고 밝힌 바 있다. 이는 장차 오실 이가 바로 하나님을 의미하기 때문이다." 참조. 제임스 M. 로빈슨/소기천·송일 옮김, 『예수의 복음』(서울: 대한기독교서회, 2009), 167.

이와 같이 요한의 정체성을 역사적으로 규명하는 문제는 - 자신의 가설을 위해 반대 측이 제시하는 증거들을 무시하지 않고서는 - 해결될 수 없는 것처럼 보인다. 그렇다면 역사 속의 예수는 요한을 어떻게 평가했을까?

4. 요한에 대한 예수의 평가

예수가 요한에게 세례를 받았다는 사실은 예수가 요한의 세례 운동에 참여했으며, 요한의 종말론적 설교에 동의했음을 암시해 준다. 사실 요한과 예수는 "천국이 가까이 왔으니 회개하라."는 메시지에서 일치한다.[20] 양자는 분명 유대 묵시사상이라는 공동의 유산을 물려받았으며, 예수는 요한에게 존경심을 표명했다. 그렇다면 양자의 관계를 스승과 제자의 관계로 이해해도 좋은가?

복음서의 예수는 요한을 다음과 같이 평가한다. "내가 너희에게 말하노니 여자가 낳은 자 중에 요한보다 큰 자가 없도다 그러나 하나님의 나라에서는 극히 작은 자라도 그보다 크니라."(눅 7:28; 마 11:11)

"여자에게 난 자 중 요한보다 위대한 자는 없다."는 말씀은 예수의 육성이었을 개연성이 매우 크다. 요한을 예수보다 위대한 인물로 소개하는 것처럼 보이는 진술이 초대교회로부터 나왔을 리는 만무하기 때문이다. 스탠턴(G. Stanton)은 다음과 같이 말한다. "예수는 요한을 높이신다. 뒷부분의 수식이 없이는 이 말은 요한이 예수보다도 위대하다는 의미를 지니고 있으므로 초대교회를 당황하게 하였을 것이다!"[21]

그러나 이 구절 후반부의 진정성 문제, 즉 이 구절이 과연 예수에게 소급될 수 있는지에 대해선 의견이 분분하다. 이미 잘 알려져 있듯이, 양식비평을 통해 20세기 성서신학을 주도했던 불트만(R. Bultmann, 1884~1976)은 이 구절을 초대교회가 덧붙인 것이라고 주장한다. 요한에 대한 예수의 존경심을 복음서 기자들이 약화시켰다는 것이다. 그러나 슈바이처는 - 이 구절 하반부가 요한을 격하시키려는 의도를 가진 진술이라는 - 불트만의 전제에 이의를 제기하면서 이 구절 하반부는 단지 하나님 나라 안에 존재하는 것의 의미를 부각시키는 것뿐이라고 말한다. "요한을 존경하는 것으로 충분치 않고 더 중요한 것은 하나님

---

20 참조. 마 3:2; 4:17.
21 그레이엄 스탠턴/김동건 옮김, 『복음서와 예수』(1990), 207.

나라의 일원이 되는 것이다. …… 이 표현을 하느님 나라에서 요한을 배제시키는 것으로 종종 이해했다. 그러한 이해는 13장 28절(병행. 마태 8:11)의 내용과 상치가 된다."[22]

전반부와 후반부가 모순되지 않는다는 것이다. 즉 이 구절은 단지 요한에 대한 존경심뿐 아니라 요한이 선포했던 하나님 나라에 참여할 것을 촉구하는 메시지라는 것이다. 슈바이처의 이러한 주장은 설득력이 있다. 사실 이 구절 하반부가 예수에게 소급되든 아니든 간에 요한을 하나님 나라에서 배제하려는 것은 이 구절의 의도에 부합되지 않는다. 위더링턴 3세도 다음과 같이 말한다. "예수는 요한이 천국 밖에 있고 다른 사람들은 천국 안에 있다고 말하지 않는다. 오히려 사람을 보는 두 가지 방법을 말씀하고 있다."[23] 사실 마태복음 11장 12절("세례 요한의 때부터 지금까지 천국은 침노를 당하나니 침노하는 자는 빼앗느니라.")은 ─ 물론 정확한 해석이 어려운 구절이지만 ─ 요한의 때부터 하나님 나라가 도래하고 있음을 분명하게 제시하고 있다.

예수는 분명 요한을 예언자보다 더 큰 자(마 11:9)로 소개한다. 예언자보다 큰 자가 누구인가? 사실 예수께서 요한이 체포된 후에야 비로소 요한의 메시지와 동일한 메시지를 선포하며 사역을 시작했다는 사실은 예수께서 요한을 최소한 스승으로 여겼을 것이라는 가설을 지지해 준다.[24] 그러나 이러한 가설에 이의도 제기된다. 보른캄은 다음과 같이 말한다. "예수가 요한의 세례를 받은 것은 사실이지만, 요한의 제자로서 사역을 시작한 것도 아니며 세례 요한의 사역을 계승하지도 않았다."[25] 로빈슨도 비슷한 견해를 피력한다. "물 밖으로 나왔을 때, 예수는 요한과 같은 복장을 취하지 않았다. 그는 벗어 버렸던 이전의 옷을 다시 입었다. …… 더욱이 예수는 요한과 동행하지 않았으므로 문자적으로도 요한의 제자가 아니었다."[26]

예수가 요한의 권위를 인정한 것은 사실이지만 요한의 길을 따르지는 않았다

---

22 에두아르트 슈바이처/한국신학연구소 번역실 옮김, 『국제성서주석 · 마태오 복음』(천안: 한국신학연구소, 1992), 393.

23 벤 위더링턴, "세례 요한", 「예수복음서 사전」(2003), 626.

24 슐츠(S. Schulz)는 이러한 가설을 대변한다. 그는 다음과 같이 말한다. "그의 영적 아버지인 요한과 마찬가지로 제자 예수도 묵시사상가였으며, 그의 갱신 운동도 다른 갱신 운동과 마찬가지로 하나님 나라에 대한 묵시사상적 기대에 의해 규정된다." 참조. Siegfried Schulz, Neutestamentliche Ethik (1987), 32.

25 Günter Bornkamm, Jesus von Nazareth (1988), 45.

26 제임스 M. 로빈슨/소기천 · 송일 옮김, 『예수의 복음』(2009), 154~155.

는 것이다. 그러나 사역과 삶의 형태가 다르다고 제자가 아니라는 주장은 설득력이 부족해 보인다. 예수는 물론 ─ 공동의 학파와 사상을 공유하는 ─ 엄격한 의미의 제자는 아니었을 것이다. 그러나 예수가 요한에게 극도의 존경심을 표명한 점을 감안하면 예수가 요한의 제자였느냐는 물음은 제자 됨을 어떻게 규정하느냐에 달려 있는 것처럼 보인다.

예수의 수세에 대한 초대교회의 해석
●

1. 메시아 선포식

요한을 찾아 각지에서 모여든 사람들은 새로운 삶을 위해 요단 강에서 세례를 받았다. 예수도 이러한 사람들 가운데 하나였을 것이다. 예레미야스는 예수께서 세례 받는 장면을 다음과 같이 재구성한다. "세례를 받은 자들은 '세례자의 면전'에서 스스로 잠겼다고 말한다. 따라서 세례자 요한은 개종세례의 경우에서처럼 증인의 역할을 감당한 것이다. …… 예수님은 요한의 신호나 구열에 맞추어 요단 강에 몸을 잠그는 백성들 가운데 서 계셨고, 함께 세례 받고 있는 사람들로부터 구별되지 않았다."[27]

하나님의 새로운 백성이 되기 위해 요단 강의 군중 속으로 들어갔던 예수는 세례받기 전부터 요한을 알고 있었지만 요한은 세례 후에도 예수를 알지 못했을 것이다. 그러나 복음서는 예수께서 세례 받았을 때 일어났던 일을 신앙의 빛에서 다음과 같이 선포한다. "예수께서 세례를 받으시고 곧 물에서 올라오실 새 하늘이 열리고 하나님의 성령이 비둘기 같이 내려 자기 위에 임하심을 보시더니 하늘로부터 소리가 있어 말씀하시되 이는 내 사랑하는 아들이요 내 기뻐하는 자라 하시니라."(3:16~17. 참조. 막 1:10~11; 눅 3:21~22)

한마디로 말하자면, 예수의 수세는 메시아 선포식이라는 것이다. 교황 베네딕트 16세도 비슷한 논조로 말한다. "세례의 마지막 장면에서 예수에게 성령이 내려오는 것은 예수가 자신의 직책에 공식적으로 들어섬을 의미한다. 따라서 교부들이 이것을 이스라엘에서 왕과 제사장을 임명할 때 행하는 도유식(塗油式)

---

27 요아킴 예레미야스/정광욱 옮김, 「신약신학」 (1992), 85.

과 비슷하게 본 것은 일리가 있다."[28]

복음서가 예수의 수세를 메시아 선포식으로 묘사하는 것은 분명하다. 그렇다면 복음서의 수세 전승은 예수가 수세 때 하나님의 아들로 부름을 받았다는 양자론(adoptionism/養子論)을 대변하는가? 로빈슨은 다음과 같이 말한다. "기독교인의 관점에서 볼 때 이는 잠재적 위험성을 내포하고 있었다. 마치 세례를 받는 그때서야 예수가 하나님의 아들이 된 듯한 인상을 주고 있기 때문이다!"[29]

그러나 슈바이처는 다른 견해를 피력한다. "예수의 하느님의 아들 됨은 세례 받을 때에 들린 소리에 의해 그에게 비로소 부여될 수 있는 것이 아니라 요한 앞에서 선포되는 것뿐이다."[30] 메시아 선포식은 예수의 정체성을 바꾸어 놓은 사건이 아니라, 메시아 예수를 공적으로 선포하는 사건이라는 것이다. 물론 이러한 해석이 정당성을 획득하려면 예수가 생애 시작부터 하나님의 아들이었다는 신앙고백이 초기 전승에 속하는지가 먼저 해명되어야 한다.

복음서의 수세 전승은 신학적 문제뿐 아니라 역사적 항의도 촉발시킨다. 복음서의 수세 전승은 의도적인 역사 왜곡이 아니냐는 것이다. 달리 표현하자면, 예수의 수세를 메시아 선포식으로 묘사하는 복음서의 해석은 결국 예수를 요한보다 높이려는 복음서의 기법이 아니냐는 것이다.[31]

물론 그렇게도 볼 수는 있다. 그러나 이 전승의 동기와 근거를 고려하지 않고 이 전승을 역사적 왜곡이라고 비판하는 것은 너무 성급한 처사다. 오히려 다음과 같은 물음이 제기되어야 한다. 복음서가 예수의 수세를 메시아 선포식으로 해석하는 근거는 무엇인가?

이 전승은 분명 목격자의 진술에 의존하는 전승은 아니다. 그렇다면 이 전승은 복음서 기자들의 상상력이 창조한 전승인가? 그러나 이 장면을 복음서 기자의 창작으로 보는 것은 사건의 진실을 덮어버릴 수도 있다. 왜냐하면 이 전승은 자신들에게 전해진 예수의 수세 이야기를 특정한 전제 아래 해석한 것이지만, 이러한 전제는 분명 예수에 대한 역사적 체험에 의해 형성된 것이기 때문이다. 이러한 의미에서 이 전승의 토대를 역사적 체험이라고도 말할 수 있다.

28 교황 베네딕토 16세/최호영 · 김하락 옮김, 『나자렛 예수』 (서울: 김영사, 2010), 52~53.
29 제임스 M. 로빈슨/소기천 · 송일 옮김, 『예수의 복음』 (2009), 234.
30 에두아르트 슈바이처/한국신학연구소 번역실 옮김, 『국제성서주석 · 마태오 복음』 (1992), 60.
31 스탠턴이 이러한 견해를 대변한다. 참조. 그레이엄 스탠턴/김동건 옮김, 『복음서와 예수』 (1990), 234.

따라서 이 전승은 의도적인 역사 왜곡과는 거리가 멀다. 오히려 역사적 체험에 토대를 둔 해석이라고 말하는 것이 적절할 것이다. 그렇다면 이 전승의 토대가 되는 역사적 체험은 무엇일까?

현대 신학은 이 문제에 있어서 다양한 견해를 개진할 법하지만 오히려 한목소리를 낸다. 가톨릭과 개신교의 주요 신학자들은 물론 예수 세미나의 회원인 보그(M. J. Borg)도 역사 속의 예수를 영으로 충만한 카리스마적 인물로 이해한다. "하늘의 음성에 관한 역사적인 판단이 어떠하든 간에 예수의 비전 이야기는 예수를 유대교의 영으로 충만한 체험의 한복판에 세워놓는다."[32]

예수의 수세에 대한 복음서의 전승은 결국 영으로 충만한 예수를 지시한다는 것이다. 이러한 진술은 결국 언제나 '성령으로 충만한 예수'에 대한 역사적 기억이 예수의 수세를 새롭게, 즉 메시아 선포식으로 바라보도록 만들었음을 시사해 준다. 달리 말하자면, 예수께서 요한에게 세례를 받았다는 전승과 언제나 성령으로 충만하셨던 예수에 대한 역사적 기억이 만나면서 예수의 수세를 메시아 선포식으로 이해하게 되었다고 말할 수 있다.

그렇다면 예수의 수세를 메시아 선포식으로 제시하는 복음서의 해석은 예수의 수세를 신학적으로 새롭게 이해할 수 있는 빛을 던져준다. 즉 예수께서 세례를 받으신 것은 여느 사람들처럼 죄를 고백하고 새로운 하나님의 백성으로 거듭나기 위해서가 아니라 세상 죄를 짊어지려는 목적을 가진다는 것이다. 그룬트만은 다음과 같이 말한다. "그는 자신을 위해서가 아니라, 타자를 위해서 세례를 받았다. 왜냐하면 하나님의 종은 그들의 죄를 짊어짐으로써 인간을 대리한다. 예수는 세례를 받으심으로써 죄인과의 연대성의 길에 들어선다. 이러한 연대성은 그를 십자가로 인도한다. 따라서 그 안에서 죄인을 위한 종말론적 구원이 시작된다."[33]

예수의 수세는 예수를 고난 받는 하나님의 종으로 선포하면서 십자가와 부활을 예시한다는 것이다. 복음서는 분명 예수의 수세를 메시아 선포식으로 해석한다. 그러면 예수의 수세를 메시아 선포식으로 바라보는 복음서는 요한을 어떻게 이해했는가?

---

32 마커스 보그 · N. 톰 라이트/김준우 옮김, 『예수의 의미』 (서울: 한국기독교연구소, 2001), 66.
33 Walter Grundmann, *Die Geschichte Jesu Christi* (1959), 34.

2. 예수의 길 예비자 요한

앞서 살펴보았듯이, 예수는 분명 요한의 메시지에 동의했으며 요한에게 존경심을 표명했고 요한이 잡힌 후에야 비로소 요한의 메시지와 동일한 메시지를 선포하기 시작했다. 그러나 요한은 예수를 메시아로 인정하기는커녕 잘 알지도 못했던 것처럼 보인다.

물론 마태복음의 요한은 예수에게 당신이 오실 그분이냐고 묻는다. "요한이 옥에서 그리스도께서 하신 일을 듣고 제자들을 보내어 예수께 여짜오되 오실 그이가 당신이오니이까 우리가 다른 이를 기다리오리이까."(11:2~3. 참조. 눅 7:18~19) 이러한 물음이 요한의 입에서 나온 것인지는 분명치 않다.[34] 그리고 이 질문이 역사적 진정성을 가진 것이라 할지라도 요한의 질문에는 의혹의 성격이 짙게 깔려 있다. 게다가 요한이 예수의 대답에 어떻게 반응했는지도 알려지고 있지 않다.

사도행전 18장 24~28절과 19장 1~5절은 요한 공동체가 요한의 사후에도 존재했으며, 유대뿐 아니라 소아시아로 확산되었음을 암시해 준다. 요세푸스[35]뿐 아니라 신약성서 곳곳(요 1:35; 3:25~36; 눅 11:1; 행 18:25; 19:1~7)에서도 이러한 사실을 뒷받침해 주는 증언들이 나타난다. 그리고 요한을 메시아로 고백하며 침례를 중시하는 만다교(Mandanism)의 존재도 이러한 사실을 암시해 주는 또 하나의 예라 할 수 있다.[36] 이러한 정황은 요한이 제자들에게 예수를 메시아로 따르라고 지시한 적이 없다는 사실을 시사해 준다.

그러나 복음서는 이러한 역사적 사실에도 불구하고 요한을 예수의 길 예비자로 소개한다. "예수께서 대답하여 이르시되 너희가 가서 듣고 보는 것을 요한에게 알리되 맹인이 보며 못 걷는 사람이 걸으며 나병환자가 깨끗함을 받으며 못 듣는 자가 들으며 죽은 자가 살아나며 가난한 자에게 복음이 전파된다 하라 누구든지 나로 말미암아 실족하지 아니하는 자는 복이 있도다 하시니라."(마 11:4~6. 참조. 눅 7:21~23)

---

34 이 질문이 초대교회의 창작이라고 간주하는 신학자들은 요한이 기다렸던 분은 심판자, 즉 하나님 자신이었음을 상기시키며, 역사적이라고 주장하는 학자들은 요한의 의혹을 공동체가 고안해 냈을 리가 없다고 주장한다.

35 메이슨은 요세푸스의 요한 이해에 관해 다음과 같이 말한다. "요세푸스는 요한을 '그리스도교 전통 안에 있는 인물'로 보지 않는다. …… 요세푸스는 그를 예수하고는 관련이 없는, 스스로의 메시지와 추종자들을 가지고 있는 유대의 유명한 설교자로 소개한다." 참조. 스티브 메이슨/유태엽 옮김, 『요세푸스와 신약성서』(2002), 215.

36 서구사회는 그들을 오랫동안 잊고 있었다. 그러나 17세기 이란과 이라크에서 사역했던 그리스도교 선교사들에 의해 그들은 세상에 드러나기 시작했다.

예수가 바로 요한이 예언했던 분이라는 것이다. 공동체의 이러한 해석은 의도적으로 요한과 예수의 관계를 역전시키려는 시도인가? 그러나 요한 공동체와 경쟁 관계에 있었던 초대교회가 자신의 우월성을 입증하기 위해 요한을 격하시키려 했다는 가설은 사실 정황을 온전하게 설명해 주지 못한다. 무엇보다도 양자의 관계를 경쟁이 아니라 연대성과 연속성의 관계로 설명하는 복음서가 이 가설에 이의를 제기할 것이다. 마가복음은 요한을 복음의 시작으로 선포하며 요한의 세례에 죄 용서의 권한을 부여한다. 그리고 죄 용서와 세례를 연관 짓지 않는 마태도 요한과 예수를 동일한 운명 공동체로 이해한다.[37]

그러나 이로써 복음서가 의도적으로 요한을 예수에게 종속시켰다는 의혹이 완전히 사라지는 것은 아니다. 크로산(J. D. Crossan)은 복음서의 발전과정에 이러한 의도가 나타난다고 말한다. "마가는 아무런 부연설명 없이 세례 이야기를 전하고 있음에도 불구하고, 여기에 곧바로 예수에게 들려오는 하늘의 소리에 관한 이야기를 덧붙이고 있다. 마태는 여기에서 한걸음 더 나아가서, 요한으로 하여금 세례 받으려는 예수를 만류하게 만든다. 끝으로 요한복음에서는 실질적인 세례에 대해서는 아무런 설명도 없이 예수를 하나님의 아들로 증언한다."[38] 메이슨(S. Mason)도 비슷한 논조로 말한다. "유명한 유대 설교자가 그에게 세례를 베풀었기 때문에, 그 이야기를 반복한 초기 그리스도인들은 점차로 요한의 메시지를 축소시키고, 그를 교회를 위한 한 예언자로 만들었고, 결국 그리스도교 이야기 안에 요한을 수용하였다."[39]

복음서의 요한 이야기에는 – 요한과의 연대성을 말하면서도 예수 안에서 통합을 유도하려는 – 선교전략이 반영되었다는 것이다. 물론 이렇게 이해하는 것도 무리는 아니다. 그러나 예수의 부활을 확신했던 초대교회의 입장에서 보면 다음과 같은 물음이 제기된다. 예수를 이미 메시아로 확신했던 초대교회가 과연 요한의 증언을 필요로 했을까? 요한을 언급하지 않아도 복음 선포에 지장이 있는 것은 아니지 않은가? 그리고 무엇보다도 요한 전승의 동기가 선교전략이었다면 전승 전체에 일관성이 나타나야 하는데 요한 전승에 과연 이러한 일관성이

---

37 참조. 마 11:12.
38 존 도미닉 크로산/한인철 옮김. 『예수는 누구인가』 (1998), 69.
39 스티브 메이슨/유태엽 옮김. 『요세푸스와 신약성서』 (2002), 222.

존재하는가? 요한을 복음에 포함시킨 것은 오히려 요한을 존경했던 예수의 의중을 존중했기 때문이 아닌가?

이러한 정황은 오히려 요한 전승의 동기를 선교전략으로 보는 견해에 이의를 제기하도록 만든다. 사실 요한 전승을 주의 깊게 살펴보면, 요한을 높이려는 예수와 예수를 메시아로 고백하는 초대교회의 입장이 긴장감 속에서 공존하고 있음을 발견하게 된다. 이러한 긴장감은 복음서의 요한 전승이 의도적이며 전략적인 동기에서 비롯된 것이 아님을 시사해 준다. 복음서의 요한 전승은 오히려 초대교회가 예수를 메시아로 고백하는 신앙을 위협하는 것처럼 보이는 전승들도 예수에게 소급된다는 이유 하나만으로 받아들였음을 보여준다.

사실 복음서 기자들은 현대 신학자들과 달리 그 어떤 신학적 체계가 아니라 예수에게 충실하려 했다. 윙크(W. Wink)는 다음과 같이 말한다. "세례 요한 전승들은 초대교회의 창작이 아니다. 오히려 요한에 대한 예수의 긍정적인 태도가 이러한 전승들을 복음에 포함시키도록 만든 것이다."[40]

이해되지 않는 예수의 말씀과 태도도 예수께서 그렇게 하셨다는 이유 하나만으로 받아들여졌다는 것이다. 따라서 예수를 메시아로 고백하는 초대교회가 예수를 성서 종말론의 정점에 위치시키고 요한을 성서 종말론의 전환점으로 제시한 것은 선교전략이라기보다는 요한에게 더할 나위 없이 친밀감을 느꼈던 예수의 의중을 존중했기 때문이라고 말할 수 있다. 사실 복음서의 요한 전승 곳곳에는 요한을 존중하는 예수의 입장과 예수를 메시아로 고백하는 초대교회의 입장이 공존하고 있다. 그리고 때로는 이 두 입장들이 서로 충돌하기도 하지만, 때로는 통일을 이루며 하나의 형상을 탄생시키기도 한다. 예수의 길 예비자 요한이라는 이미지가 바로 그것이다. 따라서 요한을 예수의 길 예비자로 소개하는 것은 요한을 격하시키려는 시도가 아니라 오히려 복음에 포함시키려는 시도라 할 수 있다.

그러나 요한을 복음에 포함시키는 것은 요한이 복음에 필수적인 요소임을 말하는 것이다. 보른캄은 다음과 같이 말한다. "요한을 그리스도의 길 예비자로 소개하는 것은 요한을 격하시키려는 시도가 아니라 요한 없이는 그리스도께 나아갈 수 없으며 요한을 거치지 않고는 그리스도를 바르게 인식할 수 없다는

---

40 Walter Wink, *John the Baptist in the Gospel Tradition* (Cambridge: Cambridge University Press, 1968), 389.

사실을 강조하기 위한 것이다."[41]

이러한 견해는 정당하다. 복음서에 나타난 요한과 예수의 관계는 약속과 성취의 관계가 아니라 시작과 성취의 관계이기 때문이다.

메시아의 겸손
●

1. 메시아의 자격

앞의 논의를 요약해 보면, 예수가 요한의 제자였을 개연성이 크지만 복음서는 오히려 요한을 예수의 길 예비자로 소개한다. 그러나 앞에서 살펴보았듯이 요한을 예수의 길 예비자로 소개하는 것은 요한을 격하시키려는 시도가 아니라 예수를 메시아로 고백하는 신앙의 빛에서 요한에 대한 예수의 존경심을 받아들인 결과라 할 수 있다.

따라서 예수를 메시아로 고백하는 신앙의 관점에서 요한을 예수의 스승으로 간주하는 역사적 관점을 부정하거나, 후자의 입장에서 전자를 역사적 왜곡이라고 비난하는 것은 옳지 않다. 오히려 다음과 같은 물음이 제기되어야 한다. "예수가 요한 앞에서 자신을 낮추었다고 예수의 메시아 되심이 부정되는가?" "예수가 요한에게서 하나님 나라의 도래를 보았다는 사실이 예수를 메시아로 고백하지 못하게 만드는가?" "요한을 예수의 스승으로 보는 관점과 요한을 예수의 길 예비자로 보는 관점은 대립될 수밖에 없는 것인가?"

그러면 메시아란 과연 어떤 존재인가? 틸리히가 명료하게 해명하듯이, 메시아란 새로운 에온(aeon)을 가져오는 분을 지칭하는 개념이다.[42] 당연히 구원자와 심판자를 뜻하는 이 개념은 부지불식간에 메시아의 권위를 연상시켜 준다. 그러나 복음서의 예수는 권위와는 거리가 먼 모습을 보여준다. 큄멜(W. G. Kümmel)이 지적했듯이, 예수는 사람들이 자신을 숭배하는 것을 단호하게 물리치셨다.[43] 예수는 병자들을 치유하면서도 자신에게 공을 돌린 적이 없었다.[44]

41 Günter Bornkamm, *Jesus von Nazareth* (1988), 46.
42 참조. P. Tillich, *Systematic Theology, vol. 2* (1957), 118.
43 참조. W. G. 큄멜/박창건 옮김, 『주요증인들에 따른 신약성서신학』 (1985), 94.
44 참조. 막 10:52; 마 9:22; 눅 17:19.

그렇다면 예수는 자신을 메시아로 생각하지 않았는가? 그러나 신약성서는 권위와 능력이 아니라 무력함과 고난을 메시아의 특성으로 제시한다. 누가는 로마의 아우구스투스 황제가 아니라 무력한 아기 예수를 평화의 왕으로 선포하고, 강보에 싸여 구유에 누인 아기를 표적으로 제시한다.(눅 2:12) 바울도 하나님의 아들 예수를 십자가에 못 박힌 자로 제시한다. "유대인은 표적을 구하고 헬라인은 지혜를 찾으나 우리는 십자가에 못 박힌 그리스도를 전하니 유대인에게는 거리끼는 것이요 이방인에게는 미련한 것이로되."(고전 1:22~23. 참조. 갈 3:13; 5:11; 6:12~14; 빌 2:8; 3:18; 엡 2:16; 골 1:10; 2:14)

프리드리히(G. Friedrich)가 지적하듯이, 바울은 "가장 수치스럽고 가장 나약한 상태에 있는 그리스도를 선포의 핵심으로 삼는다."[45] 그러나 메시아의 무력과 고난은 수동적인 것이 아니라 자발적인 것이다. 달리 말하자면, 사랑 때문에 스스로 낮아지고 자신을 비우는 것이다. 신약성서는 이러한 자세를 자기 비움(kenosis)으로 부르며, 메시아의 인격적 정체성으로 제시한다. "너희 안에 이 마음을 품으라 곧 그리스도 예수의 마음이니 그는 근본 하나님의 본체시나 하나님과 동등됨을 취할 것으로 여기지 아니하시고 오히려 자기를 비워 종의 형체를 가지사 사람들과 같이 되셨고 사람의 모양으로 나타나사 자기를 낮추시고 죽기까지 복종하셨으니 곧 십자가에 죽으심이라."(빌 2:5~8)

그렇다면 요한 앞에서 자신을 낮추는 예수를 메시아로 선포하는 예수의 수세 전승은 – 능력이 아니라 자기 비움을 통해 뜻을 이루는 – 신약성서의 메시아 형상에 대립되는 것이 아니라고 말할 수 있다. 자신을 낮추는 예수에 대해서 의아해하거나 메시아는 스승을 가질 수 없다고 생각하는 사람에게는 예수의 수세가 걸림돌이 될 수밖에 없다. 그러나 예수의 수세 이야기는 권능과 지식이 아니라 낮아지고 비우는 겸손이 메시아의 자격이라는 사실을 암시함으로써 독자들에게 관점의 전환을 요청한다. 겸손을 메시아의 능력으로 보라는 것이다. 죄의 뿌리를 교만으로 보는 성서적 관점을 염두에 둔다면, 겸손을 무죄성의 열매요 진정한 구원의 능력으로 이해하는 것은 그리 어렵지 않을 것이다. 슈바이처는 이러한 사실을 다음과 같이 표현한다. "세례자를 능가하는 예수의 우월성은 바로 예수가 겸손하게 세례에 복종함으로써 '모든 의를 이룬다'는 사실에

45 게르하르트 프리드리히/박영옥 옮김, 『예수의 죽음』 (서울: 한국신학연구소, 1992), 178.

있다."[46]

2. 메시아의 겸손

자기 비움을 말하는 종교는 그리스도교만이 아니다. 동양 철학의 주요 가르침 가운데 하나도 공(空) 사상이 아닌가? 물론 예수에게도 모든 집착을 버릴 때 마음의 평강을 체험하며, 사적인 집착이나 사회적 편견을 버릴 때 사물을 있는 그대로 바라보며 자비롭게 된다는 동양 철학적 자기 비움의 양상이 나타난다. 또한 예수에게는 공과 사를 분별하고 공적인 책임을 위해 사적인 욕망을 비우라는 사회적인 자기 비움의 형태도 나타난다.

그러나 예수의 자기 비움은 본래 도덕적이거나 철학적인 것이 아니다. 사실 예수가 모든 사람들에게 온유했던 것은 아니다. 어린아이와 죄인들에게는 그토록 자비로웠지만, 성전에서는 분노의 행동을 보여주었고 바리새인들에게는 저주를 퍼부었다. 이러한 사실은 예수의 겸손이 도덕적이 아니라 신학적인 것임을 시사해 준다.

이러한 사실은 바리새인과 세리의 비유에서 잘 나타난다. 이 비유에서 예수는 - 스스로 의롭다고 믿는 - 바리새인과 - 자신이 죄인임을 고백하며 하나님의 자비를 구하는 - 세리를 대조시킨다. 그리고 세리를 가리키며 다음과 같이 말한다. "내가 너희에게 이르노니 이에 저 바리새인이 아니고 이 사람이 의롭다 하심을 받고 그의 집으로 내려갔느니라 무릇 자기를 높이는 자는 낮아지고 자기를 낮추는 자는 높아지리라."(눅 18:14)

하나님 앞에서 자신을 낮추는 것이 진정한 겸손이요, 이러한 겸손이 또한 하나님 앞에서의 의라는 것이다. 이러한 메시지는 하나님을 아바(abba) 아버지로 부르라는 요청에서도 나타난다. 하나님을 아바 아버지로 부르라는 요청은 - 하나님과의 관계가 자신의 모든 것을 규정하는 - 어린아이의 겸손한 신앙을 가지라는 요청이기 때문이다. 구체적으로 말하자면, 하나님의 사랑이 없으면 살 수 없다고 생각하며 하나님이 보이지 않으면 하나님을 간절하게 찾는 자세가 진정한 겸손이라 할 수 있다.

그러나 예수의 겸손은 한걸음 더 나아간다. 하나님을 아바 아버지로 부르라

---

46 에두아르트 슈바이처/한국신학연구소 번역실 옮김, 「국제성서주석 · 마태오 복음」 (1992), 60.

는 예수의 요청에는 종말론적 신앙이 전제되어 있기 때문이다. 하나님이 약속하신 하나님 나라가 도래했기에 이제 하나님을 아바 아버지로 부를 수 있다는 것이다. 이러한 맥락에서 그룬트만(W. Grundmann)은 다음과 같이 말한다. "유대교는 의로운 자들에게 하나님을 아버지로 부를 권한을 주었다. 그리고 도래하는 하나님의 때에 하나님의 온 백성이 하나님을 아버지로 부를 수 있게 되기를 소망했다.(참조. 렘 3:19 이하) 이 소망이 드디어 예수의 선포 속에서 이루어졌다."[47]

예수가 하나님의 아바 아버지 되심을 자신에게만 제한하지 않으셨다는 사실은 분명 약속되었던 하나님의 나라가 현실이 되었음을 시사해 준다. 그러나 예수는 동시에 이 나라가 아직 감추어져 있으며 오직 성령 안에서만 자신의 실체를 드러낸다는 사실을 강조한다. 그렇다면 예수가 말하는 겸손이란 결국 성령이 자유롭게 역사하도록 자신을 낮추고 비우는 것을 의미한다.

사실 예수의 수세 이야기는 예수를, 성령을 받아들이고 성령의 능력 안에서 행동하는 분으로 묘사한다. 그러나 성령을 받아들인 예수는 성령 대신 행동하는 분이 아니라 언제나 성령의 도구가 되기 위해 자신을 비우는 분으로 나타난다. 그리고 성령모독죄에 대한 경고[48]가 암시하듯이 예수는 성령을 훼방하는 행위에 대해선 언제나 분노를 느꼈다. 이러한 사실은 예수 사역의 목적이 오직 성령의 도구가 되는 것뿐임을 시사해 준다.

이러한 사실로부터 온유하신 예수가 왜 바리새인과 성전 지도자들에게 분노를 표출했는지가 해명된다. 예수는 바리새인들의 도덕적 타락을 비판한 것이 아니다. 예수가 그들을 비판한 것은 부지불식간에 성령의 역사를 가로막는 그들의 교만과 무지 때문이었다. 또한 예수가 요한을 존경했던 이유도 어느 정도 밝혀질 수 있다. 아마도 사심 없이 성령의 도구가 되려는 요한의 자세가 예수로 하여금 요한을 주목하도록 만들었을 것이다. 이러한 맥락에서 예수의 정체성을 — 성령을 받아들여 자기 비움 속에서 성령을 전해 주는 도구가 되려는 — 성령의 몸으로 제시할 수 있을 것이다.

---

47 Walter Grundmann, *Die Geschichte Jesu Christi* (1959), 74.
48 참조. 마 12:31~32.

예수의 수세 묵상

●

예수의 수세 전승은 분명 겸손을 메시아의 정체성으로 제시한다. 그리고 예수에게 겸손이란 하나님을 드러내기 위해 자신을 비우는 것임을 상기시키며, 예수의 정체성을 구체적으로 – 성령을 들이마시고 내쉬는 – 성령의 몸으로 제시한다.

그러나 신약성서에는 성령을 받아들이고 내쉬는 예수에 대립되는 것처럼 보이는 메시지도 존재한다. 예를 들자면, 누가는 성령이 예수의 승천으로 말미암아 부어진 영임을 강조한다. "요한은 물로 세례를 베풀었으나 너희는 몇 날이 못 되어 성령으로 세례를 받으리라."(행 1:5) 요한은 보다 분명하게 말한다. "내가 떠나가는 것이 너희에게 유익이라 내가 떠나가지 아니하면 보혜사가 너희에게로 오시지 아니할 것이요 가면 내가 그를 너희에게로 보내리니."(요 16:7) 성령은 다름 아닌 그리스도가 보낸 영이며, 따라서 성령은 이제 그리스도를 중심으로 움직이는 그리스도의 영이 되었다는 것이다. 여기서 물음이 제기된다. 성령을 받아들였던 분이 부활과 승천 이후 영을 파송하는 분이 되었고, 하나님의 영이 그리스도의 영으로 전환된 것인가?

콘스탄티노플 공의회(381) 이후의 서방교회는 누가의 승천 신학을 따르며 성령을 성자에 종속시키는 방향으로 나아갔다. 이러한 과정 속에서 – 성부뿐 아니라 성자도 성령의 근원으로 간주하는 – 필리오케(filioque) 신학이 등장했다. 이러한 신학은 당연히 성령에 대한 성자의 우위성을 강조한다. 그러나 하나님의 영이 그리스도의 영으로 전환된다면, 성령은 결국 자신의 고유성을 상실하고 성부와 성자의 술어밖에 될 수 없다.

그러나 예수의 수세 전승이 시사하듯이, 필리오케 신학은 성서 전체의 요청이 아니다. 이러한 맥락에서 몰트만은 예수와 성령의 관계를 다음과 같이 정립한다. "영의 그리스도에서 그리스도의 영으로 전환도 아니며, 그리스도와 영의 일치도 아니다. 양자의 관계는 부활 이후에도 상호적이다."[49]

부활 이후에도 그리스도는 여전히 성령을 들이마시고 내쉬는 성령의 몸으로 현존한다는 것이다. 달리 말하자면, 성령은 그리스도와 구분되는 인격적 존재

---

49 위르겐 몰트만/김균진 옮김, 『생명의 영』(서울: 대한기독교서회, 1992), 103.

라는 것이다. 그러나 성령을 인격 존재로 생각하는 것도 문제의 소지를 내포하고 있다. 문제의 초점을 부각시키기 위해 다음과 같은 질문을 던져보자. 성령은 그리스도 밖에서도 주어지는가? 몰트만은 긍정적으로 대답한다. "그리스도의 사역은 그것이 목적하는 성령의 사역 없이는 존재하지 않으며, 또한 성령의 사역은 그리스도의 사역으로부터 언제나 구분되며 그곳에서 없어지지 않는다는 것이다. 구약성서가 말하는 바와 같이 하나님의 영의 사역은 그리스도의 사역을 선행한다. 성령의 사역은 신약성서가 가리키는 그리스도의 사역을 넘어선다."[50]

유대교의 성령론을 출발점으로 삼는다면, 성령과 그리스도의 사역을 구분하며 성령의 사역에 우선성을 부여하는 것은 당연한 귀결일지도 모른다. 그리고 성령의 자유를 감안하면 그리스도의 사역을 넘어서는 성령의 사역을 인정할 수밖에 없을 것이다.

그러나 성령의 사역이 그리스도의 사역보다 우월하다는 몰트만의 견해는 신약성서 전체의 메시지를 넘어서는 것이다. 신약성서는 성령의 인격성을 인정하면서도 성령의 인격성이 성부나 성자의 인격성과 다르다는 사실도 지시하기 때문이다. 사실 성서에서 성령은 항상 하나님의 영이나 그리스도의 영으로 표상되지, 성부나 성자에 마주서는 독자적인 인격으로 제시되지는 않는다.

요약하자면, 성령과 그리스도의 사역을 구분하지 않는 것도 문제지만 성령의 인격성을 성부나 성자의 인격성과 같은 차원에서 이해하는 것도 문제다. 그럼에도 불구하고 성령과 성자의 관계가 부활 이후에도 상호적으로 이해되어야 한다는 몰트만의 주장은 정당하다. 성령을 받아들이는 예수와 성령을 파송하는 예수는 서로 대립되는 두 인격들이 아니라 동일하신 예수의 두 가지 측면으로 보는 것이 성서 전체의 요청에 상응하기 때문이다.

사실 예수와 성령의 관계를 상호적으로 이해하자는 것은 성령과 예수의 관계를 신약성서의 전체 맥락 속에서 해석하자는 요청이기도 하다. 부활과 승천을 기점으로 성령을 영접했던 분이 성령을 파송하는 분으로 변한 것도 아니며, 그리스도가 이제 성령으로 현존하시는 것도 아니다.

공관복음서에 의하면, 그리스도는 성령을 위해 자신을 비우는 분이다. 그러

---

50 위르겐 몰트만/김균진 옮김, 『생명의 영』(1992), 9.

나 성서 전체를 바라보면, 자신을 비우는 분은 그리스도만이 아니다. 성령도 그리스도를 위해 자신을 비운다. 혹은 다음과 같이 말할 수 있을 것이다. 그리스도는 우리를 성령께 인도하지만, 성령은 우리를 다시 그리스도께 인도한다. 그리고 이러한 과정을 통해, 즉 성령과 그리스도의 지속적인 자기 비움을 통해 만유 안에서 만유가 되시려는 하나님의 새 창조와 영광이 드러난다. 실존적으로 말하자면, 그리스도를 믿는 신앙은 성령의 인도하심에 자신을 맡기는 삶의 자세지만, 이러한 신앙 속에서 성령은 우리를 다시 현존하는 예수의 삶에 참여하게 만든다.

4

예수의

선포

제4장

예수의 선포

| 산상설교 |

심령이 가난한 자는 복이 있나니 천국이 그들의 것임이요.

(마 5:3)

산상설교란 마태복음 5~7장과 누가복음 6장 17~49절에 수록되어 있는 예수의 가르침을 일컫는 말이다. 그리스도교 전통은 예수께서 산에 올라가 제자들에게 가르치셨다는 마태복음을 따라 이 가르침에 '산상설교'(Sermon on the Mount)란 이름을 붙여주었다. 그러나 예수께서 산에서 내려와 평지에서 설교했다고 전하는 누가복음을 따라 '평지설교'로 부르기도 한다.

산상설교는 물론 예수의 육성을 문자 그대로 옮겨놓은 것은 아니다. 산상설교에는 분명 당시 공동체의 신학과 상황이 반영되어 있다. 무엇보다도 시내 산에서 토라(Tora)를 받은 모세를 연상시켜 주면서 예수의 가르침에 권위를 부여하려는 신학적 의도가 전승 곳곳에서 발견된다. 그리고 마태복음과 누가복음을 비교해 보면 알 수 있듯이, 공동체의 상황에 따라 강조하는 부분이 달라지며, 때로는 내용의 변화도 감지된다. 그러나 현대의 성서비평이 해명해 주듯이, 산상설교에는 당시 공동체의 관점뿐 아니라 공동체가 직접 들었고 보존했던 예수의 말씀에 대한 기억이 생생하게 반영되어 있다.[1] 사실 산상설교만큼

---

1 로빈슨(J. M. Robinson)은 유대계 그리스도인의 복음서인 Q복음서가 지금은 사라지고 없지만 마태와 누가복음, 특히 산상설교에 그 주요 메시지가 보존되어 있음을 주지시키며 다음과 같이 말한다. "Q에 등장하는 예수의 말씀은 비록 모두가 그렇지는 않지만 예수의 말씀을 직접 듣고 기억하는 공동체로 거슬러 올라간다." 참조. 제임스 M. 로빈슨/소기천 · 송일 옮김, 『예수의 복음』 (서울: 대한기독교서회, 2009), 32.

예수의 육성을 있는 그대로 전해 주는 성서 본문은 존재하지 않는다.

이러한 성격 때문에 산상설교는 초대교회뿐 아니라 고대교회에서도 그리스도인의 정체성을 규정하는 예수의 가르침으로 이해되어 왔다. 그러나 원수 사랑에서 절정에 달하는 산상설교의 메시지는 – 그것이 과연 성취될 수 있느냐는 문제에 직면해 – 여러 가지 해석 모델들을 창출해 냈다. 이러한 해석학적 상황에 직면해 다음에서는 먼저 산상설교 해석사(解釋史)를 간략하게 살펴봄으로써 산상설교에 대한 해석의 전제들을 살펴본 후 산상설교의 주요 주제들을 해석해 보겠다. 그리고 이를 통해 산상설교가 궁극적으로는 하나님의 자비에 참여하는 삶에 초점을 맞추고 있다는 논지를 제시할 것이다.

산상설교 해석사
●

1. 해석사

초대교회는 물론 고대교회 교부들도 산상설교를 모든 그리스도인에게 선사된 생명의 길로 이해했다. 하나님을 닮아가는 신성화(神聖化)의 과정을 구원으로 이해했던 시리아의 교부 이그나티우스(Ignatius)뿐 아니라 테르툴리아누스(Tertulianus, 155~230/240) 같은 서방의 교부도 산상설교의 실천에서 생명과 죽음의 길이 결정된다는 사실을 강조했다. 산상설교야말로 그리스도인의 정체성을 규정하는 구원의 길이라는 것이다.

고대교회는 대체로 산상설교의 계명들을 완전하게 지킬 수 있다는 확신을 가졌다. 물론 그들이 이렇게 생각했던 것은 인간의 한계를 경시했다기보다는 은총의 능력이 더 크다고 믿었기 때문이다. 중세에도 산상설교의 가르침은 수도자들의 구호가 되었다. 가난의 실천을 신앙의 기준으로 제시했던 프란체스코(Francesco d'Assisi, 1182~1226)와 보나벤투라(Bonaventura, 1217~1274)는 산상설교를 구원의 길로 제시한다.[2] 그러나 자연과 초자연, 이성과 신앙, 국가와 교회를 가톨릭교회 중심으로 종합하려는 스콜라 신학의 패러다임이 주도권을 잡으면서 산상설교는 수도자들에게 한정되기 시작했다. 반면 평신도들에게는 산

---

2 참조. 조던 오먼/이홍근 · 이영희 옮김, 『가톨릭 전통과 그리스도교 영성』 (왜관: 분도출판사, 1991), 197~205.

상설교 대신에 양심과 회개가 신앙의 잣대로 제시되었다. 수도자와 평신도의 윤리를 구분하는 이른바 이중윤리(double standard/二重倫理)가 대두된 것이다.[3]

종교개혁자 루터(M. Luther, 1483~1546)는 중세의 이중윤리를 비판하면서 산상설교를 모든 그리스도인을 위한 하나님의 말씀, 즉 율법인 동시에 복음으로 이해한다. 그러나 다른 한편으로는 산상설교를 사회질서의 원칙과 기준으로 간주하는 열광주의자들에 맞서 두 왕국 설(Zwei Reiche Lehre)을 주장한다.[4] 즉 산상설교가 실현되어야 할 영역과 세속의 법을 기준으로 삼아야 할 영역은 구분되어야 한다는 것이다. 그러나 이러한 두 왕국 설은 결국 산상설교의 영향력을 약화시키는 결과를 초래했다. 루터교 정통주의자들은 한걸음 더 나아가 산상설교를 율법이나 회개설교로 이해했으며, 심지어는 산상설교를 실천할 수 없다는 사실을 인식하고 예수 그리스도의 십자가를 바라보도록 만드는 것을 산상설교의 목적으로 제시하기도 했다.

근대에 들어와 자유주의 신학자들은 산상설교를 마음의 문제, 즉 심정 윤리(心情倫理)로 완화시켰다. 산상설교를 문자적으로 지키는 것은 오히려 산상설교의 의도에 위배되며, 오히려 산상설교를 양심에 호소하며 새로운 의식을 전해 주는 요청으로 보아야 한다는 것이다. 특히 하르낙(A. von Harnack, 1851~1930)은 예수의 산상설교와 하나님 나라 선포를 개인의 영혼에 한정시킴으로써 종교적 개인주의를 대두시켰다.[5] 그러나 비슷한 시기에 라가츠(L. Ragaz, 1868~1945)와 종교사회주의자들은 가난한 자에게 복이 있다는 산상설교를 사회주의 사상의 빛에서 해석하면서 그리스도교 사회주의 운동을 펼쳐 나갔다.[6] 산상설교는 억압받는 자들을 옹호하며 기존의 국가질서나 가치관에 순응하지 말라는 메시지라는 것이다. 그리고 이를 위해 종교사회주의자들은 이 땅에서 소외된 자들과 함께하는 삶을 그리스도인의 삶으로 요청했다. 러시아의 문호 톨스토이(L. N. Tolstoi, 1828~1910)도 이 대열에 합류해 납세거부 운동을 펼쳤으며, 미국에서는 라우센부쉬(W. Rauschenbusch, 1861~1918)가 주도하는 사회

---

3 참조. Christofer Frey, *Die Ethik des Protestantismus von der Reformation bis zur Gegenwart* (Gütersloh: Gütersloh Verlagshaus, 1989), 29.

4 참조. Ibid., 31.

5 참조. 아돌프 하르낙/윤성범 옮김, 『기독교의 본질』 (서울: 삼성미술문화재단, 1981), 75~81.

6 참조. Günther Bornkamm, *Jesus von Nazareth* (Stuttgart: Kohlhammer, 1988), 196.

복음(Social gospel) 운동이 커다란 반향을 불러일으켰다.[7]

그러나 다른 한편으로는 바이스(J. Weiss, 1863~1914)와 슈바이처(A. Schweizer Albert Schweitzer, 1875~1965)가 산상설교를 임박한 종말 앞에서 요구된 잠정 윤리(interim ethics/暫定倫理),[8] 달리 말하자면 임박한 종말에 대한 기대가 좌절된 이후에는 가치를 상실한 윤리로 제시한다. 이러한 이론은 오늘날 거의 받아들여지지 않고 있다. 오히려 바르트(K. Barth) 이후의 개신교에서는 본회퍼(D. Bonhoeffer)와 골비처(H. Gollwitzer)가 산상설교를 다시 전면에 부각시켰다. 그들은 산상설교를 모든 그리스도인이 실천해야 할 계명으로 제시한다. 특히 본회퍼는 『나를 따르라』(Nachfolge)에서 산상설교의 가르침을 예수 그리스도를 따르는 순종의 삶으로 해석하면서 참된 신앙의 기준으로 제시한다. 그러나 본회퍼는 종교사회주의자들과는 달리 산상설교의 실천을 세상 한 가운데서 그리스도의 몸에 참여하는 성례전으로 이해한다. 현대 가톨릭의 대변자라 할 수 있는 라칭거(Joseph Ratzinger, 1927~ , 교황 베네딕토 16세)와 큉(H. Küng)도 – 교회론에서는 정반대의 길을 걷지만 – 산상설교를 모든 그리스도인이 걸어가야 할 영성의 길로 이해한다는 점에서는 의견의 일치를 보인다.[9]

2. 해석의 전제

상황의 변화는 성서에 대한 새로운 해석을 요청한다. 따라서 성서에 대한 새로운 해석은 가능할 뿐만 아니라 항상 시도되어야 한다. 그러나 새로운 해석이 임의적인 해석이 되지 않기 위해선 간과하지 말아야 할 해석의 전제들이 있다. 산상설교 해석사(解釋史)를 살펴보면 다음과 같은 전제들이 반영되어야 하는 것처럼 보인다.

첫째, 산상설교 앞에서 수도자와 평신도의 구분은 거부되어야 한다. 물론 복음서는 산상설교가 제자들에게 하신 말씀임을 명시한다. 그러나 복음서가 말하는 제자 공동체를 폐쇄적이거나 특별한 집단에 한정시키는 것은 복음서의 의도에 부합되지 않는다. 교황 베네딕토 16세는 다음과 같이 말한다. "마태오

---

7 참조. Walter Rauschenbush, *A theology of the social gospel* (New York: Macmillan, 1917), 45~68.

8 참조. Günther Bornkamm, *Jesus von Nazareth* (1988), 197.

9 참조. 교황 베네딕토 16세/최호영 · 김하락 옮김, 『나자렛 예수』 (2010), 100~172; 한스 퀑/정지련 옮김, 『교회』 (2007), 62.

는 '제자들'이라는 표현을 통해서 예수의 말을 듣는 청중의 범위를 제한하고 있는 것이 아니라 오히려 확장하고 있다. 누구나 그 말을 듣고 따르는 사람은 제자가 될 수 있다. 미래에 중요한 것은 듣고 따르는 것이지 출신이 아니다."[10] 독일의 성서학자 슐츠(S. Schultz)도 비슷한 견해를 제시한다. "여기서 말하는 제자들이란 예수의 직계제자뿐 아니라 예수의 선포를 받아들이는 모든 사람들을 의미한다."[11]

대부분의 현대 신학자들이 지적하듯이, 산상설교가 제자들에게 선포하셨던 말씀이라는 사실은 오히려 그리스도인이라면 누구나 그리스도를 따르는 제자의 길을 가야 함을 뜻한다. 그러나 제자의 길은 세상에 대한 책임과 무관치 않다. 오히려 본회퍼가 강조했듯이 세상 한가운데서 그리스도의 고난에 참여하는 것이 중요하다. 사실 사회적 책임을 도외시한 개인적 경건이나 개인적 영성을 경시하는 사회적 책임은 성서적 윤리와는 거리가 멀다. 산상설교 앞에서는 성직자와 평신도의 구분뿐 아니라 공적인 영역과 사적인 영역을 구분하는 것도 무의미하다.

둘째, 산상설교는 듣고 깨닫는 것이 아니라 듣고 실천하는 것이 신앙임을 천명한다. "나의 이 말을 듣고 행하지 아니하는 자는 그 집을 모래 위에 지은 어리석은 사람 같으리니."(마 7:26) 그러나 과연 산상설교를 세속의 삶 한가운데서 실천할 수 있을까? 그리스도교 전통은 인간의 의지만으로는 불가능하다고 말한다. 아우구스티누스(Augustinus, 354~430)와 루터가 강조했듯이, 인간의 의지는 은총에 의해 해방되기 전까지는 자유롭지 못하기 때문이다. 그렇다고 이러한 사상이 산상설교 앞에서 면죄부를 주는 것은 아니다. 은총은 산상설교를 실천할 수 있는 의지를 회복시켜 주기 때문이다.

셋째, 산상설교는 하나님 나라와 연관된 실천, 즉 도래하는 하나님 나라를 기다리고 드러내려는 신앙으로 이해되어야 한다. 산상설교를 윤리적 원칙이나 정치적 행동지침으로 삼은 종교사회주의가 간과한 것이 바로 이것이다. 산상설교는 하나님 나라라는 보다 큰 맥락에서만 온전하게 해석될 수 있다. 이러한 맥락을 벗어날 때 산상설교는 일반적인 윤리로 평준화되고 말 것이다.

10　교황 베네딕토 16세/최호영 · 김하락 옮김, 『나자렛 예수』 (2010), 102.
11　Siegfried Schultz, *Neutestamentliche Ethik* (1987), 75.

산상설교의 메시지
●

산상설교는 인간에게 무거운 짐을 지우는 것이 아니라, 인간을 구원의 삶으로 초대하는 기쁜 소식이다. 따라서 가난한 자에게 복이 있다는 행복선언이야말로 산상설교의 대명제라 할 수 있다. 토라의 성취라는 관점에서 이러한 대명제를 풀어가는 산상설교는 원수 사랑에서 절정에 달한다. 따라서 다음에서는 행복 선언과 원수 사랑의 뜻을 풀어낸 후 그리스도교 전통에서 원수 사랑과 더불어 그리스도인의 삶을 규정해 온 주기도문을 해석하면서 산상설교의 메시지를 심화시켜 보겠다.

1. 가난한 자는 복이 있나니

산상설교는 가난한 자에게 하나님 나라를 약속하는 행복 선언으로 시작된다. 사실 가난한 자에게 복이 있다(눅 6:20)는 말씀은 예수의 메시지를 요약한 것이다. 물론 마태복음(5:3)은 누가복음과 달리 가난한 사람 앞에 영을 덧붙여 심령이 가난한 사람에게 하나님 나라를 약속한다.[12] 그러나 가난한 자에게 복이 있다는 누가복음의 말씀이 예수의 말씀에 더 가깝다는 것이 현대 신학자들의 견해다.

누가복음은 실제로 가난한 자를 염두에 두었다. 그러면 왜 가난한 자에게 복이 있는가? 가난이 하나님 앞에 내세울 공적인가? 가난이 구원의 조건인가? 물론 그렇지 않다. 그렇다면 왜 가난한 사람에게 복이 있는가? 대답은 오직 하나님에게 달려 있다. 하나님이 자비롭지 않다면, 가난한 자가 복을 받을 이유가 없기 때문이다. 가난한 자가 복을 받는 이유는 오직 하나다. 피조물의 고난을 그냥 지나치지 못하시는 하나님의 자비가 이제 현실이 되었기 때문이다. 따라서 가난한 자가 복이 있다는 선언은 하나님의 자비가 이제 현실이 되었다는 선포라고 말할 수 있다.

성서학자 김희성은 행복선언의 배경을 다음과 같이 설명한다. "그는 오시는

---

12 예레미아스(J. Jeremias)는 다음과 같이 말한다. "누가복음은 실제로 가난한 사람들을 염두에 두었다. …… 반면에 마태 전승은 …… 구약의 공식을 채택하여 순수하게 종교적인 방식으로 지복을 이해하였다. 이 관점에서는 οἱ πτωχοί가 겸손한 자들, 하나님 앞에서 가난한 자들, 하나님 앞에서 자신들의 영적인 궁핍을 인식하고 거지들처럼 빈손 들고 서 있는 사람들을 의미한다." 참조. 요아킴 예레미야스/정광욱 옮김, 『신약신학』(서울: 도서출판 엠마오, 1992), 167.

하나님의 나라의 빛에서 창조주 하나님의 뜻을 사랑으로 해석하고 종말적인 구원의 사신으로서 또한 하나님의 대리자로서 오시는 나라의 하나님의 뜻을 수행하려 했다. 오시는 나라의 하나님은 …… 사랑과 자비의 하나님이시기 때문에 예수는 극도로 가난한 자들에게 향한다. 그는 그들과 함께 식탁을 나누시며 자신을 그들에게 일치시켰다. 그의 이러한 행동 안에 하나님의 나라가 이미 동텄고, 그가 자신을 일치시킨 동아리에서 그의 나라의 법이 활성화된다. 그런고로 예수는 자기의 형제로서 가난해서 굶주리는 자들이 복이 있다고 선언하셨던 것이다."[13]

하나님의 자비가 이제 예수를 통해 현실이 되었기에 예수와 교제를 나누는 가난한 형제들이 복이 있다는 것이다. 양식비평에 의거한 김희성의 해석은 정당하다. 그러나 물음이 제기된다. 그러면 가난한 자는 자동적으로 하나님의 자비를 체험할 수 있다는 말인가? 그러나 예수께서 선포하신 하나님의 자비는 인간의 참여를 요청한다. 예수의 인격과 말씀 안에 현존하신 하나님의 자비는 비인격적인 실재가 아니라, 인간에게 참여할 것을 요청하고 이 참여를 통해 당신의 실재를 드러내시는 인격적 실재이기 때문이다. 기쁜 소식을 듣는 자에게도 믿음 안에서 결단이 요청된다.

마태는 바로 이러한 사실을 강조하였다.[14] 그래서 가난한 자 모두가 아니라 영이 가난한 자, 즉 가난 속에서 하나님을 찾는 자가 복이 있다고 말한 것이다. 마태복음의 이러한 선포는 유대교에서 말하는 가난의 영성을 상기시켜 준다.[15] 그리고 이제 그 약속이 예수 안에서 이루어졌음을 암시한다. 이러한 관점에서 보면, 마태와 누가의 차이는 복음 그 자체의 차이가 아니라 강조점의 차이일 뿐임이 밝혀진다.

---

13 김희성, "축복선언의 형성사적 고찰(III)", 「신약논단」 제3권 (1997), 17~18.

14 이러한 사실에 대해 슈바이처(E. Schweizer)는 다음과 같이 말한다. "확실히 예수의 말씀은 각기의 자세한 조건 없이 가난한 자에게 해당된다. …… 그러나 그 말씀들을 그렇게 청취할 수 있는 자에게만 그 말씀들은 웃음거리가 되지 않는다. 그러나 이미 그에게 있어서 그의 가난함은 영의 가난함과 동일하게 되었다. 따라서 마태오는 분명히 예수의 말씀들의 형태를 변경시켰다. …… 그러나 예수의 말씀을 문자 그대로 희랍어로 번역한 루가보다 마태오가 훨씬 더 예수의 말씀에 가깝지 않은가 하고 물을 수 있다." 참조. 에두아르트 슈바이처/한국신학연구소 번역실 옮김, 「국제성서주석 · 마태오 복음」 (천안: 한국신학연구소, 1992), 92.

15 슈바이처는 다음과 같이 말한다. "예수 당시 유대교에서는 가난한 자가 의로운 자에 대한 경칭 같은 것으로 되어 있었다. 왜냐하면 하나님의 어려운 길을 믿음으로 받아들이며 그것에 반항하지 않는 것이 의와 경건의 주안점이 되기 때문이다. 제2 이사야 시대에도 여전히 가난한 자들이라는 말은 자신들의 나라를 빼앗기고 이방에서 살고 있는 전 이스라엘을 위한 용어였지만, 후세에서는 점점 더 사회적으로 가난한 자들은 이 용어를 통해 지도층과 구별되었다. 따라서 가난한 자들과 의로운 자들은 대체적으로 병행 개념이 되었다." 참조. 에두아르트 슈바이처/한국신학연구소 번역실 옮김, 「국제성서주석 · 마태오 복음」 (1992), 90.

누가는 계속해서 부자에게 화(禍)가 있을 것이라고 선포한다. 그러나 이 선포는 부자에 대한 저주의 말씀이 아니다. 이 선포는 오히려 부자 청년과의 대화(마 19:16~22; 막 10:17~31; 눅 18:18~30)나 세리 삭개오와의 대화(눅 19:1~10)가 암시하듯이 부자들에게 회개를 촉구하는 것이다. 교황 베네딕토 16세는 다음과 같이 말한다. "불행선언은 저주도 아니고 미움이나 질투 또는 적개심의 표현도 아니다. 이것은 유죄의 선고가 아니라 구원을 위한 경고다."[16] 하나님의 심판이 임하는 장소로부터 하나님의 자비가 머무르는 장소로 나오라는 권면과 경고의 메시지라는 것이다.

이러한 맥락에서 가난한 자의 현실에 참여하면서 스스로 가난해지는 행위도 도래하는 하나님의 자비에 참여하는 삶을 뜻한다고 말할 수 있다. 가난한 자에게 믿음만을 요구하시는 자비의 하나님은 부유한 자에게는 회개를 요청하시는 정의의 하나님으로 나타나신다. 이러한 사실이 결코 하나님의 편애를 가리키는 것은 아니다. 하나님에게 정의란 사랑의 또 다른 측면이기 때문이다.

2. 원수 사랑

1) 원수 사랑 계명의 배경

예수의 원수 사랑 계명은 예수의 주변 환경에서는 유래를 찾아볼 수 없는 가르침이었다. 그러나 구약성서의 전제 없이는 이해될 수 없는 것이기도 하다. 그러면 예수가 선포한 원수 사랑과 유대교의 토라는 어떤 관계 속에 있을까?

예수는 자신의 원수 사랑 계명과 '원수를 미워하라'는 유대인들의 계명을 대립시키지만, 원수를 미워하라는 말은 구약성서에는 나오지 않는다.[17] 구약성서도 예수와 마찬가지로 원수를 갚지 말라고 가르친다.[18] 원수를 미워하라는 것은 아마도 유대교 내의 바리새파나 에세네파의 가르침이었을 것이다.

그럼에도 불구하고 구약성서는 보복법, 정확하게 말하자면 동해 보복법(lex talionis/同害報復法)을 선포한다. "그러나 다른 해가 있으면 갚되 생명은 생명으

---

16 교황 베네딕토 16세/최호영 · 김하락 옮김, 『나자렛 예수』 (2010), 137.
17 참조. 마 5:44.
18 참조. 레 19:18 "원수를 갚지 말며 동포를 원망하지 말며 이웃 사랑하기를 네 몸과 같이 하라."

로, 눈은 눈으로, 이는 이로, 손은 손으로, 발은 발로, 덴 것은 덴 것으로, 상하게 한 것은 상함으로, 때린 것은 때림으로 갚을지니라."(출 21:23~25) 이 법은 출애굽기의 계약법(출 20:22~23)뿐 아니라 레위기의 성결법(레 24:19~20)과 신명기법(신 19:21)에도 나타난다. 이러한 사실은 동해 보복법이 유대교에서 차지하는 비중이 어떠한지를 시사해 준다.

보복법은 죄인에게 죄에 상응하는 벌을 가하는 것을 정의로 간주한다. 보복법이 추구하는 것은 분명하다. 공동체에 정의를 세우고, 사적인 보복이나 폭력의 악순환을 막자는 것이다. '눈에는 눈, 이에는 이'로 요약되는 보복법은 그러나 유대교의 전유물이 아니다. 이 법은 현존하는 법 가운데 가장 오래된 성문법인 고대 바빌로니아의 함무라비 법전(Code of Hammurabi)에도 나타난다. 사실 고대 근동의 모든 나라들은 이 법을 알고 있었다.

그러면 함무라비법과 유대법의 차이는 무엇일까? 함무라비 법전에서는 가해자의 신분에 따라 징계 수위가 조절된다. 예를 들자면, 귀족이 피해자일 경우에는 동해 보복법이 적용되지만 귀족이 가해자인 경우에는 동해 보복이 금전배상으로 대체되었다. 그러나 구약성서는 신분의 고위 여하를 막론하고 법을 공평하게 적용할 것을 요청한다. 이러한 법 적용의 공평성은 구약성서의 동해 보복법이 함무라비 법과는 달리 약자를 보호하는 데, 즉 힘 있는 자들의 임의적인 폭력이나 사적인 보복을 미연에 방지하는 데 그 목적이 있음을 지시해 준다. 사실 구약성서는 약자가 가해자인 경우 피해자에게 자비를 베풀 것을 요청한다. "네가 만일 너와 함께 한 내 백성 중에서 가난한 자에게 돈을 꾸어 주면 너는 그에게 채권자 같이 하지 말며 이자를 받지 말 것이며 네가 만일 이웃의 옷을 전당 잡거든 해가 지기 전에 그에게 돌려보내라 그것이 유일한 옷이라 그것이 그의 알몸을 가릴 옷인즉 그가 무엇을 입고 자겠느냐 그가 내게 부르짖으면 내가 들으리니 나는 자비로운 자임이니라."(출 22:25~27)

동해 보복법을 포함한 구약의 모든 법들은 사실 약자보호법을 전제하고 있다.[19] 안식일 법(출 23:12)에도 약자보호법이 반영되어 있다는 것은 주지의 사실

---

19 참조. 김영진, "구약성서와 인간존엄", 「신학논단」 제41집 (2005), 7~29. 또한 김영진 박사의 다음 문헌을 참조하시오.
    김영진, 「율법과 법전」 (서울: 한들출판사, 2005).

이다. 약자보호법은 명시적으로 선포되기도 한다. "너는 이방 나그네를 압제하지 말며 그들을 학대하지 말라 너희도 애굽 땅에서 나그네였음이라 너는 과부나 고아를 해롭게 하지 말라 네가 만일 그들을 해롭게 하므로 그들이 내게 부르짖으면 내가 반드시 그 부르짖음을 들으리라."(출 22:21~23)

그러나 약자보호법은 구약성서에서 보복법이나 다른 법의 하위법이 아니다. 교황 베네딕토 16세는 이러한 사실을 다음과 같이 설명한다. "토라 안에는 역사적으로 규정된 규범들과 상위규범들 사이에 끊임없는 대화가 존재한다. 상위규범은 언약의 항상적인 요구를 표현하고 있다. 그리고 이 상위규범의 기본방향은 부당한 대우를 받기 쉽고 자구 능력이 없는 가난한 사람들의 편에 하느님이 서는 것이다."[20] 약자보호법은 하나님의 계시에 토대를 둔 상위법이라는 것이다.

이러한 견해에 이의를 제기하는 신학자는 없을 것이다. 그렇다면 가해자에 대한 징계를 통해 정의를 구현하려는 것도 하나님의 자비에 기초한 약자보호법에 종속되어 있으며, 정의의 실천은 상황에 따라 수정될 수 있다고 말할 수 있다.

이것은 하나님의 자비에 집중하셨던 예수께서 토라를 넘어선 것이 아니라 토라에 충실하셨음을 보여준다. 교황 베네딕토 16세는 다음과 같이 말한다. "산상설교에서 대립명제들을 말하는 예수는 반역자도 아니고 자유주의자도 아니다. 오히려 그는 예언자들의 전통 속에 서 있는 토라의 해석자로서 토라를 폐지하는 것이 아니라 완성하고 있다."[21] 사실 가난한 자에게 자비를 실천하는 것을 토라의 근본정신으로 해석한다는 점에서 예수와 예언자 전통은 일치한다. 가난한 자에게 복이 있다는 예수의 선포는 분명 약자보호법의 맥락 속에서 온전하게 이해될 수 있다. 그리고 고난당하는 자에게는 그가 누구였든 자비를 베풀라는 선한 사마리아 사람의 비유(눅 10:25~37)에서도 약자보호법의 정신이 반영되어 있다. 그러나 예수는 사회적 약자뿐 아니라 원수도 사랑의 대상에 포함시킴으로써 구약의 약자보호법을 넘어서는 것처럼 보인다.

---

20 교황 베네딕토 16세/최호영·김하락 옮김, 『나자렛 예수』(2010), 169~170.
21 앞의 책, 171.

2) 원수 사랑의 의미

산상설교는 원수 사랑을 요청한다. 달리 말하자면, 원수마저도 사랑의 대상에 포함시키는 것이 진정한 사랑이라는 것이다. 사실 원수를 사랑하지 못하는 것은 그를 불쌍히 여기는 마음보다 그가 내게 가했던 상처를 더 크게 느끼거나, 이해관계를 따지기 때문이다. 따라서 원수를 사랑하지 않는 자는 타자에 대한 사랑보다 자기 사랑에 기운 자이며, 결국 사랑에 실패한 자다. 엄밀한 의미의 사랑이란 어떠한 상황에서도 고난당하는 피조물에 대한 동정심과 그가 당하는 고통을 함께 나누려는 자비의 삶을 뜻하기 때문이다.

원수 사랑은 이처럼 이웃 사랑을 첨예화시킨 것이며, 궁극적으로는 사랑의 본질이 무엇인지를 보여주는 개념이다. 이웃 사랑이란 자신의 입장에서 그가 나와 어떤 관계에 있는지를 보고 행동하는 것이 아니라, 그의 입장에서 그에게 지금 필요한 것이 무엇인가를 먼저 보는 것이기 때문이다. 이러한 맥락에서 예수는 사랑을 – 현 상황을 상대방의 관점에서 바라보라는 – 황금률(Golden Rule/黃金律)의 정신과 일치시키기도 한다.[22]

예수는 원수 사랑에 대해 구체적으로 다음과 같이 말한다. "또 눈은 눈으로, 이는 이로 갚으라 하였다는 것을 너희가 들었으나 나는 너희에게 이르노니 악한 자를 대적하지 말라 누구든지 네 오른편 뺨을 치거든 왼편도 돌려 대며 또 너를 고발하여 속옷을 가지고자 하는 자에게 겉옷까지도 가지게 하며 또 누구든지 너로 억지로 오 리를 가게 하거든 그 사람과 십 리를 동행하고."(마 5:38~41. 참조. 눅 6:29~30)

가해자의 부당한 모욕이나 법적 폭력에도 똑같이 대응하지 말고 오히려 자비를 베풀라는 것이다. 이러한 행위의 목적은 분명하다. 원수와 바른 관계를 맺자는 것이다. 독일의 성서학자 벵스트(K. Wengst)는 원수 사랑의 의미를 다음과 같이 요약한다. "이러한 행위의 목적은 오직 다른 사람을 연대의식으로 부르는 데 있다. 중요한 것은 주어진 조건들을 수동적으로 받아들이는 것이 아니라, 새로운 상황을 창출해냄으로써 폭력적인 조건들을 변화시키는 것이다. 예수의 제자는 폭력의 순환 고리를 분쇄하고 다른 사람을 연대의식으로 부를 수

---

22 참조. 마 7:12. 황금률은 유대인들이 이방 사상에서 발견한 삶의 지혜였다. 랍비 힐렐(Hillel)은 율법을 황금률로 요약한 바 있다.

있는 행동 방식을 발전시키라는 요구를 받는다."[23]

그러나 이 말씀은 악에 저항하지 말라는 말씀이 아니다.[24] 오히려 악에 적극적으로 저항하라는 말씀이다. 바울의 말을 빌리자면, 원수 사랑은 "악에게 지지 말고 선으로 악을 이기라."(롬 12:21)는 말씀이다. 예수의 원수 사랑 계명은 – 결국 보복의 악순환을 초래할 뿐인 – 세상의 지혜가 아니라 – 악인에게도 자비를 베푸시는 – 하나님의 지혜만이 악을 극복할 수 있다는 예수의 확신을 암시해 준다. 사실 예수는 자비로우신 하나님을 닮아가는 행위만이 원수와의 관계를 새롭게 변화시킴으로써 악을 종식시킬 수 있다고 믿었다.[25] 따라서 원수 사랑의 행위는 '자신을 세상이 아니라 하나님께 속한 자'로 선포하는 상징적 의미를 갖는다.

그러면 여기서 물음이 제기된다. 예수는 사적인 영역뿐 아니라 공적인 영역에서도 선으로 악을 이길 것을 요청했는가? 아니면 단지 사적인 영역에서만 사랑으로 정의를 세우려 했는가? 황제에게 세금을 바치는 문제에 대한 예수의 답변 – "가이사의 것은 가이사에게, 하나님의 것은 하나님께 바치라."(막 12:17. 참조. 마 22:15~22; 눅 20:20~26) – 은 이 문제에 실마리를 제공해 준다.

그리스도교 전통은 – 로마제국의 식민지 착취와 이에 반발하는 유대인들의 무장 투쟁을 배경으로 하는 – 이 구절을 지상의 통치자에게 순종할 것을 요청하는 말씀으로 이해해 왔다. 이러한 사실은 국가종교의 틀 안에 존재했던 그리스도교 전통을 감안하면 그리 놀랄 만한 일이 아니다.

현대 신학자들도 이러한 해석 전통을 부정하지 않는다. 그러나 이러한 해석에 전제 조건을 부여한다. 복음주의 신학자 마샬(I. H. Marshall)은 다음과 같이 말한다. "최고의 권력은 하나님의 것이고 그것이 지상의 통치자의 것과 부딪힐 때는 하나님의 최고 권력을 내세워야 한다는 데 이 말씀의 핵심이 있다고 보아야 할 것이다."[26] 가톨릭 신학자 그닐카(J. Gnilka)도 비슷한 견해를 밝힌다. "세금이 시인되고 황제의 권위가 인정되지만 하나님의 권위에 의해 한계가 설정

23 클라우스 벵스트/정지련 옮김, 『로마의 평화』(천안: 한국신학연구소, 1994), 154~155.
24 "악한 자를 대적지 말라."(마 5:39)에 나오는 antistēnai란 단어는 저항 그 자체가 아니라 폭력적 저항의 단념을 뜻한다.
25 참. 마 5:45.
26 I. 하워드 마샬/강요섭 옮김, 『국제성서주석 · 루가복음 II』(서울: 한국신학연구소, 1993), 498.

된다. 모두가 복종해야 할 하느님이 분명하게 강조되어 있다. …… 황제의 권력이 하느님의 권력과 경쟁할 경우에는, 오직 하느님을 위해 결단할 수 있을 뿐이다."[27]

예수께서 납세 거부를 선동했다는 유대인들의 고발[28]이 사실에 근거한 것인지는 아직 해명되지 않은 문제다. 그러나 로마의 세금 징수로 인해 나락으로 떨어진 가난한 사람들을 불쌍히 여기셨던 예수께서 로마의 세금 징수를 찬성했을 리는 만무하다. 이러한 맥락에서 벵스트는 다음과 같이 말한다. "황제의 것은 황제에게 주고 하느님의 것은 하느님에게 드리라는 예수의 유명한 말은 문제 해결이 아니라, 납세를 자명한 것으로 생각하고 유도 질문을 통해 예수를 곤경에 빠뜨리려 했던 사람들에게 문제를 던진 것이라 할 수 있다. 그들 자신이 하느님에게 속해 있고 무엇보다도 그에 대한 의무를 우선적으로 생각해야 한다면, 황제의 돈을 사용하고 세금을 낸다는 것을 어떻게 이해해야 하는가? 이 문제는 그들이 대답해야 하는 문제이며, 예수가 자기 식대로 대답했고 지금 그들에게 제기한 물음이기도 하다."[29]

물론 예수는 폭력 투쟁과는 거리가 멀었다.[30] 그러나 하나님의 것을 빼앗으려는 로마의 제국주의(Pax Romana)를 용인하신 것은 분명 아니었다. 단지 악에 저항하는 방식에 있어서 젤롯파의 폭력적 저항 방식을 따르지 않았을 뿐이다. 이러한 맥락에서 몰트만은 예수의 원수 사랑과 간디(Mohandas Karamchand Gandhi, 1869~1948)의 비폭력 저항을 연관시킨다. "간디는 산상설교를 바르게 이해하였기 때문에 비폭력적 저항 운동을 선언하였다."[31]

예수는 분명 공적 영역에서 일어나는 악의 문제에 있어서도 오직 자비로우신 하나님을 따르는 길만이 악을 극복할 수 있다고 믿었을 것이다. 그렇다면 로마 제국에 대한 예수의 자세를 비폭력 저항 운동의 맥락에서 해석하는 것도 무리

---

27 J. 그닐카/한국신학연구소번역실 옮김, 『국제성서주석 · 마르코복음 Ⅱ』 (천안: 한국신학연구소, 1993), 206.

28 참조, 눅 23:1~2.

29 클라우스 벵스트/정지련 옮김, 『로마의 평화』 (1994), 135.

30 라이마루스(Hermann Samuel Reimarus, 1694~1764)는 예수를 유대 혁명가로 소개한 최초의 신학자다. 최근에는 영국의 신학자 브랜든(S. G. F. Brandon, 1907~1971)이 예수를 젤롯파로 주장했다. 그는 예수가 갈릴리 출신이란 점과 예수의 제자 가운데 젤롯파가 있었다는 간접적인 정황 증거를 제시한다. 그리고 무엇보다도 예수가 십자가 형벌을 받은 것은 젤롯파로 고발되었기 때문이라고 주장한다. 그러나 대부분의 현대 성서신학자들은 예수를 젤롯파와 구별한다. 참조, 오스카 쿨만/ 고범서 옮김, 『예수와 혁명가들』 (서울: 범화사, 1984), 64.

31 위르겐 몰트만/김균진 · 김명용 옮김, 『예수 그리스도의 길』 (1990), 189~192.

는 아닐 것이다. 그러나 예수의 원수 사랑과 간디의 비폭력 저항 운동은 강조점이 다르다. 전자가 적대적 관계의 극복에 강조점을 두었다면, 후자는 악을 심화시키는 구조적 악에 저항하려는 사람들의 연대성을 강조했다. 간디의 관점에서 바라보면, 예수는 분명 악에 대한 저항에 있어서 민중들의 연대성을 강조하거나 실제적인 저항 운동을 펼치지 않았다.

그러나 가해자의 억압과 피해자의 증오심이 당시의 지배 체제가 만들어낸 상황이었다면, 가해자의 돌아섬과 피해자의 용서를 지향하는 예수의 원수 사랑은 당시의 지배 체제에 대한 엄중한 항의와 도전을 의미할 수도 있다. 따라서 예수는 분명 – 로마에 대한 폭력 저항이나 민중들의 연대 운동을 펼치지는 않았지만 – 자신만의 방식으로 불의의 체제에 저항했다고 말할 수 있다. 예수는 한 체제가 만들어낸 불의의 관계를 정의의 관계로 바꾸는 적대 관계의 극복이야말로 불의한 체제를 종식시키는 최선의 방식이라고 확신했다. 젤롯파의 폭력적 저항 운동이나 간디의 비폭력 민중 운동의 입장에서 보면 예수께서 요청하셨던 적대 관계의 극복은 사소한 일처럼 보일 것이다. 그러나 하나님의 능력을 신뢰했던 예수에게는 이렇게 사소한 일이 하나님의 도구가 된다. 사실 – 약한 자들을 택하시는 하나님의 혁명이 엄청난 사건이 아니라 지극히 작은 사건을 통해 이루어진다고 보는 – 성서의 관점에서 보면 예수의 원수 사랑은 하나님의 지혜에 상응하는 선택이었다고 말할 수 있다.[32]

3) 원수 사랑에 대한 물음

그러나 원수가 끝내 돌아서지 않는다면 어떻게 해야 하는가? 여기서도 폭력적 저항이나 물리적 징계는 배제되어야 하는가?

예언자 전통은 징계 없는 정의, 더 나아가서는 정의 없는 자비를 감상적인 사랑으로 간주할 것이다. 그러나 산상설교의 전체적인 분위기와 원수 사랑의 메시지를 살펴보면 예수는 보복법과는 달리 모든 폭력을 단념하는 비폭력 저항의 길을 선택했고 제자들에게도 이 길을 권면했던 것처럼 보인다. 비록 고난과 죽음이 닥칠지라도 적대관계가 극복될 때까지 비폭력 저항의 길을 걸으라는

---

32 참조. 고전 1:27 "세상의 미련한 것들을 택하사 지혜 있는 자들을 부끄럽게 하려 하시고 세상의 약한 것들을 택하사 강한 것들을 부끄럽게 하려 하시며."

것이다. 이 경우 비폭력 저항은 자기희생으로 이어질 수밖에 없다. 그러나 예수는 바로 이러한 자기희생을 통해 하나님의 자비가 궁극적으로 이루어진다고 보았다.[33]

그러나 물음이 제기된다. 예수가 말하는 비폭력 저항의 메시지는 어떠한 상황에서도 통용되어야 하는 보편적 법칙인가? 상황에 따라서는 다른 선택을 하는 것이 하나님의 뜻에 더 가까울 수 있지 않을까? 예수께서도 성전에서 상징적인 시위를 벌이셨으며, 바리새인의 종교적 폭력에 대해선 거침없는 욕설과 저주로 대응하지 않으셨는가? 그리고 자신을 때리는 대제사장의 경호원에게 잘못이 없는데 왜 때리느냐고 항의하지 않으셨는가?[34]

분명한 것은 예수의 원수 사랑이 토라와 대립되는 것이 아니라는 사실이다. 예수의 원수 사랑은 토라 안에 잠재되어 있는 것을 드러내는 해석, 토라에 대한 메시아적 해석이다. 달리 말하자면, 예수의 원수 사랑은 그 어떤 윤리적 원리나 이념을 실현하려는 것이 아니라 오직 하나님의 자비에 참여하려는 행위다. 이러한 사실을 감안한다면, 징계를 제거하는 것이 아니라 징계를 자비라는 보다 큰 맥락에서 해석하는 것이 예수의 뜻이었다고 말할 수 있을 것이다. 따라서 예수께서 원수 사랑의 맥락에서 말씀하셨던 비폭력 저항의 방식을 윤리적 원칙으로 제시하려는 것은 예수의 뜻에 위배된다고 말할 수 있다. 사실 원수 사랑은 하나님을 닮아가는 행위이며, 따라서 하나님의 영에 사로잡힐 때에만 실천으로 옮겨질 수 있다. 이러한 사실은 원수 사랑과 기도의 깊은 연관성을 시사해 주며, 이러한 연관성 속에서 나오는 행위가 때로는 비폭력 저항의 방식을 넘어설 수도 있음을 암시해 준다.

3. 주기도문

예수의 기도 생활은 베일에 가려 있지만 복음서에 묘사된 예수는 전 생애를 기도로 시작하고 기도로 마치신 분이셨다. 카스퍼(W. Kasper)는 예수의 삶에 대해 다음과 같이 말한다. "그의 활동에는 계획적이라든가 조직적이라고 이를 만한 것이 아무것도 없었다. 그는 하느님의 뜻을, 오늘 당장 깨닫는 대로 실

---

33 참조. 마 16:21~24; 막 8:31~9:1; 눅 9:22~27.
34 참조. 요 18:19~23.

천에 옮겼다. 그 밖의 모든 것을 그는 어린이처럼 아무런 걱정 없이 자기의 아버지이신 하느님께 맡겨드렸다. 그는 아버지 하느님께 드리는 기도에 깊이 침잠하곤 하였으며 그의 가장 깊은 근본은 바로 이 기도에 뿌리박고 있었다.(막 1:35; 6:46과 그밖에도 자주)"[35]

기도에 대한 가르침에서 현대인뿐 아니라 당대의 사람들을 가장 당혹스럽게 만들었던 것은 당신의 말씀을 듣는 모든 자들에게 기도의 응답을 약속하는 말씀이었을 것이다. "구하라 그리하면 너희에게 주실 것이요 찾으라 그리하면 찾아낼 것이요 문을 두드리라 그리하면 너희에게 열릴 것이니 …… 너희가 악한 자라도 좋은 것으로 자식에게 줄 줄 알거든 하물며 하늘에 계신 너희 아버지께서 구하는 자에게 좋은 것으로 주시지 않겠느냐."(마 7:7~11)[36]

이 말씀에는 분명 오해를 불러일으킬 수 있는 소지가 있다. 이기적인 욕망 가운데서 기도하더라도 끈질기게 간구하기만 하면 하나님의 마음을 돌릴 수 있다는 말인가? 하나님의 은혜는 누구에게나 주어지는 값싼 은혜인가? 그러나 구약성서와 예언자 전통은 분명하게 하나님께서 의로운 자의 기도를 들으신다고 가르친다. "너희가 손을 펼 때에 내가 내 눈을 너희에게서 가리고 너희가 많이 기도할지라도 내가 듣지 아니하리니 이는 너희의 손에 피가 가득함이라."(사 1:15)[37] 그렇다면 예수는 예언자 전통을 무시한 것인가?

그러나 바리새인과 세리의 비유[38]는 예수께서 예언자 전통을 부인하는 것이 아님을 시사해 준다. 하나님께서 의인의 기도를 들으신다는 것은 예수에게도 자명한 진리다.[39]

그러면 하나님 앞에서의 의란 무엇인가? 바리새인과 세리의 비유는 여기서 실마리를 던져주는 것처럼 보인다. 이 비유에서 예수는 스스로 의롭다고 믿는 바리새인과 자신이 죄인임을 고백하며 하나님의 자비를 구하는 세리를 대조시킨다. 그리고 세리를 가리키며 다음과 같이 말씀하신다. "내가 너희에게 이르

---

[35] 발터 카스퍼/박상래 옮김, 『예수 그리스도』 (1996), 113.
[36] 누가는 아버지가 주시는 좋은 것을 성령으로 해석한다. "너희 하늘 아버지께서 구하는 자에게 성령을 주시지 않겠느냐."(눅 11:13)
[37] 참조. 잠 15:8; 시 18:41; 34:15; 145:18~19.
[38] 눅 18:9~14.
[39] 독일의 성서학자 슐츠(S. Schultz)는 다음과 같이 말한다. "예수는 유대교와 함께 하나님께서 참된 이스라엘 사람의 기도를 들으신다는 확신을 공유하셨다." 참조. Siegfried Schultz, *Neutestamentliche Ethik* (1987), 74.

노니 이에 저 바리새인이 아니고 이 사람이 의롭다 하심을 받고 그의 집으로 내려갔느니라 무릇 자기를 높이는 자는 낮아지고 자기를 낮추는 자는 높아지리라 하시니라."(눅 18:14)

하나님 앞에서 자신을 낮추는 겸손한 자가 의로운 자라는 것이다. 이러한 메시지는 하나님을 아바(abba) 아버지로 부르며 시작하는 주기도문에서 더욱 구체화된다.

1) 아바 아버지

기도에 대한 예수의 가르침에서 단연 눈길을 끄는 것은 하나님을 아바로 부르는 장면들이다. 예수는 제자들에게 하나님을 아바로 부르도록 하셨을 뿐 아니라 자신도 그렇게 하셨다. 대부분의 신학자들은 하나님을 아바로 부르는 것을 유대교에서는 유례를 찾아보기 힘든 예수만의 특성이라고 주장한다. 예레미아스는 다음과 같이 말한다. "아바는 일상생활에서 사용되던 유아용 언어였고 의례적인 경칭이었다. 예수 당시 사람들의 감각에는 이처럼 스스럼없는 말로 하나님을 부른다는 것이 불경스러웠고, 더 나아가 생각도 할 수 없는 일로 느껴졌을 것이다. 그러나 예수님은 용감하게도 아바를 하나님의 호칭으로 사용하셨다. 이 아바는 예수의 육성이다."[40]

물론 구약성서에서도 하나님을 아버지로 부르는 장면들이 나타난다. 그러나 이러한 표현들은 매우 절제되어 있으며, 유비적으로만 하나님을 아버지로 말할 뿐이다. 구약성서의 이러한 경향은 하나님과 인간의 관계를 생물학적 관계로 표현하는 이방 종교의 신(神) 표상을 경계하고, 창조주와 피조물의 차이를 강조하기 위함이었다. 그러나 후기 유대교에 들어오면서 경건한 자들이 하나님을 아버지로 부르기 시작한다.

그룬트만(W. Grundmann)은 아바 기도의 의미를 유대교의 전승사 맥락에서 다음과 같이 말한다. "유대교는 의로운 자들에게 하나님을 아버지로 부를 권한을 주셨다. 그리고 도래하는 하나님의 때에 하나님의 온 백성이 하나님을 아버지로 부를 수 있게 되기를 소망했다.(참조. 렘 3:19 이하) 이 소망이 드디어 예수

---

40 요아킴 예레미아스/정광욱 옮김, 『신약신학』(1992), 106. 몰트만도 다음과 같이 말한다. "예수와 하나님의 관계에 있어서 특별한 점은 아빠-기도에 나타난다." 참조. 위르겐 몰트만/김균진 · 김명용 옮김, 『예수 그리스도의 길』(1990), 209.

의 선포 속에서 이루어졌다."[41]

그룬트만이 올바르게 지적했듯이, 아바 아버지란 호칭은 구약성서적인 맥락에서만 제대로 이해될 수 있는 것이다. 구약성서의 맥락에서 바라보면 아바 아버지란 호칭을 사용하시는 예수는 의로운 분이다. 그러나 예수께서 자신의 의로움을 드러내기 위해 이 호칭을 사용하신 것은 결코 아닐 것이다. 예수는 오히려 이 호칭으로써 다른 사실을 알리려 했다. 이러한 것은 예수가 하나님의 아바 아버지 되심을 당신에게만 제한하지 않으셨다는 사실에서 잘 나타난다. 예수는 당신의 이 말씀을 듣는 모든 자에게 하나님께서 그의 아버지가 되신다고 말씀하셨다. 이것은 분명 약속되었던 하나님의 나라가 현실이 되기 시작했음을 전제하는 말씀이다.

하나님의 나라의 실질적인 내용이 성령임을 감안한다면, 하나님을 아바 아버지로 부르라는 요청은 만물을 새롭게 하시려는 성령 안에서 하나님을 내게 가장 친밀한 존재로 인지하라는 것이다. 달리 말하자면, 성령이 부어지고 성령 안에서 새로운 눈이 열려지면 하나님과의 관계를 내게 가장 소중한 것, 아니 나의 전부로 여기게 된다는 것이다.

여기서 하나님을 아바 아버지로 부르라는 것이 어린아이의 신앙을 가지라는 요청과 일맥상통함이 밝혀진다. 어린아이의 신앙이란 하나님과의 관계가 자신의 모든 것을 규정하는 신앙이기 때문이다. 어린아이의 신앙을 가진 사람은 하나님의 사랑이 없으면 살 수 없다고 생각하는 사람이며, 하나님의 부재 속에서 애통해하며 하나님을 찾는 사람이고, 하나님만 곁에 있으면 더 바랄 것이 없이 행복해하는 사람이다.

그렇다면 어린아이의 신앙은 다름 아닌 성서가 말하는 의인의 신앙이라 할 수 있다. 성서에서는 하나님을 찾는 자가 의인이기 때문이다.(참조. 시 14:1~3) 이러한 맥락에서 야고보서는 의인의 기도와 믿음의 기도를 일치시킨다.[42]

그러나 예수는 제자들에게 하나님을 아버지로 부르도록 하셨지만 제자들과 함께 우리 아버지로 부르지는 않으셨다. 여기서 문제가 제기된다. 예수와 아바 하나님과의 관계는 모든 인간에게 적용되는 보편적인 관계인가, 아니면 유일

---

41 Walter Grundmann, *Die Geschichte Jesu Christi* (1959), 74.
42 참조. 약 5:15~16 "믿음의 기도는 병든 자를 구원하리니 …… 의인의 간구는 역사하는 힘이 큼이니라."

무이한 관계인가? 전자가 옳다면 예수는 하나님의 아바 아버지 되심을 단지 발견한 분에 불과하게 된다. 그러나 후자가 진실이라면 예수는 하나님의 아버지 되심을 우리에게 선사해 주신 분으로 인식되어야 한다.

초대교회는 분명 다른 존재와 구별되는 예수만의 독특한 위치를 강조한다. 마태는 분명 예수의 아들 됨과 우리의 아들 됨을 구분한다. 바울도 믿는 자들에게 부어진 성령을 친자의 영이 아닌 양자의 영으로 부른다. 예수로 말미암아 믿는 자들이 하나님을 아바 아버지로 부를 수 있게 되었다는 것이다. 그룬트만은 이러한 사실을 다음과 같이 묘사한다. "아바는 예수의 개인적 호칭이다. 아바는 그의 존재를 규정하며, 그의 비밀을 내포하고 있다. 아바는 그리스도론적 성격을 갖는다. 그러나 그는 제자들에게 이러한 신비에 참여할 권한을 주었다."[43]

그러나 신약성서의 이러한 구분이 예수 자신에게 소급되는지의 여부는 여전히 베일 속에 가려져 있다. 분명한 것은 예수가 아바 아버지와의 관계를 독점하려 들지도 않았으며, 이러한 관계를 통해 자신을 다른 사람들보다 높이려 하지도 않았다는 사실이다. 그분은 하나님뿐 아니라 사람들 앞에서도 겸손하신 분이셨으며, 초대교회도 이러한 사실을 잊지 않았다. 슈바이처는 이러한 사실을 다음과 같이 표현한다. "공동체는 예수가 하나님의 아들로서 아버지와의 유일무이한 관계를 자신의 우월성을 입증하는 방식으로 제시하지 않았다는 사실을 잊지 않았다."[44]

2) 주기도문

주기도문이 문자 그대로는 아니지만 예수께 소급되는 전승이라는 데에는 이견의 여지가 없다. 쿨만(O. Cullmann)은 현대 신학의 견해를 요약하면서 다음과 같이 말한다. "이 기도에서 우리는 예수가 직접 말하는 것을 듣는다."[45] 주기도문은 그 어떤 전승들보다도 예수의 말씀에 대한 기억이 온전하게 반영되어 있는 전승이라는 것이다.

그런데 주기도문은 형식적인 면에서 유대교의 카디쉬(Kaddish)나 18개조 기

---

43 Walter Grundmann, *Die Geschichte Jesu Christi* (1959), 86.
44 Eduard Schweizer, *Theologische Einleitung in das Neue Testament* (Göttingen: Vanderhoeck und Rupert, 1989), 20.
45 오스카 쿨만/김상기 옮김, 『기도』 (서울: 대한기독교서회, 2007), 89.

도문과 매우 유사하다. 사실 하나님 나라의 도래를 간구한다는 점에서 양자는 일치한다. 그러나 유대교의 기도문에서는 찾아보기 힘든 것이 주기도문에 나타나며, 유대교의 기도문에서 부각되지 않았던 것이 주기도문에서는 특별한 의미를 갖는다. 이러한 정황은 예수께서 유대교의 기도문을 수용하면서도 자신만의 관점에서 유대의 기도문을 재해석했다는 사실을 암시해 준다.

주기도문은 여러 가지 청원들로 구성되어 있지만, 내용적으로는 크게 두 부분으로 분류할 수 있다. 첫 번째 부분의 청원들(이름이 거룩히 여김을 받으시오며, 나라이 임하옵시며, 뜻이 하늘에서 이룬 것같이 땅에서도 이루어지이다)은 하나님 나라의 도래를 간구하는 청원으로 요약될 수 있으며, 두 번째 부분(우리에게 일용할 양식을 주옵시고, 우리가 우리에게 죄 지은 자를 사하여 준 것같이 우리 죄를 사하여 주옵시고, 우리를 시험에 들게 하지 마옵시고, 다만 악에서 구하옵소서)에서는 구체적인 구원이 간구의 내용을 이룬다.

현대의 주도적인 신학자들은 하나님 나라의 도래를 간구하는 첫 번째 부분의 청원들을 종말론적인 청원으로 간주한다. 개신교의 몰트만은 물론이고 가톨릭의 저명한 성서학자 그닐카(J. Gnilka)도 다음과 같이 말한다. "하느님 나라의 미래성은 주님의 기도에 인상적인 방식으로 새겨져 있다. …… 주님의 기도에서는 그 전모에 종말론이 새겨져 있다."[46]

그러나 로핑크(G. Lohfink)가 정확하게 지적했듯이, 이 청원들은 하나님 나라의 도래뿐 아니라 자신들이 하나님 나라의 빛을 발하는 하나님의 백성이 되게 해달라는 청원이기도 하다. 로핑크는 주기도문을 에스겔 36장의 빛에서 해석하면서 다음과 같이 말한다. "'아버지의 거룩한 이름을 드러내소서'란 '아버지의 백성을 다시 모아 새로이 하사 다시 참 하느님 백성이 되게 하소서'라는 말과 다름이 없다."[47] 로핑크의 이러한 해석은 정당하다. 도래하는 하나님 나라는 모든 자들이 볼 수 있게 임하는 나라가 아니라, 오직 부름을 받은 백성이 진정한 하나님의 백성이 될 때에만 이 백성의 삶을 통해 자신의 신비를 드러내는 실재이기 때문이다.

---

46 참조. 요아킴 그닐카/정한교 옮김, 『나자렛 예수』 (2002), 186.

47 게르하르트 로핑크/정한교 옮김, 『예수는 어떤 공동체를 원했나?』 (왜관: 분도출판사, 1996), 36. 예레미아스도 동일한 견해를 피력한다. 참조. 요아킴 예레미아스/박상래 옮김, 『산상설교』 (왜관: 분도출판사, 2003), 63~64.

구체적인 구원을 간구하는 두 번째 부분의 청원들도 – 직접적은 아니지만 –
하나님 나라의 도래를 간구하는 청원들이다. 성서적 관점에서 보자면, 굶주리
는 자에게 일용할 양식[48]이 주어지고 죄를 용서받는 것은 분명 하나님의 도래
를 지시해 주는 징표들이기 때문이다.

그러나 현대 신학은 이러한 청원이 하나님 나라의 도래뿐 아니라 하나님 나
라의 도래에 상응하는 행위, 간략하게 말하자면 종말론적 윤리도 내포하고 있
다고 주장한다. 사실 우리에게 일용할 양식을 간구하는 것은 굶주리는 자와 양
식을 나누라는 윤리적 요청을 내포하고 있다. 베네딕트 16세는 다음과 같이 말
한다. "우리 양식을 위해 기도하는 것은 곧 다른 사람의 양식을 위해서도 기도
하는 것이다. …… 우리의 기원을 통해 주님은 우리에게 이렇게 말한다. '너희
가 그들에게 먹을 것을 주어라.'(막 6:37)"[49] 예레미아스도 주기도문의 삶의 자리
를 해명하면서 굶주리는 형제를 위해 빵을 나누며 형제의 잘못을 용서해 주는
것을 도래하는 하나님의 자비를 받아들이는 종말론적 행위로 해석한다.[50]

굶주리는 형제와 양식을 나누고 형제를 용서하는 일이 하나님 나라를 예비
하는 전(前)단계가 아니라 오히려 하나님 나라의 현존을 지시해 주는 징표가 된
다는 예레미아스의 통찰력은 정당하다. 성서가 선포하는 하나님 나라는 – 물론
이러한 행위 속에 해소되지는 않지만 – 오직 이러한 종말론적 행위 속에서만 자신
의 신비를 드러내기 때문이다. 구체적으로 말하자면, 형제와 빵을 나누고, 형
제를 용서하는 것은 이미 하나님의 자비로운 부르심에 순종했다는 증거이며
이를 통해 하나님의 자비와 용서가 실현되기 시작했다는 증거라고 말할 수 있
다. 따라서 우리에게 일용할 양식을 주시고 우리의 죄를 용서해 달라는 간구가
깊어지면 형제와 빵을 나누며 형제를 용서하라는 하나님의 자비로운 부르심에
순종하게 하옵소서라는 간구로 심화된다고 말할 수 있다.

그러나 예레미아스의 이러한 통찰력은 성서신학 내에서 비판도 불러일으

---

48 사실 이 간구는 주석적 논쟁을 불러일으켰던 구절이다. 논쟁을 촉발시킨 것은 마태복음에서 '일용할'로 번역된 에피오
우시오스(epioúsios)란 희랍어다. 이 단어는 사실 주기도문에만 나타날 뿐 일반적인 희랍어에서는 찾아보기 힘든 단어다.
따라서 다양한 해석을 촉발시켰다. 물론 몇몇 교부들은 에피오우시스를 미래를 위한 양식, 즉 종말론적인 하나님 나라
의 양식으로 해석함으로써 "일용할 양식을 주옵소서"란 간구를 성찬 신학과 연관시켰지만, 대부분의 현대 신학자들
은 이 단어를 육신의 삶에 필수적인 양식으로 해석하는 것이 적절하다고 말한다.

49 참조. 교황 베네딕토 16세/최호영 · 김하락 옮김, 『나자렛 예수』 (2010), 201.

50 참조. 요아킴 예레미아스/정광욱 옮김, 『신약신학』 (1992), 289~297.

컸다. 홀슬리(Richard A. Horsley)는 사회학적 비평을 통해 주기도문이 말하는 죄의 용서가 영적인 사건이 아니라 빚을 탕감해 주는 사회경제적인 사건을 지시한다고 주장하면서 하나님 나라의 도래를 사회적인 혁신으로 해석한다.[51] 하나님 나라의 도래란 다름 아닌 당시의 부당한 정치체제에 의해 생겨난 사회경제적 악순환의 구조를 분쇄하는 사건이라는 것이다. 예수 세미나를 주도하는 크로산(John D. Crossan)도 이러한 비판의 대열에 합류하면서 하나님의 나라를 묵시사상과 엄연하게 구분되는 하나님의 사회적 혁명으로 제시한다.[52]

물론 주기도문이 말하는 죄의 용서를 빚의 탕감으로 해석할 수도 있을 것이다. 그리고 하나님 나라의 도래가 하나님의 사회적 혁명을 내포하고 있다고도 말할 수 있을 것이다. 그러나 - 예수를 성서 종말론의 맥락에서 메시아로 받아들이라는 - 성서의 해석학적 요청을 전혀 고려하지 않는 방법상의 편협성은 차치하더라도 하나님 나라의 미래성과 신비를 특정한 사건 속에서 해소시키는 것은 문제가 아닐 수 없다. 이러한 맥락에서 큉은 단호하게 말한다. "하나님의 지배는 전적으로 종교적인 지배를 의미한다."[53] 하나님 나라란 이 땅의 그 어떤 범주에도 속하지 않는 신비를 내포하고 있다는 것이다. 하나님 나라를 하나님의 새 창조로 해석하는 몰트만도 큉의 견해에 이의를 제기하지 않을 것이다.

그리고 역사적인 관점에서 보더라도 유대의 묵시사상으로부터 자유로운 예수를 실제 현존했던 예수로 제시하려는 가설은 개연성이 작을 수밖에 없다. 그 어떤 역사적 비평도 이스라엘의 정치적 회복이 아니라 새로운 에온을 고대했던 예수를 부정할 수는 없기 때문이다. 예수를 유대교 종말론과 분리시키려는 시도에 대해 진보적인 성서학자 김창락도 다음과 같이 항변한다. "이것은 철저한 합리주의적 탈신화론자로 만들어진 20세기의 예수의 모습이지 1세기에 태어나 사셨던 그 예수의 모습일 수 없다."[54]

물론 앞에서 살펴보았듯이, 예수는 세상의 불의를 방관하지 않았다. 그럼에

---

51 참조. Richard A. Horsley, *Jesus and the Spiritual of Violence: Popular Jewish Resistance in Roman Palestine* (San Francisco: Harper & Row, 1987), 251~255. 또한 다음 문헌을 참조하시오. 리차드 홀슬리/이준모 옮김, 「예수 운동」 (천안: 한국신학연구소, 1993), 179~189.

52 참조. John D. Crossan, *The Historical Jesus: The Life of A Mediterranean Jewish Peasant* (New York: Harper Collins, 1991), 283~295; 존 도미닉 크로산/한인철 옮김, 「예수는 누구인가」 (서울: 한국기독교연구소, 1998), 82~97.

53 참조. 한스 큉/정지련 옮김, 「교회」 (2007), 64.

54 김창락, "그리스도교와 종말론", 「신약논단」 제5권 (1999), 52.

도 불구하고 예수는 사회적인 변혁과 하나님 나라를 동일시하지는 않았다. 양자는 분리될 수는 없지만 반드시 구분되어야 한다. 이러한 의미에서 우리는 주기도문을 − 가난한 형제와 삶의 교제를 나누는 가운데 − 도래하는 하나님의 나라를 기다리고 드러내라는 요청으로 제시해 본다.

앞의 논의들을 종합해 보면, 가난한 자에 대한 행복선언과 원수 사랑의 메시지, 그리고 주기도문은 별개의 교훈들이 아니라 깊은 연관성 속에 하나의 통일체를 이루고 있음이 밝혀진다. 이들은 강조점은 다르지만 하나님의 자비라는 공통분모를 갖는다. 곤궁 속에서 하나님의 자비에 호소하는 기도나 하나님의 자비에 동참하려는 원수 사랑은 하나님의 자비 안에서는 더 이상 별개의 행위들이 아니다.

그러나 하나님의 자비에 초점을 맞추며 설교하셨던 분은 하나님 나라의 도래를 신뢰하셨던 분과 동일한 분이다. 이러한 사실은 무엇보다도 산상설교의 메시지, 즉 하나님의 자비에 참여하는 삶을 도래하는 하나님 나라의 빛에서 이해할 것을 요청한다. 사실 산상설교가 하나님 나라의 도래를 전제하고 있다는 사실은 산상설교 곳곳에서 감지된다. 이러한 사실은 특히 주기도문에서 명시적으로 드러난다.

따라서 하나님 나라의 특성이 더 깊게 해명될 때 산상설교를 더 깊이 이해할수 있다. 그러나 산상설교는 하나님의 나라가 오직 하나님의 백성을 통해서만 자신의 실체를 드러낸다는 사실을 밝혀준다는 점에서 하나님 나라의 특성 가운데 하나를 이미 해명하고 있다.

| 하나님 나라 |

때가 찼고 하나님의 나라가 가까이 왔으니 회개하고 복음을 믿으라.

(막 1:15)

전통적인 그리스도인들은 하나님 나라를 신앙의 목적으로 이해해 왔다. 이러한 이해는 하나님 나라에 집중하는 것을 바른 신앙으로 제시하는 성서의 메시지와 일치한다.[55] 따라서 초창기 한국 교회의 전도구호였던 '예수 천당'이 – 오늘날에는 주로 배타적이며 보수적인 그리스도인들의 구호로 전용되고 있지만 – '예수 축복'이나 '예수 운동'보다 신약성서의 메시지에 더 가깝다고 말할 수 있다. 그리스도교 비판가들이 그리스도교의 신뢰성을 떨어뜨리기 위해 무엇보다도 먼저 하나님 나라의 실재(Reality/實在)를 부정하거나 상징화하는 것은 당연하다.[56] 그들은 이 나라의 실재가 부정되면 그리스도교 신앙도 무너질 수 있다고 믿는다. 하나님 나라란 개념은 이와 같이 교회 안팎에서 그리스도교 신앙의 실질적인 중심 개념으로 간주되고 있다.

그러나 이 개념이 자명한 것만은 아니다. 오히려 이 개념은 그리스도교 전통 안에서 가장 다양하게 해석되어 온 개념들 가운데 하나다. 사람에 따라 하나님 나라란 개념은 때로는 사후세계의 한 장소로, 때로는 우주의 종말로 이해되기도 한다. 그리고 어떤 사람들에게는 단지 상징적 의미만을 갖는다. 신학적인

---

[55] 참조. 마 6:33.

[56] 현대 무신론의 선구자 포이에르바흐(L. Feuerbach)와 마르크스(K. Marx)가 이러한 방식으로 그리스도교를 비판했다. 이러한 맥락에서 "종교는 인민의 아편"이란 명제가 등장한다.

대화나 토론에서도 하나님 나라에 대한 자신의 해석학적 전제를 밝히지 않으면 오해할 수밖에 없는 상황이 자주 연출되곤 한다.

이렇듯 다양한 해석들은 성서와 예수가 말하는 하나님 나라가 과연 무엇인지를 묻게 만든다. 과연 예수는 하나님 나라라는 개념으로써 무엇을 말하려 했는가? 이러한 물음에 성실하게 대답하기 위해선 예수의 동시대인이었던 1세기 유대인들이 이해했던 하나님 나라를 먼저 살펴보아야 한다. 예수 역시 동시대인과 함께 호흡하며 살았기 때문이다.

예수와 하나님 나라
●

1. 1세기 유대인의 하나님 나라 이해

하나님 나라란 개념은 후기 유대교에서야 비로소 나타나기 시작했지만, 사상사(思想史)적으로는 처음부터 유대교 신앙의 중심을 형성했던 개념이다. 부버(M. Buber, 1878~1965)는 하나님 나라 개념을 "이스라엘의 시작이자 마지막"으로 말한 바 있다.[57] 하나님 나라란 개념 없이 이스라엘과 이스라엘의 성서를 이해할 수 없다는 것이다.

구약성서는 하나님을 살아계신 하나님으로 고백한다. 바로 여기서 이스라엘은 자신의 하나님을 이방인의 신들과 구분한다. 살아계신 하나님은 항상 당신이 창조한 이 세계에 오시는 분이시며, 역사를 변화시키시는 분이다. 이스라엘은 하나님의 오심을 하나님의 다스림(malkhuta)으로, 하나님을 주(adonay)로 부른다. 바로 이 점에서 궁극적 존재를 – 다른 존재는 움직이면서도 자신은 움직이지 않으며, 다른 존재는 변화시키지만 자신은 변하지 않는 – 제1원인(第一原因)과 순수형상(純粹形相)으로 말하는 그리스 철학과의 차이가 나타난다. 하나님의 다스림은 구체적이면서도 실제적인 역사적 사건을 통해 입증된다. 달리 말하자면, 구체적인 역사적 변화나 사건 없이는 하나님의 다스림에 대해 말할 수 없다는 것이다.

하나님 나라란 '하나님은 주님이시다'는 이스라엘의 오랜 신앙고백을 명사로

---

57 M. Buber, *Königtum Gottes* (Heidelberg: Verlag Lambert Schneider, 1956), X.

바꾸어 놓은 후기 유대교의 개념이다. 따라서 하나님 나라는 하나님의 다스림이 역사 안에서 관철된다는 뜻을 내포하고 있다. 그러나 포로기의 예언자들은 계속되는 시련과 좌절 속에서 하나님의 다스림이라는 이스라엘의 신앙을 종말론적 희망으로 바꾸어 놓는다. 즉 하나님께서 지금은 아니지만 머지않은 미래에 이스라엘을 위해 새로운 구원을 선사하실 것이라는 희망을 선포한다. 따라서 이러한 예언을 받아들인 이스라엘은 그때가 되면 이스라엘이 하나님의 진정한 백성이 되어 세상의 다스림을 받고 있는 현재와는 정반대로 세상을 정의롭게 다스리게 될 것이라는 기대를 갖게 되었다. 여기서 하나님 나라는 구체적으로 이스라엘 민족의 회복과 독립, 그리고 영광과 더불어 오는 나라를 뜻한다. 보다 보편적으로 말하자면 역사의 대전환을 가져오는 능력으로 이해된다. 그때가 언제인지는 하나님의 뜻에 달려 있지만, 이스라엘 백성들의 율법 준수가 그 나라의 도래를 촉진시키기도 한다. 이러한 종말론을 일반적으로 역사적 또는 정치적 종말론으로 부른다. 그러나 포로기 이후의 절망적인 상황은 묵시사상을 전면에 부각시킨다. 묵시사상은 종말론적 하나님 나라에 대한 희망을 그 어떤 새로운 기원과 연결시킨다. 때가 무르익으면 현존하는 세상은 사라지고 새로운 기원이 시작되리라는 것이다. 여기서는 종말의 도래가 전적으로 하나님의 의지에 달려 있고, 인간의 행위는 하나님의 결단에 별다른 영향을 끼치지 못한다. 여기서는 하나님 나라가 현존하는 역사를 변화시키는 것이 아니라, 전적으로 사라지게 만든다. 이러한 종말론을 역사적·정치적 종말론과 비교해 묵시적 종말론이라고 부른다.

이러한 두 가지 종말론은 예수 당시에도 동시대인들의 신앙에 지대한 영향을 끼쳤다. 당시 독립을 갈망했던 수많은 유대인들은 정치적 종말론에 관심을 갖고 있었다. 젤롯파(zealot)뿐 아니라, 예수의 제자들 사이에서도 정치적 종말론에 대한 기대가 높았다. 그들은 저항과 혁명을 통해 로마의 식민통치와 싸우면서 하나님 나라를 구현하려 했다. 이를 위해 그들은 지속적으로 정치적·무력적 투쟁을 벌였다. 반면에 묵시적 종말론을 신앙하는 유대인들은 정치 종교 지도자들에게 환멸을 느낀 나머지 광야에 공동체를 건설하고 금욕적인 은둔생활을 하면서 초역사적으로 임하는 하나님 나라의 도래를 고대했다.

2. 예수의 하나님 나라

그러면 예수는 동시대인의 하나님 나라를 어떻게 받아들였을까? 전체적으로 말하자면, 예수는 정치적 종말론보다는 묵시적 종말론에 더 가깝다고 말할 수 있다. 예수는 자신을 정치적 메시아로 고지하지 않았으며, 정치적 희망을 공유하지도 않았다. 그리고 하나님 나라의 도래를 촉진시키려는 젤롯파의 무력투쟁이나 바리새파의 율법 준수에도 공감하지 않으셨다. 물론 예수는 당시 묵시사상의 금욕적이며 은둔적인 공동체 생활이나 구체적인 묵시 예언에는 동참하지 않았다. 그러나 예수의 선포에 깃든 분위기를 살펴보면 예수의 하나님 나라 사상은 정치적 종말론보다는 묵시적 종말론에 더 가깝다는 사실을 감지할 수 있다.

1) 예수와 묵시사상

근대에 들어와 예수와 묵시사상의 관계를 전면에 부각시킨 신학자는 슈바이처(A. Schweizer)였다. 그에게 예수는 자신의 생애 중에 종말이 임하리라고 믿었지만 종말이 지연되자 묵시사상에 의존해 몸소 희생의 길을 걸어갔던 철저한 묵시사상가였다. 예수의 메시지를 묵시사상이 아닌 실존주의의 지평에서 해석한 불트만(R. Bultmann)도 예수 선포의 배경이 묵시사상임을 인정한다. 일체의 묵시적 사변과는 거리가 있지만, 새로운 에온(Aeon)에 대한 소망을 가졌다는 점에서 예수는 당대의 묵시사상과 맥을 같이한다는 것이다.

그러나 불트만은 예수의 선포에 내재된 미래적이고 묵시적 요소들은 시간적이라기보다는 실존적인 것이며, 따라서 실존론적 해석에 의해서만 예수의 사상과 의도가 올바르게 해석될 수 있다고 주장한다. 도드(C. J. Dodd)도 예수의 종말사상이 시간적 의미의 종말과 관계되는 것이 아니라 궁극적 의미를 갖는 일과 관계된다고 주장하면서, 하나님 나라는 역사의 마지막을 의미하는 것이 아니라 영원히 현존하는 하나님의 영역을 뜻한다고 주장한다. 하나님 나라의 도래는 영원이 시간 속으로 들어오며 무한(無限)이 유한(有限)을 만나고, 초월이 자연 속으로 침투해 들어오는 것을 의미한다는 것이다. 20세기 중반 이후 신학을 주도했던 바르트(K. Barth)와 틸리히(P. Tillich)도 비슷한 입장을 견지한다.

그런데 이러한 해석은 여러 가지 신학적 물음을 불러일으켰다. 무엇보다도 예수의 하나님 나라 사상에 내포된 시간적인 요소들을 그렇게 간단하게 실존론적 차원으로 해소시킬 수 있느냐는 물음이 제기되었다. 이러한 문제 제기는 곧 묵시사상에 대한 재평가를 불러일으켰다. 판넨베르크(W. Pannenberg)는 묵시사상이 예수의 사상적 지평이며, 따라서 신학에 가장 적절한 지평임을 강조한다. 그리고 묵시사상이야말로 현대의 세속적인 실재 이해와 시간 이해를 수정해 줄 수 있는 귀중한 보고라고 주장한다. 예수는 새 세대의 도래를 기대했으며, 초대교회는 예수의 부활 속에서 종말의 실현, 그러나 선취(先取)된 종말을 보았기에 - 달리 말하자면 현재의 역사는 과거의 역사와는 질적으로 다른 시간 속에 있음을 믿었기에 - 예수의 재림, 즉 종말의 완성이 지연되어도 흔들림 없이 예수를 신앙할 수 있었다는 것이다.[58] 미국의 보그(M. Borg) 등 몇몇 급진적 신약성서학자들이 종말론 없이도 하나님 나라를 말할 수 있다고 주장하지만, 대부분의 신약성서학자들은 하나님 나라와 묵시사상을 상호 연관성 속에서 말하는 판넨베르크의 해석이 신약성서에 더 충실하다고 본다.

신약성서에 세심한 주의를 기울이면, 예수가 말하는 하나님 나라가 묵시사상이 말하는 새 하늘과 새 땅, 즉 이 땅의 존재와는 전적으로 다른 실재임을 감지할 수 있다. 예수의 의중에 있었던 하나님 나라는 그 어떤 상징도 아니며, 정치적 종말론에서 말하는 역사의 대전환도 아니다. 예수는 전적인 타자의 도래를 선포하면서, 이 나라가 현존하는 나라와 병존할 수 있는 나라가 아니라 현존하는 존재를 지양시키는 실재임을 암시하고 있다. 물론 당대의 묵시사상이 보여주는 종말에 대한 구체적인 표상이나 종말 예언 등이 예수에게는 나타나지 않는다. 그러나 전적으로 다른 차원에 속해 있는 실재가 당신 안에서 그리고 당신을 통해 도래하고 있으며, 이를 통해 현존하는 역사와 세계를 지양시키고 새로운 차원의 실재를 가져온다고 믿는 점에서는 예수와 묵시사상이 일치를 보인다.

2) 하나님 나라와 비유

예수는 하나님 나라를 구체적으로 설명하지 않았다. 이 개념이 동시대인에

---

[58] 종말론을 재발견한 현대 신학의 발전과정에 대해선 다음 문헌을 참조하시오. John Macquarrie, *Jesus Christ in modern Thought* (London: SCM Press Ltd, 1990), 320~327.

게 자명했기 때문이었을까? 그러나 예수는 제자들이 당신의 뜻을 이해한다고 생각한 것 같지는 않았다. 오히려 공관복음서에 나오는 예수와 제자들의 대화를 세심하게 살펴보면 예수와 제자들 사이에 오해가 자주 일어났음을 보게 된다. 사실 하나님 나라란 개념은 예수의 동시대인들에게도 자명한 개념이 아니었다. 성서에서 우리는 어떻게든 당신이 체험한 하나님 나라를 전하고 알리려는 예수의 노력을 엿볼 수 있다. 그러면 왜 하나님 나라를 몸소 체험하고 있는 예수가 그 나라를 '설명'하지 않은 것일까?

예수가 선포한 하나님 나라가 상징이 아니라 현존하는 실재를 지시하는 것이라면, 그것은 신학적 규정상 이 세계 내에 존재하는 실재와는 전적으로 다른 실재를 뜻한다. 카스퍼(W. Kasper)가 적절하게 말했듯이 하나님 나라는 "새로움 그 자체, 즉 지금까지 있어 본 적이 없는 것, 상상을 초월하는 것, 불가역적인 것, 더구나 조작될 수 없는 것, 그러기에 하나님만이 주실 수 있는 것, 결국 하나님 자신을 의미한다."[59] 하나님 나라는 현상의 세계나 피조물의 세계가 아니라, 오히려 이러한 현상의 세계와는 질적으로 다른 절대적 신비에 속한다. 따라서 하나님 나라는 하나님 편에서 자신을 드러낼 때에만 인간에게 해명될 수 있다. 성서적으로 말하자면, 하나님 나라는 오직 성령으로 거듭난 자만이 보고 들어갈 수 있는 신비의 차원이다. 그러나 예수가 말하는 이 나라는 피조물의 세계와 무관한 나라가 아니다. 오히려 현상의 세계 한가운데로 들어와 현상의 세계를 변화시키거나 지양시키는 궁극적 실재다. 이 세계 내에 존재하는 그 어떤 것보다도 이 세계와 인간들에게 가장 큰 영향을 미치며 또한 그들과 가장 밀접한 관계를 갖는 실재, 즉 삶에 있어서 결코 간과하거나 그냥 지나쳐버릴 수 없는 실재다. 따라서 예수는 하나님 나라에 대한 최소한의 특징과 윤곽만이라도 전달할 필요를 느꼈을 것이다. 객관적 인식의 불가능성과 선포의 필요성, 이것이 바로 예수로 하여금 비유를 사용하도록 만든 이유가 아닐까?

비유(比喩)란 추리에 의존하는 연역논리나 경험에 의존하는 귀납논리와는 달리 객관성을 지향하지 않는다.[60] 비유는 오히려 듣는 사람에게 형상적인 이해를 던져주며, 그 형상적인 이해 속에서 결단을 촉구한다. 따라서 예수가 하나

---

59 발터 카스퍼/박상래 옮김, 『예수 그리스도』 (왜관: 분도출판사, 1996), 120.
60 논리는 일반적으로 연역논리(deduction/演繹論理)와 비(非)연역논리로 구분된다. 그리고 비연역논리는 다시 귀납논리(歸納論理), 유비논리(類比論理), 변증법(辨證法) 등으로 세분화된다. 본문에서 말하는 비유(比喩)는 ― 한 무리(類)에 속하는 개체들 사이에는 유사성이 존재할 수도 있다는 전제로부터 출발하는 ― 유비논리에 속한다.

님 나라를 비유로만 전하려 했다는 사실은 하나님 나라가 누구나 보고 파악할 수 있는 객관적 실재가 아니라 형상적인 이해와 결단을 통해서만 서서히 인식될 수 있는 실재임을 암시해 준다. 예수께서 하나님 나라의 비밀을 가르치기보다 먼저 당신을 따를 것을 요구하신 것도 이 나라가 오직 신앙의 행위를 통해서만 인식되고, 이 행위가 중단되면 인식도 중단되는 신비에 속하기 때문이었을 것이다.

복음서는 예수의 비유를 전하고 있다.[61] 예수의 모든 비유들은 주로 바리새파와의 갈등이라는 특수한 상황 속에서 나온 것이다. 그러나 이 비유들을 논쟁 상대에 대한 비판으로만 해석한다면 비유에 담긴 깊은 의미를 간과하게 될 것이다. 예수께서 말씀하신 비유들은 물론 바리새파와의 논쟁을 배경으로 삼고 있지만 이러한 배경 속에서 하나님 나라를 바리새인들과는 다르게 바라보는 예수의 독특한 시각을 드러내준다. 예수의 모든 비유들은 나름대로 독특한 각자의 특징들을 갖고 있지만, 이러한 다양함 속에서도 그들을 관통하는 공통적인 메시지들이 존재한다.

3) 하나님 나라의 실재

예수와 동시대인의 사상적 배경을 이루는 히브리 사유를 감안해 볼 때 예수의 비유는 하나님 나라의 구조와 본질을 제시하려는 것은 아니라고 말할 수 있다. 그럼에도 불구하고 예수의 비유와 선포를 통해 하나님 나라에 대한 다음과 같은 신학적 특징들이 제시될 수 있다.

(1) 하나님 나라와 하나님

하나님 나라는 하나님의 피조물이 아니며, 하나님과 하나님 나라의 관계도 창조주와 피조물의 관계가 아니다. 그렇다면 하나님 나라는 어떤 존재의 질서에 속하는가? 우선적으로, 하나님 나라는 하나님 외의 다른 존재가 아니라고

---

61 마태복음에는 씨 뿌리는 자의 비유(13:3~9), 가라지의 비유(13:24~30), 겨자씨와 누룩의 비유(13:31~33), 감춰진 보화의 비유(13:44), 진주의 비유(13:45~46), 그물의 비유(13:48~50), 악한 농부의 비유(21:33~40), 혼인잔치의 비유(22:1~14), 충성된 종의 비유(24:45~51), 열 처녀의 비유(25:1~13), 달란트의 비유(25:14~30), 양과 염소의 비유(25:31~46) 등이 나오며, 마가복음에는 씨 뿌리는 자의 비유(4:1~9), 자라나는 씨의 비유(4:26~29), 겨자씨의 비유(4:30~32), 낙타와 바늘귀의 비유(10:23~25), 악한 농부의 비유(12:1~11) 등이 나오고, 누가복음에는 큰 잔치 비유(14:15~24), 잃은 양의 비유(15:1~7), 드라크마의 비유(15:8~10), 탕자의 비유(15:11~32), 불의한 청지기의 비유(16:1~13), 부자와 나사로의 비유(16:19~31), 하나님 나라에 대한 논쟁(17:20~37), 열 므나의 비유(19:11~27), 악한 농부의 비유(20:9~18) 등이 나타난다.

말할 수 있다. 윙엘(E. Jüngel)은 보다 단호하게 말한다. "하나님 나라란 하나님 자신에 대한 표현, 즉 이 세계의 지평 속에서 활동하시며 이 세계를 변화시키는 하나님의 존재에 대한 표현이다."[62] 카스퍼도 다음과 같이 말한다. "하느님의 나라, 이것을 우리는 하느님이 가까이 있고 온전히 임재하며, 자신도 그의 창조물의 속성, 그 무상성, 허약성과 사멸성에 참여하기 때문에, 그의 창조물로 하여금 자신의 속성, 영광과 아름다움, 생명과 선함에 참여하게끔 한다는 것을 의미한다. …… 그리스도가 인격으로 온 하느님의 나라라면, 하느님의 나라가 하나님의 우주적 성육화(成肉化)가 아니고 도대체 무엇이란 말인가?"[63] 대부분의 현대 신학자들도 윙엘과 카스퍼의 하나님 나라 이해에 동의할 것이다. 따라서 우리는 하나님 나라를 전적인 타자(바르트), 절대적 신비(라너), 영원(틸리히), 절대적 미래(판넨베르크)로도 부를 수 있다. 예수의 하나님 나라 이해가 당시의 하나님 나라 표상(묵시적 종말론과 역사적 종말론)과 거리를 두었던 이유도 바로 여기에 있다.

그러면 하나님 나라가 하나님 이외의 존재가 아니라면 하나님 나라란 말을 굳이 사용하는 이유는 무엇인가? 물론 종말론적 하나님의 통치를 말하기 위해서는 하나님 나라란 개념이 필요하다. 그러나 그 밖의 또 다른 이유가 있을까? 하나님을 인격이란 울타리에 가두어 놓는 편협함을 극복하려는 의도가 내포되어 있지는 않은가? 왜냐하면 하나님 나라 개념과 하나님 개념 사이에는 실재의 차이는 아니지만 분명 강조점의 차이가 존재하기 때문이다. 즉 하나님이란 개념이 인간을 부르시고 응답하시는 하나님의 인격성[64]을 더 강조한다면, 하나님 나라란 개념은 하나님의 신비적 차원[65]을 더 강조한다고 말할 수 있다. 물론 전통적인 교의학에서도 하나님을 행위뿐 아니라 존재, 인격과 동시에 초인격으로 파악하고 있으며, 더 나아가 하나님 안에서 행위와 존재[66]가 통일을 이루고

---

62 E. Jüngel, *Geheimnis der Welt* (Tübingen: J.C.B. Mohr, 1982), 484.

63 발터 카스퍼/박상래 옮김, 『예수 그리스도』(왜관: 분도출판사, 1996), 35.

64 인격(Person) 개념에 대해선 H. Ott, *Wirklichkeit und Gaube. Zweiter Band: Der persönliche Gott* (Göttingen und Zürich: Vandenhoeck & Ruprecht, 1969), 165~204을 참조하시오. 그는 이 책에서 인격이신 하나님을 신인동형론과 대조하면서, 초인격이신 하나님이 인간과 인격적 관계를 갖는 것을 신앙의 신비로 제시하고 있다.

65 신비적 실재에 대해선 칼 라너의 절대적 신비(der absolute Geheimnis) 개념을 참조하시오. K. Rahner, *Grundkurs des Glaubens* (Freiburg im Breisau: Verlag Herder, 1984), 54~60.

66 이 주제에 대해선 D. Bonhoeffer의 교수자격논문 *Akt und Sein. Transzendentalphilosophie und Ontologie in der systematischen Theologie*, hg. von E.Wolf (München: Kaiser Verlag, 1956), 75~104을 참조하시오. 이 논문은 행위에 초점을 맞추는 초월적 신학과 존재에 초점을 맞추는 존재론적 신학을 교회론의 관점에서 통합하고 있다.

있음을 말하고 있다. 그러나 하나님 나라 개념이 사라지면 이러한 신론의 균형도 깨지기 쉽다. 그리고 무엇보다도 철학적·신학적 언어에 익숙하지 않은 신자들에게는 하나님 나라란 개념, 아니 하나님 나라란 개념과 하나님 개념을 상호조명해 주는 것이 반드시 필요하다.

하나님과 하나님 나라의 이러한 관계는 또한 하나님 나라를 단지 비인격적 실재로 표상해서는 안 됨을 지적해 주고 있다. 하나님 나라에도 인간을 결단으로 촉구하며 그 결단에 응답하는 인격적 차원이 존재한다. 하나님 나라의 신비는 그 나라의 존재 그 자체에 있는 것이 아니라, 그 신비적 실재가 인간과 인격적 관계를 맺으려 한다는 데 있다. 이 나라를 체험한 사람이 말로 다할 수 없는 평강(신비에 대한 체험)과 더불어 자신이 부름 받았다는 소명의식(인격 체험)을 갖게 되는 것도 하나님 나라가 신비적 차원인 동시에 인격적 존재임을 암시해 준다.

이와 같은 하나님 나라 이해는 하나님 나라에 구원론적 의미를 부여해 준다. 아타나시우스가 예수의 신성을 그토록 강조한 이유가 오직 하나님만이 인간을 구원할 수 있다는 구원론적 관심에 있었듯이 하나님 나라의 신론적 성격 또한 구원론적 의미를 갖는다. 몰트만(J. Moltmann)은 이러한 사실을 다음과 같이 말한다. "하나님의 나라는 이 세상으로부터 나오는 것이 아니고 하나님으로부터 나온다. 만약 그렇지 않다면, 그것은 병든 세상을 구원하지 못할 것이다."[67]

이러한 구원론적 의미는 동시에 하나님 나라의 도래가 오직 하나님에 의해서만 일어나는 사건임을 밝혀준다. 하나님 나라의 도래는 인간의 선한 행동이나 공적 때문에 도래하는 것이 아니다. 하나님 나라의 동인은 오직 하나님의 선한 뜻과 은혜뿐이다. 인간의 그 어떤 행위도 하나님 나라의 도래를 촉진시킬 수 없다. 마찬가지로 인간의 그 어떤 반대나 저항도 하나님 나라의 도래를 막거나 지연시킬 수 없다. 겨자씨 비유, 누룩의 비유, 자라나는 씨의 비유, 끈기 있는 농부의 비유 등이 바로 이러한 메시지를 전하고 있다. 물론 인간의 반응에 따라 도래하는 방식은 달라질 수 있겠지만, 인간이 하나님 나라의 도래를 좌지

67 위르겐 몰트만/이신건 옮김, 『오늘 우리에게 그리스도는 누구신가?』 (서울: 대한기독교서회, 1997), 30~31.

우지할 수는 없다.[68] 인간은 분명 도래하는 하나님 나라를 위해 준비해야 한다. 그러나 그 나라의 도래를 지연시키거나 가속화시킬 수는 없다. 단지 그 나라를 받아들이거나 거부할 수 있을 뿐이다.

그렇다고 인간의 응답이 극히 사소한 영향력만을 갖는다는 것은 아니다. 인간이 하나님 나라의 도래를 촉진시키거나 막을 수는 없지만, 하나님은 인간의 도움을 요청하며 이 도움을 도구 삼아 당신의 뜻을 이루어 가신다. 성서의 하나님은 전능하신 하나님이시지만 동시에 인격이신 하나님이시다. 지성의 눈으로 보면, 인격이신 하나님과 전능하신 하나님 사이에는 긴장이 존재한다. 그러나 신앙의 빛에서 보면 인격이신 하나님과 전능하신 하나님은 서로 대립되는 것이 아니라, 통일을 이룬다. 예수는 전능하신 하나님을 말하면서도 우리를 기도와 선한 행위로 부르신다. 그러나 바로 이러한 역설에 성서 신앙만의 특징이 있다. "은혜와 자연은 시간적으로 구분되는 두 가지 단계가 아니다"[69]라는 라너의 말은 이 주제에 대한 심오한 통찰력을 보여준다. 어디까지가 하나님의 은혜이며 어디까지가 인간의 행위인지는 구별될 수 없다. 양자는 오직 동시성(同時性) 속에서만 구분된다. 결단하고 행동하는 신앙만이 전능하신 하나님의 섭리를 인식하며 하나님 나라를 실제로 받아들일 수 있다. 따라서 우리는 카스퍼와 함께 다음과 같이 말할 수 있다. "신앙은 하느님으로 하여금 일하게 하는 것, 하느님으로 하여금 행동에 나서게 하는 것, 하느님으로 하여금 하느님이게 함으로써 그분께만 홀로 영광을 돌려 드린다는 것, 그분의 다스림을 승복한다는 것을 의미한다. 이러한 신앙 안에서라야 하느님의 다스림은 비로소 역사 안의 구체적 현실로 된다. 신앙은 이를테면 하느님의 다스림의 현존을 맞아들이기 위한 빈 터이다."[70]

(2) 하나님 나라와 예수

그러나 신약성서 메시지에 의하면, 예수는 하나님 나라를 선포하고 지시하

---

68 슈나켄부르크는 이에 대해 다음과 같이 말한다. "그분 자신이 인간의 행위를 고려하면서 선처하신다는 것을 뜻한다. 예수에 의해 선포된 하느님 나라의 도래를 인간들이 저지하거나 멈추게 할 수는 없다. 다만 그 나라가 어떤 식으로 도래하게 될지 그 방법만이 다르게 제시될 뿐이다." 참조. R. 슈나켄부르크/조규만 · 조규홍 옮김, 『하느님의 다스림과 하느님 나라』 (서울: 가톨릭출판사, 2002), 251.

69 K. Rahner, "Das Christentum und die nicht-christlichen Religionen", *Schriften zur Theologie Bd. V* (1962), 145.

70 발터 카스퍼/박상래 옮김, 『예수 그리스도』 (왜관: 분도출판사, 1996), 136~137

는 예언자의 단계를 넘어선다. 예수는 하나님 나라를 선포하셨을 뿐 아니라 그 나라를 가져오셨던 메시아라는 것이다. 하나님 나라가 바로 이 예수를 통해 도 래했다는 것이다. 따라서 예수의 하나님 나라는 예수의 선포와 치유, 그리고 그분의 죽음과 부활, 아니 더 나아가 그분의 인격 그 자체와 분리되지 않는다. 하나님 나라의 특성은 예수 인격의 특성이기도 하다. 사실 신약성서에서 예수 와 하나님 나라는 서로 독립된 두 가지 주제가 아니다. 예수의 삶 전체는 하나 님 나라란 주제를 통해서만 조명될 수 있다. 그분의 선포는 물론이고 탄생에서 십자가에 이르는 삶의 과정, 그리고 그분의 부활과 재림 약속들 모두는 하나님 나라를 통해서만 이해될 수 있는 사건들이다. 또한 하나님 나라가 무엇인지를 이해하기 위해선 예수를 바라보아야 한다. 하나님 나라는 예수를 통해 규정되 기 때문이다. 몰트만(J. Moltmann)은 이와 같은 상호 관련성에 대해 다음과 같 이 말한다. "그는 인격으로 온 하나님의 나라다. …… 신비스러운 하나님의 나 라가 본래 무엇인지를 알고자 한다면, 예수를 바라보아야 한다. 다른 한편으로 예수가 본래 무엇인지를 이해하려고 한다면, 하나님의 나라를 경험해 보아야 한다."[71]

① 용서로서의 하나님 나라

당시의 하나님 나라 설교에 있어서 예수는 혼자가 아니었다. 세례 요한도 동 일한 메시지를 선포했다.[72] 그러나 예수는 세례 요한과는 달리 죄인에 대한 심 판이 아니라, 죄인을 위한 구원을 선포했다. 그래서 예수의 설교는 회개에 한 정되지 않는다. 예수는 이미 현존하는 구원의 현실을 선포하셨다. 그리고 이 나라의 현존 속에서 사람들에게 죄의 용서를 약속하셨다. 예수의 선포는 그 래서 기쁜 소식이다.(막 1:15) 그러나 이 복음은 의인뿐 아니라 죄인을 위한 복 음이기도 하다. 이러한 사실은 이른바 의인들에게는 걸림돌이 되었다. 예수 는 죄인과 사마리아 사람, 세리와 창녀들과 교제를 나누셨다. 하나님이 이러 한 죄인들을 가까이 하신다는 것은 성서적으로는 하나님 나라가 도래했다는 징표가 된다. 이러한 메시지는 탕자의 비유(마 21:28~31)와 잃은 양의 비유(마

---

71 위르겐 몰트만/이신건 옮김, 『오늘 우리에게 예수는 누구인가?』 (서울: 대한기독교서회, 1997), 15~16.
72 참조. 마 3:2.

18:21~24; 눅 15:4~7)에 잘 나타나 있다.[73]

이러한 비유가 겨냥한 대상은 죄인들이 아니라 – 죄인들과 교제한다는 이유로 – 예수를 비판하는 사람들이었다. 그들은 이의를 제기한다. 당신은 왜 이러한 죄인들과 어울리는가? 이러한 물음에 이 비유들은 무조건적인 하나님의 용서와 은혜를 제시한다. 이러한 과정에서 예수가 생각하고 있는 하나님과 하나님 나라가 어떤 실재인지 보다 더 뚜렷해진다. 그분은 바리새파의 하나님처럼 율법에 따라 심판하시는 하나님도 아니며, 그리스 철학에서 말하는 무감각한 하나님도 아니다. 그분과 도래한 나라는 우선적으로는 사랑과 용서다. 따라서 인간들에게 요구되는 것은 오직 하나님께 돌아서면서 이 나라를 감사하게 받아들이는 믿음, 즉 예수에 대한 신실한 믿음뿐이다. 탕자의 비유, 잃은 양의 비유, 잃은 은전의 비유, 두 아들의 비유, 세리와 바리새인의 비유가 암시해 주듯이, 하나님 나라는 하나님의 자비를 받아들이는 자에게 현실이 된다. 그리고 자비와 용서로서 다가온 이 나라는 받아들이는 자들에게 다시금 이웃을 용서하고 사랑할 수 있는 능력을 준다.[74] 따라서 하나님 나라 현존의 징표는 – 최후의 심판의 비유가 암시하듯이 – 용서와 사랑의 열매를 맺는 데 있다.[75] 하나님 나라는 이와 같이 인간의 현실을 받아들여 변화시키는 사랑과 용서로 현존하신다.

② 능력으로서의 하나님 나라

'카리스마적 치유자 예수'는 오늘날 성서신학자들 사이에서 의견의 일치를 보이고 있는 사실들 가운데 하나다. 진보적인 성서신학자들도 예수의 치유를 실제적인 것으로 받아들인다. 미국의 예수 세미나 회원 보그(Marcus Borg)는 다음과 같이 말한다. "기적이란 것이 현대인들의 사고에 어려움을 주긴 하지만 예수가 병을 고쳐주고 귀신을 내어 쫓는 사람이었다는 데에는 역사적으로도 논쟁의 여지가 없다. 이런 판단의 이유를 세 가지로 생각해 볼 수 있다. 첫째, 우리가 가진 자료들에는 그런 사실에 대한 증거가 어디에나 있다. 둘째, 병을 고치고 귀신을 내어 쫓는 일은 예수의 주변세계, 즉 유대교와 헬라세계에서는 비

---

73 또한 빚진 두 사람에 관한 비유(눅 7:41~43), 잃은 은전의 비유(눅 15:8~10), 바리새인과 세리에 관한 비유(눅 18:9~14) 등이 여기에 속한다.
74 참조. 마 6:14~15; 18:21~35.
75 참조. 마 25:31~6.

교적 평범한 일이었다. 셋째, 예수를 적대시했던 사람들조차 병을 고치는 능력이 그를 통해 나온다는 주장에는 도전하지 않았다. …… 예수를 존경하던 추종자들뿐 아니라 예수에 대해 회의를 품고 있었던 적들까지도 예수를 치유하는 능력을 가진 거룩한 사람으로 보았다."[76]

예수는 동시대의 많은 사람들에게 특별한 능력을 가진 사람으로 인식되었다. 사람들은 이러한 기적의 능력으로 말미암아 예수를 랍비를 넘어선 선지자로 고백할 수 있었다. 그러나 성서는 한걸음 더 나아가 예수의 치유를 하나님 나라 그 자체와 관련시킨다. "내가 만일 하나님의 손을 힘입어 귀신을 쫓아낸다면 하나님의 나라가 이미 너희에게 임하였느니라."(눅 11:20) 치유란 하나님 나라의 징표 가운데 하나다. 예수에게 병을 고치거나 귀신을 내어 쫓는 일은 결코 주변적인 사역이 아니다. 사실 구원이라는 말(sozo)은 병자가 치유 받았을 때에도 쓰인다. 예를 들면, 마태복음 9장 21~22절에서 혈루병을 앓는 여인에게 예수는 이렇게 말씀하셨다. "딸아, 네 믿음이 너를 구원(sozo)하였다." 이 말씀은 다른 치유 이야기에도 나타난다.[77] 치유가 믿음과 관련되며, 따라서 하나님 나라의 현실임을 강조하는 것이라 할 수 있다.

로핑크는 치유와 하나님 나라의 관계에 대해 다음과 같이 말한다. "로마의 클레멘스가 쓴 편지의 '보편기도'에는 하느님의 백성의 병자들이 치유되기를 비는 기도가 있다. 이것은 예수의 하느님 나라 실천에서 비롯하여 신약성서의 공동체를 거쳐 고대교회시대까지 지속되는 또 하나의 기본 주제를 말해 준다. 원초교회에 넘쳐흐르던 성령의 현존이라는 의식은 사실 점점 퇴조한다. 그러나 병자를 돌보는 일, 병자들을 치유하는 일, 악령들을 몰아내는 일은 여전히 존속한다."[78]

하나님 나라는 치유뿐 아니라 거듭나게 하는 능력이기도 하다. 사실 로핑크가 지적했듯이, 무릇 외적으로 나타나는 기적이란 그것을 통하여 하느님 백성이 회개하게 되는 그런 효과가 있어야 비로소 뚜렷이 그 궁극 의미를 얻게 된다

---

76 마커스 보그/김기석 옮김, 『예수 새로 보기』(서울: 한국신학연구소, 1997), 89~90.
77 참조. 막 5:34; 눅 8:48; 17:19; 18:42.
78 게르하르트 로핑크/정한교 옮김, 『예수는 어떤 공동체를 원했나?』(1996), 251.

는 것을 교부들은 알고 있었다.[79]

　그러나 인간은 자신을 온전하게 변화시킬 수 없다. 진정한 거듭남은 오직 은혜에 의해서만 가능하다. 성서는 거듭남과 관련된 하나님 나라의 현실을 자주 말한다. 거듭난 자만이 이 나라를 볼 수 있으며, 이 나라에 의해서만 거듭날 수 있다. 밭에 묻힌 보물(마 13:44)의 비유를 살펴보자. 밭에 묻힌 보물을 발견한 후 기쁨에 겨워 자신의 모든 소유를 팔아 이 밭을 사는 농부의 모습을 그려 본 사람이라면 하나님 나라도 이 보물과 마찬가지로 이 나라를 발견한 사람으로 하여금 하나님에게 집중하기 위해 여타의 모든 것을 내려놓도록 만든다는 사실을 직관하게 될 것이다. 그러나 이러한 자기 비움의 원동력은 기쁨이다. 하나님 나라는 인간에게 조건적인 강제력이 아니라, 압도적인 기쁨을 선사함으로써 자발적인 자기희생의 길을 걷도록 만든다. 진주의 비유도 동일한 메시지를 전한다. 이 비유들에서 결정적인 것은 두 사람들이 가진 것을 모두 내려놓는다는 사실에 있는 것이 아니라, 그들이 그렇게 하는 이유에 있다. 예레미아스의 탁월한 해석을 들어보자. "누가 저 커다란 기쁨에 사로잡히게 되면, 그 기쁨은 그를 넋을 잃게 만들고 그의 가슴속 깊은 곳을 파고들어서 그의 마음을 정복한다. 다른 모든 것들은 이 탁월한 보물과 비교할 때 무가치해 보인다. 어떤 값도 과하지가 않고 당연히 가장 값지게 여겼던 것도 아무런 조건 없이 포기하게 된다."[80]

　이 비유들에 의하면, 하나님 나라는 이 나라를 발견한 사람을 기쁨으로 충만케 함으로써 예수를 따르도록 만든다. 성서에 의하면, 하나님 나라는 다양하게 실현된다. 죽은 자의 부활과 치유는 물론이고 삶의 거듭남 또한 하나님 나라의 형태 가운데 하나로 성서는 보고 있다. 이러한 다양한 현상들은 서로 다른 형태에도 불구하고 하나님 나라를 변화의 능력으로 제시한다. 하나님 나라는 거듭난 자에게만 자신의 실체를 드러내지만, 또한 이러한 하나님 나라에 의해 사람은 거듭나게 된다.

79　게르하르트 로핑크/정한교 옮김, 『예수는 어떤 공동체를 원했나?』(1996), 253.
80　요아킴 예레미아스/황종렬 옮김, 『비유의 재발견』(왜관: 분도출판사, 1991), 226.

③ 종말론적 사건으로서의 하나님 나라

치유는 분명 하나님 나라의 현존, 또는 하나님 나라의 전조로 이해된다. 그러나 예수가 말하는 하나님 나라는 인간뿐 아니라 역사 속으로 들어와 만물을 새롭게 하는 능력으로도 이해된다. 사실상 성서나 신학에 있어서 초점은 이렇게 역사 속으로 들어와 역사를 종식시키는 하나님 나라에 더 많이 맞추어져 있다. 그러나 기존의 역사와 우주는 지속되고 있기에 이 나라는 아직 온전히 도래하지 않은 미래적 실재로 이해된다. 이러한 하나님 나라의 도래를 말하는 예수의 비유들은 또한 심판의 메시지를 담고 있다. 마지막 때에는 심판과 분리가 일어날 것이며, 양과 염소의 영원한 구분이 있을 것이라는 것이 공통된 메시지다. 어리석은 부자의 비유, 열 처녀의 비유, 큰 잔치의 비유 등이 이러한 비유 군에 속한다. 이 비유들은 물론 특정한 집단들에 대한 경고다.[81] 그러나 이 비유들은 경고뿐 아니라 회개의 메시지도 내포하고 있다. 구원의 문은 언젠가는 닫힐 것이지만, 그때는 누구도 모르기 때문에 지금 회개하라는 것이다. 종말의 때가 언제인지 호기심을 갖기보다는 ─ 사라져 버릴 이 세계에 대한 모든 집착을 버리고 다가오는 하나님 나라에 삶의 초점을 맞추는 ─ 종말론적 자세를 견지하라는 것이 이 비유군의 중심 메시지라 할 수 있다.

예수의 하나님 나라 선포에 일관되게 나타나는 종말론적 의미, 즉 미래적 종말론을 재발견한 것은 슈바이처였다. 그에 의하면, 예수는 묵시사상이 증언하는 희망, 즉 옛 세계는 사라지고 새로운 우주가 곧 도래하리라는 메시지를 선포했다는 것이다. 물론 묵시사상의 구체적인 미래상은 예수에게는 거의 나타나지 않는다. 그리고 종말의 시기에 대한 물음도 거부했다.[82] 그러나 예수는 하나님 나라가 ─ 세속의 눈에는 감추어져 있지만 ─ 분명 도래하며 옛 세계를 지양시키거나 새롭게 변화시킬 것이라는 확신을 가지고 있었다. 예수는 분명 이 나라가 가까이 왔다고 선포했다. 그러면 이 나라는 현재적인 하나님 나라와는 어떤 관계 속에 있는가? 오늘날 대부분의 신학자들은 미래적 종말론에 치우친 슈바이처의 입장과 현재적 종말론에 치우친 도드의 극단적인 입장 사이에서 중용의 길을 걷고 있는 것처럼 보인다. 그들은 이미 지금(Schon Jetzt)과 아직 아니

---

81 앞의 책, 187.

82 "하나님의 나라는 볼 수 있게 임하는 것이 아니요."(눅 17:20), "아버지만 아시느니라."(막 13:32)

(Noch Nicht)란 표제어 아래서 현존하는 단편적 하나님 나라와 아직 도래하지 않은 온전한 하나님 나라의 긴장 관계를 주시한다.[83]

　"현재적 종말론과 미래적 종말론의 긴장"은 이 주제를 다루는 모든 신학에서 표제어로 등장한다. 그러나 보다 깊은 이해에 도달하기 위해선 양자의 관계를 보다 상세하게 살펴보아야 한다. 역사적으로 살펴보면 하나님 나라의 현재적 능력을 체험한 초대교회는 다가오는 우주적 하나님 나라를 신뢰 속에서 고대할 수 있었다. 초대교회의 재림 기대는 결코 그 어떤 세계관이나 열악한 삶의 환경에서 비롯된 것이 아니라, 굳건한 체험, 즉 ‒ 그것이 치유 체험이든, 성령의 은사 체험이든, 아니면 부활하신 분에 대한 체험이든 간에 ‒ 현존하는 하나님 나라 체험에 근거한 것이었다. 초대교회는 이러한 체험에 근거해 종말의 임박한 도래를 확신했다. 이러한 사실은 현재적 종말론과 미래적 종말론이 양자택일의 대립적 관계가 아니라 상호보완적 관계 속에 있음을 말해 준다. 양자의 관계는 현재적 종말을 체험한 사람이 미래적 종말론을 거부한다거나, 미래적 종말론을 확신하는 사람이 현재적 종말론을 무시하게 되는 관계가 아니다. 오히려 양자는 서로의 근거가 되어주며, 서로를 지지해 준다. 그리고 미래적 종말론은 신앙이 현재에 안주하는 것을 허용하지 않으며, 현재적 종말론은 하나님을 단지 먼 미래에서만 찾는 것을 허락하지 않는다. 이와 같이 양자의 관계는 상호보완적이면서도 상호견제적인 관계다. 양자의 이러한 관계는 하나님 나라가 분명 오늘 이곳에 현재한다 할지라도 결코 이 세상의 현실 속에서 완전히 해소될 수 없다는 것을 지시해 준다. 달리 말하자면, 하나님 나라는 자신을 드러내면서도 동시에 감추는 실재라 할 수 있다.

　긴장은 물론 존재한다. 그러나 이 긴장은 현재적 종말론과 미래적 종말론 사이가 아니라, 종말에 대한 기대와 종말의 지연 사이에 놓여 있다. 현재적 하나님 나라 체험은 미래적 종말을 고대하게 만들었다. 그러나 종말의 지연이 계속되면서 하나님 나라 신앙에 긴장감이 생긴 것이라 할 수 있다.

　따라서 하나님 나라 신앙에 있어서 진정한 문제는 종말의 지연 문제다.[84] 초

83　예수의 부활을 종말의 선취로 보는 판넨베르크의 선취된 종말론과 하나님을 항상 현재로 오시는 분으로 이해하는 몰트만의 희망의 종말론뿐 아니라 쿨만의 구속사적 종말론, 바르트의 변증법적 종말론, 불트만의 실존론적 종말론도 ‒ 세부적인 면에서는 서로 다른 관점을 견지하지만 ‒ '이미 지금'과 '아직 아니'의 긴장 관계 속에서 움직이고 있다.

84　이 나라가 아직 완성되지 않았지만 이미 시작되었다거나, 역사는 예수 안에서 선취된 종말을 향해 나아간다는 구속사적 종말론은 구조적으로 성서에 상응하는 것임에는 분명하지만, 종말의 지연에 의한 신앙의 긴장이라는 문제, 하나님 나라의 불연속성 문제를 보다 더 진지하게 다루어야 한다.

대교회도 이 문제와 씨름했다.[85] 예수가 메시아라면 왜 이 세상이 변하지 않았느냐는 유대교의 항변, 그리고 교회는 종말의 지연으로 인해 생겨난 틈새를 임의적으로 메우려는 사도들의 창작이 아니냐는 자유주의 신학의 의구심을 우리는 보다 더 솔직하고 진지하게 받아들여야 한다. 이 불연속성을 은폐시키지 않고 오히려 드러내며, 회피하지 않고 견디어내고, 궁극적으로는 이 불연속성이 하나님의 섭리 가운데 있는 것임을 드러내는 것이야말로 신학의 과제가 되어야 한다.

하나님 나라 묵상 : 하나님 나라와 하나님의 백성
●

이러한 과제는 우리를 하나님의 백성의 삶의 문제로 인도한다. 왜냐하면 성서적 의미의 하나님 나라는 항상 하나님의 백성을 통해 그 빛을 발하기 때문이다. 로핑크는 이러한 사실을 다음과 같이 묘사한다. "구약성서 신학의 결정적 전통 노선으로서 일단 기본 바탕이 되어 있는 것은, 하나님이 세상에 존재하는 여러 백성 가운데서 유일한 한 백성을 찾아내어 이 하나인 백성을 구원의 징표로 삼고자 하신다는 데 있다. 이로써 여느 백성들이 무시되는 것은 아니다. 여느 백성들은 실상 하나님 백성이 백성들 한복판에서 징표로서 빛을 발할 때 하나님 백성에게서 배우게 된다. …… 예수는 공동체 사상, 즉 하나님의 통치에는 한 백성이 있어야 한다는 생각을 버리지 않고, 이제는 그러니까 온 이스라엘을 도외시하지는 않되 제자들의 공동체에다가 하나님 나라를 연결짓는 것이다."[86]

사실 예수께서 하나님 나라를 선포하시면서 동시에 제자들을 공동체로 부르셨던 것은 우연이 아니었다. 보이지 않는 하나님 나라를 드러내는, 아니 드러내면서도 동시에 그 신비를 보존하는 과제가 하나님의 백성에게 주어져 있기 때문이다. 초대교회가 종말의 지연에도 동요치 않고 현재에 충실했던 이유가

85 시편 90편 4절을 인용한 베드로후서 3장 8~9절을 참조하시오. "사랑하는 자들아 주께는 하루가 천년 같고 천년이 하루 같다는 이 한 가지를 잊지 말라 주의 약속은 어떤 이들이 더디다고 생각하는 것 같이 더딘 것이 아니라 오직 주께서는 너희를 대하여 오래 참으사 아무도 멸망하지 아니하고 다 회개하기에 이르기를 원하시느니라." 이 구절은 종말의 지연 문제가 이미 초대교회 때부터 제기되었던 질문임을 암시해 준다.

86 게르하르트 로핑크/정한교 옮김, 『예수는 어떤 공동체를 원했나?』(1996), 58~59.

바로 여기에 있다. 자신들의 과제가 무엇인지를 분명하게 알고 있었기 때문이다.

그러면 하나님 나라의 빛을 비쳐줄 수 있는 하나님의 백성의 정체성은 무엇인가? 하나님의 백성의 특징은 무엇보다도 하나님 나라의 도래를 기다리는 신실함에 있다. "아멘 주 예수여 오시옵소서."(계 22:20) 이 신앙고백은 초대교회 내의 특정한 몇몇 교파에서만 통용되었던 신앙고백이 아니다. 재림에 대한 기대는 초대교회의 정체성을 형성한다.[87]

하나님 나라의 도래를 신실하게 기다리는 공동체는 무엇보다도 먼저 세속화를 거부해야 한다. 오직 하나님만을 의지하도록 부름 받은 하나님의 백성에게 세상의 현실에 안주하려는 세속화야말로 가장 큰 위협과 유혹이 되기 때문이다. 이러한 맥락에서 아브람에게 고향을 떠나라는 하나님의 명령과 하나님과 맘몬을 동시에 섬길 수 없다는 예수의 말씀은 자본주의 사회 속에서 살아가야 하는 오늘날의 교회에 뜻하는 바가 크다. 가난의 실천을 참된 신앙의 기준으로 제시했던 프란체스코(Francesco d'Assisi, 1182~1226)는 특히 세속화의 유혹 앞에 선 현대 교회에 모범이 되어야 한다.

세속화를 거부하는 것은 세상 그 자체를 거부하는 것이 결코 아니다. 교회는 자신만을 위한 존재가 아니다. 하나님의 백성은 마땅히 세상 한가운데서 살아야 하며 세상과 대화해야 한다. 그리고 항상 하나님의 구원의 대상인 세상에 책임을 져야 한다. 사실 교회가 자기 보존과 성장에만 치우쳐 함께 살아가는 이웃의 고난을 외면하고 그 고난에 동참하는 것을 회피한다면, 결국 교회는 생명력을 잃고 민중들도 교회를 등지게 될 것이다.

그러나 세상을 위해 존재하는 하나님의 백성의 삶의 방식에 대해 물어야 한다. 성서가 하나님의 백성에게 일관되게 요구하는 것이 있다. "너희는 거룩하라!"[88]가 바로 그것이다. 세상과 구별된 삶을 살라는 것이다. 세상과 구별된 삶을 살라는 것은 물론 세상을 거부하거나 하시(下視)하라는 말은 아니다. 하나님의 백성은 세상을 위한 존재이기 때문이다. 그러나 세상과 구별되지 않는 백성은 세상을 위한 존재가 될 수 없다. 세상과 구별된 삶의 방식을 보여줄 때에만 세상에 빛을 비쳐줄 수 있기 때문이다. 그리스도교 국가인 영국의 불의와 폭력

---

87 참조. 막 9:1; 마 10:23.
88 참조. 레 19:1~2; 마 5:48.

에 맞서 비폭력 운동을 주창했던 힌두교 신자 간디가 그 한 예가 아닌가? 마치 연못 속에 살면서도 연못의 흙탕물에 물들지 않고 오히려 그 물을 정화시키는 연꽃같이, 세상 한가운데 살지만 세상에 물들지 않고 오히려 세상의 소금이 되는 것이야말로 종말론적 하나님의 백성이 실현해야만 하는 삶의 방식이다. 사실 오늘날의 상황을 살펴보면 어설픈 선교나 사회참여보다는 자신의 정체성을 회복하는 일이 시급한 것처럼 보이기도 한다. 세상과 구별되는 것이야말로 세상에 대한 가장 큰 봉사임을 잊어서는 안 된다.

하나님에게 헌신하려는 나실인이 구별됨의 징표로 포도주와 독주를 금했다면,[89] 예수의 제자들은 구별됨을 위해 어떤 삶을 살아야 할까? 이 물음이 바로 산상설교가 대답하고자 하는 물음이었을 것이다. 그렇다면 원수를 사랑하라는 산상설교의 주제는 세상과 구별됨으로써 세상에 하나님 나라의 빛을 던져주라는 요청이라 할 수 있다.

---

[89] 나실인(Nazirite)은 '성별하다'는 뜻을 가지고 있다. 참조. 민 6:1~21; 눅 1:15.

5

예수의

죽음

제5장

예수의

죽음

| 예수의 죽음에 대한 역사적 반성 |

제구시에 예수께서 크게 소리 지르시되 엘리 엘리 라마 사박다니 하시니
이를 번역하면 나의 하나님, 나의 하나님 어찌하여 나를 버리셨나이까 하는 뜻이라.

(막 15:34)

갈릴리에서 활동하시던 예수는 유월절 절기에 예수살렘에 들어간다. 그러나 예루살렘에서의 행적을 살펴보면 단지 절기를 지키러 간 것만은 아닌 것처럼 보인다. 예수는 오히려 이스라엘의 가장 큰 축제가 벌어지는 곳에서 이스라엘 백성에게 마지막으로 호소하려는 의도를 가졌던 것으로 보인다. 물론 예수는 예루살렘에서 자신에게 닥칠 생명의 위협들을 알고 있었을 것이다. 어찌 보면 예수의 십자가 처형은 예고된 것이나 마찬가지였다. 율법과 전통을 수호하려는 바리새인들과의 갈등은 심화된 반면 대중에 대한 예수의 영향력은 커져만 갔기 때문이다. 예수께서 예루살렘에 입성할 때 나타났던 순례자들의 환호성은 이러한 사실을 시사해 준다. 적대자들에게는 예수가 제거되어야 할 대상이라는 확신이 더욱 굳건해졌을 것이다. 그럼에도 불구하고 그는 예루살렘에 들어간다. 이러한 점에서 그는 하나님의 뜻을 전하기 위해 목숨까지도 버리는 예언자 전통을 따른다.

예루살렘에 입성한 예수는 성전으로 향한다. 그리고 성전에서 성전 제사 자체를 봉쇄하는 것처럼 보이는 상징적인 행동을 취하신다. 결국 이 사건이 기폭제가 되어 예수는 대제사장이 보낸 사람들에게 체포된다. 체포된 예수는 먼저 유대의 대제사장에게 심문받으신 후 로마의 총독 빌라도에게 인계된다. 그리

고 간단한 심문 절차를 거친 뒤 십자가에서 처형당한다.

예수의 십자가 처형에는 여러 가지 역사적 물음들이 제기되었다. 그러나 이 물음들도 결국에는 하나로 압축될 수 있을 것이다. 역사적인 관점에서 볼 때 예수께서 처형당한 원인은 과연 무엇인가? 이 물음은 다음과 같이 세분화될 수 있을 것이다. 가해자들은 왜 예수를 제거해야만 했을까? 그리고 예수의 그 어떤 행동과 메시지가 가해자들로 하여금 십자가 처형을 결정하도록 만들었을까?

이러한 물음을 염두에 두면서 먼저 성전 사건과 십자가 처형이라는 역사적 사건들을 해명한 후 예수의 죽음에 대한 책임 문제를 다뤄보자. 그리고 수난 예고, 최후의 만찬, 그리고 십자가에서의 마지막 말씀들을 해석하면서 예수가 자신의 죽음을 어떻게 이해했는지를 살펴보도록 하자.

역사적 사건에 대한 물음
●

1. 성전 사건

예수의 마지막 한 주간에 잠재되었던 갈등을 표출시키는 중요한 사건이 발생한다. 성전 사건이 바로 그것이다. 복음서는 이 사건을 다음과 같이 묘사한다. "예수께서 성전에 들어가사 성전 안에서 매매하는 자들을 내쫓으시며 돈 바꾸는 자들의 상과 비둘기 파는 자들의 의자를 둘러 엎으시며 아무나 물건을 가지고 성전 안으로 지나다님을 허락하지 아니하시고 이에 가르쳐 이르시되 기록된 바 내 집은 만민이 기도하는 집이라 칭함을 받으리라고 하지 아니하였느냐 너희는 강도의 소굴을 만들었도다 하시매."(막 11:15~17. 참조. 마 21:12~17; 눅 19:45~48; 요 2:13~22)

이 사건을 성전 정화의 빛에서 타락한 성전 제의를 개혁하려는 시도로 보는 신학자들도 존재하지만, 대부분의 신학자들은 예수께서 성전에서 보여주신 행동을 성전 정화가 아니라 성전 제의를 폐기하려는 상징적 시도로 이해한다. 그 닐카(J. Gnilka)는 그 이유를 다음과 같이 설명한다. "예수의 행위는 성전 제의를 갱신하기 위한 표현으로 해석될 수 없다. 그 까닭은 이 행위가 성전의 내부에서가 아니라 바깥마당에서 일어났기 때문이다."[1]

---

1 요아킴 그닐카/박재순 옮김, 『국제성서주석 · 마르코복음 II』 (천안: 한국신학연구소, 1986), 176.

예수가 가로막은 것은 성전 제사 자체였다는 것이다. 사실 성전 제사에 필수적인 제물을 파는 사람과 돈을 바꾸어 주는 사람들을 내쫓는 행위는 성전 제의를 정화시키려는 의도가 아니라 성전 제사 자체를 거부하는 몸짓일 개연성이 높다.

그렇다면 성전 제의란 무엇인가? 성전 제의의 목적은 분명하다. 죄의 용서가 바로 그것이다. 따라서 성전 제의를 거부한다는 것은 성전 제의가 이제는 본래의 목적을 수행할 수 없다는 선언이라 할 수 있다. 그렇다면 예수는 왜 성전 제의가 죄의 용서를 가져올 수 없다고 생각했는가? 성전 제의가 타락했기 때문인가? 아니면 이제는 새로운 성전이 옛 성전을 대체했기 때문인가?

마가복음 11장 17절은 단연 성전 제의의 타락을 말한다. "내 집은 만민이 기도하는 집이라 칭함을 받으리라고 하지 아니하였느냐 너희는 강도의 소굴을 만들었도다." 성전을 강도의 소굴로 만들었다는 비난은 그닐카가 지적했듯이 당시 유대교의 지도자들을 향한 가장 심한 비난 가운데 하나다.[2]

물론 만민이 기도하는 집이 될 것이라는 예고는 성전 파괴를 경험한 마가가 시대적 상황을 반영하면서 이사야 56장 7절에 입각해 첨가한 말씀일 수도 있다.[3] 그러나 성전을 강도의 소굴로 만들었다는 예레미야 7장 11절을 인용한 말씀은 ― 예수께서 예언자 전통을 따르면서 제사보다 자비를(마 12:7), 제사보다 화해를 강조하셨던 사실을 감안한다면 ― 마가 이전의 인용문, 즉 예수의 예레미야 인용일 개연성이 높다.

그렇다면 강도의 소굴이란 과연 무엇을 말하는가? 성전 제의를 주관하는 사제들을 가난한 사람을 착취하는 사람들로 보는 것인가? 그러나 강도의 소굴이란 보그(M. Borg)와 크로산(J. D. Crossan)이 예레미야 7장 4~11절의 맥락에서 올바르게 해석했듯이, "강도들이 다른 곳에서 강도질을 한 후 안전을 위해 피하는 장소"다.[4] 그렇다면 성전을 강도의 소굴로 만들었다는 예수의 비판은 성전 제의의 부분적인 타락을 문제 삼는 것이 아니라, 죄를 지은 후 단지 용서만을 받기 위해 드려지는 성전 제의, 즉 자비와 공의를 간과한 채 자신의 죄 용서

2 요아킴 그닐카/박재순 옮김, 『국제성서주석 · 마르코복음 II』(1986), 175.
3 그닐카는 다음과 같이 말한다. "구약성서에 입각한 17절의 논증 전체가 마르코적인 것이라는 추측을 하게 된다. 그리고 만민이 기도하는 집이라는 예고는 상황을 벗어난 것이다." 참조. 요아킴 그닐카/박재순 옮김, 『국제성서주석 · 마르코복음 II』(1986), 172.
4 마커스 보그 · 존 도미닉 크로산/오희천 옮김, 『마지막 일주일』(서울: 다산초당, 2012), 98.

만을 위해 드려지는 성전 제의에 대한 비판으로 이해되어야 한다.

보그와 크로산은 구체적으로 다음과 같이 말한다. "기도와 제사에는 잘못된 것이 전혀 없다. 그것들은 율법에서 명령된 것이다. 그것은 문제점이 아니다. 그러나 하나님은 정의와 공의의 하나님이다. 그러므로 정의가 결여된 예배가 성전에서 드려질 때 하나님은 성전을 또는 오늘날 우리 시대의 경우는 교회를 인정하지 않는다."[5] 예수는 성전의 희생제의 자체를 부정하는 것이 아니라, 오히려 타락한 성전 제의를 비판하셨다는 것이다. 달리 말하자면, 예수는 하나님의 정의의 관점에서 성전 제의를 비판했던 예언자 전통 위에 서 있다는 것이다.

성전 사건 전승만 보자면 이러한 해석은 타당할 수 있다. 그러나 예수는 – 보그와 크로산도 인정하듯이[6] – 세례 요한과 마찬가지로 성전 제의와 관계없이 죄 용서를 선포하셨다. 이러한 사실은 성전이 이제는 죄 용서를 독점할 수 있는 기능을 상실했음을 선언하는 동시에 예수께서 이제 성전을 대신한다는 사실을 암시해 주지 않는가? 이러한 맥락에서 그닐카의 해석은 정당한 것처럼 보인다. "성전의 상업 활동에 대한 개입은 하느님 나라와 함께 오는 종말론적인 새로운 성전을 상징적으로 나타내려는 것이었다고 추측할 수 있을 것이다."[7] 샌더스 (E. P. Sanders)도 다음과 같이 말한다. "그 행동과 그 말씀은 옛 질서가 끝나고 새로운 질서가 오고 있다는 것을 가리킨다. 그리고 예수는 이러한 확신을 가지고 기존의 성전 희생제사에 물리적인 충격을 가할 수 있었다고 생각한다."[8]

이제 예루살렘 성전 제의는 폐기되어야 한다는 것이다. 예수의 눈에 비친 성전 제의는 하나님의 심판을 불러올 정도로 타락했다는 것이다. 크로산과 그닐카의 차이가 바로 여기에 있다. 양자는 모두 예수께서 성전을 맹렬하게 비판하셨음을 인정한다. 크로산에게는 이러한 비판이 성전에 대한 애정 어린 호소로 해석되지만, 그닐카는 예수의 성전 비판에서 성전의 폐지를 읽어낸다.

요약하자면, 성전 사건 전승만 주시한다면 성전 제의에 대한 예수의 비판을 유대교에 대한 마지막 호소로도 볼 수 있을 것이다. 그러나 예수께서 선포하신

---

5 마커스 보그 · 존 도미닉 크로산/오희천 옮김, 『마지막 일주일』 (2012), 99.

6 그들은 다음과 같이 말한다. "요한이 성전 밖에서 용서를 선포하는 것은 성전이 가지는 용서의 하나님께 이르는 본질적 중재자로서의 역할을 부정하는 것이었다. 요한처럼 예수도 성전의 제사와 관계없는 용서를 선포했다." 참조. 마커스 보그 · 존 도미닉 크로산/오희천 옮김, 『마지막 일주일』 (2012), 49.

7 요아킴 그닐카/박재순 옮김, 『국제성서주석 · 마르코복음 II』 (1986), 177.

8 E. P. 샌더스/이정희 옮김, 『예수운동과 하나님 나라』 (천안: 한국신학연구소, 1997), 456.

하나님 나라의 종말론적 성격을 감안한다면, 예수의 성전 제의 비판은 옛 성전 제의가 이제는 – 하나님의 영에 의해 인도되는 – 새로운 예배에 의해 대치되어야 함을 선언하는 것이라고 보는 편이 더 적절할 것이다.

2. 복음서의 관점에서 본 십자가 처형

예수께서 십자가에 달려 돌아가신 것은 분명한 역사적 사실이다. 로마제국은 고대의 가장 잔혹한 형벌 중의 하나인 십자가 처형을 주로 반란을 도모한 노예들에게만 집행하였다. 로마제국의 시민권을 가지고 있는 사람들에게는 십자가형이 금지되어 있었고 오직 참수형만이 허용되었다. 십자가형은 매우 가혹한 형벌이었을 뿐 아니라 전시효과를 노리는 형벌이었다. 로마인들은 각처에서 반란을 일으켜 자기 민족의 해방을 쟁취하다 붙잡힌 독립투사들을 십자가에 처형함으로써 그들이 자유의 투사가 아닌 노예들에 지나지 않는다고 우롱하였다. 예수가 이러한 십자가에 달리셨다는 것은 그가 정치적 반란죄로 처형당했음을 시사해 준다. '유대인의 왕'(막 15:26)이라는 십자가의 명패에 새겨진 죄목도 이와 같은 사실을 입증해 준다. 그러나 이러한 사실을 들어 예수를 로마에 무력으로 저항했던 젤롯파(Zealots) 가운데 한 사람으로 간주하는 것은 너무 소박한 가설이다. 예수께서는 단 한 번도 폭력적이거나 정치적 저항을 시도한 적이 없었기 때문이다. 그러면 로마는 왜 예수를 처형한 것인가? 이스라엘의 중심에 들어선 유대 출신의 한 카리스마적 인물로 말미암아 발생할지도 모를 대중적 소요의 싹을 미리 제거하기 위해서였을까? 아니면 로마 당국자들의 오해에서 비롯된 사건인가?

그러나 복음서에서는 유대 지도자들이 악역을 담당한다. 복음서는 빌라도로 하여금 예수를 처형하도록 만든 것은 유대 지도자들이었음을 암시한다. 유대의 종교지도자들은 이미 예수와 크고 작은 갈등을 겪어왔다. 바리새인들은 하나님 나라의 도래와 당신의 인격을 연관시키는 예수에게서 하나님 모독죄를 인지했을 것이다. 로핑크(G. Lohfink)는 다음과 같이 말한다. "율법과 전통에 대한 예수의 위배 행위는 그분으로 하여금 백성을 오도하는 사람으로 나타나게 했다.(마 27:63; 요 7:12; 요 7:47) 그리고 예수가 스스로 하느님의 대리자인 것처럼 말씀하시고 행동하실 때 그것을 하느님 모독으로 취급하지 않을 수 없었을 것이다."[9] 사실 대중의 소요를 피하려 했던 사두개인들도 성전 사건을 통해 예수를 제거하려는 마음을 갖게 되었을 것이다.[10]

복음서는 체포된 예수가 산헤드린(sanhedrin/유대교 최고 의회)에 회부되어 정죄를 받았다고 전한다. 카스퍼(W. Kasper)에 의하면, "이 최고 의회의 재판에서는 두 가지가 문제되었던 것 같다. 하나는 메시아 문제였는데 이것은 예수를 빌라도에게 고발하는 데 매우 중요했다. 다른 하나는 성전을 헐어버리겠다는 예수의 말씀이었다. 이 두 가지가 입증되는 경우, 거짓 예언자요 하느님의 모독자로서의 예수의 유죄는 충분히 성립될 것이며 따라서 예수는 사형을 받아야 한다는 것이다."[11] 최고 의회에서 거짓 예언자와 하나님 모독자라는 판결을 받은 것은 평소 유대교의 가르침에 도전하는 것처럼 보였던 예수의 태도와 관련이 있었을 것이다. 그들에게 예수는 율법을 무시하는 자처럼 보였을 것이며, 성전 사건은 성전 난동으로 비쳐졌을 것이다.

유대교 지도자들은 사형 집행권이 없었으므로 예수를 로마 당국에 고발한다. 그러나 종교에 관용적인 태도를 취했던 로마 당국에 예수의 종교적 자세를 고발하지는 않았을 것이다. 로핑크는 다음과 같이 말한다. "그래서 예수 사건을 로마인들 앞에서는 다른 면을 들어 고발한다. 즉 백성 소요자에서 정치적 선동자로 바꾼다. 예수의 메시아 고백을 꼬투리 잡아 정치적 흑심을 가진 거짓 메시아라는 죄를 뒤집어씌운다."[12] 결국은 유대 지도자들이 로마 당국자들로 하여금 이 사건에서 발을 빼지 못하도록 만들었다는 것이다.

복음서는 유대 지도자들의 이러한 행동이 예수에 대한 개인적 적대감에서 비롯된 것이 아니라 그의 정체성을 백성들 앞에서 폭로하고 유대교 전통을 수호하려는 목적을 갖고 있었음을 시사한다. 로핑크는 구체적으로 다음과 같이 말한다. "유대인 당국자들이 그처럼 집요하게 예수를 십자가의 죽음으로 몰고 간 것은 신명기 21장 22~23절의 배경을 모르고는 이해하기 어려울 것이다. 십자가형은 이미 고대인들에게도 가장 수치스러운 죽음 또 가장 명예훼손적인 죽

9 게르하르트 로핑크/이경우 옮김, 『예수의 마지막 날』 (왜관: 분도출판사, 2003), 12.

10 로핑크는 다음과 같이 말한다. "소위 성전 정화 사건과 거기에 따른 성전에 관한 예수의 말씀이 마지막 충격을 일으킨 것만큼은 짐작이 가고도 남는다." 참조. 게르하르트 로핑크/이경우 역, 『예수의 마지막 날』 (2003), 17.

11 발터 카스퍼/박상래 옮김, 『예수 그리스도』 (1996), 198.

12 게르하르트 로핑크/이경우 옮김, 『예수의 마지막 날』 (2003), 36.

음으로 취급되었다. …… 예수를 운집한 이스라엘 사람들 앞에서 공개적으로 하느님께 저주받은 사람으로 폭로할 절호의 기회가 된 것이다."[13] 라이트(T. Wright)도 유대 지도자들의 고발을 비슷한 논조로 말한다. "문제의 유대교 당국자들은 물론 제사장들인데, 그들의 권력기반을 예수가 성전에서의 행동을 통해 위협했던 것이다. 그들은 예수의 반(反)성전 운동이 더욱 세력을 얻게 되는 것을 막기 위해 혈안이 되어 있었다. 그러나 그들은 빌라도 총독에게 예수를 제거하기 위한 명분을 제시할 필요가 있었으며, 동시에 예수가 죽어야만 하는 정당한 유대교적 이유를 백성들에게도 제시할 필요가 있었다."[14]

3. 예수의 죽음에 대한 책임 문제

그러나 복음서의 이러한 관점이 모든 신학자들에게 역사적인 사실로 받아들여지는 것은 아니다. 예를 들자면 보그는 다음과 같이 말한다. "나는 예수가 대제사장이나 로마 총독 앞에서 공식적 재판을 받았는지에 대해 확실치 않다."[15] 예수와 같은 인물은 공식적인 재판 없이도 처형할 수 있었다는 것이다. 보그는 오직 십자가 처형만을 분명한 역사적 사실로 간주하며 이러한 사실로부터 예수 죽음의 책임이 로마 당국에 있으며, 예수가 처형당한 것은 "사회적 예언자로서 당시의 지배체제에 대해 하느님의 이름으로 도전하였기 때문"[16]이라고 추론한다.

따라서 보그는 예수 처형의 책임을 로마 당국이 아닌 유대인들에게 전가시키는 인상을 주는 복음서의 기록을 비판적인 시각으로 바라본다. 즉 예수의 처형과 관련된 복음서의 기록은 역사적인 묘사가 아니라 특정한 의도를 가진 해석이라는 것이다. 그러나 라이트는 "이런 생각이 후대의 기독교 신학을 거꾸로 투사한 것일 리는 만무하다.(막 14:55~64)"고 항변한다.[17] 물론 복음서의 기록에 유대교와 갈등관계 속에 있었던 초대교회의 선교적 상황이 반영된 것은 분명하지만 예수에 대한 유대 지도자들의 적대감과 고발만큼은 분명한 역사적

---

13 게르하르트 로핑크/이경우 옮김, 『예수의 마지막 날』(2003), 64.

14 마커스 보그 · N. 톰 라이트/김준우 옮김, 『예수의 의미: 역사적 예수에 대한 두 신학자의 논쟁』(서울: 한국기독교연구소, 2001), 165.

15 마커스 보그 · N. 톰 라이트/김준우 옮김, 『예수의 의미: 역사적 예수에 대한 두 신학자의 논쟁』(2001), 148.

16 마커스 보그 · N. 톰 라이트/김준우 옮김, 『예수의 의미: 역사적 예수에 대한 두 신학자의 논쟁』(2001), 153.

17 마커스 보그 · N. 톰 라이트/김준우 옮김, 『예수의 의미: 역사적 예수에 대한 두 신학자의 논쟁』(2001), 165.

사실에 토대를 두고 있다는 것이다. 사실 바리새인과의 갈등과 산헤드린의 심문, 그리고 로마 총독의 심문을 의심의 눈초리로 바라보는 보그의 입장은 물론 도를 넘어서는 것이다.

그러나 보그의 의구심을 사소한 것으로 간주하지 못하도록 만드는 이유가 있다. 예수 처형의 책임을 유대인에게 돌려 유대인들을 증오하고 박해해 왔던 역사가 바로 그것이다. 오늘날 현대 신학은 한목소리로 예수의 죽음에 대한 책임을 유대인들에게 돌리는 것을 반대한다. 보그와는 달리 복음서 수난 보도의 역사성을 인정하는 몰트만도 다음과 같이 말한다. "예수는 로마인들에 대한 반란을 부르짖지 않았다 할지라도, 그의 백성들 사이에서 메시아적으로 행동함으로써 로마인들과 사두개인들, 그리고 로마인들의 복수를 두려워할 수밖에 없었던 예루살렘의 유대인 주민들에게 하나의 공적 위험인물이 될 수밖에 없었다. 그러나 불의는 예수에게 있었던 것이 아니라 로마인들의 폭력적 통치권에 있었고 유대교의 제사장들은 그들의 백성에 대한 로마인들의 잔인성에 몸을 떨었다. 그러므로 신앙고백은 본디오 빌라도 아래 십자가에 못 박혔다고 고백하지 않고 본디오 빌라도로 말미암아 십자가에 못 박혔다고 고백한다."[18]

물론 현대의 주요 신학자들은 자신들의 신앙 전통을 지키려는 유대 지도자들과의 갈등이 예수 처형의 가장 큰 원인이라고 말한다. 달리 말하자면, 복음서는 역사적 사실을 신앙의 관점에서 해석한 것이긴 하지만 결코 역사를 왜곡한 것이 아니라는 것이다. 그러나 그들이 모든 책임을 유대인들에게 전가시키려는 것은 아니다. 예를 들자면, 로핑크는 예수를 부당하게 죽인 책임이 유대 지도자들과 로마 당국자들, 그리고 방관으로 일관했던 대다수의 백성들, 그리고 그들을 넘어서서 인류 모두에게 있다고 주장한다.[19]

현대 신학은 예수의 죽음에 있어서 이처럼 시각차를 보여주지만 예수의 부당한 처형이 유대 지도자들만의 책임이 아님을 분명하게 밝혀준다. 그러나 서구의 역사는 예수를 부당하게 처형했던 책임을 한 민족, 즉 유대인에게 전가시켜 왔다. 그리스도교도 유대인 박해와 학살에서 자유롭지 못하다. 그렇다면 다음과 같은 물음이 제기된다. "예수 처형의 책임을 유대인에게 전가시켜 온 역사

18 위르겐 몰트만/김균진 · 김명용 옮김, 『예수 그리스도의 길』 (1990), 238~239.
19 게르하르트 로핑크/이경우 옮김, 『예수의 마지막 날』 (2003), 16.

는 복음서의 의도적 왜곡, 즉 역사적 사실에 대한 복음서의 의도적 해석에 근거한 것인가, 아니면 복음서 자체가 아니라 복음서에 대한 고대교회 이후의 해석에 기인하는가?" 보그는 전자라고 말한다. 그래서 보그는 복음서를 비판적으로 읽어낼 때 비로소 역사적 사실에 접근할 수 있다고 주장한다. 반면에 몰트만은 후자라고 대답할 것이다. 복음서는 역사적 사실을 왜곡하지도 않았지만, 예수 처형의 책임을 유대인들에게 돌리지도 않았다는 것이다.

예수의 죽음에 대한 책임이 누구에게 있는가를 밝히는 것은 결코 사소한 문제가 아니다. 특정한 의도를 배제하기만 한다면 이 문제는 거듭 제기되고 해명되어야 한다. 그러나 누가 예수의 처형에 책임이 있는가라는 물음만큼이나 중요한 물음이 있다. 적대자들과 그들의 위협에 대한 예수의 태도가 바로 그것이다. "예수께서는 자신에게 다가오는 위험과 죽음을 어떻게 받아들이셨는가?" 사실 이 물음이야말로 예수 죽음의 성격을 결정짓는 물음이며, 이 물음이 답변을 얻게 될 때 예수의 죽음에 누가 책임이 있는지도 해명될 것이다.

예수는 분명 자신이 위험에 빠지게 될 것을 알고 있었다. 아마도 그는 예루살렘에 들어가는 것이 결국에는 죽음으로 끝나게 되리라고 생각했을 것이다. 그럼에도 불구하고 그는 자신의 소신을 굽히지 않았다. 오히려 그 소신을 이스라엘의 중심에서 펼치려 했다. 이러한 관점에서 보자면 예수의 죽음은 자신의 믿음과 소신을 위해 죽음마저도 무릅쓴 죽음, 곧 예언자의 죽음이요 순교자의 죽음이라 할 수 있다.

보그는 역사적 예수의 모습을 재구성하는 가운데 다음과 같이 말한다. "예수는 희생자로서 죽은 것이 아니라 순교자로서 죽은 것이다. 순교자는 무엇을 편들었기 때문에 처형된다. 예수는 이 세상의 왕국에 반대하였으며, 하나님의 나라에 입각한 대안적인 사회적 비전을 편들었기 때문에 처형되었다. 당시의 지배체제는 예수를 하나님 나라의 예언자로서 살해했다."[20] 보그와는 다른 신학적 노선을 걷는 라이트도 다음과 같이 말한다. "예수는 단순히 죽고 싶은 생각을 가졌고 그것을 멋진 신학적 언어로 포장했던 것인가? 이 물음에 대한 대답은 전혀 그렇지 않다는 것이다. …… 예수는 죽기를 원하지 않았다. 전형적인 자살과는 달리, 예수는 삶에 대해 절망하지 않았다. 오히려 그가 예루살렘

---

20 마커스 보그 · N. 톰 라이트/김준우 옮김, 『예수의 의미: 역사적 예수에 대한 두 신학자의 논쟁』 (2001), 154.

에 올라간 것은 하느님 나라의 메시지를 말씀과 상징적 행동을 통해 선포하려고 작정하였기 때문이며, 그는 그 불가피한 대응이 어떤 것인지를 알고 있었으며, 그 대응 자체가 하느님의 뜻을 이루는 수단이 될 것이라고 믿고 있었다. 세계사와 교회사에는 스스로 죽기를 원하지는 않았지만 자신의 성실성과 소명을 따라 자신이 택한 길을 걸어갔던 사람들이 많이 있었는데 그들은 이것이 심지어 불가피하게 죽음에 이르게 되리라는 것을 알고 있었으며, 또한 그것을 기꺼이 자신의 성실성과 소명의 일부로 해석하려 했던 사람들이다."[21]

역사적인 관점에서는 예수의 죽음을 이와 같이 순교자의 죽음이요, 예언자의 죽음으로 이해하는 데 별 무리가 없어 보인다. 그렇다면 예수의 죽음이 예수의 소신과 유대 지도자들의 소신이 충돌해 빚어진 갈등에서 비롯되었다고도 말할 수 있을 것이다. 저마다 각자의 사명에 충실했을 뿐이다. 예수뿐 아니라 유대 지도자들도 나름대로 하나님의 백성의 정체성을 보존하려는 사명을 다하려 했을 뿐이다. 다만 자신의 기준을 뛰어넘는 자를 용납하지 않는 억압적인 사회 정치적 구조가 예수를 죽음에 이르게 한 원인이 될 것이다.

예수의 자기이해

그러나 신약성서와 그리스도교 전통에서 바라보는 예수의 죽음에는 보다 깊은 차원이 있다. 물론 그리스도교 전통도 예수의 죽음에 정치적인 문제와 종교적 갈등, 그리고 예수의 예언자적 소신이 작용하고 있음을 부정하지는 않는다. 그러나 이러한 요인들만으로는 예수의 죽음에 내포된 의미가 온전하게 드러나지 않는다는 것이다. 신약성서가 바라보는 예수의 죽음에는 보다 깊은 차원이 있다. 구원과 속죄의 차원이 바로 그것이다. 즉 예수의 죽음은 본질적으로 우리를 구원하기 위해 자발적으로 생명을 바친 것이지, 단지 정치적이고 종교적인 갈등 관계에서 희생당한 것만이 아니라는 것이다.

그렇다면 예수께서 자신의 죽음을 어떻게 이해했는지가 중요한 물음으로 대두된다. 물론 몰트만 같은 신학자는 예수의 자기 이해에 큰 비중을 두지 않는

---

21 마커스 보그 · N. 톰 라이트/김준우 옮김, 『예수의 의미: 역사적 예수에 대한 두 신학자의 논쟁』 (2001), 163~4.

다. 그는 다음과 같이 말한다. "예수의 자기 이해는 그 자체로서는 그리스도론적 진술들의 신학적 근원과 기준이 아니다."[22] 예수가 자신의 죽음을 어떻게 이해했느냐가 중요한 것이 아니라, 초대교회의 신앙고백이 그리스도론 진술의 기준이라는 것이다.

물론 역사적 사실이 신앙의 기준이 될 수는 없다. 그러나 역사적 토대를 확보하지 못한 신앙의 진술은 설득력이 떨어질 수밖에 없다. 이러한 맥락에서 카스퍼는 몰트만과는 다른 견해를 피력한다. "예수의 죽음이 인간들을 위해 하느님께 바쳐드린 속죄의 헌신이었다고 하는 이 해석이 예수의 생애와 죽음에 아무런 근거를 갖지 못한다면, 그리스도교 신앙의 중심은 신화와 이데올로기로 변모할 위험이 크다."[23]

1. 수난예고

일반적인 그리스도인들은 예수의 죽음을 예수가 이 땅에 오신 목적으로 이해해 왔다. 예수는 죽기 위해 오셨으며, 생애 처음부터 당신의 죽음을 속죄의 죽음으로 이해했다는 것이다. 물론 예수께서 죽기 위해 태어나셨다고 말하는 것은 무리가 있다. 그렇다면 여기서 물음이 제기된다. 예수께서도 당신의 죽음을 속죄의 죽음으로 이해했는가? 달리 표현하자면, 예수는 유월절 어린양 의식을 갖고 있었는가? 갖고 있었다면 언제부터인가?

복음서는 예수가 언제부터인지는 모르지만 유월절 어린양 의식을 갖고 있었음을 암시한다. 신약성서는 예수께서 당신의 죽음을 예견했으며, 따라서 자발적으로 죽음의 운명을 감수하셨음을 강조한다. 예를 들자면 마가복음 8장 31절은 다음과 같이 말한다. "인자가 많은 고난을 받고 장로들과 대제사장들과 서기관들에게 버린 바 되어 죽임을 당하고 사흘 만에 살아나야 할 것을 비로소 그들에게 가르치시되."(참조. 마 16:21; 눅 9:22)

이러한 수난예고는 예수의 자의식을 조명해 주는 역사적인 단서인가, 아니면 사후예언(vaticinia ex eventu/事後豫言), 즉 부활절 이후에 나타난 초대교회의 창작인가? 보그는 역사 비평에 의거해 수난예고를 사후예언으로 이해한다. 그리

---

22 위르겐 몰트만/김균진 · 김명용 옮김, 『예수 그리스도의 길』 (1990), 233.
23 발터 카스퍼/박상래 옮김, 『예수 그리스도』 (1996), 211.

고 그 이유에 대해 다음과 같이 말한다. "복음서들 속의 흔적들은 예수의 죽음이 그의 추종자들에게 큰 충격이었으며 그들의 희망을 산산조각 내버린 것이었음을 시사한다. 만일 예수가 자신의 임박한 처형에 관해 그처럼 분명하게 말했다면, 이런 충격은 이해하기 힘들다."[24] 보그뿐 아니라 가톨릭 신학자 카스퍼도 다음과 같이 말한다. "적어도 현존상태의 수난예고들은 예수의 참된 말씀이 아니라는 것이 거의 일반적인 통설이다. …… 실상 예수께서 정말로 당신의 죽음과 당신의 부활을 이렇듯이 분명하게 예고하셨다고 한다면 제자들의 도주와 그들의 환멸, 그리고 예수께서 부활하셨다는 증언을 듣고도 처음에는 믿으려 들지 않았던 그들의 태도를 우리로서는 전혀 이해할 길이 없을 것이다."[25] 판넨베르크도 다음과 같이 말한다. "수난예언들은 예수 자신의 권위 있는 말씀이 아니다. …… 물론 세례 요한의 죽음을 경험했으며 유대 전통에 있는 예언자들의 수난 전통을 알고 있던 예수가 …… 다가올 파멸적 종국의 가능성을 내다보았으리라는 가정을 무시할 필요는 없다. 그러나 이러한 수난 과정의 의미는 예수가 스스로 희생하려고 미리 계획해 놓았던 목표에 있는 것이 아니다."[26]

수난예고에 신앙의 관점이 반영되어 있다는 주장을 반박하기란 어렵다. 그러나 수난예고가 그 어떤 특정한 목적을 위해 상상력에 근거해 서술된 것이라고 말하는 것도 적절하지 않다. 저명한 성서학자 브라운은 다음과 같이 말한다. "수난과 십자가의 죽음, 그리고 부활에 대한 예수 자신의 예지에 대해 결정을 내리기는 어렵다. 현대 비평은 상세한 예지에 대해 심각한 의구심을 던질 것이다. 그러나 비록 자신의 생명을 포악하게 빼앗길지라도(참조. 루가 17:25; 마르 10:45 이하) 결국에는 하느님이 옹호해 주시리라는 것을 예수가 미리 확신하고 있었다는 복음 전승의 일반적인 일치를 과소평가해서는 안 된다. 이러한 확신은 예수가 구약성서에 대한, 예를 들면 예레미야의 상황과 제2이사야의 주님의 종에 대한 모습을 숙고한 것에서 갖게 되었을 것이다."[27] 라이트 또한 다음과 같이 말한다. "기독교 전승들의 최초의 요소들 속에서 우리는 이미 그 틀이 정해진 진술, 즉 메시아가 성서에 따라 우리의 죄를 위해 죽었다는 진술을 발

24 마커스 보그 · 톰 라이트/김준우 옮김, 『예수의 의미: 역사적 예수에 대한 두 신학자의 논쟁』(2001), 136.
25 발터 카스퍼/박상래 옮김, 『예수 그리스도』(1996), 200.
26 볼프하르트 판넨베르크/정용섭 옮김, 『사도신경해설』(서울: 한들출판사, 2000), 110.
27 레이몬드 E. 브라운/김광식 옮김, 『신약성서 그리스도론 입문』(왜관: 분도출판사, 2010), 70.

견하게 된다. 나는 이것이 최초의 기독교인들이 믿었던 것에 대한 정확한 요약일 뿐 아니라, 예수 자신의 마음과 의도에까지 소급되는 사상이었다고 생각한다."[28]

수난예고가 부활절 이후의 것이라 할지라도 예수의 종말론적 자의식이 부정되는 것은 아니라는 것이다. 사실 예수의 설교와 사역을 살펴보면 예수가 종말론적 자의식을 가졌다고 말하는 것이 훨씬 개연적이다. 예레미야스는 다음과 같이 말한다. "우리는 …… 예수님이 반복해서 자신을 선지자의 전승에서 하나님의 마지막 메신저로 말씀하신 사실을 보았다. 그 당시 사람들은 선지자들을 순교자로 보는 경향이 더 강해졌고 …… 예수님도 이 역사관을 공유하셨다. 그는 예루살렘 내의 순교를 선지자 사역의 일부로 간주하셨다."[29] 예레미야스가 설명하듯이, 예수께서 자신을 선지자의 맥락에서 이해했다는 것은 분명하다. 따라서 그가 자신에게 다가온 고난과 죽음을 선지자의 고난과 죽음으로 받아들였을 것이라는 추정도 매우 개연성이 높다.

그리고 당대에 끼친 묵시사상의 영향력을 감안해 볼 때, 예수께서도 자신의 수난과 죽음을 메시아의 수난으로 이해했을 개연성이 매우 높다. 성서학자 프리드리히는 속죄에 관한 당대의 시대사조를 다음과 같이 분석한다. "속죄의 주요 수단으로 네 가지가 있었다. 이것은 회개, 대속죄일(大贖罪日)의 희생, 고난과 죽음이다. 죽음의 속죄 능력에는 여러 단계가 있다. 어떤 죽음이든 죽음은 속죄의 능력이 있다. 다만 이 죽음이 회개와 연결되어야 한다. …… 의인의 고난은 다른 사람에게 유익이 된다. 무죄한 아이들의 죽음은 그 부모들의 죄를 속하며, 대제사장의 죽음은 살인한 사람들이 도피성을 떠날 수 있다는 의미를 가진다. 그러나 믿음의 증인의 죽음은 더 큰 속죄 능력이 있다. 헬라적 유다주의는 순교를 찬양하였다. 순교는 이스라엘에 대한 하나님의 진노를 잠잠케 하며 이스라엘을 위한 대속물, 정결수단, 속죄수단이라 생각하였던 것이다. …… 팔레스틴적 상황에서도 마찬가지로 순교가 종말을 예고한다. …… 순교는 선교의 능력을 가지며 이스라엘을 위한 속죄 사역을 감당한다."[30]

28 마커스 보그 · N. 톰 라이트/김준우 옮김, 『예수의 의미: 역사적 예수에 대한 두 신학자의 논쟁』 (2001), 168.
29 요아킴 예레미야스/정광욱 옮김, 『신약성서신학』 (서울: 엠마오, 1992), 392~393.
30 G. 프리드리히/박영옥 옮김, 『예수의 죽음』 (1992), 402~403.

라이트와는 달리 예수께서 자신의 죽음을 대속의 죽음으로 이해하지 않았다고 주장하는 보그도 이러한 견해에 공감한다. "당시 유대인의 환경에서는 다른 사람들을 위해 대신 죽는다는 생각이 있었다는 그(라이트)의 주장은 정확하다고 생각한다."[31]

의인의 죽음에는 속죄의 힘이 있다는 생각은 당시에 널리 유포되어 있었던 사상이다. 당시의 묵시사상에 의하면, 하나님 나라의 도래는 종말론적 수난과 분리될 수 없으며, 메시아의 도래와 메시아의 고난은 서로 분리될 수 없다. 이러한 맥락에서 로핑크의 역사적 추론은 개연성이 매우 높다. "위기가 절정에 이르게 되자, 예수는 최후만찬 때에 확실한 죽음을 내다보며 많은 사람을 위해서 목숨을 바칠 것을 말한다. …… 다가온 죽음을 해석할 필요가 있는 처지에서 예수는 새로운 해석 범주를 취한다. 이 해석 범주, 즉 계약이라는 관념과 대속이라는 착상은 물론 이미 성서에 있는 것들이다."[32]

예수가 자신의 죽음을 많은 사람을 위한 죽음으로 이해했다면, 이러한 유월절 어린양 의식은 언제부터 생겼을까? 슈바이처(A. Schweizer)에 의하면, 예수는 예루살렘에서 유대 당국으로 하여금 자신에 대해 모종의 행동을 취하도록 고의적으로 도발했다고 한다. 즉 예수는 처음부터 자신의 죽음이 속죄의 죽음임을 알았기에, 죽기 위해 생애를 보냈던 것이고 되도록 빨리 죽음의 시간에 도달하려 했다는 것이다. 유월절 어린양 의식은 예수의 생애 처음부터 존재했다는 것이다.

이에 반해 슈나켄부르크는 다소 신중한 태도를 보인다. "예수는 겸허하고 순종하는 태도로 자신의 메시아 사명을 이 지상에서 하느님의 종다운 모습으로 채우고자 하였다. 그리고 그는 그에게 확실하게 자각되는 하느님의 소명을 따라 현재적 개벽과 장차 완성될 하느님 나라를 선포하였으며, 아버지께로부터 이와 관련하여 그에게 부여된 그 모든 것을 행하고 감내하고자 준비하였다. 그에게 있어서 대리적(희생적) 수난 및 죽음이 언제부터 확실하게 자각되었는지 하는 문제는 그의 인격 안에 비밀스럽게 깊이 감추어져 있다."[33] 예수에게 대리

---

31 마커스 보그 · N. 톰 라이트/김준우 옮김, 『예수의 의미: 역사적 예수에 대한 두 신학자의 논쟁』(2001), 137.
32 게르하르트 로핑크/정한교 옮김, 『예수는 어떤 공동체를 원했는가?』(1996), 49~50.
33 R. 슈나켄부르크/조규만 · 조규홍 옮김, 『하느님의 다스림과 하느님 나라』(서울: 가톨릭출판사, 2002), 258.

적 수난 의식이 언제부터 생겨났는지는 모르지만, 분명한 것은 처음부터 예정되어 있었던 것은 아니라는 것이다.

로핑크는 보다 분명하게 말한다. "예수는 죽음을 눈앞에 두고서조차 이스라엘에 대한 관심을 입증한다. 아니, 그렇다면 이전의 어느 때보다도 이 순간에야말로 더 깊이 또 더 철저히 이스라엘에 대한 관심을 보여준다. 그렇다면 '이세대'에 대한 경고란 자기 민족을 아직도 어떻게든 설득해 보려는 그런 극언의 시도임이 분명해진다. 이 시도마저 허사가 되고 말자, 남은 길이라고는 많은 사람의 죄를 스스로 짊어지는 '하느님의 종'이 되는 길밖에 없었다."[34] 자신에게 다가온 죽음의 순간에서조차 하나님께 순종의 의지를 보여주었던 예수는 자신에게 다가온 위기와 죽음 속에서 하나님의 섭리와 순종의 방법을 새롭게 깨달았다는 것이다.

사실 예수의 십자가 죽음을 이미 예정된 것으로 볼 때 여러 가지 문제에 봉착한다. 역사적인 관점에서 보자면, 예수는 분명 죽기 위해 오신 것이 아니다. 예수는 또한 죽기 위해 예루살렘에 입성하신 것도 아니다. 그는 오히려 이스라엘의 수도이며 종교적 삶의 중심부인 그곳에서, 그리고 이스라엘 백성들의 가장 큰 축제가 벌어지는 시기에 이스라엘 백성을 향해 마지막으로 호소하기 위해 예루살렘에 입성하셨다. 그분은 하나님 나라를 위해 예루살렘에 입성하셨다. 하나님 나라의 도래가 그분의 삶의 목적이었다면, 그분의 수난과 죽음도 하나님 나라 도래를 위해 강구했던 모든 수단 가운데 하나였다고 말하는 것이 적절할 것이다.

예수의 죽음도 하나님 나라와의 연관 속에서 이해되어야 함은 분명하다. 죽음도 하나님 나라의 도구가 될 수 있다는 사실을 슈나켄부르크는 다음과 같이 암시한다. "예수에 의해 선포된 하느님 나라의 도래를 인간이 저지하거나 멈출 수는 없다. 다만 그 나라가 어떤 식으로 도래하게 될지 그 방법만이 다르게 제시될 뿐이다. 예컨대 활짝 열린 대문을 통해서 거침없이 들어설지, 아니면 폐쇄적인 어리석음에 의해서 충돌을 일으킬지, 아니면 한편으로는 열려 있으나 또 다른 한편으로는 폐쇄적인 묘한 상황에 부닥칠지 저마다 다르게 진행될

---

34 게르하르트 로핑크/정한교 옮김, 『예수는 어떤 공동체를 원했나?』 (1996), 53.

것이다."[35] 하나님 나라의 도래에 대한 약속은 반드시 이루어질 것이지만, "청중 속에서 솟아나는 응답과 반응을 통해 새로운 윤곽을 발견하게 된다."는 것이다.[36]

이러한 신학적 사고방식은 예수의 죽음이 결코 예정되어 있었던 것이 아님을 입증해 준다. 대다수 백성들이 예수를 영접했더라면, 하나님 나라는 다른 방식으로 실현되었을 것이다. 그러나 예수께서 자신의 모든 삶을 하나님 나라라는 목적을 이루기 위한 수단으로 이해하셨다면, 자신에게 다가온 불가항력적인 죽음 앞에서 이 죽음에 대해 깊이 숙고하는 가운데 자신의 죽음에 주어진 의미를 깨달았다고 보는 것이 더 적절할 것이다.

2. 최후의 만찬

예수는 분명 죽음의 위협을 인지했다. 그러나 미래를 내다보는 초자연적인 예지의 능력 때문이 아니다. 이성과 상식을 가진 사람이라면 누구라도 그렇게 인식했을 것이다. 따라서 예수뿐 아니라 제자들도 예수의 운명을 예견했을 것이다.

그런데 복음서의 예수와 제자들은 도피처를 찾는 대신 이른바 최후의 만찬 시간을 갖는다. 이전에도 예수는 사람들과 자주 만찬을 즐겼다. 사람을 가리지 않고, 오히려 죄인이나 세리들과 공동의 식사시간을 자주 가졌으며, 이러한 만찬에 특별한 의미를 부여하기도 했다. 그러나 이번 만찬은 곧 다가올 죽음을 앞두고 갖는 만찬이라는 점에서 이전 만찬과는 성격이 다르다. 이러한 의미에서 최후의 만찬을 고별의 만찬으로 볼 수도 있을 것이다. 그렇지만 최후의 만찬 전승은 이 만찬이 고별 만찬 이상의 것임을 시사한다. 예수는 이 전승에서 자신의 죽음이 결코 헛된 죽음이 아님을 시사하고 있기 때문이다.

물론 불트만 좌파에 속하는 신학자들은 이 전승의 뿌리를 역사적 예수가 아니라 그리스 헬레니즘 문화권의 신비적인 제의에서 찾지만, 대부분의 현대 성서학자들은 성서비평, 특히 종교사 비평의 연구 결과를 토대로 최후의 만찬의 역사성을 인정한다. 즉 이 전승들은 저자의 신학적 의도에 따라 편집되고 공동

---

35 R. 슈나켄부르트/조규만 · 조규홍 옮김, 『하느님의 다스림과 하느님 나라』(2002), 251.

36 R. 슈나켄부르트/조규만 · 조규홍 옮김, 『하느님의 다스림과 하느님 나라』(2002), 259.

체의 예전에 따라 재구성된 것임에도 불구하고 역사적 사실에 토대를 둔 전승, 즉 역사적 예수에게서 비롯된 전승이라는 것이다.[37]

최후의 만찬의 역사적 개연성이 신약성서학자들에게 폭넓은 지지를 받자, 최후의 만찬의 역사적 성격을 규정하려는 시도들이 봇물처럼 쏟아져 나왔다. 그 가운데서도 최후의 만찬을 유월절 만찬으로 규정하는 예레미야스(J. Jeremias)는 학계에서 지지와 동시에 거센 비판의 소리도 들어야 했다.

최후의 만찬이 유월절 만찬이었는가라는 물음을 둘러싼 논쟁은 오늘날까지도 계속되고 있다. 그러나 이러한 현상은 궁극적으로는 신약성서의 상이한 보도에 기인한다. 공관복음서(막 14:12~17; 마 26:17~20; 눅 22:7~14)는 예수가 니산(Nisan)월 14일 목요일 밤에 마지막 만찬을 거행했다고 보도함으로써 최후의 만찬이 유월절 만찬임을 명시하지만, 요한복음 18장 28절은 공관복음서와 달리 예수가 니산월 14일 십자가에 달리셨다고 보도함으로써 마지막 만찬이 유월절 만찬일 이전에 일어났음을 시사한다.

양자를 종합하려는 시도들(D. Chwolson, J. Klausner, A. Jaubert)이 없었던 것은 아니지만, 성서비평의 검증 앞에서 결국은 실패를 자인할 수밖에 없었다. 이러한 사실 앞에서 성서학자들은 어떤 전승에 더 큰 역사적 개연성이 있는지를 연구하였다. 마가복음 전승의 역사성을 주장하는 신학자들은 요한복음에 예수를 유월절 어린양으로 보는 신학적 관점이 반영되어 있다고 주장한다. 반면에 요한복음 18장 28절의 역사성을 주장하는 신학자들은 유월절 사면과 예수의 처형이 유월절 축제 이전에 거행되었을 개연성이 높다는 점을 부각시킨다.

현대의 주도적인 성서학자들이 주장하듯이 마지막 만찬이 유월절 만찬일 이전에 일어났을 개연성이 높은 것은 사실이지만, 최후의 만찬에 유월절 만찬의 특징이 나타난다는 사실 또한 쉽게 부정할 수 없는 것처럼 보인다.[38] 이러한 상황 속에서 벤 코린(S. Ben-Chorin)은 설득력 있는 가설을 주장한다. 예수께서

---

37 현대 성서신학은 마가와 고전의 전승이 원초적 전승이라는 데 동의하지만, 마가와 고전 가운데 어느 것이 더 원초적인지에 대해선 아직도 의견이 분분하다. 큄멜과 그닐카는 떡에 관한 말씀에서는 마가가 본래적인 전승의 모습을 보여주며, 잔에 관한 말씀에서는 고린도전서가 원초적이라고 주장한다.

38 펠트(H. Feld)는 다음과 같이 말한다. "예레미야스가 최후의 만찬을 유월절 만찬이라고 주장하는 이유들을 쉽게 부정할 수는 없는 것처럼 보인다. 첫째, 습관대로 베다니로 가지 않고 도심 한가운데서 만찬을 가졌던 것, 둘째, 밤에 식사했다는 것, 셋째, 찬양으로 식사를 마쳤던 것(막 14:26; 마 26:30)" 참조. Helmut Feld, *Das Verständnis des Abendmahls* (Darmstadt: Wissenschaftliche Buchgesellschaft, 1976).

그의 유월절 만찬을 비공식적인 날짜에 거행하셨다는 것이다.[39] 예수가 율법주의적인 규칙으로부터 자유로우셨다는 사실은 이러한 가설을 뒷받침해 주기도 한다.

그러나 최후의 만찬이 언제 거행되었는가보다 더 중요한 물음이 있다. 예수께서 최후의 만찬에서 자신의 죽음을 어떻게 이해했는가라는 물음이다.

공관복음서의 최후의 만찬 전승들 가운데 가장 오래된 본문으로 간주되는 마가의 전승은 예수의 만찬사를 다음과 같이 전한다. "그들이 먹을 때에 예수께서 떡을 가지사 축복하시고 떼어 제자들에게 주시며 이르시되 받으라 이것은 내 몸이니라 하시고 또 잔을 가지사 감사 기도 하시고 그들에게 주시니 다 이를 마시매 이르시되 이것은 많은 사람을 위하여 흘리는 나의 피 곧 언약의 피니라 진실로 너희에게 이르노니 내가 포도나무에서 난 것을 하나님 나라에서 새 것으로 마시는 날까지 다시 마시지 아니하리라 하시니라."(막 14:22~25. 참조. 마 26:17~29; 눅 22:7~38; 고전 11:23~26)

예레미야스는 이 본문을 해석하면서 분명하게 말한다. "예수는 이 만찬에서 자신을 희생 제물로 선포하신다."[40] 예수께서 자신의 죽음을 속죄의 죽음으로 이해했다는 것이다. 물론 이러한 주장은 오래된 것이다. 슈트라우스(D. F. Strauss)가 이미 속죄 사상을 예수에게서 비롯된 것으로 제시했지만,[41] 이러한 사상을 현대의 성서비평적 논증을 통해 설득력 있게 제시한 것은 예레미야스의 공헌이다. 예레미야스는 헹엘(M. Hengel)과 슈툴마허의 지지를 받는다.[42]

그러나 거센 비판의 목소리도 들어야 했다. 예를 들자면 레시히(H. Lessig)는 자신의 박사학위논문에서 다음과 같이 항의한다. "마지막 만찬은 희생제의가 아니다. 최후의 만찬이 희생제의가 되기 위해선 예수가 포도주 잔과 관련해 다른 행동을 보였어야 했다. 왜냐하면 구약성서와 유대교에서는 희생의 피를 마시는 것이 존재하지 않기 때문이다."[43]

사실 큄멜과 그닐카 등 현대의 주도적인 성서학자들도 예수가 최후의 만찬사

39 S. Ben-Chorin. Bruder Jesus. Mensch—nicht Messias (München: Kaiser. 1967). 161.

40 Joachim Jeremia. Abendmahlsworte Jesu. 4.Aualage (Göttingen: Vandeenhoeck & Ruprecht. 1967). 213.

41 참조. D. F. Strass. Das Leben für das deutsche Volk bearbeitet I (Leipzig. 1864). 358.

42 참조. Stuhlmacher, Peter. Biblische Theologie des Neuen Testaments. Band 1. Grundlegung Von Jesus zu Paulus (Gottingen: Vandenhoeck & Ruprecht. 1997). 130.

43 Hans Lessig. Die Abendmahlsprobleme im Lichte der neutestamentlichen Forschung seit 1900 (Bonn. 1953). 323.

에서 자신의 죽음을 예시한 것은 사실이지만, 속죄의 죽음으로 해석하지는 않았을 것이라고 말한다. 그들은 오히려 최후의 만찬이 본래 예수께서 자신의 죽음을 통해 창출된 새로운 구원의 상황에 제자들이 참여하게 되리라는 종말론적 약속이었다고 주장한다.[44] 단지 전승의 발전과정 속에서 최후의 만찬의 종말론적 의미는 퇴색하고 속죄 사상이 부각되기 시작했다고 주장한다.[45] 달리 말하자면, 당신의 죽음을 분명하게 예시한 잔에 관한 말씀에서는 "많은 사람을 위하여 흘리는 나의 피"를 말하는 마가의 전승이 잔을 "내 피로 세운 새 언약"으로 해석하는 고린도전서의 전승보다 후대의 것이라는 것이다.[46]

그러나 펠트가 지적했듯이, 당신의 죽음을 하나님 나라의 도래를 위한 마지막 봉사로 보는 관점이 희생제의적인 사상 없이도 가능한지는 의문이다.[47] 구약성서에 충실했던 예수에게서 속죄 사상을 제거할 수 있는가? 속죄 사상이 후대의 것이라 해도, 그것은 이미 예수의 하나님 나라 사상에 숨겨져 있던 것이 아닌가? 예수에게 하나님 나라 사상과 속죄 사상은 선후의 관계가 아니라 상호 보완적인 것으로 볼 수는 없는가?

3. 십자가에서의 마지막 말씀

예수의 마지막 말씀은 그분이 자신을 어떻게 이해했는지를 보여주는 중요한 단서를 제공해 주기 때문에 항상 주목의 대상이 되어 왔다. 그러나 '유대인의 왕'이란 패가 십자가 위에 걸려 있었다는 보도에 있어서는 공관 복음서와 요

---

44 퀌멜은 다음과 같이 말한다. "예수는 잔에 대한 말씀으로써 그의 죽음이 인간과 맺으실 하나님의 새롭고 종말적인 그 계약의 체결을 완성시킨다는 것과 또 그러므로 예수의 인격 안에서 시작된 하나님 나라의 여명이 그의 죽음을 통해서 궁극적으로 이루어졌음을 말하려 한다는 것이 곧바로 이어지는 가정이다." 참조. W. G. 퀌멜, 『주요 증인들에 따른 신약성서신학』(서울: 성광문화사, 1985), 106. 그닐카도 다음과 같이 해석한다. "사람들이 예수의 죽음으로 열린 하나님과의 계약에 최종적 하나님 나라의 상속기대자로서 참여하게 될, 그리고 예수가 빵의 표지로 사람들 가운데 남아 있다는 그런 만찬을 예수는 제자들에게 남긴다." 참조. 요아킴 그닐카/정한교 옮김, 『나자렛 예수』(2002), 383. 예수 세미나의 보그와 크로산도 다음과 같이 말한다. "예수는 단순히 떡과 포도주가 그의 몸과 피를 상징하는 것이라고 말하지 않는다. 오히려 그는 열두 제자들 모두가 실제로 음식과 음료를 마시도록 한다. 그들은 모두 몸으로서의 떡과 포도주로서의 피에 참여한다. 말하자면, 그것은 그들 모두를 그와 함께 죽음을 통해 부활로 이끌고자 하는, 즉 죽음을 통해 새로운 삶으로 이끌고자 하는 마지막 시도였다." 참조. 마커스 보그 · 존 도미닉 크로산/오희천 옮김, 『마지막 일주일』(2012), 210.

45 참조. 제임스 던/김득중 · 이광훈 옮김, 『신약성서의 통일성과 다양성』(서울: 솔로몬말씀사, 2000), 270.

46 사실 현대 신학은 마가와 고린도전서의 전승이 가장 오래된 전승이라는 데 동의하지만, 마가와 바울의 전승 가운데 어떤 것이 더 원초적인지에 대해선 아직도 의견이 분분하다. 그러나 떡에 관한 말씀에서는 마가가 본래적인 전승의 모습을 보여주며, 잔에 관한 말씀에서는 고린도전서가 원초적이라고 주장하는 퀌멜과 그닐카의 입장이 설득력이 있다. 고린도전서의 전승은 동일한 만찬사를 다음과 같이 약간 다르게 전한다. "내가 너희에게 전한 것은 주께 받은 것이니 곧 주 예수께서 잡히시던 밤에 떡을 가지사 축사하시고 떼어 이르시되 이것은 너희를 위하는 내 몸이니 이것을 행하여 나를 기념하라 하시고 식후에 또한 그와 같이 잔을 가지시고 이르시되 이 잔은 내 피로 세운 새 언약이니 이것을 행하여 마실 때마다 나를 기념하라 하셨으니 너희가 이 떡을 먹으며 이 잔을 마실 때마다 주의 죽으심을 그가 오실 때까지 전하는 것이니라."(고전 11:23~26)

47 Helmut Feld, *Das Verständnis des Abendmahls* (Darmstadt: Wissenschaftliche Buchgesellschaft, 1976), 56.

한복음이 일치하지만, 예수의 마지막 말씀에 관해서는 복음서들의 기록이 서로 다르게 나타난다. 마태와 마가는 '엘리 엘리 라마 사박다니'를 예수의 마지막 말씀으로 제시하지만, 누가복음은 "내 영혼을 아버지 손에 부탁하나이다."(23:46)라는 말씀을 마지막 말씀으로 제시함으로써 죽음의 순간에서조차 순종하시는 예수를 강조한다. 요한복음은 '다 이루었다'를 마지막 말씀으로 전함으로써 예수의 죽음과 더불어 예수의 사역이 완성되었음을 암시한다. 그러나 현대의 성서신학은 마태와 마가복음이 전하는 예수의 마지막 말씀이 초대교회의 가장 오래된 전승에서 나온 말씀이라는 데 동의하고 있다.

사실 마가복음 15장 34절은 신학사적으로도 예수의 죽음을 해석하는 데 있어서 매우 중요한 역할을 수행해 왔다. 그러나 이 구절은 다양하게 해석되어 왔으며, 때로는 상반된 해석들을 불러일으켰다. 현대 신학에서도 이러한 사실은 예외가 아니다. 현대 신학의 해석들을 살펴보면 이 구절에 두 가지 물음들이 제기되고 있는 것을 발견할 수 있다. 첫째, 이 말씀은 예수의 말씀인가, 아니면 초대교회의 신앙이 반영된 것인가? 둘째, 이 말씀은 시편 22편을 인용하며 드리는 감사의 기도인가, 아니면 냉혹한 현실 앞에서 하나님으로부터 버림받은 한 인간의 절망적 표현인가?

가톨릭의 성서신학자 로핑크는 이 구절을 초대교회의 신앙이 반영된 말씀으로 보기보다는 역사적 진정성을 가진 말씀으로 간주하는 것이 더 개연적이라고 말한다. 물론 죽어가는 사람이 시편 22편 전체를 암송했다고 볼 수는 없다. 로핑크도 이러한 사실을 인정한다. 그러나 로핑크는 예수께서 시편 22편을 부분적으로나마 기도하셨기에 초대교회가 예수의 죽음을 신학적으로 해석했다고 주장한다.[48] 그는 이러한 주장의 결론을 다음과 같이 제시한다. "그렇다면 그분의 인생이 실망으로 끝난 것이 아니라 무한한 고통 중에서도 무진장 깊은 하느님 신뢰 속에서 마무리되었음을 굳혀준다."[49]

카스퍼도 로핑크와 비슷한 견해를 제시한다. "나의 아버지, 어찌하여 나를 버리셨나이까라는 예수의 말씀은 절망의 외마디 소리가 아니라 하나의 기도이다. 청허(聽許)를 확신하는 기도요 하느님의 다스림의 도래를 희망하는 기도

48 게르하르트 로핑크/이경우 역, 『예수의 마지막 날』(2003), 57.
49 게르하르트 로핑크/이경우 역, 『예수의 마지막 날』(2003), 58.

다."[50] 물론 카스퍼도 예수의 마지막 말씀과 관련해 역사적 사실을 해명하는 것이 불가능하다는 사실을 인정한다. 그러나 예수의 삶 전체를 조명해 볼 때 예수의 마지막 말씀을 기도로 보는 것이 더 개연적이라고 주장한다.[51]

그는 계속해서 이 기도의 의미를 다음과 같이 말한다. "그가 숨을 거두면서 하느님께 울부짖었을 때, 구약의 하느님께 부르짖은 것만은 아니다. 그 하느님은 그가 생전에 배타적인 의미로 자기의 아버지라고 불렀던 하느님이요 그가 자기와 독특하게 결합되어 계신 분으로 알고 있었던 하느님이다. 이와 같이 예수가 체험한 하느님은 그 어느 때보다도 가까이 계시면서도 자신을 감추는 하느님이시다. 예수는 이러한 하느님과 그분의 성의(聖意)라는 비의(秘義)를 체험한 것이다. 그러나 그는 신앙 안에서의 이 밤을 견뎌내셨다. 그리하여 그는 극에 이른 적막과 공허 한가운데에서 하느님의 충만을 맞이하기 위한 빈 형상이 되었다. 그의 죽음이 생명을 위한 자리로 마련된 것이다. 그의 죽음은 이렇게 해서 사랑으로 다스리러 오시는 하느님 나라의 이면(裏面)이 되었다. …… 예수의 십자가상 죽음은, 그에게 중요했던 오직 한 가지가 무엇인가를 밝혀준 사건이다. 그것은 곧 하느님의 종말론적 다스림의 도래다. 이 죽음은 하느님의 다스림이 현세대의 조건들 한가운데서 실현된 모습이다. 그것은 인간적인 무력 가운데에 하느님의 다스림이, 가난 가운데에 부가, 버림받은 가운데에 사랑이, 공허 가운데에 충만이, 그리고 죽음 가운데에 생명이 실현된 모습이다."[52]

그러나 진보적인 신학자들은 이 구절이 부활 신앙의 빛에서 예수의 죽음을 시편 22편에 비추어 해석한 것이라고 주장한다. 예수가 십자가에서 실제로 어떤 말씀을 남기셨는지는 그 누구도 모르며, 단지 우리가 알 수 있는 것은 초대교회의 신앙과 해석뿐이라는 것이다. 보그는 다음과 같이 말한다. "예수의 죽음을 목적이 있었던 것으로 이해하는 것은 부활절 이후의 해석이었으며, 기억된 역사가 은유화된 역사라고 보는 것이 보다 역사적으로 설득력이 있으며 종교적으로 타당하다고 본다."[53] 그닐카도 이러한 입장에 동조하며 자신의 연구

---

50 발터 카스퍼/박상래 옮김, 『예수 그리스도』 (1996), 208.

51 그는 다음과 같이 말한다. "예수께서 숨을 거두시면서 시편 22를 기도하였는지 혹은 그것이 예수의 죽음을 부활에 비추어 새겨주는 하나의 오랜 해석인가는 단언하기 어렵다. 그러나 설사 그것이 예수의 죽음을 묵시문학적 비판과 하느님 나라의 도래로 알아들은 해석이라손 치더라도, 이 해석은 예수의 전반적 지향과 잘 합치하는 것이다." 발터 카스퍼/박상래 옮김, 『예수 그리스도』 (1996), 208.

52 발터 카스퍼/박상래 옮김, 『예수 그리스도』 (1996), 208~209.

53 마커스 보그·N. 톰 라이트/김준우 옮김, 『예수의 의미: 역사적 예수에 대한 두 신학자의 논쟁』 (2001), 139.

결과를 다음과 같이 요약한다. "후대 사람들이 예수의 수난을 이 시편으로써 서술했다는 것을 확인할 수 있다."[54]

그러나 그닐카는 이러한 사실이 수난 보도의 역사성을 부정하도록 만드는 것은 아니라고 말한다. 그는 예를 들어 다음과 같이 말한다. "십자가를 지고 시내를 통과한 일, 옷을 나눈 일, 죄목을 적은 명패와 같이 세부적인 사항은 로마의 관습으로서 다른 문헌에서도 확인된다. …… 시편 22편 18절을 사용하여 보도되는 옷의 나눔은 구약성서의 인용이 반드시 역사보도를 산출하는 것은 아니라는 사실을 입증한다. 거꾸로 역사가 성서 인용구를 선택하는 표준일 수도 있다."[55] 달리 말하자면, 이 구절은 역사적 사실에 대한 신학적 해석이지 예언의 성취를 말하기 위한 창작은 아니라는 것이다. 따라서 하나님의 버리심에 대한 절규와 외침도 역사적일 개연성이 높다는 것이다.

복음주의 신학자 그린도 다음과 같이 말한다. "1세기 유대교에서, 한 시편의 첫머리에 대한 인용이 그 시편 전체를 회상시키려는 의도에 의한 것이었는가? 이런 현상은 아주 후대의 것으로 입증되었다. 우리가 읽는 말씀은 예수가 십자가에서 외친 적나라한 말씀 그대로이며, 이러한 적나라함이 그 말씀의 역사성을 분명히 말해 준다. 누가 그렇게 적나라한(비방적인) 말을 만들어 예수의 입에 두려 했겠는가?"[56] 몰트만은 보다 구체적으로 설명한다. "분명히 예수는 십자가에 못 박힌 다음 불과 몇 시간 후에 고통의 부르짖음과 함께 죽었다. 마가복음 15장 34절은 이 부르짖음을 시편 22편의 첫 구절로써 표현한다: 나의 하나님 나의 하나님 어찌하여 나를 버리십니까? 그가 아빠 곧 사랑하는 아버지라고 부른 하나님을 향한 예수의 마지막 말이 '당신은 나를 버리셨습니다'를 의미한다는 생각은, 만일 이 무서운 말이 정말 말해지지 않았거나 예수의 죽음의 외침 속에서 들을 수 없었다면, 기독교 내에서 뿌리를 내릴 수 없었을 것이다."[57] 간략하게 말하자면, 예수의 마지막 말씀은 하나님으로부터 버림받은 자의 절규라는 것이다. 몰트만은 이러한 사실의 귀결을 다음과 같이 말한다. "그러므로 …… 하나님의 버림받은 속에서 하나님의 아들의 죽음을 죽었다는 이 파라

---

54 요아킴 그닐카/정한교 옮김, 『나자렛 예수』 (2002), 425.

55 요아킴 그닐카/정한교 옮김, 『나자렛 예수』 (2002), 432.

56 조엘 B. 그린, "예수의 죽음", 『예수 복음서 사전』 (서울: 요단출판사, 2008), 848.

57 위르겐 몰트만/김균진·김명용 옮김, 『예수 그리스도의 길』 (1990), 241~242.

독스를 고수해야 할 것이다."[58]

십자가 묵상
●

예수께서 감사로 삶을 마치셨는지, 아니면 버림받은 자의 절규가 예수의 마지막 말씀인지는 역사적인 판단을 내리기 어려운 문제다. 몰트만이 강조하듯이 부활절 신앙마저도 예수의 고난의 신비를 해소시켜 버릴 수는 없다.

그러나 분명한 것은 죽음이 예수의 삶의 마지막이 아니라는 사실이다. 예수가 죽은 지 얼마 되지 않아 예수가 다시 살아나셨다는 소식이 선포되었으며, 초대교회는 예수의 죽음을 역사적으로 규명하는 작업과 더불어 부활절 신앙의 빛에서 바라보기 시작했다. 그리고 이러한 부활절 신앙은 초대교회에 예수의 죽음을 속죄의 죽음으로 선포할 수 있는 단서를 마련해 주었다. 그러나 부활절 신앙의 빛에서 예수의 죽음을 바라보았다는 것은 역사적 토대를 무시한다는 것이 아니라, 역사적 사실을 신앙의 빛에서 – 나름대로는 이 사건의 깊이를 – 바라보았다는 것을 뜻한다.

따라서 이성의 빛에서 예수의 죽음을 바라보는 사람도 신약성서의 속죄론을 대화의 상대자로 인식해야 하며, 신약성서의 속죄론을 신앙의 척도로 삼는 그리스도인도 이성의 역사적 해석을 수용해야 한다.

사실 신앙의 빛에서 역사적 사실을 바라보는 신약성서의 속죄론과 예수의 죽음의 역사적 진실을 밝혀보려는 이성적 노력은 양자택일의 문제가 아니다. 오히려 상호보완적으로 이해되어야 한다. 그리스도교 신앙은 – 이성이 추구하는 – 역사적 진실에 토대를 두고 있으며, 이성 또한 자신의 절대성 주장을 내려놓을 수만 있다면 임의적이거나 왜곡된 해석을 방지해 줄 수 있기 때문이다.

역사적 사실과 신앙의 증언 사이에 나타나는 긴장과 갈등도 부정적인 것만은 아니다. 양자는 오히려 부분과 전체 사이에 존재하는 해석학적 순환의 두 축이다. 따라서 신앙의 빛에서 역사적 사실을 이해하는 동시에 이성의 빛에서 신앙의 고백을 이해한다면, 예수의 죽음에 대한 진실은 보다 깊이 인식될 것이다.

<hr />

[58] 위르겐 몰트만/김균진 · 김명용 옮김, 『예수 그리스도의 길』 (1990), 243.

| 예수의 죽음에 대한 신학적 해석 |

내가 받은 것을 먼저 너희에게 전하였노니
이는 성경대로 그리스도께서 우리 죄를 위하여 죽으시고.
(고전 15:3)

부활절 사건을 통해 예수를 하나님의 아들로 고백하게 된 원시 그리스도교
가 신학적으로 가장 큰 관심을 가졌던 주제는 예수의 죽음이었다. 하나님의 아
들의 죽음이란 예나 지금이나 세상의 상식을 뒤집는 주제이기 때문이다. 신약
성서는 이러한 주제를 반성하는 과정 속에서 예수의 죽음을 우리를 위한 속죄
(atonement/贖罪)의 죽음으로 선포한다.[59]

그리스도교 전통도 이러한 선포에 근거해 십자가 상징과 속죄론을 신앙의 전
면에 부각시켰다. 속죄론에 초점을 맞추는 신앙은 특히 서방교회에서 심화되
었으며, 심지어 예수가 죽기 위해 태어났다는 주장도 제기되었다.

그러나 '우리를 위한 예수의 죽음'은 오늘날 더 이상 자명한 주제가 아니다.
특히 계몽주의 정신은 예수의 죽음을 속죄의 죽음으로 바라보는 것에 이의를
제기했다. 하르낙(A. Harnack), 브레데(W. Wrede), 바이스(J. Weiss) 등은 속죄
론의 창시자를 바울로 제시한다. 예수는 자신의 죽음에 그 어떠한 구원의 의
미도 부여하지 않았다는 것이다. 현대 신학에서도 미국의 예수 세미나(Jesus
Seminar) 회원들이 전통적인 자유주의 신학의 전통을 계승하면서 전통적인 속
죄론에 의문을 제기한다. 보그(M. Borg)와 크로산(J. D. Crossan)은 다음과 같이

---

[59] 참조. 막 10:45; 롬 3:25; 고전 15:3; 갈 3:13.

말한다. "마가복음의 어디에도 예수의 죽음을 대리적인 희생의 죽음으로 이해하는 부분이 없다."[60]

그들의 주장은 명백하다. 복음서의 예수가 선포한 사랑의 하나님은 속죄를 요구하는 하나님이 아니라는 것이다. 오늘날에는 복음주의 신학자들도 이러한 비판의 대열에 합류한다. 『예수의 잃어버린 메시지』(The lost message of Jesus)의 저자 초크(S. Chalke)는 - 하나님의 진노가 아들의 죽음을 통해서 유화(宥和)되었다고 주장하는 - 형벌대속론(penal substitution theory)이 사랑의 하나님을 강조하는 복음서의 메시지를 왜곡시킨다고 비판한다.[61]

그렇다면 속죄론의 본래 메시지는 무엇인가? 이러한 물음에 성실하게 대답하기 위해선 속죄론의 문제가 어디 있는지를 밝힌 후 문제 해결을 위해 속죄론의 본래적 해석학적 지평을 논구하는 것이 바람직할 것이다. 이러한 토대 위에서만 희생제의와 하나님의 진노 같은 속죄론의 주요개념들이 해명될 수 있기 때문이다.

속죄론 비판에 대한 고찰
●

속죄론을 비판하는 신학자들은 주로 속죄론의 구조적 모순을 지적한다. 속죄론은 하나님의 진노를 전면에 부각시키면서도 하나님의 사랑이 나타났다고 말한다는 것이다. 달리 말하자면, 속죄론은 - 하나님의 사랑을 말한다 할지라도 - 구조상 사랑의 하나님을 배제할 수밖에 없다는 것이다. 이러한 속죄론 비판이론의 논지는 무엇인가? 그러나 이해를 위해 먼저 속죄론의 발전과정을 간략하게 살펴보자.

1. 속죄론의 발전과정
고대교회의 속죄론에서는 예수의 죽음을 속전(ransom/贖錢)으로 해석하는

---

60 마커스 보그 · 존 도미닉 크로산/오희천 옮김, 『마지막 일주일』 (서울: 다산북스, 2012), 242.

61 Steve Chalke, "The redemption of the cross", *The Atonement debate: papers from the London Symposium on the Theology of Atonement*, edited by Derek Tidball, David Hilborn, and Justin Thacker (Michigan: Zondervan, 2008), 44.

경향이 우세했다. 오리게네스(Origenes, 185~254)에 의해 형태를 갖추기 시작한 고대교회의 속전론은 - 신화적인 세계관의 틀 속에서 - 예수의 죽음을 하나님이 죄의 속박 상태에 있는 인류를 해방시키기 위해 당신의 아들을 사탄에게 속전으로 내어준 사건으로 묘사한다.

이러한 표상에서 특이한 장면은 속전이 하나님이 아니라 사탄에게 주어지는 대목이다. 이러한 표상은 물론 사탄의 신적 본질을 전제하는 것처럼 보일 수도 있다. 그러나 전체 맥락을 감안하면 사탄에게 속전이 주어졌다는 표현은 사탄을 기만하기 위한 하나님의 계략을 의미한다. 교회사가 펠리칸(J. Pelikan)은 고대교회의 속전론을 계략설로 부르며 다음과 같이 말한다. "이 계략설의 가장 재미있는 - 그리고 가장 문제가 많은 - 묘사 가운데 하나는 악마 집단이 커다란 고기로 묘사되고 그것이 아담 이래의 전 인류를 집어삼켰다는 그림이다. 인간 그리스도가 그 연못에 뛰어든다면 고기는 그리스도를 새로운 희생물이라고 여기고 삼키게 된다. 그러나 이 인간 그리스도라는 먹이에 숨어 있는 것은 그의 신성이라는 바늘이다. 그래서 악마인 고기가 십자가에서 죽은 인간 예수를 먹는다면 그 고기는 신성이라는 바늘에 의해 낚이게 된다. 그러므로 악마는 인간 예수를 토해내게 되고, 그와 더불어 예수가 자신의 것이라고 생각한 모든 인간도 함께 토해내게 된다. 그리고 이제는 반대로 인류를 집어삼켰던 죽음과 악마가 사로잡히게 된다."[62]

성서적 개념으로 바꾸어 말하자면, 예수의 죽음 안에 - 창세기 50장 20절("당신들은 나를 해하려 하였으나 하나님은 그것을 선으로 바꾸사 오늘과 같이 많은 백성의 생명을 구원하게 하시려 하셨나니.")이 말하는 - 하나님의 섭리가 나타났다는 것이다.

속전이 사탄에게 주어졌다는 것은 또한 하나님이 속전이나 희생을 요구하는 분이 아님을 지시해 준다. 하나님은 오히려 당신의 아들을 희생시키면서까지 인간을 해방시키려는 사랑의 하나님이라는 것이다.

요약하자면, 고대교회의 속전론이 신화적인 언어와 표상을 통해 말하려는 것은 하나님의 사랑과 승리라 할 수 있다. 사랑의 하나님이 예수의 죽음 안에서 악에게 승리하고 인간들을 해방시켰다는 것이다.

고대교회가 이와 같이 속전론을 선호한 데에는 - 인간을 죄의 주체로 보기보다

---

62 야로슬로프 펠리칸/김승철 옮김, 『예수 그리스도 2000』 (서울: 동연, 1999), 173.

는 오히려 죄에 사로잡혀 있는 가련한 존재로 바라보는 - 동방교회 사상이 원인으로 작용했을 것이다. 그러나 교회의 주도권이 - 죄에 대한 인간의 책임을 강조하는 - 서방교회로 넘어가면서부터 속전론은 배상만족설(satisfaction theory)[63]로 대치되기 시작한다.

안셀무스(Anselmus, 1033~1109)에 의해 뚜렷한 윤곽을 드러내는 배상만족설은 예수의 대속을 강조한다.[64] 안셀무스는 하나님이 인간이 되신 성육신의 목적을 - 손상당한 하나님의 정의가 배상을 통해 회복되는 것을 속죄의 본질로 제시하는 - 속죄론에서 찾으며 다음과 같이 말한다. "이는 한편으로 하나님만이 치르실 수 있으며 다른 한편으로는 인간만이 치러야만 하는 것입니다. 따라서 하나님이며 동시에 인간이신 분이 이 대가를 치러야 하는 것이 필연적인 것입니다."[65]

하나님의 공의를 훼손한 책임은 인간에게 있지만 인간에게는 속죄할 능력이 없기 때문에 하나님이 인간이 되어 인간 대신 배상했다는 것이다. 이러한 배상만족설의 동기에 대해 펠리칸은 다음과 같이 말한다. "십자가에 달리신 그리스도가 인내의 모범이라는 것에 대해서는 그 누구도 이견을 갖지 않을 것이다. 그리고 그리스도의 십자가가 하나님의 사랑, 아니 하나님의 사랑이건 인간의 사랑이건 관계없이 사랑 그 자체에 대한 최고의 계시라는 점에 대해서도 누구도 부정하지 않을 것이다. 문제는 이러한 표현 방식이 과연 십자가의 지혜를 남김없이 말할 수 있는가에 있다. 즉 십자가에 대한 다른 사고방식, 다른 표현 방식도 있는 것이 아닌가 하는 것이다."[66] 동일한 맥락에서 틸리히(P. Tillich)도 하나님의 사랑뿐 아니라 하나님의 정의와 인간의 책임성 문제를 진지하게 고려했다는 점을 안셀무스의 공헌으로 간주한다.[67]

영미의 복음주의 신학에서는 하지(Charles Hodge, 1797~1878)와 모리스(Leon Morris, 1914~2006)가 배상만족설을 형벌대속론으로 발전시킨다. 이 이론은 예수의 죽음을 죄에 대한 하나님의 진노를 유화시키는 대리적 희생(vicarious

---

63 Satisfaction은 만족설이나 보속설(補贖設)로 번역되기도 한다.
64 계몽주의 시대에는 안셀무스와 논쟁을 벌였던 아벨라르(P. Abelard, 1079~1142)가 각광을 받았다. 이른바 감화론(感化論)으로 불리는 아벨라르의 견해는 다음과 같다. 그리스도가 십자가에서 죽었던 것은 하나님의 마음을 변화시키기 위함이 아니다. 그리스도가 고난당하고 죽음을 당하셨던 것은 우리에게 하나님의 사랑을 계시하고 우리를 감화시키기 위함이다. 따라서 십자가의 영향도 객관적인 것이 아니라, 사람의 마음에 하나님의 사랑에 상응하는 사랑을 불러일으키는 주관적인 것으로 이해된다.
65 안셀름/이은재 옮김, 『인간이 되신 하나님』 (서울: 한들출판사, 2001), 197.
66 야로슬로프 펠리칸/김승철 옮김, 『예수 그리스도 2000』 (1999), 182.
67 Paul Tillich, *Systematic Theology*, vol. 2, (1957), 172.

sacrifice)으로 제시한다. 예수가 우리 대신 형벌을 받음으로써 우리를 향한 하나님의 진노가 유화되었다는 것이다. 이러한 형벌대속론은 분명 배상만족설의 맥락 속에서 전개되지만 죄에 대한 하나님의 진노를 하나님의 정의로 제시한다는 점에서 배상만족설을 넘어서고 있다.

이로써 교회는 사탄에게 속전을 준다는 비성서적인 표현을 극복할 수 있었다. 그러나 계몽주의 시대 이후에는 교회 안팎에서 배상만족설과 형벌대속론에 다양한 이의가 제기되었다. 특히 예수의 수난에서 하나님의 사랑을 읽어내려는 현대 신학자들이 배상만족설을 격렬하게 비판하고 나섰다.

2. 속죄론 비판에 대한 고찰

계몽주의 시대부터 현대 신학에 이르기까지 속죄론에는 수많은 이의들이 제기되었다. 그러나 이러한 비판들은 크게 두 가지 유형, 즉 신약성서의 속죄론 자체를 거부하는 유형과 배상만족설이나 형벌대속이론에 비판의 초점을 맞추는 유형으로 분류될 수 있다.

전자는 19세기와 20세기에 하르낙과 브레데, 그리고 슈바이처(A. Schweizer)에 의해 대변되었다. 그들은 특히 역사적 예수의 메시지에 근거해 바울의 속죄론을 비판한다. 예수는 하나님의 무조건적인 용서를 말했는데, 바울은 속죄의 필연성을 주장했다는 것이다. 슈바이처는 다음과 같이 말한다. "예수의 죽음이 하나님에게 드려진 속죄, 즉 모든 인간에게 죄 용서를 가져온 속죄임을 믿는 신앙은 그리스도교에서 생성되었으며, 종종 그리스도교의 본질로 간주되었다. 그러나 예수가 이러한 신앙을 가르치지 않았으며, 오히려 하나님의 자비로부터 흘러나오는 죄 용서를 선포하셨다는 사실을 잊어서는 안 된다. 성서의 말씀이 타당하다면, 예수께서 가르쳐주신 단순한 신앙을 포기하라고 강요해서는 안 된다."[68]

속죄론은 복음서의 왜곡이거나 사도의 새로운 사상이라는 것이다. 오늘날에는 미국의 소장 신학자 핀란(S. Finlan)이 비슷한 논지를 펼친다. 바울은 예수의 죽음에서 하나님의 사랑을 끄집어내려 했지만, 하나님의 사랑과 결합될 수 없

---

68 Albert Schweizer, *Reich Gottes und Christentum*, hrsg. von Urlich Luz, Johann Zürcher (München: Beck, 1995), 462.

는 속죄론 은유들을 사용함으로써 하나님의 사랑을 온전하게 표명할 수 없었다는 것이다.[69]

속죄론에 대한 두 번째 유형의 비판은 – 속죄론 가운데 가장 많은 지지를 받아온 – 배상만족설에 초점을 맞추고 있다. 현대 신학에서 이러한 비판을 주도해온 아울렌(G. Aulen)은 배상만족설이 역사적으로나 내용적으로 그리스도교의 속죄론을 대변할 수 없음을 강조하면서 다음과 같이 말한다. "그리스도가 하나님 앞에서 인간의 대표로 나타났다는 사실에 배상만족설의 문제가 있는 것이 아니다. 이것은 그리스도인의 합법적 관점이다. …… 배상만족설의 문제는 그리스도가 하나님으로서 하신 것과 인간으로서 하신 것을 구분한 데 있다. 그러나 이러한 구분은 그리스도교 신앙에 대립되는 것이다."[70]

그리스도의 삶에서 신성과 인성을 분리시키는 것은 칼케돈 공의회(Council of Chalcedon, 451)의 양성론(two natures of Christ/兩性論) 전통에 위배된다는 것이다. 칼케돈 전통이 바라보는 그리스도의 수난은 인간 예수의 수난인 동시에 하나님의 수난이기 때문이다.

배상만족설 비판은 복음주의 신학자들 가운데서도 나타난다. 초크(Steve Chalke)는 형벌대속론의 문제점을 다음과 같이 요약한다. "성서는 하나님의 분노를 하나님의 사랑과 분리시켜 말하지 않는다. 하나님의 분노는 사랑의 한 측면이다. 하나님의 분노를 분리시켜 생각하는 것은 그것을 오해하는 것이다."[71] 마샬(I. H. Marshall)도 성서적 의미의 속죄가 하나님의 진노를 진정시키는 것이 아님을 강조하면서 다음과 같이 단언한다. "십자가에서 고난을 당하시고 세상 죄를 지신 분은 하나님이다."[72]

달리 표현하자면, 형벌대속론은 죄인에게 진노하시는 하나님을 전제함으로써 속죄를 받고서야 당신의 진노를 누그러뜨리는 하나님 표상을 전면에 부각시킨다는 것이다.

이러한 비판들은 – 그것이 속죄론 자체에 대한 비판이든, 아니면 배상만족설이나

---

69 참조. Stephen Finlan, *Problems with Atonement* (Minnesota: Liturgical Press, 2005), 59.

70 Gustaf Aulen, *The Faith of the christian church*. Translated from the fifth Swedish edition of 1956 by Eric H. Wahlstrom (Philadelphia: Fortress, 1981), 211~212.

71 Steve Chalke, "The redemption of the cross", *The Atonement debate: papers from the London Symposium on the Theology of Atonement*, edited by Derek Tidball, David Hilborn, and Justin Thacker (Michigan: Zondervan, 2008), 40.

72 I. H. Marshall, "The Theology of the atonement", *The Atonement debate*, 62.

형벌대속론에 대한 비판이든 간에 - 결국 예수께서 그토록 강조했던 사랑의 하나님이 속죄론에 가려지고 있다는 사실에 초점을 맞추고 있다. 그러나 여기서 물음이 제기된다. 속죄론은 과연 사랑의 하나님을 배제할 수밖에 없는가? 이 물음에 성실하게 대답하기 위해서는 먼저 속죄론의 성서적 토대를 살펴보아야 한다.

속죄론의 토대
●

1. 바울의 속죄론

부활절 신앙의 빛에서 예수의 죽음을 구원 사건으로 선포하는 신약성서의 속죄론은 바울에서 절정에 이른다. 이러한 정황 때문에 바울은 그리스도교 속죄론의 창시자로 비쳐지기도 한다. 그러나 바울의 속죄론 표상들을 자세히 살펴보면, 바울의 속죄론에 등장하는 다양한 표상들[73]이 - 예수의 죽음을 우리의 죄를 위한 죽음[74]으로 해석하는 - 원시 그리스도교의 속죄론을 구체적으로 표현하기 위해 구약성서로부터 빌려온 은유라는 사실을 그리 어렵지 않게 확인할 수 있다.

바울은 분명 속죄론의 창시자가 아니다. 바울 자신도 이러한 사실을 시사한다. "내가 받은 것을 먼저 너희에게 전하였노니 이는 성경대로 그리스도께서 우리 죄를 위하여 죽으시고."(고전 15:3)

바울의 속죄론에서는 무엇보다도 그리스도의 자기희생적 사랑이 강조된다. 이러한 것은 성서 전체의 메시지에 상응하며, 속죄론 논쟁에서도 전혀 논란의 대상이 되지 않는다. 문제는 속죄론의 하나님 이해에서 나타난다. 즉 하나님의 정의에 입각해 속죄의 필연성을 전제하면서도 하나님의 사랑을 강조하는 바울의 진술 구조 말이다. "우리가 아직 죄인 되었을 때에 그리스도께서 우리를 위

---

73 바울의 속죄론 표상들은 매우 복잡한 양상을 띤다. 어느 하나의 표상만 사용되는 것이 아니라 다양한 표상들이 상황에 따라 바꾸어 사용되기 때문이다. 예를 들자면, 어느 곳에서는 희생제의(sacrifice) 표상(롬 4:25; 8:3; 고전 15:3; 고후 5:21; 갈 1:4)이 전면에 부각되지만, 다른 곳에서는 형벌 대속 표상(롬 3:25; 갈 3:13)이나 속전 표상(갈 3:13; 4:5; 고전 7:22)이 강조된다.

74 "우리를 위해 죽으셨다."(롬 5:8)는 표현도 '우리의 죄를 위하여'라는 표현이 축약된 형태라 할 수 있다. 참조. 마르틴 헹겔, 『신약성서의 속죄론』 (서울: 대한기독교서회, 2003), 84~93.

하여 죽으심으로 하나님께서 우리에 대한 자기의 사랑을 확증하셨느니라."(롬 5:8)

사실 '우리의 죄를 위한 그리스도의 죽음'의 전제조건이 되는 '죄에 대해 진노하시는 하나님'은 사랑의 하나님과 어울리지 않는 것처럼 보인다. 그렇다면 바울은 여기서 서로 결합될 수 없는 개념들을 임의적으로 결합시킨 것인가? 십자가에서 하나님의 사랑을 읽어내면서도 이것을 속죄론 표상들을 통해 전개시키려는 바울은 자가당착(自家撞着)에 빠진 것인가? 그러나 여기서 보다 근본적인 물음이 제기되어야 한다. 죄에 진노하시는 하나님은 반드시 사랑의 하나님과 대립되는 것인가? 하나님의 사랑과 속죄론을 모순이 아니라 상호보완적인 개념들로 이해할 수는 없는가?

그러나 속죄론과 더불어 하나님의 사랑을 강조하는 바울은 새로운 사상을 주창하는 것이 아니다. 원시 그리스도교에서 하나님의 사랑을 배제하는 사상이 어디 있는가? 원시 그리스도교 전통은 항상 하나님의 사랑을 전제한다. 바울의 속죄론에 문제가 있다면 그것은 원시 그리스도교의 속죄론에 문제가 있다는 방증이기도 하다.

물론 바울에게는 원시 그리스도교가 강조하지 않았던 것을 전면에 부각시키며 선포의 중심에 세우는 표상도 나타난다.[75] 하나님의 아들 예수를 십자가에 못 박힌 자로 제시하는 표상이 바로 그것이다. "유대인은 표적을 구하고 헬라인은 지혜를 찾으나 우리는 십자가에 못 박힌 그리스도를 전하니 유대인에게는 거리끼는 것이요 이방인에게는 미련한 것이로되."(고전 1:22~23. 참조, 갈 3:13; 5:11; 6:12~14; 빌 2:8; 3:18; 엡 2:16; 골 1:10; 2:14)

이른바 바울의 십자가 신학(Theologia crucis)이다.[76] 십자가의 신학은 프리드리히(G. Friedrich)가 지적하듯이, "가장 수치스럽고 가장 나약한 상태에 있는 그리스도를 선포의 핵심으로 삼는다."[77] 하나님의 구원 방식이 세상의 예상을

---

[75] 참조. Georg Eichholz, *Die Theologie des Paulus im Unriss* (Neukichen–Vlyun: Neukirchlicher Verlag, 1988), 101.

[76] 대부분의 신약성서학자들은 바울 신학의 특징을 십자가 신학에서 찾는다. 참조. Georg Eichholz, *Die Theologie des Paulus im Unriss* (1988), 36~39. 게르하르트 프리드리히/박영옥 옮김, 「예수의 죽음」(1992), 154~187. 게르트 타이센/노태성 옮김, "속죄와 거리낌으로서의 십자가", 「신약논단」 제12권 제2호 (2005년 여름), 321~327. 그러나 누가에게도 십자가 신학의 흔적들이 나타난다. 참조. 행 5:30; 10:39; 13:29. 폰 데어 오스텐 자켄(Peter von der Osten–Sacken)은 바울의 십자가 신학의 뿌리를 묵시사상에서 찾기도 한다. 참조. Peter von der Osten–Sacken, *Evangelium und Tora: Aufsätze zu Paulus* (München: Kaiser, 1987), 56~79.

[77] 게르하르트 프리드리히/박영옥 옮김, 「예수의 죽음」(1992), 178.

뛰어넘는 것임을 암시하면서 궁극적으로는 가치 척도의 극복을 지향한다는 것이다.[78] 구체적으로 말하자면, 십자가 신학은 예수의 죽음에 − 이교 사상뿐 아니라 유대인의 전통적인 사고에도 상응하지 않는 − 독창적인 사상이 내포되어 있음을 인지하고 이 사상을 전면에 부각시킨다. 하나님의 자기 비움과 고난을 말하는 케노시스(kenosis) 사상이 바로 그것이다. 예수의 죽음 안에 세상의 상식을 뛰어넘는 하나님의 자기희생적 사랑이 나타났다는 것이다.

그러나 바울의 십자가 신학이 죄에 진노하시는 하나님을 배제하는 것은 아니다. 십자가에 못 박힌 그리스도 표상이 암시하듯이, 하나님의 진노는 이미 전제되어 있다. 다만 하나님의 진노를 하나님이 몸소 받아들이셨음을 강조할 뿐이다. 그렇다면 바울의 십자가 신학도 − 하나님의 진노를 말하면서도 하나님의 사랑을 배제하지 않는 − 원시 그리스도교의 속죄론 전통에서 벗어나는 것이 아니라고 말할 수 있다.

2. 속죄론의 기원 문제

속죄론은 앞에서 살펴보았듯이 바울이 창시한 교리가 아니라 원시 그리스도교로부터 받아들인 것이다. 따라서 속죄론을 바울에 의해 그리스도교 신앙에 추가된 후대의 신학으로 간주하고 원시 그리스도교와 바울의 메시지를 대립시키는 것은 적절하지 않다. 그렇다면 속죄론은 어디서 비롯되었는가? 이러한 질문 앞에서 현대 신학은 대략 세 가지 입장들을 제시한다.

첫 번째 입장은 속죄론의 기원을 헬레니즘 문화권 속에 살았던 그리스도교 공동체에서 찾는 견해로서 교회가 이방인 선교를 시작하면서부터 − 팔레스타인의 유대인에게는 설명할 필요가 없었던 − 예수의 죽음을 적극적으로 해명해야 했으며, 이러한 과정 속에서 속죄론이 형성되었다고 주장한다. 이러한 입장을 대변하는 벵스트(K. Wengst)는 신약성서의 속죄론에 − 한 사람이 다른 사람을 대신해 죽는 것을 위대한 행위로 간주하는 − 헬레니즘 문화가 반영되어 있다고 주장한다.[79]

78 게르트 타이센/노태성 옮김. "속죄와 거리낌으로서의 십자가". 「신약논단」 제12권 제2호 (2005년 여름). 309.
79 Klaus Wengst, *Christologische Formeln und Lieder des Urchristentums* (München: Chr. Kaiser. 1973). 74.

그러나 구약성서도 대리적 죽음을 인정하고 있다는 사실 앞에서 벵스트의 주장은 설득력을 상실할 수밖에 없다.(참조. 레 4:3; 수 7:24~25; 삼하 20:21~22, 24:17; 시 103:17) 그리고 타이센(G. Theissen)이 지적했듯이, 그 어떤 대의명분이나 사랑하는 사람을 위해 죽는 것이 아니라 이해관계가 없는 사람들의 죄를 위해 죽는 것은 헬레니즘 문화에 생소한 현상이라는 사실도 이러한 이론의 개연성을 감소시킬 수밖에 없다.[80]

두 번째 입장은 속죄론이 최초의 그리스도교 공동체를 넘어서 역사적 예수에게 소급된다는 견해를 대변한다. 예레미야스(J. Jeremias)가 이러한 입장을 취한다. 그는 성만찬 제정사(制定辭) – 마 26:26~28; 막 14:22~24; 눅 22:17~20; 고전 11:23~25 – 를 해석하면서 다음과 같이 말한다. "예수는 이 만찬에서 자신을 희생 제물로 선포하신다."[81] 예수는 자신의 죽음을 속죄의 죽음으로 해석했다는 것이다. 물론 이러한 주장은 오래된 것이다. 복음주의 신학자뿐 아니라 자유주의 신학자 슈트라우스(D. F. Strauss, 1808~1874)도 속죄 사상을 예수에게 소급시킨 바 있다.[82] 예레미야스 이후 이러한 입장은 헹겔(M. Hengel)과 슈툴마허(P. Stuhlmacher)의 지지를 받았다.[83]

세 번째 입장은 속죄론이 최초의 유대인 공동체에서 비롯되었다고 주장한다. 큄멜(W. G. Kümmel)과 그닐카(J. Gnilka) 등 현대의 주도적인 성서학자들은 예수가 최후의 만찬사에서 자신의 죽음을 예시한 것은 사실이지만, 속죄의 죽음으로 해석하지는 않았다고 말한다. 예수에게 최후의 만찬은 자신의 죽음을 통해 나타날 새로운 구원 사건에 제자들이 참여하게 되리라는 종말론적 약속이

---

[80] 타이센은 다음과 같이 말한다. "다른 이를 위한 죽음에 대한 상상은 세속적인 세계로부터 유래한다. 그것은 성서에 단지 언저리에서만 발견된다.(사 54) 다른 사람의 죄를 위한 죽음이 다루어진다는 점은 그러나 아마도 성서적 전통으로부터만 설명될 수 있다. 이는 고대의 영웅들이 고국과 법, 친구와 가족구성원을 위해 죽으나, (일반적으로) 그들의 죄를 위해서는 죽지 않았기 때문이다." 참조. 게르트 타이센/노태성 옮김, "속죄와 거리낌으로서의 십자가", 「신약논단」 제12권 제2호 (2005년 여름), 320.

[81] Joachim Jeremias, *Abendmahlsworte Jesu* (Göttingen: Vandeenhoeck & Ruprecht, 1967), 213.

[82] 참조. D. F. Strauss, *Das Leben für das deutsche Volk bearbeitet I* (Leipzig, 1864), 358.

[83] 참조. Peter Stuhlmacher, *Biblische Theologie des Neuen Testaments, Band 1, Grundlegung Von Jesus zu Paulus, 2., durchges. Auflage* (Gottingen: Vandenhoeck & Ruprecht, 1997), 130 이하. 마르틴 헹겔, 「신약성서의 속죄론」 (서울: 대한기독교서회, 2003), 34~150.

었다는 것이다.[84] 그들은 이와 같은 성서비평에 근거해 다음과 같이 주장한다. 속죄론은 예수가 아니라 최초의 유대인 공동체의 전승에서 나타났다.[85]

이러한 입장들을 종합해 보면, 첫 번째 입장, 즉 속죄론의 대리 사상이 예수의 죽음을 이방인들에게 이해시키기 위해 그리스 문화권으로부터 차용한 개념이라는 주장은 개연성이 부족해 보인다. 속죄론은 최초의 유대인 공동체나 역사적 예수에게서 비롯되었을 것이다. 그러나 그 이상의 해명은 우리의 한계를 넘어서는 것이다. 비평적으로 바라본 성서에는 예수의 속죄 사상에 의구심을 품도록 만드는 증거뿐 아니라 지지해 주는 증거들도 존재하기 때문이다.[86]

그러나 분명한 것은 – 속죄론의 기원이 역사적 예수에게 있든지 아니면 유대인 공동체에 있든지 간에 – 속죄론의 뿌리가 예수와 유대인이 공유하는 구약성서에 있다는 것은 분명하다. 보다 구체적으로 말하자면, 구약성서의 속죄사상을 누가 예수에게 투사했는지는 불분명하지만 속죄사상의 기원이 이교(異教) 사상이 아니라 구약성서에 있다는 사실만큼은 부정할 수 없을 것이다. 속죄론의 뿌리가 유대사상에 있음을 인식하는 것은 그리스도교의 속죄론 이해에 중요하다. 바로 이러한 사실을 간과하는 데서부터 속죄론에 대한 오해가 시작되기 때문이다.

구약성서의 희생제의론

신약성서 속죄론의 뿌리가 구약성서에 있다는 사실은, 속죄론에 대한 오해가 다름 아닌 속죄론의 주요 개념을 구약성서가 아닌 다른 해석학적 지평 속에서

---

84 퀴멜은 다음과 같이 말한다. "예수는 잔에 대한 말씀으로써 그의 죽음이 인간과 맺으실 하나님의 새롭고 종말적인 그 계약의 체결을 완성시킨다는 것과 또 그러므로 예수의 인격 안에서 시작된 하나님 나라의 여명이 그의 죽음을 통해서 궁극적으로 이루어졌음을 말하려 한다는 것이 곧바로 이어지는 가정이다." W. G. 퀴멜, 『주요 증인들에 따른 신약성서신학』 (서울: 성광문화사, 1985), 106. 그닐카도 다음과 같이 해석한다. "사람들이 예수의 죽음으로 열린 하나님과의 계약에 최종적 하나님 나라의 상속기대자로서 참여하게 될, 그리고 예수가 빵의 표지로 사람들 가운데 남아 있다는 그런 만찬을 예수는 제자들에게 남긴다." 요아킴 그닐카/정한교 옮김, 『나자렛 예수』 (2002), 383. 보그와 크로산도 다음과 같이 말한다. "예수는 단순히 떡과 포도주가 그의 몸과 피를 상징하는 것이라고 말하지 않는다. 오히려 그는 열두 제자들 모두가 실제로 음식과 음료를 마시도록 한다. 그들은 모두 몸으로서의 떡과 포도주로서의 피에 참여한다. 말하자면, 그것은 그들 모두를 그와 함께 죽음을 통해 부활로 이끌고자 하는, 즉 죽음을 통해 새로운 삶으로 이끌고자 하는 마지막 시도였다." 참조. 마커스 보그 · 존 도미닉 크로산/오희천 옮김, 『마지막 일주일』 (서울: 다산북스, 2012), 210.
85 참조. 제임스 던/김득중 · 이광훈 옮김, 『신약성서의 통일성과 다양성』 (서울: 솔로몬말씀사, 2000), 270.
86 참조. 게르하르트 프리드리히/박영옥 옮김, 『예수의 죽음』 (1992), 56.

해석한 데서 비롯되었음을 시사해 준다. 이러한 사실을 감안하면 다음과 같은 프리드리히의 지적은 문제의 핵심을 드러내준다. "희생제사에 대하여 말할 때, 사람들은 구약성서의 관념에서부터 생각하지 않고 이교적 관념에서 생각한다. …… 그러나 희생제사에 대한 성서적 견해는 다르다. …… 인간이 희생제사를 드려서 하느님께 어떤 영향을 미치는 것이 아니라, 희생제사는 인간을 위한 하나님의 은혜로운 계획이다. …… 하느님이 인간에게 자비로운 것은 예수가 죽은 결과가 아니다. 예수의 죽음은 자비로운 하느님의 표징 가운데 하나이다."[87]

이러한 맥락에서 다음에서는 성서적 시각으로부터 속죄론의 핵심개념인 하나님의 진노를 해명해 보겠다. 그리고 이를 위해 먼저 하나님의 진노를 받아들이는 장소라 할 수 있는 희생제의의 의미를 성서적 관점에서 살펴보겠다.

1. 희생제의의 메시지

현대인의 시각에서 바라보면, 선별된 동물들을 죽여서 피는 제단에 뿌리고 몸은 불태워버리는 희생제의는 매우 끔찍하고 잔인한 의식으로 비쳐질 수밖에 없다. 그러나 희생제의는 예언자들의 강력한 비판을 받기도 했지만, 기원후 70년 성전이 파괴될 때까지 유대교의 중심적 제의로 존속해 왔다.

물론 희생제의는 유대교의 전유물이 아니라 고대 이스라엘 주변 세계에서 쉽게 찾아볼 수 있는 보편적인 현상이었다. 바벨론이나 가나안 사람뿐 아니라 고대의 유목민들도 희생제의를 드렸다. 이러한 이유 때문에 유대교 희생제의의 뿌리를 고대 세계의 희생제의에서 찾는 종교학자들이 적지 않다. 그러나 현대의 주요 성서학자들이 강조하고 있듯이, 유대교 희생제의에는 다른 희생제의에 나타나지 않는 독특한 특징이 발견된다.

그러면 유대교 희생제의의 특징은 무엇인가? 희생제의에 대한 구약성서의 진술들을 선입견 없이 고찰해 보면, 희생제의는 언제나 공동체의 속죄 행위인 동시에 하나님의 구원 사건으로 제시된다. 달리 말하자면, 구약성서에서 희생제의는 공동체를 살리기 위한 하나님의 자비를 전제한다. 여기서 두 가지 비판적인 물음이 제기된다. 첫째, 희생제의란 결국 공동체를 살리기 위해 사회적

---

87 게르하르트 프리드리히/박영옥 옮김, 『예수의 죽음』 (1992), 193~194.

약자를 희생시키는 희생양 메커니즘이 아닌가? 둘째, 선별된 동물들을 죽여서 불태워 없애는 희생제의의 폭력성이 하나님의 자비와 어울리는가?

여기서 프랑스의 저명한 인류문화학자 지라르(R. Girard, 1923~)의 희생양 메커니즘 이론이 도움을 줄 수 있는 것처럼 보인다. 그는 희생 제물에 잔인한 폭력을 행사하는 희생제의의 목적을 사회의 잠재적 폭력을 해소하기 위한 것으로 설명한다.[88] 즉 고대인들은 폭력이 발생할 수밖에 없는 사회적 위기 상황 속에서 사회 전반에 만연된 폭력적 욕구를 희생 제물에 집중시킴으로써 사회의 갈등과 잠재적 폭력성을 해소하려 했다는 것이다. 그러나 지라르는 희생제의의 이러한 구조를 희생양 메커니즘이라고 부르며, 희생제의를 신랄하게 비판한다.[89]

물론 지라르의 인류문화학적 관점과 신학적 관점 사이에 존재하는 차이를 간과해서는 안 된다. 그러나 희생제의의 목적이 공동체 회복을 위해 죄의 파괴적 결과들을 소멸하려는 데 있다는 그의 주장을 성서학자들도 부정하지는 못할 것이다.[90] 구약성서의 희생제의도 죄에 대한 책임이 누구에게 있느냐를 가리기보다 죄의 결과들을 소멸하는 데 초점을 맞추고 있기 때문이다.[91]

달리 말하자면, 구약성서의 희생제의도 다른 희생제의와 마찬가지로 죄의 파괴적 결과들을 짊어질 존재를 요청한다. 그러나 구약성서는 약자가 아닌 사회 지도자의 희생과 타의가 아닌 자발적인 자기희생을 강조한다. 종교문화학자 류성민은 이러한 사실을 보다 구체적으로 해명한다. "고대 이스라엘의 초기 희생제의들은 주로 잘못과 범죄를 저지른 사람이 직접 사회적 책임을 지고 희생제의를 드렸고, 죄를 저지른 사람이 불분명한 경우에는 사회의 지도층에게 책임을 물었으며, 마침내는 아무런 죄나 잘못이 없는 사람이 스스로 그 책임을 떠맡는 식으로 전환된 것이다."[92] 구약성서의 희생제의를 희생양 메커니즘으로

---

88 참조. 르네 지라르/김진석 · 박무호 옮김, 『폭력과 성스러움』(서울: 민음사, 1997), 413~466.

89 지라르는 또한 신약성서와 예수가 이러한 메커니즘을 최초로 폭로하고 비판했다는 점에서 – 예수의 죽음에 대해 말하는 – 신약성서의 의미를 찾는다. 참조. 르네 지라르/김진석 옮김, 『희생양』(서울: 민음사, 1998), 167~184.

90 물론 크리스토퍼 라이트(Christopher J. H. Wright)처럼 희생제의를 하나님의 진노를 유화시키는 행위로 보는 성서학자도 있을 것이다. 참조. Christopher J. H. Wright, "Atonement in the old testament", The Atonement debate, 76~77. 그러나 라이트도 속죄가 하나님과의 그 어떤 거래나 협상이 아니라 전적으로 하나님의 은혜에 의해 이루어지는 것임을 강조하며, 하나님의 진노가 유화되었다는 표현을 일종의 정화와 속죄에 대한 은유로 이해한다. 참조. Christopher J. H. Wright, "Atonement in the old testament", The Atonement debate, 77.

91 종교문화학자 류성민도 희생제의를 죄보다는 죄가 사회에 미칠 영향력에 더 큰 관심을 둔 종교의례로 규정한다. 참조. 류성민, 『성스러움과 폭력』(파주: 살림출판사, 2013), 61.

92 류성민, 『성스러움과 폭력』(2013), 72~73.

만 부를 수 없는 대목이다.

구약성서 희생제의만의 특징이 또 하나 있다. 제물을 드리는 자가 자신에게 가장 소중한 재산을 드리며, 이 제물에 안수하는 장면이 바로 그것이다.[93] 이러한 장면은 분명 희생 제물을 자신과 동일시함으로써 자신을 – 죄의 영향력을 소멸하기 위한 – 희생 제물로 바치겠다는 결단을 전면에 부각시킨다. 그렇다면 본래적인 의미의 희생제의는 – 희생양 메커니즘으로 전락한 왜곡된 형태의 희생제의를 격렬하게 비판했던 – 예언자 사상과 대립되는 것이 아니다. 양자는 오히려 공동체에 대한 책임과 희생을 강조하는 데서 일치한다.

요약하자면, 희생제의는 – 공동체를 죄로부터 해방시키기 위해 죄의 파괴적 결과들을 짊어지는 – 희생적 삶을 공동체 구성원들에게 요청한다. 그러나 성서에서 희생제의는 하나님이 요청하고 이루시는 사건이다. 달리 말하자면, 희생제의란 결국 – 공동체를 죄로부터 해방시키려는 당신의 사역에 동참할 것을 요구하시는 – 하나님의 부르심에 순종하는 신앙의 행위다. 이러한 사실은 예수의 속죄와 하나님의 사랑을 결합시키는 바울이 얼마나 철저하게 구약성서적으로 사고하고 있는지를 보여준다.

그러나 구약성서에서 희생제의는 하나님에 의해 완성된다. 공동체를 위한 자기희생도 하나님의 은혜 없이는 열매를 맺을 수 없다. 달리 말하자면, 속죄의 완성은 속죄를 요청하시는 하나님이 – 순종하는 사람의 도움을 받아 – 죄의 파괴적 영향력을 소멸하실 때 이루어진다고 말할 수 있다.

2. 하나님의 진노

현대 신학의 속죄론 논쟁에서는 주로 형벌대속론을 옹호하는 신학자들이 하나님의 진노를 강조한다. 티드볼(D. Tidball)은 다음과 같이 말한다. "형벌대속론을 배제하는 것은 사랑이기 때문에 진노하시는 하나님을 시야에서 놓칠 수 있다. 진노 없는 하나님은 우리를 사랑하는 것이 아니라 우리에게 무관심한 하나님이다."[94] 그러나 형벌대속론을 비판하는 신학자들도 하나님의 진노를 성서의 메시지로 받아들인다. 예를 들자면, 초크(S. Chalke)는 다음과 같이 말한다.

---

93 참조. 레 1:3~4; 3:6~8; 4:4.

94 Derek Tidbball, "Atonement, evangelicalism and the evangelical alliance: the present debates in context", *The Atonement debate*, 356.

"성서는 분명 하나님의 분노를 말한다. 그러나 하나님의 사랑과 분리시켜 말하지 않는다. 하나님의 분노는 사랑의 한 측면이다."[95]

강조점의 차이야 있겠지만 하나님의 진노를 하나님의 속성으로 인정한다는 점에서는 거의 모든 신학자들이 일치한다. 사실 성서는 하나님의 사랑뿐 아니라 진노하시는 하나님을 거듭 말하고 있다.(출 20:5; 신 4:24; 호 2:21~22; 암 5:18~20; 요 3:36; 롬 2:5~8; 계 15:1~8) 그러나 하나님의 사랑과 동시에 진노를 말하는 성서의 메시지가 속죄론 해석에 혼란을 가져온 것도 주지의 사실이다. 현대인의 시각에서는 사랑과 진노가 양립할 수 없는 개념으로 비쳐지기 때문이다. 그러나 반론도 제기되어야 한다. 성서가 말하는 하나님의 진노는 하나님의 사랑과 양립할 수 없는 개념인가? 이러한 물음은 결국 우리로 하여금 다음과 같은 물음을 제기하도록 만든다. 하나님의 진노란 과연 무엇인가?

성서에서 하나님의 진노란 무엇보다도 먼저 하나님의 거룩하심을 지시해 주는 개념이다. 즉 죄를 용납할 수 없는 하나님께서 죄를 소멸시키는 거룩한 행위를 가리킨다.(참조. 신 4:24) 그러나 하나님의 진노는 시기나 욕망에서 비롯된 인간적인 분노와는 다르다. 양자를 구분하지 못하면, 하나님의 분노를 신인동형론(anthropomorphism/神人同形論)적으로 사고하게 되고, 결국에는 속죄론 자체를 오해하게 된다. 간략하게 말하자면, 하나님의 진노는 죄에 초점을 맞추며, 따라서 본래적으로는 죄인에게 보복하는 하나님이 아니라 죄를 소멸시키는 하나님을 지시해 준다.

그러나 성서에서 죄를 소멸시키는 하나님의 진노는 하나님의 거룩하심뿐 아니라 하나님의 사랑을 지시해 준다. 하나님이 죄를 소멸시키려는 것은 - 인간을 파괴하는 - 죄악으로부터 인간을 해방시키려는 행위이기 때문이다. 비슷한 맥락에서 구약성서학자 류행열은 다음과 같이 말한다. "성경은 하나님의 진노에 대해 말한다! 하나님의 진노를 다른 시각에서 보면 관심과 사랑이라고 할 수 있다. …… 진노는 그런 의미에서 새로운 단계를 회복키 위한 자극이요 촉구라고 볼 수 있다. 예언자들과 묵시가들은 하나님의 구원의 목표가 하나님의 진노라는 커다란 정화의 터널을 지나서 이루어짐을 말한다. 사랑의 또 다른 표현이 '야훼의 진노'라고 해도 과언이 아니다. 이스라엘과 맺은 계약에서 마지막까지

---

95 Steve Chalke, "The redemption of the cross", *The Atonement debate*, 40.

그 신실성을 보여주심이 진노라는 역설적인 방법으로 그 백성을 다루고 있다. 진노라는 자극에서 깨달음과 이에 상응하는 회개가 없다면 하나님이신들 어떻게 하시겠는가?"[96]

역설적으로 말하자면, 하나님의 진노에서 배제되는 것이야말로 엄밀한 의미의 저주라 할 수 있다. 바울도 하나님이 인간을 죄 가운데 내버려 두실 때 인간이 가장 비참한 상태에 처하게 됨을 시사한다.(참조. 롬 1:24)

사실 하나님이 소멸시키려는 죄는 인간의 원수이기도 하다. 따라서 하나님의 진노는 – 인간을 구원하려는 – 하나님의 사랑과 모순되지 않는다. 하나님의 사랑과 진노는 모두 인간을 죄로부터 해방시키려는 하나님의 구원에 속하기 때문이다. 사실 죄를 소멸하는 과정에서 죄 가운데 있는 인간에게 고통이 주어지는 것도 결국은 인간을 죄로부터 해방시키기 위함이다. 물론 구약성서는 죄에 사로잡혀 더 이상 속죄가 불가능한 자들은 – 즉 인간을 희생 제물로 드리는 자, 신접(神接)한 자 등은 – 죽이라고 말한다.(참조. 레 20:1~21) 죄에 사로잡혀 죄와 하나 된 사람은 죄와 함께 소멸되리라는 것이다.

그러나 성서 전체를 살펴보면, 죄의 소멸과 이 과정에서 나타나는 고통은 분명 파괴와 멸망이 아니라 하나님의 궁극적인 목적인 새 창조를 위해 반드시 거쳐야만 하는 과정으로 제시된다. 따라서 예수의 죽음이 하나님의 진노를 유화시켰다는 말은 하나님의 진노를 성서적 시각이 아니라 신인동형론적 관점으로부터 바라본 결과라고밖에 말할 수 없다. 성서적이며 신학적인 시각에서는 하나님의 진노가 유화되는 것이 아니라 임하는 것이 구원이기 때문이다.

물론 성서는 노하기를 더디 하시는 하나님에 관해 말하고 있다. 그러나 이러한 진술들은 죄와 하나 된 인간에게 죄가 소멸될 때 함께 멸망할 수밖에 없는 상황에서 벗어날 기회를 주시는 하나님의 배려로 이해되어야 한다.

따라서 예수의 죽음에 하나님의 진노가 나타났다는 메시지는 인간을 죄로부터 구원하시려는 하나님의 사랑이 완성되었다는 메시지요, 사랑의 하나님이 세상 죄를 짊어지신 예수의 희생적 사랑을 받아들여 구원을 이루었음을 선포하는 것이라 할 수 있다.

---

96 류행열, "이른바 '야훼의 진노'의 一考", 「신학이해」 24집 (호남신학대학교, 2002), 25~27.

신약성서 속죄론의 메시지와 요청

1. 신약성서 속죄론의 메시지

우리는 앞에서 구약성서 속죄론의 중심개념인 희생제의와 하나님의 진노를 살펴보았다. 이러한 반성은 신약성서 속죄론이 예수의 죽음에 – 인간들을 죄악으로부터 해방시키기 위해 세상 죄를 소멸시키는 – 하나님의 구원이 나타났음을 선포하는 메시지임을 시사해 준다.

그러나 이 구원 사건은 – 세상 죄를 지고 가는 – 예수와 – 예수 안에 집약된 죄에 진노하시는 – 하나님이 함께 이루신 사건이다. 전자는 세상 죄의 파괴적 결과들을 몸소 받아들인 예수의 자기희생을 지시해 주며, 후자는 하나님이 예수 안에서 죄를 소멸시킴으로써 구원을 완성시킨 사건을 시사한다.

희생제의의 뜻을 감안하면 예수의 속죄는 죄의 파괴적 영향력을 몸소 짊어짐으로써 사람들을 죄의 파괴력으로부터 해방시키려는 목적을 갖는다. 그러나 사람들을 위해 자신을 희생하는 삶은 예수의 생애에서 낯선 것이 아니다. 그의 삶 전체는 타자를 위한 존재였다. 그는 이러한 삶을 가르쳤고 몸소 실천에 옮겼다. 카스퍼(W. Kasper)는 이러한 사실에 대해 다음과 같이 말한다. "사실을 놓고 보더라도 후대에 형성된 'ὑπέρ-정식'(예수의 죽음이 다른 사람들을 위한 죽음이라는 것을 의미하는 일련의 표현들)은 예수의 지상 생애 자체에 뿌리를 깊이 내리고 있다."[97] 속죄는 예수의 인격적 정체성을 가장 잘 드러내주는 행위라는 것이다. 이러한 사실은 그리스도교 속죄론에 부활절 신앙뿐 아니라 예수의 삶에 대한 회상도 반영되어 있음을 시사해 주기도 한다.

예수에게 타자를 위한 존재란 단순한 윤리적 존재가 아니라, 세상을 죄악에서 구원하려는 사랑의 하나님을 전제한다. 달리 말하자면, 예수의 속죄는 피조 세계를 새롭게 창조하시려는 하나님의 부르심에 예수가 순종한 사건이다. 예수의 삶이 처음부터 순종의 삶이었음을 감안하면 십자가는 순종의 절정이라 할 수 있다. 바울은 이러한 순종을 구원의 길로 제시한다. "한 사람이 순종하지 아니함으로 많은 사람이 죄인 된 것 같이 한 사람이 순종하심으로 많은 사람이 의인이 되리라."(롬 5:19)

---

[97] 발터 카스퍼/박상래 옮김, 『예수 그리스도』(1996), 213.

그러나 순종과 희생만으로 구원 사건이 완성되는 것은 아니다. 하나님의 구원은 죄의 소멸과 더불어 완성되기 때문이다. 예수의 죽음은 하나님의 진노 안에서 예수가 죄와 함께 죽었음을 시사해 준다. 이러한 의미에서 예수의 죽음은 하나님의 진노를 유화시키는 것이 아니라, 오히려 하나님의 진노를 온전하게 받아들인 결과라고 말할 수 있다.

이와 같이 예수의 속죄는 예수의 죽음에 나타난 하나님의 진노를 통해 완성된다. 따라서 속죄의 목적은 죄의 용서라기보다는 죄의 소멸에 있다고 말할 수 있다. 따라서 논리적으로는 예수의 속죄가 구원 자체가 아니라 구원의 전 단계로 비쳐질 수도 있다. 이러한 맥락에서 타이센은 예수의 속죄를 구원 사건으로 보는 견해를 비판한다. "그리스도의 속죄 죽음은 내 판단으로는 구원의 근간이 될 수 없다. 그것은 구원의 원인도 아니며 구원의 인식도 아니다. 그것은 오히려 극단적인 멸망의 표현이며, 그것의 인식을 가능케 할 뿐이다."[98]

그러나 죄를 소멸하는 하나님의 진노가 종말론적 사건임을 감안하면, ─ 하나님의 진노와 새 창조를 논리적으로 구분할 수는 있지만 ─ 양자 사이에 시간적인 간격을 설정하는 것은 적절하지 않다. 따라서 심판 후에 구원이 뒤따르는 것이 아니라, 심판 속에 이미 구원이 시작된다고 말할 수 있다. 심판과 구원, 더 나아가 십자가와 부활은 동일한 현실의 두 가지 측면이지, 시간적 간격이 설정된 두 가지 사건이 아니다. 따라서 하나님의 진노가 나타난 예수의 죽음을 구원사건으로 제시하는 것이 더 적절하다.

어쨌든 성서의 속죄론이 본래 개인주의적인 의미의 죄 용서 교리가 아니었다는 사실만큼은 분명하다. 성공회 신학자 라이트(N. T. Wright)는 다음과 같이 말한다. "메시아가 성서의 예언을 성취한 것으로서 죄를 위해 죽었다고 말하는 것은 개인들이 자신들의 죄의식을 얼버무릴 수 있는 추상적인 속죄신학에 관해 주장하는 것이라기보다는 지금 이스라엘과 이 세상이 하느님의 종말론적 시간표 속에서 어디에 있는가에 관해 주장하는 것이다."[99]

성서의 속죄론은 예수의 죽음 안에 하나님의 새 창조가 나타났다는 메시지라는 것이다. 사실 성서의 속죄론은 하나님 나라를 선포한 예수의 메시지를 ─ 예

98 게르트 타이센/노태성 옮김, "속죄와 거리낌으로서의 십자가", 「신약논단」 제12권 제2호 (2005년 여름), 330.
99 마커스 보그 · 톰 라이트/김준우 옮김, 「예수의 의미」 (서울: 한국기독교연구소, 2001), 169.

수의 죽음과 관련시켜 - 심화시킨 것이지 또 하나의 새로운 사상을 피력하는 것이 아니다. 따라서 예수의 죽음 안에 나타난 하나님의 새 창조는 시간의 흐름 속에서 뜻만 남기고 사라져가는 역사적 사건이 아니라, - 아직 자신의 실체를 드러내지는 않았지만 - 오늘도 현존하는 사건이라고 말할 수 있다. 프리드리히는 이러한 사실에 대해 다음과 같이 말한다. "십자가라는 말이 현재의 사건을 다룬다는 주장은 옳다. 신약성서는 이 사건이 십자가에 달린 분으로서의 그리스도를 완료분사로 언급한다는 사실을 통해 이런 점을 나타내준다."[100]

이러한 사실은 십자가에 대한 신앙이 과거의 사실에 대한 지적 동의에 그치는 것이 아니라, 현존하는 하나님의 구원, 즉 하나님 나라에 참여하는 것임을 밝혀준다.

그런데 예수의 정체성에 대한 인식이 발전하면서 예수의 속죄는 하나님의 아들의 속죄로 제시된다. 특히 바울은 하나님의 낮아지심을 강조하며 십자가 신학을 전개시킨다. 이러한 십자가의 신학은 현대 신학자들의 지지를 받는다. 특히 몰트만은 부활 사건이 하나님의 아들이신 예수의 정체성을 확인시켜 주는 사건이기 때문에 부활절 신앙의 빛에서 바라보는 예수의 죽음은 하나님의 고난으로 이해할 수밖에 없다고 주장하며, 예수의 죽음을 삼위 일체적으로 해석한다.[101] 조직신학자 윤철호도 비슷한 맥락에서 하나님의 형벌을 하나님이 몸소 짊어지셨음을 강조하며 다음과 같이 말한다. "그리스도의 십자가는 그리스도 안에서 인간의 죄의 고통스러운 결과, 즉 죄에 대한 심판 또는 형벌을 하나님 자신이 대신 담당하신 사건이다."[102]

그러나 이러한 유형의 속죄론 해석은 신학적 문제를 야기시킬 수 있다. 무엇보다도 진노하는 하나님과 속죄하는 하나님의 관계 설정에서 문제가 발생한다. 이 관계를 변증법이나 삼위일체 신학에 근거해 해명하려는 시도는 분명 한

---

100 게르하르트 프리드리히/박영옥 옮김, 『예수의 죽음』(1992), 180.

101 몰트만은 다음과 같이 말한다. "아버지는 아들을 내어 주면서 자기 자신을 내어 준다. 그러나 그는 아들을 내어 주는 것과 동일한 방법으로 자기 자신을 내어 주는 것은 아니다. 아들은 아버지의 버림을 받은 가운데에서 죽음의 고통을 당한다. 그러나 아버지는 아들의 죽음의 고통을 당한다." 참조. 위르겐 몰트만/김균진 · 김명용 옮김, 『예수 그리스도의 길』(1990), 252. 몰트만의 이러한 이해는 성부를 단지 성자의 속죄를 받으시는 분으로 생각하는 견해를 반박하면서도 양태론(Modalism)이나 성부 수난설(Patripassionanism)의 위험성을 피하려는 의도도 내포하고 있다. 가톨릭신학자 라너와 개신교 신학자 윙엘도 하나님의 죽음을 그리스도론의 중심으로 제시한다. 참조. K. Rahner, *Grundkurs des Glaubens* (Freiburg im Breisgau: Verlag Herder, 1984), 297~298; E. Jüngel, *Gott als Geheimnis der Welt* (Tübingen: J. C. B. Mohr, 1977), 470~504.

102 윤철호, "통전적 구속교리: 형벌대속이론을 중심으로", 「한국조직신학논총」 제32집, 34.

제5장 예수의 죽음 175

계에 부딪칠 수밖에 없다. 무엇보다도 - 인간을 순종으로 부르시고 이러한 순종을 통해 당신의 구원을 이루시는 - 인격적인 하나님 사상과 인간 예수의 순종, 간략하게 말하자면 성서의 인격사상(personalism)이 가려지기 때문이다.

그럼에도 불구하고 십자가 신학의 본래적 메시지는 존중되어야 한다. 예수 안에서 자신을 계시한 하나님은 높은 보좌에 앉아서 심판하는 분이 아니라 낮은 곳으로 오셔서 세상의 고난에 참여하는 사랑의 하나님이라는 메시지는 자기 대신 남을 희생시키려는 세상의 가치관에 대한 비판이기도 하다. 사실 타이센이 지적했듯이, 십자가의 신학에서는 신적 존재들의 관계에 대한 합리적인 해명보다는 가치 척도의 극복이 그 중심에 자리한다.[103]

2. 신약성서 속죄론의 요청

신약성서의 속죄론에 대한 주요 비판 가운데 하나는 한 개인의 죄를 다른 사람에게 전가시키는 것이 가능하냐는 것이다. 설사 가능해도 그것이 정당하냐는 것이다.[104] 물론 이러한 비판은 예수의 속죄가 개인적인 죄 용서가 아니라 새 시대의 도래를 지시한다는 사실을 간과하고 있다. 이러한 비판은 또한 성서가 말하는 속죄가 본래 공동체와 타자를 위한 속죄임을 간과하는 것처럼 보인다.[105] 사실 역사적으로도 속죄는 주로 죄 없는 자들이 도맡아 왔다.[106]

그러나 죄의 결과는 다른 사람이 짊어질 수 있지만, 이를 통해 죄 지은 사람에게 속죄의 책임이 면제되는 것은 아니다. 예언자들이 이러한 사실을 강조했던 것은 주지의 사실이다. 구약성서의 희생제의와 예수의 속죄가 죄인에게 속죄의 책임을 면제시켜 주는 것이라면, 속죄는 죄인을 더욱 미성숙하게 만들 뿐이다. 결국에는 예수의 속죄에 나타난 하나님의 구원도 본회퍼(D. Bonhoeffer)가 말하는 '값싼 은혜'로 전락할 것이다.

---

103 게르트 타이센/노태성 옮김, "속죄와 거리낌으로서의 십자가", 「신약논단」 제12권 제2호 (2005년 여름), 309.

104 Oliver d. Crisp, "The logic of the penal substitution revisited", *The atonement debate*, 223.

105 프리드리히는 다음과 같이 말한다. "유다인들 사이에서는 죄가 대리적으로 속죄될 수 있다는 사상이 통용되었다. …… 속죄일에 속죄 염소를 드리는 장면은 아주 인상적으로 묘사된다. 대제사장은 살려된 염소 머리 위에 두 손을 얹고 이스라엘 백성이 저지른 온갖 잘못과 고의로 거역한 온갖 죄악을 고백하고는 그 모든 죄를 염소 머리에 씌우고 대기하고 있던 사람을 시켜 그 염소를 빈들로 내보내야 한다. 그 염소는 그들의 죄를 모두 지고 황무지로 나간다. (레 16:21~22) …… 짐승뿐 아니라 인간도 대리적으로 다른 사람을 중재할 수 있다. 모세는 자기 백성을 중재하고 싶어 했으며 또 이 하나님의 종은 죽음으로써 타인의 죄를 짊어졌다." 참조. 게르하르트 프리드리히/박영옥 옮김, 「예수의 죽음」, (1992), 195.

106 참조. 게르트 타이센/노태성 옮김, "속죄와 거리낌으로서의 십자가", 「신약논단」 제12권 제2호 (2005년 여름), 309.

성서는 그리스도의 속죄를 분명 구원 사건으로 선포한다. 그러나 성서는 이 사건이 죄인에게 자동적으로 죄 용서를 선포하거나 죄인에게 죄의 흔적을 지워버리는 것은 아님을 시사한다. 이러한 사실을 죌레(D. Sölle)는 다음과 같이 표현한다. "그분이 우리를 위한다고 함은 우리를 대신해 죽었다 함을 의미한다. 그러나 우리는 스스로 죽기를 배워야 한다."[107]

그렇다면 예수의 속죄가 세상에 가져다준 것은 무엇인가? 사실 성서는 예수 안에서 죄의 소멸과 더불어 하나님의 새 창조가 나타났다고 선포하지만 세상에는 오히려 죄가 더욱 기승을 부리고 있다. 이러한 사실은 유대교에 예수를 거부할 구실을 가져다주었다. 그럼에도 불구하고 바울과 원시 그리스도교는 – 세상의 죄가 아직 소멸되지 않았기 때문에 예수가 메시아가 아니라는 – 유대교의 비판에 맞서 죄가 소멸된 새 창조의 현실을 주장한다.

그러나 성서는 또한 이러한 하나님의 새 창조가 숨겨진 현실임을 강조한다. 달리 말하자면, 하나님의 새 창조는 오직 믿는 자에게만 자신의 실체를 드러낸다는 것이다. 이러한 맥락에서 바울은 믿음을 강조하며,[108] 그리고 이러한 믿음을 통해 부어지는 성령의 열매를 맺을 것을, 즉 예수를 닮아갈 것을 요청한다.[109]

예수를 닮아가는 것이 무엇보다도 십자가의 길, 즉 예수께서 걸어가셨던 속죄의 길을 걷는 것임을 감안한다면 자신의 죄뿐 아니라 타자의 죄의 결과에도 책임을 지려는 삶이야말로 성령의 인도하심에 대한 가장 명백한 증거요 믿음의 열매라고 말할 수 있다. 프리드리히도 비슷한 어조로 말하다. "십자가를 믿는다는 것은 그리스도의 십자가를 자기 것으로 받아들이는 것을 의미하며 그리스도와 함께 십자가에 달려야 함을 의미한다고 한 불트만의 주장은 옳다. …… 십자가는 지금까지의 존재방식에 대한 철저한 부정과 우리를 그리스도와 떼어놓을 수 있는 모든 것에 대한 날카로운 단절을 의미한다."[110]

이로써 예수의 속죄가 – 속죄를 구원의 길로 제시한 – 옛 언약을 폐기하는 것

107 Dorothee Sölle, *Stellvertretung* (Stuttgart: Kreuz Verlag, 1982), 137.
108 핀란은 바울이 믿음을 지적 동의로 이해했다고 말하며 예수와 바울의 차이를 부각시킨다. 참조. Stephen Finlan, *Problems with Atonement* (2005), 60. 그러나 바울의 편지들을 조금만 자세히 살펴보아도 이러한 비판의 허구성이 드러난다.
109 참조. E. 슈바이처/김균진 옮김, 『성령』 (서울: 대한기독교서회, 1982), 212~227.
110 게르하르트 프리드리히/박영옥 옮김, 『예수의 죽음』 (1992), 184.

이 아니라는 사실이 입증된다. 속죄가 구원의 길이라는 옛 언약은 예수의 속죄로 인해 폐기되는 것이 아니라, 오히려 새로운 지평 속에서 완성된다. 달리 말하자면, 예수의 속죄로 말미암아 속죄가 구원의 길로 계시되며, 믿는 자에게는 속죄의 능력과 기쁨이 주어진다.

속죄는 하나님의 구원 사역에 동참하는 것인 동시에 이러한 참여 속에서 자신의 몸에 새겨진 죄의 흔적을 지우는 성화의 길이기도 하다. 따라서 속죄의 길을 걷는 자만이 진정으로 구원을 체험할 수 있다고 말할 수 있다. 죄의 소멸 없는 구원이나 속죄 없는 죄의 용서란 존재하지 않기 때문이다. 예수는 우리를 위해 죽었다. 그러나 우리를 – 자신을 위해 타자를 희생시키려는 – 이기적인 종교인으로 만들기 위해 죽은 것이 아니다. 예수의 죽음은 오히려 우리가 세상 끝날까지 자신의 죄와 세상의 아픔에 책임을 지는 삶으로 부른다. 그러나 이 길을 걸어가는 사람에게는 예수의 죽음 안에 나타난 하나님의 구원이, 즉 죄가 소멸된 하나님 나라가 – 비록 단편적이겠지만 – 실재로서 다가올 것이다.

속죄론 묵상

속죄론에는 두 가지 이미지가 나타난다. 하나는 세상 죄를 지고 가는 하나님의 어린 양 예수의 형상이요, 다른 하나는 예수의 죽음에 나타난 하나님의 진노다. 전자는 세상 죄의 결과들을 짊어지는 예수를, 후자는 이러한 죄를 소멸시키는 하나님을 지시해 준다. 그러나 양자는 대립되는 형상이 아니라, 상호보완적으로 예수의 죽음이 구원 사건임을 시사해 준다.

예수의 속죄는 믿는 자에게 속죄의 책임을 면제해 주는 것이 아니라 세상의 죄와 아픔에 책임적인 삶으로 부른다. 이러한 사상은 아벨라르의 사상과 유사하게 보일지도 모른다. 그러나 신약성서는 – 아벨라르의 도덕 감화설과는 달리 – 예수의 죽음 안에 나타난 종말론적 구원사건의 실재성을 강조한다. 따라서 예수의 죽음 안에 하나님의 구원이 나타났음을 선포하는 신약성서의 속죄론은 결국 믿음 속에서 십자가를 지신 예수를 따를 뿐 아니라, 그 길을 걸으면서 예수의 죽음 안에 나타난 하나님의 새 창조를 직접 발견하라는 요청이라 할 수 있다.

역사적인 관점에서 바라보면, 예수는 하나님이 아니라 세상의 지배자들에게 죽임을 당했다. 그들은 분명 자신들이 주도하는 사회의 기득권을 위해 예수를 희생양으로 만들었다. 이러한 사실을 부정할 수는 없다. 그러나 성서는 이러한 희생양 예수를 세상 죄를 지고 가는 하나님의 어린 양이라고 증언한다.

　이러한 두 가지 관점 사이에는 분명 긴장감이 존재한다. 신약성서 기자들은 예수의 죽음에 하나님의 섭리가 나타났음을 시사해 준다.[111] 그러나 악을 선으로 바꾸시는 하나님의 섭리가 오직 참여하는 자에게만 인식되는 신비임을 감안한다면, 속죄론은 결국 우리에게 지성의 차원에서만 이루어지는 인식이 아니라, 실천과 참여를 통한 인식을 요청한다. 즉 십자가의 길을 걸으면서 직접 하나님의 섭리를 인식하라는 것이다.

111　참조. 행 2:36 "너희가 십자가에 못 박은 이 예수를 하나님이 주와 그리스도가 되게 하셨느니라."

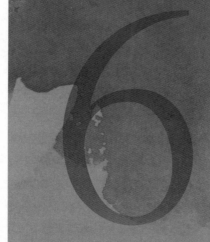

6

예수의

부활

제6장

예수의
부활

> 그리스도께서 죽은 자 가운데서 다시 살아나셨다 전파되었거늘
> 너희 중에서 어떤 사람들은 어찌하여 죽은 자 가운데서 부활이 없다 하느냐.
>
> (고전 15:12)

예수께서 자기 백성에게 배척당하고 이방인에게 사형 판결을 받았지만 하늘로부터 그 어떤 도움도 받지 못한 채 십자가에서 생애를 마감했다는 사실은 예수에게 적대적이었던 유대인들로 하여금 예수의 죽음을 조소하도록 만들었을 것이다. 그러나 얼마 지나지 않아 흩어졌던 제자들이 다시 모여 복음(福音)을 선포했으며, 이 복음을 위해 자신들의 모든 것을 바치기 시작했다. 이 복음이 바로 예수께서 죽은 자들 가운데서 부활하셨다는 부활절 메시지다. 이 메시지는 ─ 부활절 날짜에 관해서는 이견의 여지가 없지 않지만[1] ─ 그리스도교의 모든 교파가 받아들이는 신앙고백이다.

보른캄(G. Bornkamm)이 지적했듯이, 부활절 메시지는 소수 열광주의자나 몇몇 사도들의 견해에서 비롯된 것이 아니다.[2] 역사적인 관점에서 보더라도 예수의 부활은 그리스도교 신앙의 실질적인 토대로 입증된다. 부활절 신앙이 없었

---

1 동방교회는 니산월(Nisan, 유대력의 1월) 14일에 유월절을 지키는 유대교 관습을 따라 부활절도 요일에 관계없이 니산월 14일로 고정시켜야 한다고 주장했다. 이와 달리 서방교회는 니산월 14일 후 첫 번째 일요일을 부활절로 지킬 것을 요구했다. 후에 양자의 합의가 이루어져 A. D. 325년 니케아 공의회에서 춘분이 지나고 처음 오는 음력 보름 후 첫 주일을 부활절로 결정해 오늘날까지 지켜오고 있다. 그러나 동방교회는 20세기 초까지도 율리우스력을 사용한 반면 서방교회는 그레고리력을 사용했기 때문에 서로 다른 날짜에 부활절을 지킬 수밖에 없었다.

2 Günther Bornkamm, *Jesus von Nazareth* (Stuttgart; Berlin; Köln; Mainz: Kohlhammer, 1988), 159.

다면 교회와 신약성서는 존속조차 할 수 없었을 것이다.[3] 이러한 맥락에서 카스퍼(W. Kasper)는 다음과 같이 말한다. "그리스도교 신(神) 개념의 사활은 부활 신앙에 달려 있다. 그러므로 부활 신앙은 하느님과 예수 그리스도에 대한 신앙에 덧붙여진 부록 같은 것이 결코 아니다. 그것은 이 신앙의 요약이요 그 총괄 개념이다."[4]

그러나 부활절 신앙은 그리스도교 안팎에서 끊임없는 도전을 받아왔다. 부활 신앙에 대한 고전적인 비판들로는 시신도난(屍身盜難)설, 환상(幻想)설, 신화(神話)설을 들 수 있다. 예수의 부활은 실제로 일어난 사건이 아니라는 것이다. 부활 사건의 실제성 논란은 현대 신학에서도 수그러들지 않고 있다.

이러한 상황은 부활에 대한 선입견 탓도 있겠지만, 근본적으로는 부활절 사건 자체의 독특한 성격에 기인하는 것처럼 보인다. 신약성서가 증언하고 있는 부활절 사건은 한편으로는 세상에서 유비를 찾아볼 수 없는 - 역사학의 한계를 뛰어넘는 - 사건이지만, 다른 한편으로는 역사 속에 살았던 사람에게 일어난 - 역사적이 아니라고 주장할 수도 없는 - 사건이기 때문이다.

현대의 주도적인 신학자들은 예수의 부활이 - 비록 종말론적 사건이지만 - 실제적인 사건임을 강조한다. 그러나 부활절 사건의 의미에 대해서는 교파간의 견해차를 보여준다. 몰트만(J. Moltmann)과 판넨베르크(W. Pannenberg) 등의 개신교 신학자들은 유대 묵시사상의 빛에서 부활의 의미를 하나님의 새 창조에서 찾지만, 라너(K. Rahner)와 카스퍼(W. Kasper) 등의 가톨릭 신학자들은 부활을 예수께서 하나님의 차원으로 들어가는 과정으로 이해하면서 부활의 의미를 하나님의 영광 속에 계신 예수의 현존에서 찾는다. 이러한 신학적 상황은 무엇보다도 부활절 신앙의 역사적 토대를 해명하는 것이 가장 중요한 과제임을 시사해 준다.

---

3 교회의 시작은 물론 로핑크(G. Lohfink)가 주장하듯이, 하나님 나라를 실현할 하나님 백성을 불러 모은 부활 이전의 예수로부터 시작되었다고도 말할 수 있다. 참조. 게르하르트 로핑크/정한교 옮김, 『예수는 어떤 공동체를 원했나?』(1996), 25~28. 그러나 예수의 처형 이후 와해되었던 예수 공동체가 어떻게 다시 시작될 수 있었느냐는 물음에 대부분의 신학자들은 예수의 부활을 가장 결정적인 원인으로 제시한다. 물론 크로산(John Domonic Crossan)은 다른 견해를 펼친다. "예수가 체포되어 처형되었을 때, 그를 따르던 사람들이 도망갔다고 하는 것은 완벽한 사실입니다. 그러나 예수가 십자가형에 처해졌을 때 그들은 신앙을 잃기는커녕, 오히려 그것을 생생하게 지켰고 더 나아가 그것을 심화시켰다고 생각합니다." 참조. 존 도미닉 크로산/한인철 옮김, 『예수는 누구인가』(서울: 한국기독교연구소, 1998), 199. 그러나 예수 세미나 회원 가운데서도 보그(Marcus J. Borg)의 입장은 다르다. 그는 부활을 - 물론 전통적인 부활 해석은 받아들이지 않지만 - 교회의 토대로 간주한다. 참조. 마커스 보그ㆍ톰 라이트/김준우 옮김, 『예수의 의미』(서울: 한국기독교연구소, 2001), 201~202.
4 발터 카스퍼/박상래 옮김, 『예수 그리스도』(1996), 257.

부활절 신앙의 형성과정

●

1. 부활절 전승의 성격

예수의 부활을 전해 주는 전승들은 부활의 과정을 묘사하지 않는다. 물론 베드로 복음서처럼 부활의 과정을 상세하게 묘사하는 외경(the apocrypha/外經)도 존재하지만, 정경(正經) 가운데는 이러한 과정을 전해 주는 성서가 한 권도 없다. 이러한 정황은 부활의 과정을 목격한 사람이 없다는 사실뿐 아니라 부활절 사건이 언어와 사고의 한계를 뛰어넘는 신비로운 사건임을 시사해 준다.

사실 신약성서가 전해 주는 부활은 이전의 삶으로 되돌아오는 소생(resuscitation /蘇生)이 아니라 죽은 자가 지금까지 전혀 경험되지 않았던 새로운 형상으로 변형되는 과정을 의미한다.[5] 예수도 부활을 부정하는 사두개인들의 질문에 답변하면서 부활의 이러한 특성을 강조한 바 있다.[6]

사실 부활 전승들은 부활의 신비를 해소하지 않는 범위 내에서 부활하신 분의 현현에 대해 말하고 있다. 이러한 의미에서 부활 전승을 이른바 은유적인 이야기로 부를 수 있을 것이다. 그러나 부활에 대한 성서의 진술을 은유라고 말하는 것은 부활이 실제로 일어난 사건이 아니라고 말하는 것은 아니다. 단지 그 대상이 시간과 공간 안에 존재하는 대상에 대한 인식과는 전혀 다른 인식 구조를 요청한다는 사실을 지시할 뿐이다.

바울의 부활절 선포는 간결하다. "그리스도께서 죽은 자 가운데서 다시 살아나셨다."(고전 15:12) 때로는 부활이 하나님에 의해 이루어진 사건임을 강조하기 위해 하나님께서 예수를 죽은 자 가운데서 살리셨다는 표현을 사용하기도 한다.[7]

그러나 복음서의 부활절 전승들은 바울의 부활절 선포와는 달리 내용이 복잡하고 다양할 뿐 아니라 세부적인 면에서도 결코 간과할 수 없는 차이를 보여준다. 사실 복음서의 부활절 전승들은 수난 전승에 비해 공통점을 찾아보기 어려울 정도로 너무 상이하다. 예를 들자면, 부활하신 분이 나타나신 장소뿐 아

---

5 참조. 롬 6:9~10; 히 7:6; 벧전 1:21; 계 1:18.
6 참조. 마 22:23~32.
7 롬 6:4; 8:11.

니라 무덤 안의 광경 묘사에서도 서로 조화될 수 없는 차이가 나타나기도 한다. 이러한 사실 정황을 성서학자 서용원은 다음과 같이 요약한다. "1) 고린도전서는 …… 간결한 신조와 현현 사건만을 언급할 뿐 현현의 장소, 시간 등이 전혀 언급되지 않는다. 2) 마가의 기록에는 빈 무덤 이야기와 예수의 갈릴리 현현 외에 새로운 요소가 많지 않다. …… 3) 마태에는 지진, 무덤을 지키는 병사의 이야기, 갈릴리의 산 위에서 열한 제자들에게 나타남 등의 특징적인 전승이 있다. 4) 누가는 예루살렘에서의 시간과 공간에 집중한다. 첨가된 전승으로는 엠마오 설화, 예루살렘에서의 현현, 고별강화 및 예수의 승천 이야기 등을 소개한다. 5) 요한은 새로운 요소와 모티브를 소개한다. 도마, 물고기 잡는 이야기."[8]

서용원이 지적하고 있듯이, 이러한 사실 정황은 "원시교회의 부활절 전승이 시간이 경과함에 따라서 그리고 교회의 삶의 자리에 의해서 확장되고 세밀한 손질을 통해서 수정되고 발전된 것임을 보여주는 것"이다.[9]

사실 부활절 전승들이 다양하고 상이한 이유를 전승들 사이에 존재하는 시간적 차이에서 찾아야 한다는 견해에 이의를 제기하는 성서학자는 거의 없을 것이다. 그러나 전승들이 시간이 경과함에 따라 변천 과정을 거쳤다는 사실이 반드시 부활절 전승의 역사적 진정성(眞情性)을 부인하도록 만드는 것은 아니다. 초기 전승에서 모호했던 것이 후기 전승에서 해명되는 경우도 적지 않기 때문이다.

가톨릭의 저명한 성서학자 브라운(R. E. Brown)은 다음과 같이 말한다. "만일 우리가 발현(發顯) 이야기의 기능을 올바로 이해한다면, 발현 이야기 안에 나타나는 다양성은 그 역사성에 반대되는 주장을 하지 못한다."[10] 유대교 성서학자 라피데(P. Lapide)도 다음과 같이 단언한다. "부활절 전승에는 신화적인 장식이 있긴 하지만 가장 오래된 전승에는 역사적인 핵(核)이 존재한다."[11]

이러한 인식 하에서 현대 성서신학은 상이한 부활 전승들의 뿌리에 세 가

---

8 서용원, "마가복음의 부활 이야기", 「신약논단」 제10권 (2003년 겨울), 850~851.

9 앞의 논문, 851.

10 레이먼드 E. 브라운/김광식 옮김, 「신약성서 그리스도론 입문」 (왜관: 분도출판사, 2010), 205.

11 Pinchas Lapide, *The Resurrection of Jesus. A Jewish Perspective*, translated by Linss, Wilhelm C. (Oregon: Augsburg Fortress Publishing House, 1982), 125.

지 기본적인 전승들 – 예수께서 죽은 자 가운데서 살아나셨다는 고린도전서의 부활절 선포(15:12)와 여인들이 무덤을 찾아갔지만 빈 무덤만을 발견했다는 마가복음의 전승(16:1~8), 그리고 부활하신 분이 제자들에게 나타났다는 고린도전서의 현현(顯現) 전승(15:3~8) – 이 존재하며, 이 세 전승들의 관계를 연구하는 가운데 빈 무덤 전승과 현현 전승이 부활절 선포 형성에 결정적인 영향을 끼쳤다는 사실을 밝혀냈다.

여기서 물음이 제기된다. 부활절 신앙의 형성과정에서 이 전승들은 서로 어떻게 연관되는가? 구체적으로 말하자면, 빈 무덤을 발견한 후 부활하신 분이 나타났기 때문에 예수의 부활을 선포한 것인가, 아니면 예수께서 제자들에게 나타났기 때문에 제자들이 예수의 부활을 선포했으며 후에 부활의 특성을 변증하기 위해 빈 무덤 전승을 창작한 것인가, 아니면 두 종류의 체험들이 서로 만나 예수의 부활을 선포하게 되었는가?

2. 부활절 신앙의 형성과정

빈 무덤의 발견을 부활절 신앙의 토대로 간주하는 신학자들은 부활절 선포가 빈 무덤의 발견에서 비롯되었으며 부활하신 분의 현현을 통해 확고해졌다고 주장한다. 이러한 입장을 대변하는 캄펜하우젠(H. von Campenhausen)은 다음과 같이 말한다. "몰래 이장했다거나 다른 무덤과 혼동했다고 생각할 수도 있다. 물론 상상의 나래를 펼쳐볼 수는 있을 것이다. 빈 무덤과 관련해서는 모든 추측이 가능하다. 그러나 이러한 추측들은 증거가 될 수 없으며, 비판적인 연구와는 무관하다. 검토 가능한 것을 고려해 볼 때 빈 무덤 자체와 이 빈 무덤을 얼마 지나지 않아 발견했다는 보도는 현재의 전승 형태 그대로 받아들여야 한다는 것이 나의 견해다. 이 보도가 근거 있는 보도라는 것을 입증하는 논거는 여러 가지가 있지만 그렇지 않다는 논거는 결정적이지도 않고 확실하지도 않다. 따라서 이 보도가 역사적이라는 것이 개연성 있는 결론이다."[12]

빈 무덤 전승을 초대교회의 창작으로 간주할 수는 없다는 것이다. 사실 제자들이 예수의 시신을 훔쳐갔다는 주장에는 오히려 빈 무덤이라는 역사적 사실이 전제되어 있다. 빈 무덤의 발견을 부활절 선포의 토대로 보는 신학자들은

---

12 H. von Campenhausen, *Ablauf der Osterereignisse* (Heidelberg: Carl Winter, 1977), 42.

빈 무덤의 역사성에 근거해 예수의 부활이 실제로 시간과 공간 속에서 일어난 사건임을 강조한다.

그러나 이러한 입장은 현대 신학에서 지지보다는 비판을 더 많이 받는다. 빈 무덤 전승을 신화로 간주하는 불트만(R. Bultmann)뿐 아니라 큄멜(W. G. Kümmel)도 빈 무덤의 역사성에 부정적인 입장을 취한다. 그는 바울이 빈 무덤 전승을 알지 못했다는 이유를 들어 이 전승을 후대의 전승으로 간주한다.[13] 그들은 빈 무덤 전승이 역사적 근거를 가진 전승이 아니라 부활 신앙을 가지고 있던 제자들이 부활의 특성을 변증하기 위해 후에 창작한 전승이라고 주장한다.

현대의 주요 성서학자들은 빈 무덤의 역사적 개연성을 단적으로 부정하지는 않는다. 그러나 빈 무덤을 부활절 신앙의 토대로 간주하지도 않는다. 빈 무덤 전승의 역사성을 전적으로 부정할 수는 없지만 빈 무덤 자체가 부활절 신앙의 직접적 근거가 될 수 없다는 것이다. 비어 있는 무덤은 시신도난설의 가능성을 배제할 수 없기 때문이다. 이미 1세기에 이러한 이론이 유포되어 있었으며, 신약성서도 이러한 사실을 알고 있다.[14]

그렇다면 부활하신 분이 제자들에게 나타나셨다는 현현 사건이 부활절 신앙의 토대인가? 현대 개신교 신학을 주도하는 신학자들은 부활절 신앙이 빈 무덤이 아니라, 부활하신 분의 현현에서 비롯되었다고 주장한다.[15] 가톨릭 성서학자 브라운도 동일한 견해를 피력한다. "제자들로 하여금 예수의 부활을 믿도록만든 것은 영광 받으신 주님의 나타나심이었다. 이러한 신앙은 빈 무덤을 해석해 준다. 부활하신 주를 뵈었기 때문에 무덤이 왜 비어 있는지를 설명할 수 있었다."[16]

사실 가장 오래된 부활 전승인 고린도전서 15장 4절은 빈 무덤에 대해 아무런 말도 하지 않는다. 물론 바울이 빈 무덤 이야기를 몰랐다고 단정 지을 수는 없다. 그러나 바울이 빈 무덤 없이도 부활을 선포할 수 있었다는 것은 분명하다. 카스퍼는 이러한 정황을 다음과 같이 요약한다. "부활 신앙은 일차적으로

13 W. G. 큄멜/박창건 옮김, 『신약성서신학』 (서울: 성광문화사, 1985), 112~113.

14 참조. 행 10:41; 마 28:13.

15 카스퍼와 몰트만은 물론 빈 무덤의 역사적 개연성을 주장하는 판넨베르크(W. Pannenberg)도 이러한 입장을 취한다. 참조. W. Pannenberg, *Systematic Theology Vol. 2* (Michigan, 1994), 353.

16 Raymond E. Brown, *The Virginal Conception and Bodily Resurrection of Jesus* (1973), 127.

볼 때 빈 무덤에 대한 신앙이 결코 아니다. 그것은 현양되신 주님, 살아계신 주님에 대한 신앙이다."[17] 부활절 신앙의 본질은 살아계신 예수와의 만남에서 비롯되었다는 것이다.

부활절 전승들을 전체적으로 고찰해 보면, 현현 사건이 부활절 신앙의 출발점이었을 개연성이 가장 크다. 그러나 이 사건만으로는 제자들이 부활절 선포에 이르지 못했을 것이다. 그들에게 나타난 분은 영적 존재로도 이해될 수 있기 때문이다. 사실 바울은 부활하신 분의 현현을 하늘로부터 나타난 현상으로 묘사하고 있다.[18]

이러한 맥락에서 성공회 신학자 라이트(N. T. Wright)는 다음과 같이 말한다. "빈 무덤 자체나 예수의 현현 사건들 자체는 초기 그리스도인들의 신앙을 발생시킬 수 없었을 것이다. 빈 무덤 자체는 수수께끼이고 하나의 비극일 뿐이다. 예수가 살아나서 사람들을 만난 사건들도 그 자체로만 보면 고대 세계에서 아주 잘 알려져 있었던 환상들 또는 환각으로 분류될 수 있었을 것이다. …… 하지만 빈 무덤과 부활한 예수의 현현들을 함께 고려하게 되면 그것은 이러한 신앙의 출현에 대한 강력한 근거를 제공해 준다."[19]

빈 무덤과 현현 사건이 — 개개의 사건으로 보자면 불완전한 증거밖에 될 수 없지만 양자를 전체적인 맥락에서 보면 — 서로의 역사성을 지지해 주면서 부활절 신앙을 탄생시켰다는 것이다. 이러한 견해는 설득력이 있다. 부활절 신앙은 분명 현현 사건에서 비롯되었지만, 빈 무덤 없이는 몸의 부활을 온전하게 선포할 수 없기 때문이다. 몰트만(J. Moltmann)도 이러한 취지로 다음과 같이 말한다. "역사적으로 우리는 다음과 같이 추측할 수 있다. 갈릴리에서 돌아온 제자들은 예루살렘에서 여자들이 예수의 무덤에서 경험한 것을 들었으며, 이리하여 두 그룹의 경험들이 서로 만나게 되었으며 서로를 증명하였다."[20]

그러나 믿음이 없는는 현현 사건과 빈 무덤을 결합시킬 수 없다는 사실도 지적되어야 한다. 논리적인 관점에서는 현현 사건과 빈 무덤을 결합시키는 것이 필연적이지만은 않기 때문이다.

---

17 발터 카스퍼/박상래 옮김, 「예수 그리스도」 (1996), 231.
18 참조. 행 9:3~9.
19 톰 라이트/박문재 옮김, 「하나님의 아들의 부활」 (서울: 크리스챤다이제스트, 2005), 1,059.
20 위르겐 몰트만/김균진 · 김명용 옮김, 「예수 그리스도의 길」 (1990), 312.

이러한 사실은 우선 빈 무덤을 현현 사건과 결합시킨 것이 현현 사건을 통해 제자들에게 주어진 믿음이라는 사실을 시사해 준다. 따라서 현현 사건과 빈 무덤이라는 두 종류의 체험이 만나 부활절 신앙을 형성했다고 말하기보다는 현현 사건이 부활절 신앙의 근거이며, 이 사건을 통해 갖게 된 믿음의 눈으로 빈 무덤을 바라보면서 부활절 신앙에 이르게 되었다고 말하는 것이 적절할 것이다. 빈 무덤은 오직 믿음에 의해 현현 사건과 결합될 때에만 몸의 부활을 해명해 주는 역할을 감당할 수 있기 때문이다.

달리 말하자면, 제자들은 믿음 속에서 빈 무덤을 부활하신 분이 남기신 증거로 해석함으로써 빈 무덤과 현현 사이에서 일어났던 일을 추론해 보았으며, 이러한 추론 속에서 몸의 변형이 일어났다는 결론에 도달했을 것이다. 그리고 원시 그리스도교에서 중요한 역할을 담당했던 바울은 이러한 확신을 유대 묵시사상의 언어로 표현하는 가운데 예수께서 죽은 자 가운데서 부활하셨다고 선포할 수 있었을 것이다.

바울의 부활 이해

우리는 앞에서 "예수가 죽은 자 가운데서 다시 살아나셨다."는 바울의 선포가 세 가지 해석학적 과정을 거쳤음을 시사했다. 첫째, 현현 체험의 단계. 둘째, 이 체험의 빛에서 빈 무덤을 바라보면서 예수에게 몸의 변형이 일어났음을 확신하게 된 단계. 셋째, 이러한 확신을 유대 묵시사상의 빛에서 해석하는 단계. 따라서 바울의 부활절 선포를 본래의 의미대로 이해하기 위해선 유대교의 부활사상에 대한 이해가 선행되어야 한다. 바울의 부활절 선포는 언어뿐 아니라 사상에 있어서도 유대 묵시사상을 전제하고 있기 때문이다.

1. 유대교의 부활 이해

1세기 유대인들에게 '죽은 자의 부활'은 낯선 언어가 아니었다. 물론 예수 당시에도 사두개인처럼 죽은 자의 부활을 믿지 않는 사람들이 있었다. 그러나 묵시사상의 영향을 가장 많이 받았던 에세네파는 물론 유대교 전통을 수호하려

했던 바리새파도 죽은 자의 부활을 믿고 있었다. 이러한 정황은 유대교가 이미 오래전부터 죽은 자의 부활사상을 알고 있었음을 시사해 준다.

물론 유대교 철학자 부버(M. Buber)와 구약성서학자 폰 라트(G. von Rad)는 부활사상이 묵시사상의 태동 속에서 B. C. 6세기경 시작되어 B. C. 2세기에 유대 신앙 안에서 확고한 위치를 차지하게 되었다고 주장한다.[21] 부활과 묵시사상은 유대교 내의 한 현상임에는 틀림없지만, 전통적인 예언자 신앙의 범주에 속하지는 않는다는 것이다.

그러나 유대교 성서학자 라피데는 부활사상이 유대교만큼이나 오래된 것이라고 주장한다.[22] 그는 그 이유를 다음과 같이 설명한다. "하나님이 정의롭고 자비로우시다면 죽음이 마지막이 아니기 때문이다."[23] 죽은 자의 부활에 대한 신앙은 하나님의 정의를 소망했던 유대교 신앙의 필연적 귀결이라는 것이다. 성서학자 핸슨(P. D. Hanson)도 비슷한 견해를 피력한다. 그는 죽은 자의 부활을 강조하는 묵시사상을 – 하나님의 정의를 신뢰하는 유대교 신앙에서 벗어난 것이 아니라 오히려 암울한 현실 속에서도 이러한 신앙을 철저하게 관철시키려 했던 – 예언자 사상의 진정한 계승자로 제시한다.[24] 저명한 성서학자 로제(E. Lohse)도 묵시사상이란 종교의 이원론적 표상들을 받아들인 것은 사실이지만, 결코 전통적인 유일신 신앙의 한계를 벗어난 적은 없다고 주장한다.[25]

물론 예언자 신앙의 관점에서 보면 문제의 소지가 될 만한 묵시사상적 표상들이 분명 존재한다. 그러나 묵시적 표상 자체가 아니라 이러한 표상을 통해 제시하려는 메시지에 주목한다면, 묵시사상에서 말하는 부활사상의 뿌리가 궁극적으로는 하나님의 정의와 새 창조를 고대하는 유대교의 예언자 신앙에 있음을 부정할 수는 없을 것이다. 조직신학자 김균진도 비슷한 어조로 말한다. "부활 신앙의 본질은 죽은 다음 영원히 살기를 바라는 인간의 욕구를 충족시키기 위한 동기에서 나온 것이 아니라, 하나님이 보이지 않는 세계 속에서 하나님의 의에 대한 안타까운 질문 곧 신정론에 대한 질문으로 말미암아 등장하였

---

21 참조. Martin Buber, *Kampf um Israel: Reden und Schriften* (Berlin: Schocken Verlag, 1933), 59~60; Gerhard von Rad, *Wisdom in Israel*, translated by James D. Martin (London: SCM Press Ltd. 1972), 277~283.

22 Pinchas Lapide, *The Resurrection of Jesus. A Jewish Perspective*, translated by Linss, Wilhelm C, (1982), 55.

23 Ibid., 54.

24 Paul D Hanson, *The Dawn of Apocalyptic* (Philadelphia: Fortress Press, 1979), 30.

25 Eduard Lohse, *Die Entstehung des Neuen Testaments* (1972), 137.

다는 사실이다."[26]

따라서 성서의 예언자 신앙을 알고 있는 유대인이라면 초대교회의 부활절 선포를 하나님의 정의와 새 창조가 시작되었음을 고지하는 메시지로 들었을 것이다.

그러나 유대교 신앙에서 말하는 하나님의 정의가 산 자만을 위한 정의가 아니라는 사실도 지적되어야 한다. 하나님의 정의가 철저하게 이루어지기 위해선 오히려 죽은 자의 부활이 필연적이다. 이러한 관점에서 보자면, 죽은 자의 부활이 처음에는 은유적인 표현이었지만 B. C. 2세기경에야 비로소 문자적으로 이해되기 시작했다고 주장하는 라이트의 입장은 오해의 소지를 내포하고 있다.[27] 물론 죽은 자의 부활은 종말론적 개념이며, 따라서 은유적인 표현일 수밖에 없다. 그러나 이 개념 속에 내포되어 있는 사상, 즉 죽음이 끝이 아니라는 사상이 B. C. 2세기 이전의 유대교에는 존재하지 않았다고 말하는 것은 – 성서적인 관점뿐 아니라 종교사적인 관점에서 보더라도 – 극단적인 주장일 수밖에 없다.

그러면 죽은 자의 부활 이전에 한 개인이 부활할 수 있다는 사상을 유대교는 어떻게 생각하는가? 라이트는 개인의 부활이 유대교에서는 매우 낯선 현상이었다고 말한다. "유대인들은 한 사람이 부활을 얻고 나머지 역사는 그대로 흘러간다고는 결코 생각하지 않았다."[28] 유대인에게 부활은 엄연한 종말론적 사건이라는 것이다. 그러나 라피데는 종말 이전에 존재하는 개인의 부활을 인정한다. 의인이나 예언자는 종말 이전에도 부활할 수 있다는 것이다. 물론 그는 부활을 메시아의 조건으로 간주하지는 않는다.[29]

라이트도 물론 구약성서가 에녹과 모세, 그리고 엘리야의 부활을 말하고 있음을 인정한다. 그럼에도 그는 구약성서에 나타나는 개인의 부활이 은유임을 강조하면서 개인의 부활을 "본래적인 부활에 관한 믿음으로 간주할 것이 아니라 오히려 탁월한 사람에 대한 특별한 설명으로 간주해야 한다."고 주장한다.[30]

26 김균진, "영혼불멸설과 죽은 자들의 부활 신앙 II", 「신학논단」 제28집 (2000), 114.

27 참조. 톰 라이트/박문재 옮김, 『하나님의 아들의 부활』(2005), 182.

28 앞의 책, 182.

29 참조. Pinchas Lapide, *The Resurrection of Jesus. A Jewish Perspective*, translated by Linss, Wilhelm C. (1982), 152.

30 톰 라이트/박문재 옮김, 『하나님의 아들의 부활』(2005), 182.

그러나 앞에서 살펴보았듯이 하나님의 정의가 죽은 자를 제외하지 않는다는 점을 감안한다면 구약성서가 말하는 개인의 부활을 은유나 상징으로 간주할 수만은 없을 것이다.

이러한 정황은 다음과 같은 사실을 지시해 준다. 대부분의 유대인들은 죽은 자의 부활을 믿으면서도 하나님 나라가 도래하지 않았다는 이유를 들어 예수의 부활을 인정하지 않았을 것이다. 그리고 예수의 부활을 인정하는 소수의 유대교인들도 예수를 예언자 이상으로 보지는 않았을 것이다. 또한 고린도전서 15장이 암시하듯이, 예수의 부활은 믿지만 죽은 자의 부활은 믿지 않는 신자들도 있었을 것이다. 이러한 다양한 이해에도 불구하고 부활을 하나님의 종말론적 새 창조의 맥락에서 이해한다는 점에서는 거의 모든 유대인들이 일치했을 것이다.

2. 하나님의 새 창조

바울은 분명 현현 체험을 묵시사상의 빛에서 해석한다. 그러나 바울이 임의적으로 예수의 현현을 묵시사상과 연결시킨 것은 아니다. 현현 체험과 묵시사상 사이에 공통점이 없었다면, 양자의 결합은 곧 해체되었을 것이다. 그러나 양자 사이에는 분명한 공통점이 존재한다. 그것도 본질적인 공통점이 존재한다. 이 세상에 속하지 않는 새로움에 대한 체험이 바로 그것이다. 사실 예수의 현현 체험이 이 땅에서 유비를 찾아볼 수 있는 체험이었다면, 제자들은 – 소생이 아니라 변형을 지시하는 – 부활이란 말을 쓰지 않았을 것이다.

이로써 바울의 부활절 선포가 말하려는 바가 해명된다. 하나님의 새 창조의 도래가 바로 그것이다. 현대 개신교신학의 거장들도 부활의 우선적인 의미를 하나님의 새 창조에서 찾는다. 신약성서의 종말론적 성격을 부각시켰던 판넨베르크(W. Pannenberg)와 몰트만뿐 아니라 브루너(E. Brunner)도 원시 그리스도교의 부활절 신앙을 새 창조의 도래와 연관시킨다. "부활절로 인해 새로운 에온(Aeon)이 시작되었다."[31]

그러나 새로운 창조는 아직 성취된 것이 아니라 예수에게만 일어났기 때문에 '죽은 자의 부활'에서 '죽은 자 가운데서의 부활'로 개념의 변화가 이루어질 수

---

31 E. Brunner, *Das Ewige als Zukunft und Gegenwart* (Zürich: Zwingli Verlag, 1955), 159.

밖에 없었다.

몰트만은 이러한 맥락에서 부활하신 분의 나타나심이 중단되었을 때 부활 신앙이 완성되었다는 주장을 펼쳐나간다. "원시 기독교의 부활 신앙은 단지 그리스도의 나타나심 때문만에 일어난 것은 아니었다. 오히려 그것은 하나님의 영에 대한 경험에 사로잡혔기 때문이기도 하였다. 그러므로 바울은 이 영을 부활의 영 혹은 부활의 능력이라 부른다. 누가에 의하면 그리스도의 승천으로 말미암아 그의 나타나심이 끝나고 오순절의 영의 부으심이 뒤따른다. 따라서 부활하신 그리스도를 믿는다는 것은 부활의 영에 사로잡힌다는 것을 뜻하였다."[32]

부활 신앙은 예수의 나타나심에서 비롯되었지만 하나님의 창조적 행위에 참여케 하는 부활의 영에 사로잡히는 데서 완성된다는 것이다. 따라서 부활 신앙은 신비적으로 피안의 세계로 도피하는 것이 아니라, 이 세계 내에서 소망 가운데 이 세계를 변화시키는 영에 참여하는 것으로 이해된다. 몰트만은 다음과 같이 말한다. "부활은 거짓된 위로를 주는 피안의 아편이 아니라 이 삶을 다시 태어나게 하는 힘이다. 부활의 희망은 어떤 다른 세계를 지향하지 않고 이 세계의 구원을 지향한다."[33]

몰트만은 이와 같이 부활절 신앙을 "예수를 죽은 자 가운데서 다시 살리신 분의 영"(롬 8:11)에 사로잡히는 것으로 이해한다. 이러한 경향은 성서학자들에게서도 나타난다. 예를 들자면, 성서학자 박창건은 현대 개신교 성서학자들의 견해를 종합하면서 부활절 신앙을 "부활하신 그리스도를 믿는 신앙이라기보다는 예수를 죽은 자들 가운데서 다시 살리신 하나님을 믿는 신앙"으로 정의 내린다.[34]

이와 같이 예수의 부활에서 하나님의 새 창조를 읽어내는 사상에서는 예수보다 하나님이, 예수의 인격적 현존보다 하나님의 새로운 창조가, 예수의 인격적 현존에 참여하려는 영성보다 세상 한가운데서 하나님의 새로운 창조에 참여하는 윤리가 강조된다.

그러나 예수의 부활을 하나님의 새 창조의 맥락에서 해석하는 현대 개신교 신학자들의 진술은 바울의 부활절 선포를 넘어서는 것이 아니다. 그들은 단지

---

32 위르겐 몰트만/김균진 · 김명용 옮김, 『예수 그리스도의 길』 (1990), 312~313.

33 앞의 책, 343.

34 박창건, "신약성서의 관점에서 본 부활 신앙", 『협성신학연구논총』 6 (2001), 89.

바울의 부활절 선포에 내포된 의미를 드러냈을 뿐이다. 바울은 분명 예수의 부활을 유대 묵시사상의 빛에서 해석했으며, 그 결과 예수의 인격적 현존보다는 하나님의 새 창조를 강조할 수밖에 없었을 것이다.

3. 바울의 부활 해석에 대한 물음

바울의 종말론적 성격을 발견한 것은 현대개신교 신학자들의 공헌이다. 그러나 바울의 해석학적 지평인 유대 묵시사상 없이는 예수의 부활을 올바르게 해석할 수 없는 것인가? 유대 묵시사상 대신 다른 해석학적 지평 속에서 부활을 이해하는 것은 본질에서의 이탈을 의미하는가?

바울은 분명 그렇다고 말할 것이다. 성서학자 조광호가 고린도전서 15장을 해석하면서 명백하게 밝혔듯이, "바울에게 그리스도의 부활과 죽은 자들의 부활은 분리될 수 없는 사건이다. 바울은 죽은 자의 부활이라는 묵시적인 틀에서 예수의 부활을 이해한다."[35] 따라서 바울은 그리스도의 부활은 받아들이면서도 죽은 자의 부활은 인정하지 않는 고린도교회의 교인들을 설득한다.

그러나 이러한 장면은 당시에도 유대 묵시사상이 예수의 부활을 해석하는 유일한 지평이 아니었음을 시사해 준다. 사실 신약성서는 또 다른 해석의 틀을 우리에게 보여준다. 예수의 부활을 하나님께 올라가는 과정으로 이해하는 요한의 신학이 바로 그것이다. "예수께서 이르시되 나를 붙들지 말라 내가 아직 아버지께로 올라가지 아니하였노라 너는 내 형제들에게 가서 이르되 내가 내 아버지 곧 너희 아버지, 내 하나님 곧 너희 하나님께로 올라간다 하라 하시니." (요 20:17)

현대 신학자들도 이러한 사실에 동의한다. 가톨릭 신학자 발타자(H. U. von Balthasar)는 예수의 부활을 바라보는 성서의 관점이 하나뿐이 아니었음을 지적하며,[36] 판넨베르크도 성서에 이러한 두 가지 해석방식이 있었음을 인정한다.[37]

물론 판넨베르크는 묵시사상적 해석 지평을 보다 근원적인 것으로 본다. 그러나 라너는 요한복음에서 제시된 해석 지평이 보다 본질적임을 강조하면서 다

---

35 조광호, "부활을 부정하는 고린도 교인들과 이에 대한 바울의 논증", 「신학논단」 제60집 (2010), 172.
36 참조. H. U. von Balthasar, *Theodramatik VI* (Johannes Verlag Einsiedeln, 1983), 320~324.
37 참조. W. Pannenberg, *Systematic Theology Vol.2* (Michigan, 1994), 351.

음과 같이 말한다. "예수의 죽음이란 그 본래의 본질에서 말하면, 바로 부활로 자기를 지양하는 것, 부활 속에 죽는다는 것이고, 그리고 부활이란 결코 예수의 생애와 시기가 새롭게 다른 것으로 채워지고, 시간 속에서 속행되는 것이 아니다."[38] 카스퍼는 보다 구체적으로 말한다. "예수는 하나님께 이르게 되었고 동시에 우리 곁에 새로 와 계시다. 이로써 무엇인가 새로운 것이 이루어졌고 이 새로움을 일러 사람들은 신화적 언어를 빌어 전통적으로 천당이라고 한다."[39]

라너와 카스퍼는 이와 같이 부활하신 분의 현현을 동일한 예수의 영원한 현존으로 해석하며, 부활하신 분의 현존 방식에 관심의 초점을 맞춘다.

그러면 두 가지 해석방식 중 어느 것이 원초적인 해석인가? 원시 그리스도교의 배경이 유대 묵시사상이라는 사실을 감안하면 바울의 해석이 원초적인 것처럼 보이지만, 부활절 신앙의 직접적 귀결이 살아계신 그리스도에 있음을[40] 감안한다면 요한의 신학이 오히려 근본적일 수도 있다. 이러한 신학적 상황은 무엇보다도 현현 체험을 돌아보도록 만든다. 그 어떠한 해석도 현현 체험에 상응하지 않는다면 설득력을 상실할 수밖에 없기 때문이다.

현현 체험의 본질과 의미

신약성서에서 부활하신 분은 바울에게 나타나신 분처럼 사람을 압도하는 신비로 나타나기도 하지만, 대부분의 경우에는 제자들에게 평강을 주시는 분으로 묘사되고 있다. "평안을 너희에게 끼치노니 곧 나의 평안을 너희에게 주노라."(요 14:27. 참조. 눅 24:36; 요 20:19) 그러나 제자들에게는 평강 체험뿐 아니라 ─ 세상에 나아가 복음을 전하라는 ─ 부르심의 체험도 주어진다.(참조. 마 28:19~20; 막 16:15; 요 2:15~17) 이러한 현상은 부활하신 분에 대한 체험이 하나님 나라 체험일 뿐 아니라 동시에 인격 체험임을 시사하고 있다.

38 칼 라너/이봉우 옮김, 『그리스도교 신앙 입문』 (왜관: 분도출판사, 1994), 350.
39 발터 카스퍼/박상래 옮김, 『예수 그리스도』 (1996), 269.
40 브루너도 다음과 같이 말한다. "모든 부활절 보도의 공통점은 십자가에서 죽으셨던 분이 자신을 살아계신 분으로 계시하셨다는 사실에 있다." 참조. E. Brunner, Das Ewige als Zukunft und Gegenwart (1955), 159.

1. 현현 체험의 본질

1) 하나님 나라 체험

현현 체험의 특징을 올바르게 이해하기 위해선 무엇보다도 먼저 제자들에게 나타나신 분이 이전의 모습으로 소생(蘇生)하신 분이 아니라는 사실이 강조되어야 한다. 몰트만은 다음과 같이 말한다. "모든 사람들이 죽은 예수를 살아계신 분으로 보았다는 보도에 있어서 일치한다. 그들은 예수가 이 삶으로 돌아왔다고 말하지 않는다. 오히려 그가 그들의 삶 속에서 '나타난' 하나님의 영광 속에서 살아 계시다고 말한다."[41]

바울의 표현을 빌리자면, 제자들에게 나타나신 분은 신령한 몸을 가진 분이지 누구라도 보고 만질 수 있는 대상적인 인격체가 아니다.[42] 카스퍼도 이러한 체험에 대해 다음과 같이 말한다. "이 체험은 객관적으로 물증을 찾아 추적할 수 있는 사건이 아니다. 우리는 이 발현을 대할 때 중립적인 관찰자나 참관인처럼 거리를 취하면서 대할 수는 없다. 발현을 체험했다는 것은 예수한테 꼼짝없이 당했다는 것이요 그분한테 엄습당하고 압류 당했다는 것이고 신앙에 눈을 뜨게 되었다는 것이다."[43]

종교학자 오토(R. Otto)의 개념을 빌려 말하자면, 이 체험은 위압적이고 압도적인 두려움의 감정(tremendum)과 더불어 매혹의 감정(fascinosum)을 동시에 가져다주는 누미노제(numinoese) 체험이라고 말할 수 있다.[44]

현대의 주요 신학자들은 이러한 체험을 하나님 나라 체험으로 부른다. 몰트만은 예수의 정체성을 "인격으로 오신 하나님 나라"[45]로 정의하며, 나사렛 예수의 역사적 실존 속에 나타난 '새로운 존재'(New Being)를 예수의 본질로 제시하는 틸리히의 통찰력도 이러한 사실을 시사하고 있다.[46] 가톨릭 신학자 카스퍼도 다음과 같이 말한다. "부활하신 주님과의 만남은 언제나 하나님과의 만남, 신 체험(神體驗)이라는 특징을 띠고 나타난다. 제자들에게 떠오른 것, 그들이

41 위르겐 몰트만/김균진 · 김명용 옮김, 『예수 그리스도의 길』 (1990), 310.

42 참조. 고전 15:35~49.

43 발터 카스퍼/박상래 옮김, 『예수 그리스도』 (1996), 250.

44 참조. 루돌프 오토/길희성 옮김, 『성스러움의 의미』 (왜관: 분도출판사, 1991), 47~74.

45 위르겐 몰트만/이신건 옮김, 『오늘 우리에게 예수는 누구인가?』 (서울: 대한기독교서회, 1997), 15~16.

46 참조. P. Tillich, Systematic theology, Volume 2 (Chicago: the university of chicago press, 1957), 118~134.

체험하고 깨달은 것은 예수 그리스도 안에서 죽음을 거쳐 궁극적으로 도래한 하나님 나라라는 현실이요 십자가에 처형되신 분의 얼굴에 하나님의 다스림이 비쳤다는 사실이다."[47]

제자들에게 주어졌던 현현 체험은 예수께서 선포하셨던 하나님 나라 체험이라는 것이다. 사실 성서가 현현 체험의 현상학적 특징으로 제시하는 평강은 현현 체험이 하나님 나라 체험임을 시사해 준다. 본래적인 의미의 샬롬(שָׁלוֹם, šālom)은 하나님의 종말론적 현실을 지시하는 개념이기 때문이다.[48]

이러한 맥락에서는 예수의 부활을 묵시사상의 빛에서 해석하는 바울이 정당하다. 이미 앞에서 언급했듯이, 현현 체험과 묵시사상은 역사 속에 나타난 전대미문의 새로움에 대한 체험에서 공통점을 가지고 있기 때문이다.

그러나 하나님의 새 창조나 하나님 나라는 하나님의 피조물이 아니다. 물론 논리적으로 하나님의 새 창조는 하나님의 행위의 결과다. 그러나 하나님의 새 창조는 옛 창조와 달리 하나님께서 만유 안에서 만유가 되시는 행위다.[49] 달리 말하자면, 하나님의 새 창조는 하나님께서 세상을 당신 안으로 받아들여 새롭게 변화시키며 이러한 새로움을 통해 당신의 정체성을 드러내시는 행위다. 따라서 하나님의 새 창조는 피조물의 관점에서는 하나님에 의해 새로워진 상태를 뜻하지만, 하나님의 관점에서는 우리와 함께하시는 하나님, 세상 안에서 참 세상이 되신 하나님을 뜻한다.

윙엘(E. Jüngel)은 다음과 같이 말한다. "하나님 나라란 하나님 자신에 대한 표현, 즉 이 세계의 지평 속에서 활동하시며 이 세계를 변화시키는 하나님의 존재에 대한 표현이다."[50] 카스퍼도 다음과 같이 말한다. "그리스도가 인격으로 온 하느님의 나라라면, 하느님의 나라가 하나님의 우주적 성육화(成肉化)가 아니고 도대체 무엇이란 말인가?"[51]

---

47 발터 카스퍼/박상래 옮김, 『예수 그리스도』 (1996), 250.
48 평화에 해당되는 히브리어 샬롬(שָׁלוֹם, šālom)은 일반적으로 이스라엘 사람들이 안부를 주고받는 인사말로 알려져 있다. 그러나 샬롬은 본래 예언자들이 고대했던 하나님 나라의 현실을 가리키는 말이었다. 즉 전쟁의 부재(不在)라는 소극적 상태를 넘어서서 온전함(wholeness)이나 충만함(fullness), 즉 모든 관계와 개체가 자신의 본질을 온전하게 실현하게 되는 하나님의 새로운 창조 상태를 지시한다.
49 참조. 엡 1:20~23; 골 1:15~20.
50 E. Jüngel, Geheimnis der Welt (Tübingen: J. C. B. Mohr, 1982), 484.
51 발터 카스퍼/박상래 옮김, 『예수 그리스도』 (1996), 35.

예수를 참 인간이며 참 하나님으로 제시했던 칼케돈의 교리는 하나님의 새 창조란 개념에도 적용되어야 한다. 따라서 요한복음의 도마는 새 창조로 현존하시는 분을 하나님으로 고백할 수 있었다. "나의 주님이시요 나의 하나님."(요 20:28)

이러한 사실은 다음과 같은 것을 의미한다. 부활하신 분은 부활 이전의 몸과는 전적으로 다른 신비의 몸, 곧 하나님 나라로 현존하지만, 부활 이전과 마찬가지로 오늘도 우리에게 당신을 내어주시며 우리를 당신께로 부르시는 인격 존재로 현존한다.

2) 인격 체험

현현 체험이 신비 체험이면서도 인격 체험이라는 사실은 특히 복음서의 현현 전승들에서 강조된다. 현현 전승들은 부활하신 분이 이전의 몸으로 소생하신 분이 아님을 암시하면서도 부활하신 분의 신체성(身體性)을 강조한다. 누가는 엠마오로 가는 두 제자의 눈을 열어 당신을 알아보도록 하신 후 당신의 몸을 드러내 보이면서 제자들과 함께 식사하시는 예수의 모습(24:13~43)을 보여주며, 요한복음의 예수는 제자들에게 십자가의 상처를 보여주시고 당신의 몸을 만져 보게 하신다.(20:19~29)

그러나 하나님의 영광 속에 계신 분이 동시에 과거의 신체성을 갖고 나타나셨다는 진술은 모순일 수밖에 없다. 부활이 소생이 아니라면 부활하신 분은 지상에 사셨던 분과는 질적으로 다른 존재 형태를 가진 분이어야 하기 때문이다. 그렇다면 우리는 부활하신 분의 신체성에 대해 말하는 전승을 어떻게 이해해야 하는가?

이 전승을 역사적 보도로 이해하는 것은 우리의 지성뿐 아니라 부활 전승 전체의 의도에도 어긋난다. 복음서를 포함한 신약성서 전체가 전해 주는 예수의 부활은 분명 소생이 아니기 때문이다. 대부분의 현대 신학자들이 인정하듯이 이 전승들은 신학적 의도를 가진 후대의 전승에 속한다.[52]

현현 전승들의 의도는 분명하다. 첫째, 이 전승들은 부활절 사건을 신비에 사

---

52 예를 들자면, 그룬트만은 다음과 같이 말한다. "이 전승은 후대의 전승들이다. …… 고린도전서 15장이 기준이라면 예수의 신체성 묘사는 변증적인 목적을 가진 것으로 판명될 수 있다." 참조. W. Grundmann, *Die Geschichte Jesu Christi* (1959), 377.

로잡혔던 제자들의 환상으로 간주하려는 교회 안팎의 모든 시도들을 근원부터 차단하려 한다. 둘째, 이 전승들은 부활하신 분과 십자가에 달리셨던 분의 인격적 동일성, 즉 제자들에게 나타나셨던 분은 다름 아닌 십자가에 달리셨던 분임을 지시한다. 요약하자면, 이 전승은 독자로 하여금 부활하신 분을 – 제자들을 압도하고 사로잡은 신적인 신비인 동시에 – 제자들과 인격적 교제를 나누는 인격으로, 그리고 이러한 인격적 관계를 통해 자신을 십자가에 달리셨던 분으로 계시하는 분으로 받아들이라는 신학적 요청이라 할 수 있다.

이러한 요청에는 분명 – 부활하신 분이 십자가에 달리셨던 분이어야만 하는 – 신학적 필연성을 관철시키려는 의도가 엿보인다. 그러나 신학적 의도를 가진 전승이라고 무조건 후대의 창작으로 간주해도 좋다는 말은 아니다. 후대 전승이 제시하는 신학적 통찰력이 근원적인 것을 해명해 주는 경우도 많기 때문이다.

사실 후대의 전승들에서 부활하신 분이 십자가에 달리셨던 분임을 강조하는 것은 초기 전승에 새로운 사실을 덧붙이려는 것이 아니다. 초기 전승에서도 제자들에게 나타나 그들을 압도하며 사로잡으신 분은 다름 아닌 예수였다. 단지 이러한 사실을 강조하지 않았을 뿐이다. 그러나 신학적 상황이 변하고 부활절 선포에 의문이 제기되면서 초기 전승에서는 설명할 필요가 없었던 것이 이제는 해명의 대상이 되었을 것이다. 달리 말하자면, 후기 전승은 초기 전승에서 당연시되었던 것을 달라진 신학적 상황 속에서 적극적으로 해명하고 구체화시켰을 뿐이다. 그렇다면 후기 전승의 근원도 결국은 현현 체험이요, 이러한 현현 체험 내에 존재했던 예수의 자기계시라 할 수 있다.

물론 종교학자들은 아마도 제자들의 마음속에 있던 예수의 이미지가 그들을 사로잡은 신적인 힘에 투사되었다고 말할 것이다. 달리 말하자면, 신적인 권능에 사로잡힌 사람이 예수를 알지 못했던 사람이라면 자신에게 나타나셨던 분을 다른 분으로 고백했을 수도 있다는 것이다. 그러나 이러한 추정도 – 예수와 전혀 교제 관계가 없었던 – 바울에게는 들어맞지 않는다. 예수를 존경하기는커녕 잘 알지도 못했던 바울이 오히려 자신을 사로잡은 분을 예수로 고백하지 않았는가?

2. 현현 체험의 의미

성서가 증언하는 현현 체험은 삼중적 구조를 갖는다. 하나님 나라 체험, 인격 체험, 예수 체험이 바로 그것이다. 현현 체험은 분명 신비 체험이지만, 무아(無我)나 탈아(脫我)의 경지가 아닌 명백한 의식 속에서 부르심을 듣는 체험을 수반한다. 그리고 이러한 부르심의 체험 속에서 자신에게 나타나신 분이 십자가에 달리셨던 예수임을 깨닫는다. 현현 체험의 이러한 구조는 두 가지 의미를 지시하고 있는 것처럼 보인다.

첫째, 현현 체험의 삼중적 구조는 - 예수의 부활을 묵시사상의 빛에서 하나님의 새 창조와 연관시키는 - 바울과 현대 개신교 신학자들의 정당성과 동시에 한계를 지시해 주는 것처럼 보인다. 바울과 현대 개신교 신학자들이 강조하고 있듯이, 창조주 하나님과 당신의 창조에 신실하신 하나님에 대한 신앙, 즉 창조신앙과 종말신앙 없이 부활을 논하는 것은 현현 체험 속에 나타난 전대미문의 새로움에 대한 체험을 이른바 종교적 신비주의의 수준으로 평준화시킬 수 있다.

그러나 예수의 인격적 현존을 간과하고 부활의 종말론적 의미만을 추구하는 묵시사상적 부활 해석은 그리스도교 신앙을 유대교 신앙의 한 분파로 편입시킬 수도 있다. 사실 예수 안에 새로운 창조가 나타났다는 것만으로는 예수의 부활을 선포할 수 없었을 것이다. 예수의 부활, 즉 예수 안에서 나타난 변형 사건을 인정하면서도 예수를 메시아로 고백하지 않는 라피데의 신학이 암시하듯이, 예수의 인격적 현존을 간과하는 사상에서는 예수의 부활이 단지 새 창조가 가까이 왔다는 징표로밖에 해석될 수 없기 때문이다.

예수의 현존을 추구하지 않는 부활 신학은 결국 유대교의 하나님 나라 신학으로 귀착될 것이다. 그러나 예수 없는 그리스도교란 과연 무엇인가?

물론 성서는 부활하신 분의 승천을 말함으로써 예수의 부재(不在) 상황을 시인하는 것처럼 보인다. 그러나 예수의 승천은 예수께서 우리를 떠나셨음을 지시하는 개념이 아니다. 루터(M. Luther)가 이미 지적했듯이, 예수의 승천이란 예수가 이제 하나님의 영광 속으로 들어가셨음을 뜻하는 개념이다. 즉 예수가 하나님의 무제약적 편재(遍在)에 참여하시게 되었음을 의미한다. 구체적으로 말하자면, 예수가 시공간의 제약에서 벗어나 우주 전체에 현존하시며 우주의 주(主)가 되셨다는 것이다.

그러나 예수가 하나님의 영광 속에 계시다는 선포는 또한 예수께서 하나님의 초월성과 은폐성(隱蔽性) 속에 현존하심을 지시한다. 간략하게 말하자면, 그분은 이제 전과 달리 자신을 감추시는 분으로서 현존하신다는 것이다. 따라서 예수의 승천은 - 우주의 주(主)로 현존하시면서도 자신을 감추시는 - 예수의 존재 방식을 지시해 준다고 말할 수 있다.

따라서 현현 전승이 본래적인 의미로 제시되려면 예수 안에 나타난 하나님의 새 창조와 더불어 예수의 인격적 현존이 동시에 강조되어야 한다. 어느 하나를 위해 다른 하나를 배제하는 것은 현현 체험의 요청에 상응하는 것이 아니다. 예수를 참 하나님이요 동시에 참 인간으로 고백하는 그리스도교 전통은 예수의 부활 해석에서도 존중되어야 한다. 이러한 사실은 부활절 신앙의 실천적 귀결이라 할 수 있는 하나님의 새 창조에 참여하는 삶이 - 이 세상을 새롭게 하려는 - 사회윤리에 소진되는 것을 경계한다. 하나님의 새 창조에 참여하는 삶은 오히려 예수의 인격적 현존을 드러내는 삶이 되어야 한다. 은유적으로 말하자면, 하나님의 새 창조에 참여하는 삶의 깊이는 현존하는 그리스도의 몸에 참여하는 성례전이다.

둘째, 현현 체험의 삼중적 구조는 부활 사건이 객관적으로 누구에게나 입증될 수 있는 사건이 아니라 부르심을 받은 자들에게만 자신의 실체를 드러내주는 신비임을 지시해 준다. 사실 부활하신 분의 현현이 모든 사람에게 믿음을 불러일으켰던 것은 아니다. 부활하신 분은 - 2세기의 그리스도교 비판가 켈수스(Celsus)가 지적했듯이 - 적대자와 방관자들에게는 전혀 나타나지 않았다. 이러한 사실은 몇몇 신학자들에게 부활의 실제성을 논박하는 빌미를 제공해 주기도 한다. 크로산은 예수의 현현 이야기를 초대교회의 지도력 싸움 때문에 생긴 문학적인 창작으로 보며,[53] 마르크센(W. Marxsen)과 보그는 예수의 현현을 제자들의 환상에 소급시키기도 한다.[54]

물론 현현 전승은 부활하신 분의 현존이 환상이 아님을 강조한다.[55] 라너(K. Rahner)는 성서의 이러한 증언을 다음과 같이 설명한다. "신앙의 근거(부활하신

---

53 존 도미닉 크로산/한인철 옮김, 『예수는 누구인가』 (서울: 한국기독교연구소, 1998), 199.

54 참조. W. Marxsen, *Die Auferstehung Jesu als historisches und als theologisches Problem* (Guetersloher Verlag: Gerd Mohn, 1964), 34; 마커스 보그 · N. 톰 라이트/김준우 옮김, 『예수의 의미』 (2001), 211.

55 참조. 행 7:55; 18:9∼10; 22:17 이하; 23:11; 고후 12:1∼9; 계 1:9 이하.

제6장 예수의 부활 201

분)는 신앙 속에서 비로소 강력하고 설득력 있게 체험되는 존재이지만 동시에 신앙을 불러일으키는 존재다."[56] 현현 체험은 신앙의 산물이 아니라 신앙의 근거라는 것이다. 달리 말하자면, 부활절 선포는 부활하신 분의 자기계시에 근거한 것이지, 제자들의 마음속에 있던 예수의 이미지가 현현 체험에 투영된 것이 아니라는 것이다.

그러나 성서와 사도의 권위를 인정하지 않는 사람들에게 성서의 메시지를 있는 그대로 받아들이라고 강요하는 것은 그리 도움이 되지 않을 것이다. 그러나 그들에게도 복음을 전할 책임이 있다는 사실을 감안하면, 부활하고 승천하신 예수의 현존을, 보다 정확하게 말하자면 현존의 신비를 구체적인 삶 속에서 지시해 주는 일은 부활을 선포하는 신학에 주어진 과제라 할 수 있다.

부활 묵상
●

그리스도교 전통은 처음부터 현존하시는 예수의 장소를 제시함으로써 이러한 과제를 수행해왔다. 교회는 그리스도의 몸이라는 사상이 바로 그것이다. 구체적으로 말하자면, 성만찬과 성도의 교제(Sanctorum Communio)가 바로 그리스도가 현존하는 장소라는 것이다.

아울렌(G. Aulen)은 성만찬의 의미에 대해 다음과 같이 말한다. "부활하신 분이 더 이상 제자들에게 나타나지 않았을 때에도 그리스도의 현존은 중단되지 않았다. 승천의 의미는 살아계신 주님이 시공의 제약을 넘어서 그의 제자들과 세상 끝 날까지 항상 함께 하신다는 사실에 있다. 성만찬은 주님이 제자들을 만나기로 약속했던 특별한 장소다."[57]

그리스도교 전통은 성만찬뿐 아니라 성도의 교제(Sanctorum Communio)도 그리스도의 장소로 제시한다. 특히 사도신경은 성도의 교제(Sanctorum Communio)를 믿음의 대상으로 선포하고 있다. 성도의 교제가 그리스도의 현존

---

56 K. Rahner, *Schriften zur Theologie Bd. IV* (Einsiedeln–Zürich–Köln: 1962), 168. 몰트만(J. Moltmann)도 이러한 견해에 동조한다. "예수의 나타나심은 제자들의 신앙에서 설명될 수 있는 것이 아니라, 오히려 그들의 신앙이 예수의 나타나심으로부터 설명될 수 있다." 참조. 위르겐 몰트만/김균진 · 김명용 옮김, 『예수 그리스도의 길』 (1990), 311.

57 Gustaf Aulen, *The Faith of the Christian Church* (1981), 345.

을 드러내는 장소라는 것이다.

그러나 그리스도교 전통은 현존하시는 그리스도의 영역을 교회에 한정시키지 않는다. 바울은 예수가 부활과 승천을 통해 하나님의 영광 속에서 창조주 하나님의 새 창조에 참여하는 분이 되셨음을 선언한다.[58] 그리스도가 우주의 주가 되셨다는 것이다. 물론 성서는 우주를 교회처럼 그리스도의 몸으로 부르지는 않는다. 그러나 우주적 그리스도론을 포기한 것은 아니다. 교회가 그리스도의 몸이란 메시지는 그리스도의 몸을 드러내야 할 교회의 사명을 선포하는 것이지, 교회와 그리스도를 일치시키고 세상을 그리스도의 몸에서 배제하는 것은 아니기 때문이다.

간략하게 말하자면, 우주는 아직 그리스도의 몸이 아니지만 그리스도는 우주의 미래라고 말할 수 있다. 이것은 곧 우주의 미래로 현존하시는 그리스도의 몸이 아직은 숨겨져 있지만, 성령에 사로잡힌 신자의 세속적 일상에서 인식될 수 있음을 시사해 준다.

이와 같은 사실은 현존하는 그리스도의 장소를 지정해 주기보다는, 우주의 미래이신 분을 드러내는 삶, 즉 부활하신 분의 몸에 참여하는 길을 제시해 주는 것이 오늘날의 신학에 주어진 요청임을 일깨워준다.

이러한 과제 앞에서 부활하신 분이 십자가의 상처를 갖고 계시는 분이라는 성서의 증언은 중요한 의미를 시사하고 있는 것처럼 보인다. 이러한 증언은 무엇보다도 하나님의 새 창조가 – 오늘도 세상 죄를 짊어지기 위해 세상의 아픔에 동참하시는 – 예수에 의해 이루어지고 있음을 시사해 준다. 따라서 신자들에게는 그리스도의 고난에 참여하는 것이 요청된다. 그리스도의 고난에 참여하는 것이야말로 그리스도인이 하나님의 새 창조에 참여하는 방식이기 때문이다.

그리고 아픔과 고난이 있는 곳에 그리스도가 계시다는 사실을 감안하면, 성만찬뿐 아니라 성도의 아픔과 우주의 아픔에 참여하는 것도 그 깊이에 있어서는 그리스도의 현존에 참여하는 성례전이라고 말할 수 있다.

은유적으로 말하자면, 십자가의 길 속에 이미 부활의 여명이 비쳐진다고 말할 수 있다. 예수께서 제자들에게 십자가의 길을 요청하셨던 이유가 바로 여기

---

58 참조. 엡 1:20~23; 빌 2:6~11; 골 1:18

에 있는 것처럼 보인다.[59] "내가 진실로 진실로 너희에게 이르노니 한 알의 밀이 땅에 떨어져 죽지 아니하면 한 알 그대로 있고 죽으면 많은 열매를 맺느니라."(요 12:24)

59 참조. 마 16:24~27; 막 8:34~38; 눅 9:23~26.

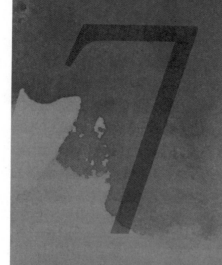

7

예수의

승천

승천 신앙의 토대
승천 신학
승천 묵상

제7장

예수의

승천

> 이 말씀을 마치시고 그들이 보는데 올려져 가시니
> 구름이 그를 가리어 보이지 않게 하더라.
>
> (행 1:9)

그리스도교 전통에 의하면, 예수의 삶은 나사렛 예수의 지상 생애에 한정되지 않는다. 그리스도교 신앙고백은 오히려 오늘도 현존하시는 그리스도를 신앙의 대상으로 선포한다. 그리스도교 예전(禮典)뿐 아니라 윤리도 현존하시는 그리스도에 대한 신앙을 전제하고 있다. 따라서 오늘도 살아계시는 예수를 선포할 수 있도록 만드는 예수의 부활이야말로 그리스도교 신앙의 결정적인 토대로 선포된다. "그리스도께서 만일 다시 살아나지 못하셨으면 우리가 전파하는 것도 헛것이요 또 너희 믿음도 헛것이며."(고전 15:14)

그러면 오늘 우리를 만나시는 그리스도는 누구신가? 물론 예수는 어제나 오늘이나 영원토록 동일하신 분이시다.[1] 그러나 오늘 우리와 함께하시는 분은 나사렛 예수라는 구체적인 인간의 모습을 가지신 분이 아니다. 성서가 말하는 부활이란 – 죽었을 때의 모습으로 되살아나는 – 소생(resuscitation/蘇生)이 아니라 사도 바울이 해명하고 있듯이 영의 몸으로 변형(transformation/變形)되는 사건이기 때문이다.[2] 그렇다면 오늘 우리가 만날 수 있는 분은 사도들에게 신령한

---

1 참조. 히 14:8.
2 참조. 고전 15:35~55. 현대의 주요 신학자들도 부활 사건의 특징을 변형으로 제시한다. 참조. 위르겐 몰트만/김균진 · 김명용 옮김, "예수 그리스도의 길"(1990), 310; 발터 카스퍼/박상래 옮김, 『예수 그리스도』(왜관: 분도출판사, 1996), 250; Raymond E. Brown, *The Virginal Conception and Bodily Resurrection of Jesus* (1973), 128.

몸으로 나타나셨던 분인가? 그러나 그리스도교 전통은 부활하신 분의 나타나심이 중단되었음을 시사한다. 부활하신 분은 하늘로 올라가셨다는 것이다.

그렇다면 우리는 현재 그리스도의 부재(不在) 시대에 살고 있는 것인가? 그리고 예수께서 떠나신 빈자리는 그리스도께서 보내신 보혜사 성령으로 채워지는 것인가? 그러나 루터(M. Luther, 1483~1546)가 이미 지적했듯이, 승천(昇天)이란 그리스도의 공간적 이동을 뜻하는 것이 아니라 그리스도께서 하나님 안에 계시게 되었음을 고백하는 신앙의 진술이다. 달리 표현하자면, 승천은 하나님 안에 현존하시는 그리스도의 존재 방식을 조명해 주는 신학적 해석이라 할 수 있다.

사실 그리스도의 승천을 전하는 성서는 동시에 현존하시는 그리스도를 말하고 있다. 이로써 이 땅을 떠나 하늘로 올라가신 분이 우리와 함께 계신다는 역설(paradox/逆說)이 등장한다. 그러나 그리스도교 전통에서 양자는 모순 관계가 아니다. 양자는 오히려 서로를 조명해 주는 역할을 수행한다. 그리스도의 현존은 승천이 그리스도의 공간적 이동이 아님을 지시해 주며, 승천은 현존하시는 그리스도의 초월적 현존 방식을 지시해 준다.

그러나 현대 신학에서 승천은 주목을 받지 못하고 있다. 부활 사건을 단지 다르게 표현한 것으로 간주되어 신학적 논의에서 배제되는 경우가 허다하다. 생략해도 될 만큼 그리 중요하지 않은 주제라는 것이다. 그런데 과연 그런가? 승천을 생략하면, 그리스도의 가시적(可視的) 부재를 어떻게 설명할 수 있을까? 승천을 신학적 논의에서 배제하면, 결국 부활 신앙도 타격을 받지 않을까? 물론 부활과 승천을 구분하지 않는 신학자들은 부활하신 분의 나타나심이 중단된 것이 아니라 부활하신 분은 처음부터 비(非)가시적 존재로 현존하셨다고 주장할 것이다. 그러나 이러한 주장은 – 부활하신 분으로부터 사명을 부여받았다고 주장하는 – 사도들의 권위를 흔들어버릴 수도 있다. 오늘의 우리도 사도들과 마찬가지로 부활하신 분을 만났다고 주장할 수 있으며, 따라서 사도들의 증언이라 할 수 있는 성서를 뛰어넘을 수도 있기 때문이다.

그렇다면 그리스도교 전통이 말하는 승천이란 과연 무엇인가? 이러한 물음에 대답하기 위해선 먼저 부활과 승천을 구분할 수 있는지를 해명해야 한다. 부활과 승천이 실제로 구분되지 않는다면 승천 신앙을 논구하는 것 자체가 의미를 상실할 수도 있기 때문이다.

승천 신앙의 토대
●

1. 승천 신앙의 형성과정

그리스도교 전통은 부활하신 예수께서 40일 동안 제자들에게 나타나신 후 승천하셨다는 사도행전의 보도를[3] 따르면서 승천을 부활과 구분되는 독자적인 사건으로 간주해 왔다. 이러한 신앙은 교회력에도 반영되어 부활절과 성령강림절 중간에 위치한 승천절에 독자적인 의미를 부여했다.

사실 승천은 계몽주의 시대 이전까지는 예수께서 하나님의 우편에 앉아계시게 된 사건, 즉 그리스도께서 온 세상의 주(主)가 되신 사건으로 간주되거나 그리스도의 무소부재(無所不在)를 말하는 편재론(Ubiquity/遍在論)의 관점에서 해석되었다. 그러나 신앙을 이성의 한계 내에서 받아들이는 계몽주의 신학은 승천을 이른바 고대인의 신화(神話)로 바라보기 시작했다. 이러한 경향은 현대 신학에서도 나타난다. 물론 현대 신학은 승천을 신화로만 간주하지는 않는다. 그러나 현대 신학은 승천을 부활과 구분되는 독자적인 사건으로 보지도 않는다. 예를 들자면, 틸리히(P. Tillich)는 다음과 같이 말한다. "그리스도의 승천은 부활로 표현된 동일한 사건에 대한 또 다른 하나의 상징적 표현이다. 공간적인 상징 표현을 문자적으로 해석한다면, 그것은 정말 우스꽝스런 모양새가 되고 말 것이다."[4] 카스퍼(W. Kasper)도 다음과 같이 말한다. "승천에 관한 루카의 보도도 부활 발현의 일환이라는 맥락 안에서 보아야 제대로 이해될 수 있다. …… 루카의 승천 이야기가 부활 이야기라는 것을 실증해 주고 있다."[5] 간략하게 말하자면, 부활과 승천은 동일한 사건의 두 가지 측면이라는 것이다.

그들의 논지는 분명하다. 부활과 승천은 정의상 시간적 간격을 두고 일어난 역사적 사건들이 아니라 하나님의 종말론적 시간, 즉 역사적 시간과는 질적으

---

3 참조. 행 1:3.
4 Paul Tillich, *Systematic Theology, vol. 2* (1957), 162.
5 발터 카스퍼/박상래 옮김, 『예수 그리스도』 (1996), 262.

로 다른 영원(永遠) 안에서 일어난 사건이며, 따라서 종말론적 사건에 속하는 부활과 승천을 시간적으로 구분하는 것은 적절하지 않다는 것이다.

사실 신약성서도 승천과 부활을 명확하게 구분하지 않는다. 신약성서 저자 가운데는 사도행전의 저자 누가와 요한만이 승천을 부활 다음에 일어난 사건으로 비교적 상세하게 묘사하고 있으며, 마가는 승천에 단지 한 문장만을 할애한다.[6] 마태는 아예 침묵을 지키며, 사도행전의 저자 누가도 복음서에서는 부활과 승천을 구분하지 않고 예수께서 죽음 직후 하나님 안으로 들어가신 사건으로 표현하기도 한다.[7] 판넨베르크(W. Pannenberg)는 이러한 성서적 정황을 다음과 같이 설명한다. "부활과 승천은 근원적으로 하나의, 그리고 동일한 사건에 기초하고 있다는 점이 분명하다. 왜냐하면 예수의 부활은 근원적으로 무덤으로부터 하나님에게로 자리를 옮기는 것으로 이해되기 때문이다. 시간적 차이는 원시기독교 전승의 후기 국면에서 일어난 것으로 보인다. 부활한 자의 현현에 나타난 준(準) 지상적 육체성을 강조한 결과다."[8]

승천 신앙이 후대의 전승에 토대를 두고 있다는 것은 분명하다. 그러나 이러한 이유를 들어 승천 신앙의 독자성을 무시하는 것은 성급한 처사처럼 보인다. 초기 전승에서 모호했던 것이 후대에 해명되는 경우도 적지 않기 때문이다. 달리 말하자면, 후대의 전승들 가운데는 교회사적 상황의 변화 때문에 생겨난 전승들도 있지만, 새로운 발견과 인식에서 비롯된 전승들도 존재하기 때문이다. 그렇다면 누가와 이후의 그리스도교 전통이 부활과 승천을 구분해야만 했던 동기에 대해 먼저 물어야 하지 않을까? 이러한 맥락에서 다음과 같은 물음이 제기된다. 누가로 하여금 부활과 승천을 구분하도록 만들었던 해석학적 상황은 무엇이었나?

누가는 분명 사도 이후 세대에 속한다. 부활하신 분의 나타나심이 중단된 이른바 예수의 가시적 부재를 체험하며 살았던 세대다. 그렇다면 누가의 승천 전승은 예수의 부재상황을 은폐시키려는 시도였는가? 그러나 이러한 가설은 개연성이 없어 보인다. 왜냐하면 이미 앞에서 살펴보았듯이 초대교회가 사용한 승천

---

6 참조. 요 20:17; 행 1:9~11; 막 16:19.
7 참조. 눅 22:69; 24:26.
8 볼프하르트 판넨베르크/정용석 옮김, 『사도신경 해설』 (서울: 한들출판사, 2000), 151.

이란 개념은 예수께서 우리를 떠나셨음을 지시하는 개념이 아니기 때문이다.

여기서 두 가지 물음이 제기될 수 있다. 첫째, 그리스도께서 하늘, 즉 하나님 안으로 들어가셨다는 것은 무엇을 뜻하는가? 이 물음에 대한 대답에는 이론의 여지가 없어 보인다. 루터가 이미 지적했듯이 하나님 안으로 들어가셨다는 것은 예수께서 이제 하나님의 무제약적 편재(遍在)에 참여하신다는 것을 의미한다. 구체적으로 말하자면, 예수께서 이제 시공간의 제약에서 벗어나 우주 전체에 현존하시며 우주의 주(主)가 되셨다는 것이다. 그러나 하나님 안으로 들어가셨다는 선포는 동시에 그리스도께서 하나님의 초월성과 은폐성(隱蔽性) 속에 현존하심을 지시한다. 그분은 이제 전과는 달리 자신을 감추시는 분으로서 현존하신다는 것이다. 요약하자면, 승천은 – 우주의 주(主)로서 현존하시면서도 자신을 감추시는 – 그리스도의 존재 방식을 지시해 준다고 말할 수 있다.

둘째, 승천이 그리스도의 부재를 은폐시킬 목적으로 고안된 것이 아니라면, 무엇이 그리스도의 가시적 부재 상태를 승천으로 해석하도록 만들었는가? 여기서 신약성서는 승천 신앙이 제자들의 신학적 상상력이나 선교 전략이 아니라 성령에 의해 새로운 눈을 뜨게 된 데서 비롯된 것임을 시사해 준다. 바울은 다음과 같이 말한다. "성령으로 아니하고는 누구든지 예수를 주시라 할 수 없느니라."(고전 12:1~3) 요한복음의 예수도 다음과 같이 말씀하신다. "사람이 거듭나지 아니하면 하나님의 나라를 볼 수 없느니라."(요 3:3) 슈바이처(E. Schweizer)는 예수와 성서의 이러한 진술들을 다음과 같이 해석한다. "영은 우리로 하여금 예수를 새로운 눈으로 보고 발견하게 하며, 하나님은 바로 이 방법으로 우리에게 오고자 하신다는 것이다. 바울도 성령의 근본적인 활동은 우리의 눈과 마음이 예수에게로 열리게 하는 것이라고 보았다."[9]

물론 사도행전은 성령 강림이 그리스도의 승천으로 말미암은 것임을 강조하기 위해 성령강림을 승천 다음에 위치시키지만, 이것이 요한과 바울의 성령론에 이의를 제기하려는 것은 결코 아니다. 성령이 그리스도의 승천을 통해 주어졌다는 사실을 인식하는 것도 성령에 의한 것이 아닐 수 없기 때문이다.

이러한 정황들을 감안해 보면, 초대교회는 성령이 선사한 새로운 인식 속에서 그리스도의 현존을 체험했을 뿐 아니라 자신들에게 주어진 성령도 그리스

---

9 에두아르트 슈바이처/김균진 옮김, 『성령』 (서울: 대한기독교서회, 1982), 212~213.

도로 말미암아 주어진 것임을 확신하게 되었고 이러한 확신 속에서 그리스도의 승천을 고백했다고 말할 수 있을 것이다.

2. 승천 신앙의 토대

누가와 그리스도교 전통은 제자들 앞에서 자신을 드러내셨던 부활 사건과 한때 자신을 드러내셨던 분이 자신을 감추시는 승천 사건을 구분한다. 여기서는 무엇보다도 신학적인 동기가 작용한 것처럼 보인다. 왜냐하면 감추어진 신비가 드러나는 계시의 관점에서는 부활과 승천이 반드시 구분되어야 하기 때문이다. 달리 말하자면, 양자의 구분을 간과할 때 사도들의 부활절 체험과 사도 시대 이후의 그리스도 체험이 동일시되고 따라서 사도들의 부활절 체험에 주어진 권위가 무시될 수도 있기 때문이다. 사실 부활하신 분이 당신의 몸을 드러내 보여주시는 기간이 오늘까지 계속된다고 생각하면, 오늘의 우리도 사도들의 권위를 주장할 수 있게 될 것이며 결국에는 사도들의 증언을 뛰어넘으려는 열광주의(熱狂主義)의 파고를 막지 못하게 될 것이다. 바로 이러한 이유 때문에 바르트(K. Barth)는 부활하신 분의 현현 40일간이야말로 하나님의 진정한 계시의 시기라고 주장한다.[10]

이와 같이 부활과 승천의 구분은 신학적으로 중요한 의미를 갖는다. 그러나 신학적인 의미 때문에 부활과 승천의 구분을 정당화시킬 수는 없다. 따라서 양자를 실제로 구분하기 위해선 양자의 실제적 토대가 구분될 수 있어야 한다. 부활 신앙의 실제적 근거는 부활하신 분의 나타나심이다. 그렇다면 승천 신앙의 실제적 근거는 무엇인가? 승천 신앙의 토대는 이미 앞에서 살펴보았듯이 성령의 현존 안에서 획득한 새로운 인식이다. 예수의 가시적 부재를 새롭게 이해하도록 만들었던 인식 말이다.

그러나 다음과 같은 물음이 제기된다. 부활하신 분의 나타나심에 대한 체험과 성령이 선사한 새로운 인식이 실제로도 구분되는가? 이미 앞에서 시사했듯이, 틸리히와 카스퍼는 그렇게 생각하지 않을 것이다. 그들은 부활과 시간적으로 구분되는 승천의 실재성을 부인하며, 승천을 단지 – 예수께서 이제는 새로운 방식으로, 즉 성령 안에서 우리에게 현존하신다는 사실을 지시해 주는 – 상징으로 제

---

10 참조. Karl Barth, *Church Dogmatics*, I,1 (Edinburgh: T&T Clark, 1969), 448~466.

시할 것이다.

물론 우리는 이러한 인식 뒤로 돌아갈 수 없다. 승천은 분명 공간적 이동이나 역사적 사건이 아니기 때문이다. 달리 말하자면, 부활과 승천을 역사 속에서 시간적 간격을 가지고 일어났던 두 가지 사건으로 이해하는 것은 신학적으로 적절치 않다. 부활과 승천은 정의상 지상에서 일어난 사건들이 아니라 하나님 안에서 일어난 종말론적 사건에 속하기 때문이다. 그러나 여기서 물음이 제기된다. 하나님 안에선 시간 자체가 폐기되는 것일까? 영원 안에선 시간의 흐름이 존재할 수 없는가?

비록 많은 신자(信者)들이 영원을 끝없이 계속되는 시간으로 표상하고 있지만, 신학적인 의미의 영원은 지상적 시간의 무제약적 연장과는 다른 것이다. 그리스도교 전통은 하나님의 영원성과 피조물의 시간성을 대조시킨다. 오늘날까지도 가톨릭 신학에 영향력을 행사하고 있는 아우구스티누스(Aurelius Augustinus, 354~430)와 토마스 아퀴나스(Thomas Aquinas, 1224/5~1274)는 사상적 배경은 다르지만 영원과 시간의 질적 차이를 강조한다는 점에서는 일치한다. 아우구스티누스는 그의 『고백록』 11권 11장에서 창조 이전의 시간에 대해 물음을 제기하는 마니교(Manichaeism)에 맞서 영원과 시간의 질적 차이를 강조하며 다음과 같이 말한다. "그들은 …… 영원에는 아무것도 지나가는 것이 없어 모든 전체가 동시적으로 현재적이라는 것, 그리고 시간이란 항상 지나가는 것으로서 동시적으로 존재하지 못하는 것임을 알게 될 것입니다."[11] 토마스도 아리스토텔레스의 철학에 의지하면서 영원과 시간의 질적 차이를 강조한다. "영원이 존재의 척도라면, 시간은 운동의 척도다."[12] 존재 자체이신 하나님에게는 시간의 범주를 적용할 수 없다는 것이다.

가톨릭 신학자 김이균은 이러한 영원 이해를 다음과 같이 요약한다. "시작과 끝이 있음은 시간과 영원성 사이의 본질적인 차이가 아니라 우연적 차이에 불과하다. 오히려 시간에 대해서 영원성이 갖는 본질적인 차이는 보에시우스의 표현대로 무한한 생을 동시에 전체적이고 완전하게 소유함에 있다. …… 영원성이 동시에 전체적이라고 부르는 것은 시간 자체를 제거하기 위해서이고, 완

---

11 어거스틴/선한용 옮김, 『성 어거스틴의 고백록』 (서울: 대한기독교서회, 1994), 392.

12 Thomas von Aquino, *Summe der Theologie, Bd.1, hrsg. von Joseph Berhart* (Stuttgart: Alfred Kröner Verlag, 1985), 81.

전하다고 부르는 것은 시간적 지금을 제거하기 위함이다."[13]

영원의 특징은 시간의 무한한 연장이 아니라 전체적 동시성, 즉 무시간성 (無時間性)에 있다는 것이다. 루터(M. Luther)도 비슷한 맥락에서 죽은 자가 최후의 심판 때까지 한순간 잠을 잔다는 이론을 주장한 바 있다. 하나님의 시간은 모든 시간에 동시적(同時的)인 영원한 현재이기에 죽음 이후의 시간은 지금 여기서 흘러가는 시간과는 질적으로 다르다는 것이다. 현대 신학자 브루너(E. Brunner)도 루터의 관점에서 다음과 같이 말한다. "죽는 날과 부활의 날 사이에는 수세기의 시간적 간격이 있는 것이 아니다. 왜냐하면 이러한 시간적 간격은 오직 여기에만 있는 것이지, 천년이 하루와 같은 하나님의 현재에서는 존재하지 않기 때문이다."[14]

앞에서 살펴본 바와 같이 가톨릭과 개신교의 신학 전통은 여러 가지 신학적 차이에도 불구하고 영원을 시간의 무제한적 연장이 아니라 전체적 동시성으로 이해한다는 점에서 일치하는 것처럼 보인다. 하나님 안에서는 시간 자체가 사라진다는 것이다.

하나님의 영원성과 지상적 시간 사이의 질적 차이를 인정할 수밖에 없다면 부활과 승천의 시간적 구분은 무의미해질 수밖에 없다. 그러나 이러한 이해가 불변성(不變性)을 하나님의 속성으로 보는 견해에서 비롯되었다는 것은 주지의 사실이다. 토마스는 다음과 같이 말한다. "영원은 본성상 불변성의 결과다. 시간이 운동의 결과이듯이 하나님의 영원성은 불변성에 기인한다."[15]

물론 이러한 사상을 비성서적인 견해로 간주할 수만은 없다. 하나님의 불변성은 분명 성서적 근거를 갖고 있기 때문이다. 그러나 성서는 하나님의 불변성뿐 아니라 피조물을 위해 자신을 비우시는 하나님의 사랑도 강조한다. 고대교회의 삼위일체 논쟁도 결국은 하나님의 불변성과 하나님의 사랑을 동시적으로 말하려 했던 시도가 아닌가? 그리고 무엇보다도 히브리 성서가 말하는 불변성이란 존재의 불변성이 아니라 행위의 신실하심을 지시한다는 사실도 강조되어야 한다. 김균진은 다음과 같이 말한다. "하나님의 불변성은 그의 존재의 무변

---

13 김이균, "세상의 영원성에 관한 Thomas Aquinas의 사상", 「중세철학」 13권 (2007), 161.
14 Emil Brunner, *Das Ewige als Zukunft und Gegenwart* (Zürich: Zwingli Verlag, 1953), 167.
15 Thomas von Aquino, *Summe der Theologie*, Bd.1 (1985), 76~77.

화를 가리키는 것이 아니라 하나님의 메시아적 사랑의 불변성, 신실과 참되심의 불변성을 가리킨다."[16]

사실 성서적 관점에서 바라보면 하나님에 대한 우선적 정의(定意)는 살아계신 하나님이다. 따라서 존재의 불변성에 기초한 무시간성(無時間性)도 성서가 말하는 하나님의 영원성을 포괄할 수 없다는 사실이 드러난다. 무엇보다도 하나님 안에서 일어나는 새 창조의 특성을 변형(transformation/變形)으로 바라보는 성서 전통을 염두에 둔다면, 영원이 시간을 폐기하는 것이 아니라 성취시킨다고 말하는 것이 적절할 것이다. 현대 신학자들도 이러한 점을 강조한다. 바르트는 하나님의 영원성을 "근원적 시간, 본래적 시간, 창조적 시간"으로 표현하며,[17] 비슷한 맥락에서 몰트만(J. Moltmann)도 이른바 중간 시간, 즉 예수의 부활과 재림 사이에 존재하는 시간의 가능성과 필연성을 역설한다. "중간 시간, 곧 그리스도의 부활과 죽은 사람들의 보편적 부활 사이의 시간이 존재한다."[18]

성서적 의미의 영원이 무시간성보다는 성취된 시간에 가깝다는 것은 분명하다. 그렇다면 하나님 안에 있는 존재에게도 하나님이 모든 것 안에서 모든 것이 될 때까지는 — 비록 지상의 시간은 아니지만 — 나름대로 시간의 흐름이 존재한다고 말할 수 있으며, 이러한 의미로 부활과 승천을 구분할 수 있을 것이다.

승천 신학

앞에서 우리는 부활과 승천이 실제로 구분될 수 있는지를 논구해 보았다. 그러나 양자가 확연하게 구분될 수 있다고 주장한 것은 아니다. 단지 부활과 승천이 동일한 사건에 토대를 두고 있다는 현대 신학자들의 견해에 이의를 제기했을 뿐이다. 즉 하나님의 시간과 지상적 시간의 질적인 차이를 강조하면 부활과 승천을 구분할 수 없지만, 하나님의 영원을 시간의 성취로 바라보는 성서적 관점을 받아들이면 부활과 승천을 하나님의 영원 안에서도 구분할 수 있다는

16 김균진, 『기독교 신학 I : 하나님 나라의 메시아적 신앙을 향해』 (서울: 연세대학교출판부, 2009), 429.

17 Karl Barth, *Church Dogmatics*, III.2 (Edinburgh: T&T Clark, 1958), 545.

18 위르겐 몰트만/김균진 옮김, 『오시는 하나님』 (서울: 대한기독교서회, 1997), 194~195.

견해를 피력했다.

그렇다면 하나님 안에 있는 존재에게도 나름대로 시간의 흐름이 있다는 것은 무엇을 의미하는가? 그것은 첫째, 시간의 흐름 속에서 그리스도의 – 본질은 아니지만 – 형태가 변할 수 있으며, 예수 그리스도의 정체성은 하나님이 모든 것 안에서 모든 것이 되실 때 비로소 완전하게 드러날 수 있다는 것을 의미한다.

이러한 사실은 무엇보다도 – 그리스도께서 하나님 안에서도 당신의 정체성을 드러내 보여주실 때가 있다는 사실을 암시해 줌으로써 – 부활을 계시 사건으로 선포한 성서의 메시지가 전혀 근거 없는 주장이 아님을 시사해 준다. 달리 말하자면, 부활은 하나님 안에서 일어난 새 창조의 시작이요 징표(徵表)이기 때문에 – 부활과 재림 사이에 존재하는 그 어떤 다른 사건들보다 – 새 창조의 비밀을 더 명백하게 드러내 보여줄 수 있다. 사실 종말의 비밀이 가장 순수하게 숨겨져 있는 곳은 시작일 수밖에 없기도 하다. 사도들의 부활절 체험이 그리스도교 신앙의 기준이 되어야 하는 이유도 바로 여기에 있다.

둘째, 하나님 안에 있는 존재에게도 시간의 흐름이 있다는 것은 하나님의 새 창조가 아직 완성되지 않았다는 것을 의미한다. 달리 표현하자면, 그리스도의 사역과 고난은 부활로써 끝난 것이 아니라 재림 때까지, 즉 하나님이 만유 안에서 만유가 되실 때까지 계속된다고 말할 수 있다.

요약하자면, 승천은 하나님 안에 받아들여지는 것이 한순간에 이루어지는 것이 아니라 나름대로의 과정을 내포하고 있음을 지시해 주며, 이로써 한편으로는 부활을 계시 사건으로 이해하도록 만들면서도 다른 한편으로는 오늘 우리와 함께하시는 그리스도의 현존방식에 초점을 맞추도록 만든다. 이 장(章)에서는 승천이 지시해 주는 그리스도의 역동적인 존재 방식을 우주적 그리스도론과 삼위일체론의 관점에서 해명해 보겠다. 그러나 이해를 돕기 위해 먼저 승천의 빛에서 성만찬을 논구했던 종교개혁자들의 성만찬 논쟁을 살펴보겠다.

1. 우주적 그리스도

1) 성만찬 논쟁

그리스도교 전통에서 – 하나님의 은폐성과 보편성에 참여하시는 그리스도, 즉 보이지는 않지만 보편적으로 현존하시는 그리스도를 지시해 주는 – 승천 신학은 무엇보다도 성찬식에서 구체화되었다.[19] 구체적으로 말하자면, 초대교회는 사도의 말씀을 듣는 것과 더불어 빵을 나누는 것을 그리스도와의 교제로 간주했다. 그러나 교회의 양적 성장과 성찬식 과정에서 나타난 여러 가지 부작용 때문에 초대교회는 – 모두가 참여할 수 있는 – 말씀 예배와 – 세례 교인들에게만 허용된 – 성찬 예배를 구분하기 시작했다.

스콜라 신학(scholasticism)이 등장하기 이전에는 성찬식에 그 어떤 의문이나 이의도 제기되지 않았다. 중세에 들어와서야 비로소 성만찬을 이성적으로 규명하려는 시도가 나타났다. 신앙의 신비를 이성적으로 증명하려는 스콜라 신학은 성만찬의 신비에 합리적인 대답을 요구했으며, 이 과정에서 화체론(transubstantiation/化體論)이 등장한다. 1215년 제4차 라테란 공의회(Lateran Council)에서 교리로 규정된 화체론은 사물을 '실체'(substance/實體)와 '우연성'(accident)으로 구분하는 아리스토텔레스의 철학에 의지하면서 사제가 빵과 포도주를 봉헌하는 순간 빵과 포도주의 – 우연성은 바뀌지 않지만 – 실체가 그리스도의 몸과 피의 실체로 변한다고 주장한다. 즉 예수 그리스도는 성찬식의 빵과 포도주에 실체적으로 현존한다는 것이다.[20] 따라서 중세 가톨릭에서는 성찬식이 예수의 몸이 실제로 하나님께 드려지는 희생제사로 간주되었다.

종교개혁자 루터는 가톨릭교회의 화체론을 부정하며, 성찬식을 희생제사로 간주하는 가톨릭의 미사 관행을 신랄하게 비판했다. 그럼에도 불구하고 루터는 가톨릭교회와 함께 그리스도의 몸이 제단 위에 실제로 현존한다고 믿었다. 이러한 루터에게 스위스의 종교개혁자 츠빙글리(Ulrich Zwingli, 1484~1531)는 이의를 제기하면서 – 성만찬은 그리스도의 희생을 기념하는 것뿐이라는 – 이른바 기념설을 주장한다. 성만찬에 현존하시는 그리스도에 대한 물음은 일고의 가치도 없다는 것이다.

루터와 츠빙글리의 성만찬 논쟁은 그리스도론 논쟁으로 확대되었다. 이 논쟁에서 츠빙글리는 그리스도의 몸이 하늘에 있다고 주장한다. 즉 한 장소에만 존재할 수 있는 것이 몸의 특성이기에 그리스도의 몸은 땅에 있지 않다는 것

19 참조. 마 26:26~28; 막 14:22~24; 눅 22:17~20; 고전 11:23~25.
20 현대의 진보적인 가톨릭 신학자들도 화체론에 이의를 제기했다. 그러나 교황 바오로 6세는 1965년 한 회칙(Mysterium Fidei)에서 화체설의 용어를 그대로 유지할 것을 요청했다.

이다. 따라서 츠빙글리에게 가톨릭이나 루터의 성만찬 이해는 하늘에 계신 그리스도의 몸을 이 땅으로 끌어내리려는 헛된 시도로 비쳐질 수밖에 없었다. 이러한 비판에 맞서 루터는 "'이것은 나의 몸'이라는 그리스도의 말씀은 열광주의자를 반대하는 것이다."(Dass diese Worte Christi 'Das ist mein Leib' noch fest stehen wider die Schwarmgeister, 1527)와 "주의 만찬에 대한 고백"(Vom Abendmahl Christi Bekenntnis, 1528) 등의 논문에서 그리스도의 승천과 현존을 모순 관계로 이해하지 않는다. 루터는 승천을 "똑같은 시간에 한 곳에만 있을 수밖에 없는 것이 아니라 동시에 도처에 있을 수 있는 하나님의 전능하신 능력을 가리키는 것"으로 해석한다.[21]

그리스도께서 승천을 통해 하나님의 보편적 편재에 참여하게 되었다는 것이다. 이러한 승천 해석에 근거해 루터는 성찬의 빵에 그리스도의 몸이 현존하지 못할 이유가 없다는 공재설(consubstantiation/共在說)을 주장한다.

사실 츠빙글리의 기념설도 성서적 근거를 갖고 있지만, 성서가 말하는 기념과는 다른 것이다. 스웨덴의 신학자 아울렌(G. Aulen)이 지적했듯이, "신약성서에서 말하는 기념(anamnesis)이란 과거에 일어났던 일을 현재로 옮겨놓으며, 현재적 실재로 만드는 기억이기 때문이다."[22]

칼뱅(John Calvin, 1509~1564)에게도 성찬은 신자들이 그리스도와 연합하는 신비의 예식을 뜻한다.[23] 그러나 칼뱅의 논리는 루터의 논리와 다르다. 오히려 칼뱅은 츠빙글리와 마찬가지로 그리스도께서 하늘에 계신다고 단언하며, 루터의 공재설을 비판한다.[24] 그러나 칼뱅은 츠빙글리와 달리 하늘에 계신 그리스도의 몸과 땅 위에 있는 신자들이 하나 될 수 있다고 주장한다. 성령이 신자를 그리스도가 계신 곳으로 인도한다는 것이다.[25] 달리 말하자면, 하늘에 계신 그리스도께서 성령의 능력으로 땅에 있는 신자들을 들어 올려 당신의 몸에 참여케 하신다는 것이다. 이를 위해서는 성령과 결코 분리될 수 없는 그리스도

---

21 지원용 편, 『루터선집 제7권 은혜의 해설자 루터』 (서울: 컨콜디아사, 1989), 318.

22 Gustaf Aulen, *The Faith of the Christian Church*, trans. by Erich H. Wahlstrom (Philadelphia: Fortress Press, 1981), 344.

23 참조. John Calvin, *Unterricht in der christlichen Religion* (Neukirchen-Vluyn: Neukirchen Verlag, 1988), 947~948. (*Institutio Christianae Religionis* IV,17,11)

24 참조. Ibid., 948. (*Institutio Christianae Religionis* IV,17,12)

25 참조. Ibid., 966~967. (*Institutio Christianae Religionis* IV,17)

가 하늘에 계시면서도 동시에 우리 가운데 존재해야 한다. 이러한 문제에 직면해 칼뱅은 그리스도의 신성이 그의 인성의 한계 내에 갇혀 있는 것이 아니고, 인성 밖에서도 존재한다고 주장한다.[26] 구체적으로 말하자면, 성만찬에 그리스도의 인성이 신체적으로 현존하는 것은 아니지만, 그리스도의 신성, 즉 성령이 성만찬에 참여하는 신자의 영혼을 하늘로 들어 올려 하늘에 계신 그리스도의 인성과 연합시킨다는 것이다.

칼뱅은 이와 같이 승천을 그리스도의 초월적 이동으로 말한다. 그럼에도 불구하고 칼뱅은 루터와 마찬가지로 성찬을 그리스도의 몸과 연관 짓는다. 물론 성만찬 이해에 있어서 양자의 논거(論據)는 분명하게 구분된다. 그러나 양자의 신학적 전제들을 감안하면 양자의 차이는 실질적인 차이가 아니라 강조점의 차이라는 사실이 밝혀진다. 루터가 그리스도의 몸이 빵과 포도주에 현존함을 강조한다면, 칼뱅은 성찬식에 현존하시는 그리스도의 몸이 오직 성령에 의해서만 다다를 수 있는 불가시적 신비의 존재임을 강조할 뿐이다. 칼뱅이 성만찬을 통해 그리스도의 몸에 참여할 수 있다는 사실을 부정하는 것도 아니며, 루터가 현존하시는 그리스도를 믿음 없이도 인식될 수 있는 실체적인 존재로 말하는 것도 아니다.

루터와 칼뱅은 오히려 성만찬의 근거를 예수의 승천에서 찾으며 성만찬을 성령에 인도되어 현존하시는 그리스도의 신비에 참여하는 신앙의 행위로 간주한다는 점에서 견해의 일치를 보인다. 달리 말하자면, 양자는 성만찬을 승천하신 그리스도께서 자신을 드러내시는 장소로 이해한다고 말할 수 있다. 이러한 성만찬 이해는 그리스도의 독특한 존재방식을 지시해 준다. 즉 그리스도는 오늘도 몸으로 현존하시지만, 오직 성령에 의해서만 인식되는 신비의 몸이라는 것이다. 아울렌은 이러한 사실을 다음과 같이 적절하게 표현한다. "부활하신 분이 더 이상 자신을 제자들에게 드러내지 않았을 때에도 그리스도의 현존은 중단되지 않았다. 승천의 의미는 살아계신 주님이 시공의 제약을 넘어서 그의 제자들과 세상 끝 날까지 항상 함께하신다는 사실에 있다. 성만찬은 주님이 제자

---

26 이 이론이 이른바 '칼뱅주의 신학이 말하는 밖에서도'(extra Calvinisticum)란 교리다. 칼뱅주의 신학에서는 성육신 이후에도 신성은 신성이고, 인성은 인성으로 존재한다고 말한다. 칼뱅주의 신학은 이러한 해석이 칼케돈의 그리스도론에 상응하는 것이라고 생각한다. 칼뱅주의 신학이 이러한 관점 하에서 루터교회의 공재론을 비판하자, 루터교회 신학자들은 칼뱅주의 신학의 이러한 입장을 '칼뱅주의 신학이 말하는 밖에서도'(extra Calvinisticum)란 교리로 부르게 되었다. 그 이후로 extra Calvinisticum이라는 개념은 칼뱅주의 그리스도론의 특징으로 간주되었다.

들을 만나기로 약속했던 특별한 장소다. 이러한 의미로 승천은 성만찬의 전제가 된다."[27]

2) 그리스도의 몸

그리스도교 전통은 그리스도의 현존을 성만찬뿐 아니라 성도의 교제(Sanctorum Communio)에서도 찾는다. 사도신경은 거룩한 공회(Sanctorum Communio)와 성도의 교제(Sanctorum Communio)를 믿음의 대상으로 선포한다. 성도의 교제로서의 교회가 실제로 그리스도와의 교제가 이루어지는 장소라는 것이다. 물론 신약성서는 그리스도의 몸으로 현존하는 교회가 세상의 구원을 위한 하나님 나라의 표징과 도구임을, 즉 하나님의 백성이 되어야 한다는 사실도 강조한다.[28] 즉 교회는 자신만을 위한 존재가 아니라 세상을 위한 존재이며, 그리스도의 몸인 동시에 죄인들의 공동체라는 사실 말이다.

성서에서 교회론의 근거를 찾으려 했던 종교 개혁자들은 중세 가톨릭의 계급주의적 교회론에 맞서 교회를 그리스도의 몸으로 선포하는 신약성서의 교회론을 강조한다. 즉 교회의 머리는 교황이 아니라 그리스도이며, 계급질서가 아니라 성도의 교제가 그 깊이에 있어서 그리스도의 몸이라는 것이다. 가톨릭 신학도 제2차 바티칸 공의회(1962~1965) 이후 그리스도의 몸 사상을 적극적으로 받아들인다.

물론 제2차 바티칸 공의회 이전에도 가톨릭에는 그리스도의 몸 사상이 존재했다. 뮐러(A. Möhler, 1796~1838)가 이미 교회의 본질을 그리스도의 성육신이 실현되는 공동체로 규정한 바 있다. 그러나 뮐러 이전과 이후 가톨릭 교회론을 지배해 온 것은 벨라르미노(Bellarmin, 1542~1621)의 가시적이며 위계적이고 제도적인 교회론이었다. 벨라르미노는 종교개혁자들의 공격에 맞서 교회를 가시적이며 지상적인 교황국가로 보고 강력한 교황권 확립과 엄격한 위계조직을 강조하였다. 그로부터 약 300년이 지난 후 뮐러의 영향을 받은 슈라더(C. Schrader, 1816~1875)가 제1차 바티칸 공의회(제20회 공의회, 1869~1870)의 주제 초안에서 교회를 그리스도의 몸으로 제시했지만, 공의회는 슈라더의 제안을

---

27 Gustaf Aulen, *The Faith of the Christian Church* (1981), 345.
28 특히 판넨베르크가 이 점을 강조한다. 참조. 볼프하르트 판넨베르크/정용섭 옮김, 『사도신경 해설』 (2000), 192.

거부하고 벨라르미노의 교회론을 공의회의 정식 교회론으로 채택했다.

1943년 교황 비오 12세(Pius XII , 1939~1958)는 제1차 세계대전 이후 부흥 운동의 여파 속에서 교회를 그리스도의 몸으로 선언하는 회칙 '그리스도의 신비의 몸'(Mystici corporis Christi)을 반포한다. 그러나 비오 12세는 바울의 그리스도의 몸 사상을 받아들이면서도 이 신비의 몸을 로마 가톨릭 교회와 일치시켰다. 결국 그리스도의 몸 사상은 교회와 그리스도를 일치시키고 교황권을 강화시키는 도구로 전락했다.

이러한 흐름 속에서 제2차 바티칸 공의회(제21차 공의회, 1962~1965)는 제1차 바티칸 공의회와의 차별성을 부각시키기 위해 교회가 그리스도의 몸임을 재차 선언하면서도 그리스도만이 그리스도의 몸 된 교회의 머리임을 강조한다.[29] 제2차 바티칸 공의회는 단적으로 다음과 같이 선언한다. "모든 민족 가운데서 불러 모으신 당신 형제들에게 당신의 성령을 주시어 신비로이 당신의 몸을 이루신다."[30]

간략하게 말하자면, 계급적 조직체가 아니라 성도의 교제가 그 깊이에 있어서 현존하시는 그리스도의 몸이라는 것이다. 바르트와 본회퍼(D. Bonhoeffer) 등의 현대 개신교 신학자들도 제2차 바티칸 공의회의 이러한 선언에 기꺼이 동의할 것이다.[31]

제2차 바티칸 공의회 이후의 현대 신학은 교파 간의 차이를 넘어서서 그리스도가 당신의 몸인 교회의 머리임을 강조함으로써 양자의 관계를 단순한 일치가 아니라 일치 속의 긴장, 또는 긴장 속의 일치로 제시한다. 성육신하신 분 안에서 하나님과 인간이 연합되면서도 구분되듯이, 그리스도와 교회도 연합되면

29 가톨릭교회의 교황무오설(敎皇無謬說)을 비판했던 가톨릭 신학자 큉(Hans Küng)도 제2차 바티칸 공의회의 선언에 동조하면서 그리스도만이 그리스도의 몸인 교회의 머리가 되어야 함을 강조한다. 참조. 한스 큉/정지련 옮김, 『교회』(2007), 335~343.

30 참조. 한국천주교주교회의 편, 『제2차 바티칸 공의회 문헌』(서울: 한국천주교중앙협의회, 2009), 85.

31 참조. Karl Barth, *Die Kirchliche Dogmatik*, Zweiter Halbband (Zürich: Evangelische Verlag A.G. Zollikon, 1959), 215~336. 특히 본회퍼는 그의 박사학위 논문에서 교회를 '공동체로 존재하는 그리스도'(Christus als Gemeinde existierend)로 정의함으로써 그리스도는 말씀과 성례전뿐 아니라 성도의 교제(공동체)로서 현존함을 부각시킨다. 이로서 본회퍼는 성도의 교제로서의 교회가 개인적 신앙의 원천이며 동시에 목표임을 비판한다. 바르트는 이 정의가 세계와 교회를 동일시할 위험성을 내포하고 있다고 지적했다. 그러나 본회퍼는 그리스도가 세계 내에 – 숨겨져 있지만 – 현존하는 실재이며, '사회적이며 윤리적인'(soziale–ethische) 사고야말로 현존하면서도 숨겨져 있는 그리스도의 신비에 상응할 수 있는 적절한 신학적 사고 범주라고 확신한다. 본회퍼는 성도의 본질뿐 아니라, 공동체로 존재하는 그리스도도 인격 존재 – 즉 타자와의 관계를 통해 자신을 실현하는 존재 – 로 이해한다. 이러한 인격주의 사상은 한편으로는 교회의 본질을 성도의 교제(Sanctorum Communio)로 바라보도록 만들며, 다른 한편으로는 세계를 교회의 자기실현을 위해 반드시 필요한 타자로 이해하도록 만든다. 따라서 교회는 내적으로나 외적으로 타자를 향해 열린 존재로 이해된다. 참조. Dietrich Bonhoeffer, *Sanctorum Communio, Eine dogmatische Untersuchung zur Soziologie der Kirche*, hrsg. von Joachim von Soosten (München: Chr. Kaiser Verlag, 1986), 19~35.

서도 구분된다는 것이다. 달리 표현하자면, 교회는 순종을 통해서만 그리스도의 몸과 연합되지만, 이러한 연합 속에서도 양자의 구분은 여전히 존재한다는 것이다.

물론 성도의 교제는 개인주의적인 관점에서는 개인에게 종속된 행위에 불과하다. 이러한 관점에서는 성도의 교제가 잠정적인 것이며 부차적인 것에 불과하다. 따라서 교회의 본질을 성도의 교제로 제시하는 교회론은 사고방식의 전환을 요청한다. 즉 한 개인의 중심을 개인의 내면이 아니라 타자와의 인격적 교제에서 찾으며, 그리스도를 이 교제의 중심 속에서 내게 말 건네는 인격적 실재로 말할 수 있는 인격적 사고방식(personalism)³² 말이다. 이러한 사고방식은 또한 성도의 교제 속에 현존하시는 그리스도가 오직 성령에 의해서만 인식되고 실현되는 신비임을 시사해 준다.

3) 우주적 그리스도

그리스도 전통은 현존하시는 그리스도의 영역을 교회에 한정시키지 않는다. 바울은 예수가 부활과 승천을 통해 하나님의 영광 속에서 창조주 하나님의 새로운 창조에 참여하는 분이 되셨음을 선언한다.³³ 달리 말하자면 그리스도의 현존과 사역이 시간과 공간의 제약을 벗어나 온 우주로 확장되었다는 것이다. 주지하다시피 요한도 우주적 그리스도론을 대변한다. 로고스(Logos) 그리스도론이 바로 그것이다. 교회사가 펠리칸(J. Pelican)은 다음과 같이 말한다. "예수의 사후 첫 세대가 채택했던 여러 가지 '그리스도의 위업을 나타내는 칭호' 중에서 4세기 무렵까지 가장 중요한 칭호는 바로 로고스였다. …… 한마디로 말해 이 칭호에 의해서 예수를 우주적 그리스도라고 해석할 수 있었던 것이다."³⁴ 로고스 그리스도론은 예수의 전 생애에 숨겨져 있는 우주적 차원을 드러내려는 시도라는 것이다.

사실 우주적 그리스도론은 자연과 은혜를 구분한 아우구스티누스나 기계론

---

32 이러한 인격적 사고방식에서는 인간이 완결되고 닫힌 존재가 아니라 타자에게 열린 존재이며, 타자와의 교제를 통해 비로소 자신을 실현해 나가는 존재로 이해된다. 그러나 인격주의는 한걸음 더 나아가 나와 너의 관계 그 자체를 나와 너라는 개인들에 선행하는 인격적 존재로 본다. 즉 나와 너의 관계는 빈 공간이 아니라 의미 충만한 존재이며 동시에 개인에게 말 건네는 인격적 존재라는 것이다. 참조. Heinrich Ott, *Wirklichkeit und Glaube, Zweiter Band: Der persönliche Gott* (Göttingen und Zürich: Vandenhoeck & Ruprecht, 1969), 67~102.

33 참조. 엡 1:20~23; 빌 2:6~11.

34 야로슬라프 펠리칸/김승철 옮김, 『예수 그리스도 2000』(1999), 112~113.

적 우주론을 대변했던 계몽주의의 영향력 때문에 잠시 뒷전으로 물러선 적도 없지 않았지만 항상 그리스도교 신앙의 주요 구성 요소로 존재해 왔다.

현대 신학에서는 진화론을 그리스도교의 입장에서 받아들인 예수회 신부 떼이야르 드 샤르뎅(Teilhard de Chardin, 1881~1955)이 주목을 받았다. 그러나 샤르뎅의 우주적 그리스도론은 진화론과 그리스도교 신앙을 성공적으로 조화시켰다는 평가를 받기도 하지만, 다른 한편으로는 범신론(汎神論)이 아니냐는 의혹의 시선도 받았다.

샤르뎅의 신학에서 눈길을 끄는 것은 무엇보다도 우주의 그리스도화(Christification)라는 사상이다. 우주는 수렴의 과정을 거치는데, 이 과정이 결국 진화의 궁극적 목표인 그리스도를 지향하며, 이를 통해 온 우주가 그리스도 안에서 받아들여져 영화롭게 되리라는 것이다. 그는 다음과 같이 말한다. "만일 세상이 수렴된다면 그리고 그리스도가 그 중심이라면 바울이나 요한이 말한 그리스도 발생은 우주 발생의 절정인 정신 발생의 절정이요 그것이 우리가 기다리던 것이다."[35] 따라서 그리스도를 지향하는 우주의 진화과정 자체가 이미 성체(聖體)요, 살아있는 예배로 제시된다.[36]

이러한 사상은 베르그송(Henri Louis Bergson, 1859~1941)의 창조적 진화를 연상시켜 준다. 그러나 샤르뎅은 우주의 그리스도화뿐 아니라 그리스도의 우주화도 말한다. 그리스도는 당신을 비워 우주를 받아들이는 분으로 현존하신다는 것이다.[37] 전통적인 교회론 용어를 사용하자면, 그리스도는 우주의 머리지만, 우주는 그리스도의 몸이라고 말할 수 있을 것이다.

그리스도가 우주의 머리라는 주장에서는 샤르뎅과 신약성서가 일치한다. 그러나 문제는 우주를 교회와 마찬가지로 그리스도의 몸으로 부를 수 있느냐에 있다. 샤르뎅은 긍정적으로 대답할 것이다. 그러면 신약성서는 어떠한가? 우주적 그리스도론 논쟁에서 자주 인용되어 온 골로새서 1장 18절을 살펴보자. "그는 몸인 교회의 머리시라 그가 근본이시요 죽은 자들 가운데서 먼저 나신 이시니 이는 친히 만물의 으뜸이 되려 하심이요."

---

35 테야르 드 샤르뎅/양명수 옮김, 『인간현상』 (서울: 한길사, 1997), 273.

36 삐에르 떼이야르 샤르뎅/이병호 옮김, 『그리스도』 (왜관: 분도출판사, 2003), 36~38.

37 앞의 책, 39~42.

슈바이처(E. Schweizer)는 골로새서 저자가 전승된 송가를 의도적으로 변형시켜 그리스도를 교회의 머리로 선포했다고 주장한다.[38] 즉 그리스도는 우주의 머리요, 우주는 그리스도의 몸임을 선포한 본래의 송가에 '교회의'를 덧붙여 – 우주가 아니라 – 교회가 그리스도의 몸이요 그리스도는 교회의 머리라는 선포에 이르게 되었다는 것이다. 이러한 주석에 이의를 제기할 신학자는 없을 것이다.

그러나 이 구절 후반부가 암시하듯이 골로새서의 저자가 우주론적 그리스도를 포기한 것은 결코 아니다. 교회가 그리스도의 몸이라는 메시지는 그리스도의 몸이 이미 우주 한가운데 나타났다는 선포이기 때문이다. 우주와 그리스도가 정적인 존재가 아니라 역동적인 존재임을 감안한다면, 교회가 그리스도의 몸이란 메시지는 – 우주의 머리이신 – 그리스도의 몸을 드러내야 할 교회의 사명을 선포하는 것이지, 세상을 그리스도의 몸에서 배제하는 것은 결코 아니다.

도식적인 표현을 사용하자면, 우주는 아직 그리스도의 몸이 아니지만 그리스도는 우주의 미래라고 말할 수 있다. 이러한 사실은 우주의 미래로서 현존하시는 그리스도의 몸이 아직은 숨겨져 있으며, 오직 성령에 의해서만 인식될 수 있음을 암시해 주기도 한다.

2. 성령 안에 현존하시는 그리스도

앞의 논의에서 이미 시사했듯이, 그리스도교 전통은 현존하시는 그리스도를 성령 안에 현존하시는 그리스도로 제시한다. 그리스도의 몸은 아직 드러나지 않았으며, 재림 전까지는 오직 성령의 현존 안에서만 인식될 수 있어서, 그리스도는 오직 성령 안에서만 자신의 실상을 드러낸다는 것이다.

그러나 누가는 우리의 눈을 열어 살아계신 예수를 바라보도록 만드는 성령이 예수의 승천으로 말미암아 부어진 영임을 강조한다. "사도와 함께 모이사 그들에게 분부하여 이르시되 예루살렘을 떠나지 말고 내게서 들은 바 아버지께서 약속하신 것을 기다리라 요한은 물로 세례를 베풀었으나 너희는 몇 날이 못되어 성령으로 세례를 받으리라 하셨느니라."(행 1:4~5) 요한은 보다 분명하게 말한다. "그러나 내가 너희에게 실상을 말하노니 내가 떠나가는 것이 너희에게 유익이라 내가 떠나가지 아니하면 보혜사가 너희에게로 오시지 아니할 것이요

38 참조. 에두아르트 슈바이처/강원돈 옮김, 『국제성서주석 · 골로사이서』 (서울: 한국신학연구소, 1992), 84~85.

가면 내가 그를 너희에게로 보내리니."(요 16:7) 그리스도의 현존을 깨닫도록 새로운 눈을 열어주는 성령은 다름 아닌 그리스도께서 보내신 영이며, 따라서 성령은 이제 그리스도를 중심으로 움직이는 그리스도의 영이 되었다는 것이다.

여기서 승천 신학에 물음이 제기된다. 성령을 받아들이셨던 분이 승천 이후 영을 파송하는 분이 되셨고, 하나님의 영이 그리스도의 영으로 전환된 것인가? 이러한 물음은 결국 성령의 인격성에 대한 물음으로 귀착된다. 성령은 성자와 구분되는, 더 나아가서는 성부와도 구분되는 인격 존재인가 아니면 성부와 성자의 술어인가? 이 물음을 심화시키기 위해 먼저 현대의 삼위일체론 논쟁을 살펴보도록 하자.

1) 현대 신학의 삼위일체 논쟁

삼위일체 논쟁의 초기 단계에는 아리우스(Arius)와 아다나시우스(Athanasius)의 논쟁이 보여주듯이 주로 성부와 성자의 관계가 논의되었다. 그러나 성부와 성자의 관계가 정립되자 성자와 성령의 관계가 본격적으로 논의되기 시작했다. 특히 카파도키아의 교부들은 성령이 하나님과 동일본질(同一本質)이면서도 성자뿐 아니라 성부와도 구분되는 인격 존재임을 강조하며 세 인격(hypostasis)과 하나의 본질(ousia)이라는 삼위일체 교리를 공포했다.

그러나 삼위일체 교리를 구성하는 삼위(三位)와 일체(一體)라는 개념들은 하나님의 신비를 적극적으로 규명하기보다는 서로를 견제하는 역할을 수행하는 개념들이다. 달리 말하자면, 삼위는 – 성부와 성자, 그리고 성령을 한 분 하나님께서 나타나시는 세 가지 현상으로 이해하는 – 양태론(modalism/樣態論)을 견제하며, 일체는 삼신론(tritheism/三神論)의 위험을 경계하는 개념이라 할 수 있다.

삼위일체론의 이러한 취지는 현대 신학에서도 받아들여졌다. 삼위일체론을 복권시킨 현대 서방교회의 대표적 신학인 바르트와 라너(K. Rahner)도 삼위와 일체를 동등하게 받아들이면서 양태론과 삼신론을 극복하려 한다. 바르트는 양태론을 극복하기 위해 성부와 성자, 그리고 성령이 고유성을 유지하면서도 내적으로 서로 소통하며 통일성을 이룬다고 주장한다.[39] 그러나 바르트는 세 인격을 한 분 하나님의 세 가지 존재양식(Seinsweise)으로 해석함으로써 결

---

39 참조. Karl Barth, *Church Dogmatics*, I.1 (1969), 370.

국에는 양태론을 온전하게 극복하지 못한 것이 아니냐는 비판을 받는다. 라너 또한 양태론을 경계하기 위해 필리오케(filioque)[40] 신학을 비판한다. 성령은 '성부와 성자로부터가' 아니라, 성부로부터 성자를 통해 나온다는 것이다. 그리고 삼위일체를 성부가 성자와 성령의 존재방식으로 자기를 전달하신다는 하나님의 삼중적 자기 전달(dreifache Selbstmitteilung)로 이해한다. 그리고 바로 이러한 전달이 하나님의 본질임을 강조하기 위해 경세적(economic/經世的) 삼위일체가 곧 내재적(immanent/內在的) 삼위일체라는 명제를 제시한다.[41] 그러나 몰트만은 바르트와 라너가 유일신론의 전제를 갖고 출발했기에 어쩔 수 없이 양태론의 흔적을 지울 수 없다고 비판하면서 이른바 사회적 삼위일체론(social trinity)을 제시한다.[42] 즉 유일신론(monotheism)이 아니라, 삼위의 교제(koinonia) 안에 존재하는 상호적 관계성의 공동체가 삼위일체 하나님의 본질이라는 것이다. 그러나 몰트만의 삼위일체론도 다른 신학자들에게는 삼신론을 변형시킨 것으로 비쳐질 수 있다.

그러면 양자의 차이는 어디서 비롯되었을까? 양자는 모두 성서가 전하는 예수 그리스도 사건에서 출발한다. 그러나 라너가 성육신에 초점을 맞추었다면, 몰트만은 십자가에서 사회적 삼위일체의 영감을 얻는다. 라너는 성육신의 신비를 삼위일체의 근원으로 보았다. 성부와 성자, 그리고 성령의 사역이 성육신에서 이루어졌다는 것이다.[43] 즉 하나님은 자신을 비워 말씀으로 인간에게 다가섰고, 성령은 인간으로 하여금 말씀을 받아들이도록 하셨다는 것이다. 그리고 이러한 사역을 통해 나타난 참 인간이 동시에 삼위일체 하나님의 실존방식이라는 것이다. 그러나 십자가에서 출발하는 몰트만은 십자가 사건 속에서 성부, 성령, 성자의 동시적 참여를 바라본다. 즉 성자는 순종 가운데 죽음의 고난을 당하셨고, 성부는 성자의 이러한 죽음의 고난에 참여하신다. 그리고 성령은 성자와 함께 고난과 죽음의 길을 함께 걸으며 성자의 죽음에 새로운 시작을 열어주신다는 것이다.

40 '필리오케(filioque)'란 단어는 '또한 아들로부터'라는 뜻을 가진 라틴어로서 성령의 근원이 성부뿐 아니라 성자에게도 있음을 주장하는 교리적 표현이다. 서방교회는 필리오케를 전통적인 신조에 삽입시킴으로써 동방교회의 반발을 불러일으켰다. 이러한 갈등은 결국 1054년 동방교회와 서방교회를 분리시키는 한 요인으로 작용했다.

41 참조. Karl Rahner, *Grundkurs des Glaubens* (Freiburg im Breisgau: Herder Verlag, 1984), 141~142.

42 참조. 위르겐 몰트만/김균진 옮김, 『삼위일체와 하나님의 나라』 (서울: 대한기독교서회, 1982), 171~185.

43 참조. Karl Rahner, *Schriften zur Theologie*, Bd.IV (1962), 142.

이와 같은 논쟁은 성서 자체가 다양한 해석들을 허용한다는 사실을 새삼 일 깨워준다. 성서는 하나님의 신비를 규명하거나 교리 체계를 세우기 위해 쓴 책이 아니기 때문이다. 현대의 삼위일체 논쟁은 또한 양태론과 삼신론을 동시에 극복하는 것이 얼마나 어려운 과제인지를 일깨워준다. 양태론을 극복하기 위해선 삼신론의 위험을 감수해야 하고, 삼신론을 극복하기 위해선 양태론을 어느 정도 허용할 수밖에 없기 때문이다.

그러나 주의 깊게 살펴보면 삼위일체 논쟁에서 문제가 되는 것은 성부와 성자의 인격성이 아님을 알 수 있다. 성부와 성자의 인격성에 이의를 제기하는 신학자는 없다. 문제는 성령의 인격성이다. 필리오케를 받아들이는 신학에서는 성령이 성부와 성자, 성자와 피조물을 연결시키는 연합의 원리 이상이 될 수 없다. 물론 필리오케를 거부하는 라너는 성령의 인격성을 인정한다. 그러나 라너는 그리스도가 인간을 성령께 인도한다고 말하지는 않는다. 성령의 인격성은 그리스도의 인격성과는 다르다는 것이다.

바로 여기서 다음과 같이 말하는 몰트만과의 차이가 나타난다. "그리스도의 사역은 그것이 목적하는 성령의 사역 없이는 존재하지 않으며, 또한 성령의 사역은 그리스도의 사역으로부터 언제나 구분되며 그곳에서 없어지지 않는다는 것이다. 구약성서가 말하는 바와 같이 하나님의 영의 사역은 그리스도의 사역을 선행한다. 성령의 사역은 신약성서가 가리키는 그리스도의 사역을 넘어선다."[44]

성령의 사역이 그리스도의 사역보다 우월하다는 몰트만의 견해는 서방교회의 입장에서는 신선한 충격처럼 느껴질 것이다. 그러나 결국에는 성령의 인격성 문제를 전면에 부각시킨다. 성령은 인격적 존재인가? 그렇다면 어떤 의미에서 인격적 존재로 말할 수 있는가?

2) 성령의 인격성 물음

콘스탄티노플 공의회(381) 이후의 서방교회는 누가의 승천 신학을 따르면서 성령을 성자에 종속시키는 방향으로 나아갔다. 이러한 배경 하에서 필리오케 신학이 등장한다. 성부뿐 아니라 성자도 성령의 근원지라는 것이다. 이러한 신

---

44 위르겐 몰트만/김균진 옮김, 『생명의 영』 (서울: 대한기독교서회, 1992), 9.

학은 당연히 성령에 대한 성자의 우위성을 강조한다. 그러나 하나님의 영이 그리스도의 영으로 전환된다면, 성령은 결국 자신의 고유성을 상실하고 성부와 성자의 술어(述語)밖에 될 수 없다. 서방교회의 성령 경시 현상도 이와 무관하지 않다.

현대 신학에서 필리오케 신학의 극단적인 한 예가 베르코프(H. Berkhof)다. 그는 다음과 같이 말한다. "종종 신약성경은 성령을 그리스도와 구분되는 능력으로, 우리를 그리스도에게로 인도하고 우리 안에서 그리스도의 오심을 위하여 기도하시는 또 다른 보혜사, 그리스도의 영으로 언급한다. 그러나 성령의 사역은 또한 종종 승귀되신 그리스도 자신의 사역으로 제시된다. …… 금후로는 성령과 그리스도가 일치되신다."[45] 즉 승천을 기점으로 성령과 그리스도가 하나 되었으며, 따라서 성령은 인격이 아니라 그리스도의 행위가 되었다는 것이다. 역설적으로 말하자면, 승천 이후 그리스도는 성령으로 현존하신다고도 말할 수 있다.

그러나 몰트만은 베르코프의 이러한 신학적 귀결을 비판하면서 다음과 같이 말한다. "그는 아버지와 아들의 이위일체(二位一體)를 주장한다. 영은 이위의 활동성에 불과하다."[46] 몰트만은 이러한 귀결의 원인을 성령의 인격성을 인정하지 않는 데서 비롯되었음을 인식하고 다음과 같이 말한다. "성령의 인격성의 포기는 삼위일체론을 해체시킬 뿐 아니라 그리스도론을 해체시킨다. 삼위일체가 이위일체로 되며, 이위일체는 일원론으로 된다."[47] 사실 베르코프에게 성령이란 성부 하나님과 구분되는 인격이 아니라 하나님의 행위를 가리키고, 이러한 하나님의 행위가 그리스도와 일치되기에 결국에는 하나님 한 분의 행위만이 존재하게 된다.

몰트만은 영과 그리스도를 구분하지 않는 것이야말로 성서와 고대교회의 전통에 위배된다고 말하며 양자의 관계를 다음과 같이 정립한다. "영의 그리스도에서 그리스도의 영으로 전환도 아니며, 그리스도와 영의 일치도 아니다. 양자의 관계는 부활 이후에도 상호적이다."[48] 부활 이후에도 그리스도는 여전히 성

45 헨드리쿠스 베르코프/신경수 옮김, 『교의학 개론』(서울: 크리스찬다이제스트, 2008), 535~536.
46 위르겐 몰트만/김균진 옮김, 『생명의 영』(1992), 29.
47 앞의 책, 30.
48 앞의 책, 103.

령을 받아들이며 내쉬는 성령의 통로로 현존하신다는 것이다. "부활하신 그리스도는 영원한 성령으로부터, 성령 안에서 살며, 신적인 생명의 영이 그 안에서, 그를 통하여 활동한다."[49]

문제의 초점을 부각시키기 위해 다음과 같은 질문을 던져보자. 성령은 그리스도 밖에서도 주어지는가? 몰트만은 긍정적으로 대답할 것이다. 유대교의 성령론을 출발점으로 삼는다면 성령과 그리스도의 사역을 구분하며 성령의 사역에 우선성을 부여하는 것은 당연한 귀결일지도 모른다.[50] 그리고 성령의 자유를 인정한다면 그리스도의 사역과 구분되는 성령의 사역을 부정할 수만은 없을 것이다. 그러나 이러한 견해는 분명 신약성서의 메시지를 넘어서는 것이기도 하다. 신약성서는 성령의 인격성을 인정하면서도 성령의 인격성이 성부나 성자의 인격성과 다르다는 사실도 지시하기 때문이다. 사실 성서에서 성령은 항상 하나님의 영이나 그리스도의 영으로 표상되지, 성부나 성자에 마주서는 독자적인 인격으로 제시되지는 않는다.

요약하자면, 성령과 그리스도의 사역을 구분하지 않는 것도 문제지만 성령의 인격성을 성부나 성자의 인격성과 같은 차원에서 이해하는 것도 문제다. 이러한 맥락에서는 몰트만보다 바르트와 라너의 삼위일체론이 신약성서에 더 가깝다고 말할 수 있다. 그럼에도 불구하고 성령과 성자의 관계가 부활 이후에도 상호적으로 이해되어야 한다는 몰트만의 주장은 정당하다. 성령을 받아들이는 공관복음서의 예수상과 성령을 파송하는 승천하신 예수상은 서로 대립되는 두 가지 실체들이 아니라 동일하신 예수의 두 가지 측면이기 때문이다. 달리 말하자면, 양자의 차이는 본질적인 차이가 아니라 강조점의 차이일 뿐이다.

예수와 성령의 관계를 상호적으로 이해해야 한다는 것은 그리스도를 성령의 파송자로 제시하는 승천 신학의 성령론을 신약성서의 전체 맥락 속에서 해석하자는 요청이기도 하다. 승천을 기점으로 성령을 영접했던 분이 성령을 파송하는 분으로 변한 것도 아니며, 그리스도께서 이제 성령으로 현존하시는 것도 아니다. 그분은 여전히 성령을 받아들이시는 분으로 현존하신다. 이를 위해서는 무엇보다도 승천 신학에 전제되어 있는 것, 즉 성령으로 수태되고 성령을

---

49 앞의 책, 99.
50 성령모독죄를 경계하는 구절들은 어떠한 경우에도 성령이 구원의 실질적인 주체임을 강조한다. 참조. 막 3:28~30; 마 7:16~20; 눅 12:10.

받아들이시며 성령의 인도하심을 받는 공관복음서의 예수 상을 해석에 반영시켜야 한다. 이러한 사실을 감안하면서 우리는 다음과 같이 말할 수 있을 것이다. 예수는 오늘도 성령을 받아들이고 내쉬는 분이다.[51] 그리스도는 성령을 위해 오늘도 자신을 비우시는 분이다. 그러나 자신을 비우시는 분은 그리스도만이 아니다. 성령도 그리스도를 위해 자신을 비우신다. 혹은 다음과 같이 말할 수도 있을 것이다. 성령은 우리를 그리스도께 인도하지만, 그리스도는 다시 우리를 성령께 넘겨주신다. 그리고 이러한 과정을 통해, 즉 성령과 그리스도의 지속적인 자기 비움을 통해 만유 안에서 만유가 되시려는 하나님의 새 창조와 영광이 드러나기 시작한다.

승천 묵상
●

승천은 그리스도께서 이 땅을 떠나신 것이 아니라 하나님 안에 계시다는 것을 말한다. 물론 그리스도께서 하나님 안에 계시다는 고백은 부활하신 분의 가시적 부재(不在)를 그리스도의 현존 방식으로 해석한 것이다. 그러나 이러한 해석은 진실을 숨기기 위한 기만적인 행위가 아니라 성령 안에서 깨달은 인식에서 비롯된 것이다. 즉 성령에 의해 그리스도께서 오늘도 우주의 미래로서 현존하시며 성령과의 교제 속에서 성부 하나님께 영광을 드리시는 신비임을 깨달은 공동체의 고백이다.

우리는 앞에서 특히 부활과 승천이 구분되어야 할 뿐만 아니라 구분될 수 있다는 사실을 제시하려 했다. 물론 부활과 승천이 지상에서 일어난 사건들처럼 구분되지 않는다는 것은 자명한 사실이다. 양자 모두 하나님의 시간 안에서 일어난 사건이기 때문이다. 그리고 승천의 의미 중에 부활의 의미와 중복되는 부분이 많다는 것도 사실이다. 예를 들자면, 예수께서 오늘도 당신의 몸을 내어주시며 우리를 당신의 몸으로 부르신다는 승천 신학의 메시지는 부활절 메시지와 중복될 수도 있을 것이다. 그러나 승천이 부활의 빛에 가려져 부활과 재림 사이에 아무것도 설정되지 않는다면 무엇보다도 그리스도께서 당신의 몸을

---

51 참조. 요 20:21~22.

이루시며 드러내시는 지평이, 즉 그리스도의 몸 사상과 우주적 그리스도가 시야에서 사라지고 말 것이다.

또한 우리는 승천이 예수 그리스도의 삶 전체 속에서 조명되어야 함을 제시했다. 그렇게 하지 않는다면 승천 신학은 성자에 대한 성령의 종속을 주장하면서 삼위일체의 신비를 해소시키는 위험에 빠질 수도 있기 때문이다.

그러나 이론적인 반성도 중요하지만, 성령의 인도하심을 받아 현존하시는 그리스도의 몸을 드러낼 수 있는 실천의 길을 제시하는 것이 더 중요하다. 사실 승천이 현대 신학에서 홀대받았던 것도 현존하시는 그리스도의 신비에 참여하는 신앙의 실천이 경시되었던 것과 무관하지 않을 것이다. 현존하시는 그리스도보다 나사렛 예수 안에서 일어났던 구원 사건에 더 많은 관심을 갖는 신학은 영성적 실천보다는 지성적 이해에 치우칠 수밖에 없다. 물론 지성은 신앙에서 중요한 역할을 담당한다. 그러나 지성만으로는 신앙의 신비를 온전히 해명할 수 없다. 신앙의 신비는 오히려 삶 전체의 참여를 요청하며 이러한 참여 속에서 스스로 진리를 깨닫기를 원한다. 이러한 의미에서 성찬 및 예전의 의미를 현존하시는 그리스도의 빛에서 새롭게 조명할 뿐 아니라, 그리스도의 몸에 참여하는 행위를 일상의 삶 한가운데서 구체적으로 제시하는 것이야말로 신학에 주어진 중요한 과제라 할 수 있다.

8

예수의

재림

묵시사상
그리스도교 종말론
마라나타(Maranatha) 묵상

제8장

예수의
재림

이것들을 증언하신 이가 이르시되
내가 진실로 속히 오리라 하시거늘 아멘 주 예수여 오시옵소서.
(계 22:20)

종말론(Eschatology/終末論)이란 개념은 원래 세상의 마지막 때 일어날 일들을 다루는 그리스도교의 신학 용어였다. 그러나 종교학자들은 다른 종교에 나타나는 유사한 주제들을 종말론이란 용어로 설명하기도 한다. 예를 들자면 엘리아데(M. Eliade)는 고대 종교의 제의(祭儀)에서 세상의 마지막 때 창조의 원초적 시간이 재생되리라는 영원 회귀(eternal return)의 신화를 발견하고 이것을 신화적 종말론으로 부르기도 한다. 그러나 그리스도교 종말론은 신화적인 사건이 아니라 실제로 역사 속에서 일어났던 사건과 그 사건에 내포되어 있는 약속에 근거한다는 점에서 종교학자들이 말하는 신화적 종말론과 구분된다.

그리스도교 종말론은 유대교 신앙에서 비롯되었다. 물론 유대교에서도 처음부터 종말 사상이 존재했던 것은 아니다. 오히려 유대교의 토대는 역사에 나타난 하나님의 구원 사건에 대한 믿음이었다. 그러나 B. C. 6세기를 전후한 바벨론 포로기의 예언자들은 계속되는 시련과 좌절 속에서 하나님의 현재적 다스림이라는 이스라엘의 신앙을 미래적 희망으로 바꾸어 놓는다. 즉 하나님께서 지금은 아니지만 머지않아 이스라엘을 위해 역사를 새롭게 전환시키리라는 희망을 선포한다. 이와 같이 역사의 대전환을 말하는 예언자들의 사상을 그리스도교 신학은 역사적 종말론이라 부른다.

그러나 B. C. 2~3세기의 절망적인 상황은 — 가까운 미래에 현존하는 세상은 사라지고 새로운 기원이 시작되리라는 — 묵시사상(Apocalypticism/黙示思想)을 전면에 부각시킨다. 그리고 이러한 묵시적 종말론의 맥락 속에서 메시아니즘(Messianism)의 형태를 띤 묵시적 종말론, 달리 말하자면 묵시적 종말론과 역사적 종말론을 중재하는 천년왕국(Millennium/千年王國) 사상이 등장하기도 했다.

이러한 묵시사상을 그리스도교는 적극적으로 받아들인다. 그리스도교는 묵시사상이 대망해 왔던 종말이 예수 안에서 이미 시작되었다고 주장함으로써 새 하늘과 새 땅에 대한 묵시적 소망을 예수의 재림(parousia/再臨)으로 요약한다. 그러나 재림에 대한 신앙은 예수의 사역이 아직 완성되지 않았다는 사실을 암시하는 것이기도 하다. 예수는 부활하셨지만, 이 땅은 아직 구원에 이르지 못했다는 것이다. 초대교회에서 예수의 재림은 이처럼 양면성을 지닌다. 아직 구원받지 못한 이 땅의 현실 속에서 새 하늘과 새 땅을 소망했던 것이다.

그러나 재림의 지연은 재림에 대한 기대를 약화시킬 수밖에 없었다. 그리고 그리스 사상이 신학의 지평이 된 이후에는 임박한 재림에 대한 기대가 쇠퇴하고 죽음 이후의 삶에 관심을 집중시키는 개인적 종말론이 부각되었다. 그 결과 우주적 종말론은 교회에서 영향력을 상실하기 시작했으며, 열광주의적인 소종파 내에서만 명맥을 유지할 수 있었다. 이러한 상황은 20세기 초까지 계속되었다.

20세기에 들어오면서 신약성서의 종말론적 성격이 재발견되고, 그리스도론이 종말론을 지향한다는 사실이 밝혀지면서 종말론에 대한 관심이 고조되기 시작했다. 그럼에도 불구하고 일반적인 신앙인의 차원에서는 예수의 재림이 여전히 소수자의 문제로만 인식되고 있는 것처럼 보인다. 게다가 재림 예수를 자처하는 사이비 종교인과 시한부 종말론 때문에 재림에 대한 기대는 왜곡과 오해에 시달려야 했으며, 재림 신앙을 가진 사람들은 종종 이 세상에 무관심하거나 적대감을 가지고 있는 사람들로 간주되었다.

그러나 예수의 재림을 그리스도교인의 궁극적인 희망으로 선포하는 신약성서를 신앙의 규범으로 받아들여야 한다면, — 역사적 예수를 실패한 종말론적 예언자로 인식했던 — 슈바이처(A. Schweitzer)나 — 예수의 메시지를 초대교회의 묵시사상과 분리시켜 실존론적으로 해석했던 — 불트만(R. Bultmannn)에 동의할 수만은 없다.

　다음에서는 이러한 상황을 고려하면서 먼저 유대교의 묵시사상을 조명해 본 후 이러한 묵시사상이 그리스도교에서 어떠한 변천과정을 겪었는지를 살펴보겠다. 그리고 그리스도인의 희망이라 할 수 있는 예수의 재림에 초점을 맞추며 그리스도 종말론의 총체인 최후의 심판을 논구해 보겠다.

묵시사상
●

　묵시사상이란 B. C. 2세기에서 A. D. 2세기 사이에 기록된 유대교 및 그리스도교 성서에 나타난 종말론 사상을 일컫는다.[1] 묵시란 감추어져 있는 하나님의 비밀을 드러내는 것을 뜻한다. 이러한 점에서 묵시도 일종의 계시(revelation/啓示)라고 말할 수 있다. 그러나 환상이나 꿈을 통해 전달된 계시를 암호와 상징으로 표현하는 계시라는 점에서, 그리고 감추어져 있는 하나님의 미래뿐 아니라 어둡고 암울한 세상의 실상과 미래를 드러낸다는 점에서 전통적인 의미의 계시를 넘어선다. 몰트만(J. Moltmann)을 인용하자면, "하나님의 미래 행동에 대한 표상들이 지금까지의 역사와 완전한 불연속성 가운데 있으며, 하나님의 심판의 위기가 세계사적이며 우주적 범위들을 취할 때" 묵시사상이라고 말할 수 있다.[2]

　그러면 묵시사상의 근원은 무엇일까? 유대교의 예언자 사상인가? 유대교 철학자 부버(M. Buber)와 구약성서학자 폰 라드(G. von Rad)는 묵시사상과 예언자 사상의 불연속성을 주장한다. 달리 말하자면, 묵시사상의 출처는 예언자 사상이 아니라 B. C. 6세기경 이란의 국교가 된 조로아스터교(Zoroastrianism)의 이원론적 영지주의(Gnosticism/靈知主義)라는 것이다. 그러나 이러한 견해는 현대 성서학자들에 의해 반박되고 있다. 현대의 주요 성서학자들은 묵시사상의 뿌리가 이방 종교가 아니라 이스라엘의 예언자 사상, 아니 바벨론 포로기 이전까지 거슬러 올라가는 이스라엘 신앙에 있다고 주장한다. 현대의 저명한 성서학

1　정경 가운데는 다니엘과 요한계시록, 외경과 위경 가운데는 에스라 제4서, 에녹서, 바룩의 묵시록이 묵시문학에 속한다. 물론 막 13; 살전 4:13~18; 살후 2:1~12; 고전 15:20~28 등도 묵시사상을 피력하고 있다.

2　위르겐 몰트만/김균진 옮김, 『오시는 하나님』 (서울: 대한기독교서회, 1997), 393.

자 핸슨(P. D. Hanson)은 묵시사상의 구조를 이스라엘 신앙을 관통하는 - 하나님에 의해 주어진 비전(vision)과 땅의 현실(realism) 사이에 존재하는 - 창조적 긴장으로 설명한다. 단지 이러한 창조적 긴장이 극대화되었을 때 나타난 사상이 묵시사상이라는 것이다.[3] 저명한 성서학자 로제(E. Lohse) 또한 묵시사상이 이란 종교의 이원론적 표상들을 받아들인 것은 사실이지만, 결코 전통적인 유일신 신앙의 한계를 벗어난 적은 없다고 주장한다.[4]

물론 이 땅의 현실이 하나님의 비전에 의해 부정되고, 따라서 비전과 현실 사이의 긴장을 해소하는 것처럼 보이는 묵시사상들이 존재한다. 사실 대부분의 묵시사상들은 새로운 세상의 도래가 역사의 성취가 아니라 역사의 파멸을 불러온다고 주장한다. 그러나 묵시사상 내에는 - 의로운 자들이 하나님의 창조를 완성시킬 것이라는 - 천년왕국 사상도 존재한다. 천년왕국 사상은 묵시사상이 이 땅을 포기한 것이 아님을 보여준다. 천년왕국설은 오히려 옛 창조의 파멸을 말하는 사상과 옛 창조의 변혁을 말하는 사상이 묵시사상 내에 공존하고 있다는 사실을 말해 주고 있다.

이러한 사실은 묵시사상과 예언자 신앙이 - 비록 강조점은 다르지만 - 하나님의 승리를 신뢰하는 신앙에서 일치하고 있음을 입증해 준다. 따라서 묵시사상은 이 세상이 악의 지배를 받는 것처럼 보이지만 궁극적으로는 하나님의 정의가 승리할 것이라는 예언자 신앙을 계승하면서도, 현존하는 세상은 다가오는 하나님의 정의를 감당하지 못할 것을 주장한다는 점에서만 예언자 신앙과 구분된다. 따라서 묵시사상은 종말에 이르는 역사적 과정을 제시하는 시간표가 아니라, 하나님의 승리에 대한 신실한 기다림과 곧 사라질 이 세상의 모든 불의에 저항할 것을 촉구하는 신학적 메시지라 할 수 있다.

그러나 유대교 묵시사상의 계승자는 유대교가 아니라 그리스도교였다. A. D. 2세기경 유대교는 묵시사상과 완전히 결별한 반면, 초기 그리스도교는 그리스도교 신앙의 중심인 예수를 묵시사상의 빛에서 해석하면서 묵시사상의 대망을 이어나갔다. 우주적 파국 이후 도래하는 하나님의 새 창조라는 묵시사상의 흔적을 신약성서에서 찾아보기란 그리 어렵지 않다.

3 Paul D Hanson, *The Dawn of Apocalyptic* (1979), 30.
4 Eduard Lohse, *Die Entstehung des Neuen Testaments* (1972), 137.

하나님의 새 창조를 말하면서도 현세에 대한 부정적인 입장을 견지하는 묵시사상은 신약성서에서 수정의 과정을 거친다. 첫째, 신약성서는 하나님의 새 창조가 예수 안에서 이미 실현되었다고 주장한다. 그러나 아직 구원받지 못한 세상의 현실 앞에서 현재를 – 종말을 향해 나아가는 – 옛 세상과 – 이미 예수 안에서 시작된 – 새 세상이 겹쳐지는 상황으로 제시한다. 둘째, 신약성서는 하나님의 새 창조와 옛 창조의 불연속성뿐 아니라 연속성도 주장한다. 창조의 하나님과 새 창조의 하나님은 서로 다른 분이 아니라는 것이다. 여기서 우리는 신약성서 종말론에 내재되어 있는 갈등을 발견하게 된다. 하나님의 새 창조가 옛 창조를 지양하면서도 옛 창조를 소멸시키지는 않는다는 모순 말이다. 달리 말하자면, 창조의 정체성은 보존되지만 질적인 변화를 겪게 된다는 것이다.

그리스도교 종말론

●

그리스도교 신앙의 토대는 예수의 부활이다. 그리스도교 신앙은 예수의 부활을 종말론적 사건으로 이해하면서 부활 이후에도 계속되는 역사 앞에서 예수의 부활을 종말의 토대뿐 아니라 선취로도 이해하게 된다. 바로 여기서 현재적 종말론과 미래적 종말론, 그리스도론과 종말론의 긴장이 야기된다. 문제의 핵심을 구체적으로 드러내기 위해 이미 이 주제를 중심으로 전개되었던 현대 신학의 종말론 논쟁을 먼저 살펴본 후 그리스도교 종말론의 중심개념인 예수의 재림을 해명해 보자.

1. 현대 신학의 종말론 논쟁

현대 신학의 종말론 논쟁은 바이스(J. Weiss, 1863~1914)와 슈바이처(A. Schweitzer, 1875~1966)에 의해 촉발되었다. 그들은 예수를 인류의 보편적 교사로 제시한 자유주의 신학에 맞서 예수가 선포한 하나님 나라의 종말론적이며 미래적인 성격을 강조했다. 그러나 그들에게 예수는 다가오는 하나님 나라를 선포했지만 결국은 실패한 예언자였다. 이러한 점을 맹렬하게 비판하고 나선 신학자가 바로 다드(C. H. Dodd, 1884~1973)였다. 그는 하나님 나라가 예수의 도래와 더불어 실현되었음을 강조한다. 다드는 물론 성서가 미래적 종말론을 말하고 있다는 사실을 인정한다. 그러나 미래적 종말에 관해 말하는 성서의 진술은 부차적인 진술에 불과하다는 것이다.

양자의 주장에는 나름대로 정당성이 있다. 슈바이처처럼 하나님 나라를 유대 묵시사상의 빛에서 우주적 종말 사건으로 이해하는 것뿐 아니라 다드처럼 하나님 나라의 근거를 예수의 지상 사역과 부활에서 찾는 것 또한 성서적인 근거를 갖고 있기 때문이다. 따라서 이러한 논쟁에 참여한 신학자들은 상반되는 신학적 주장들을 하나로 통합시키는 방법을 모색하기 시작했다.

불트만(R. Bultmann, 1884~1976)과 쿨만(O. Cullmann, 1902~1999)이 바로 이러한 신학자군(群)에 속한다. 불트만은 다드와는 달리 묵시사상적 종말 기대가 예수의 선포를 규정한다고 생각한다. 이 점에서 불트만은 슈바이처와 견해를 같이한다. 그리고 이루어지지 않은 재림에 그 어떤 의미도 부여하지 않는다는 점에서도 슈바이처와 견해를 같이한다. 그러나 불트만은 실존론적 해석을 통해 예수의 하나님 나라 선포 속에서 현재적 종말론을 발견한다. 즉 묵시사상적 표상 그 자체가 아니라 그 안에 내포되어 있는 실존론적 메시지가 예수의 선포를 규정한다는 것이다. 이 점에서 그는 다드와 견해를 같이한다. 그리고 이러한 현재적이며 실존론적 종말이 예수뿐 아니라 우리에게도 결정적이며 지속적인 의미를 갖는다고 생각한다.

쿨만은 불트만과는 다른 시각에서 접근한다. 즉 현재적 종말과 미래적 종말을 포괄하기 위해 재림과 부활, 그리고 부활 이전의 창조를 직선적인 시간으로 연결하고 그 중심에 그리스도를 세우는 구속사 신학을 전개한다. 이러한 구속사 신학에서 그리스도의 부활은 예언의 성취인 동시에 종말 시간의 예언자적 시작으로 이해된다. 따라서 현재는 '이미 지금'과 '아직 아니'의 긴장 관계가 실현되는 장소이면서도 완성을 향해 나아가는 시점으로 이해된다.

그러나 오늘날 불트만의 실존론적 해석은 신약성서의 우주적 종말론을 실존론적 차원으로 축소시켰다는 비판을 받고 있다. 그리고 과거에서 현재, 현재에서 미래로 나아가는 직선적인 시간관과 영원을 시간의 무제한적인 연장으로 이해하는 구속사 신학의 전제 또한 오늘날 비판을 받고 있다.

이러한 상황에서 몰트만(J. Moltmann)은 하나님의 도래란 개념으로 성서 종말론을 풀어내면서 학계로부터 주목받기 시작한다. 즉 그는 한편으로는 시간과 영원의 질적인 차이를, 그리고 다른 한편으로는 그리스도교적 희망의 미래성을 동시에 충족시키기 위해 현재로부터 미래로 나아가는 종말론이 아니라, 미래로부터 다가오는 종말론을 요청한다. 그리고 이를 위해 강림(advent)이란 개념을 부각시킨다. 즉 성서에서 말하는 종말이란 시간이 앞으로 흘러가면서 도달하게 되는 시점이 아니라, 현 세계를 새롭게 창조하면서 현재 속으로 진입해 들어오는 하나님의 도래를 말한다는 것이다. 몰트만은 이러한 하나님의 강림, 또는 도래란 개념으로 부활과 재림을 포괄하려 한다. 즉 부활은 하나님 나라의 실현뿐 아니라 하나님의 궁극적인 도래에 대한 약속을 가리키며, 재림은 이 약속의 궁극적 실현이라는 것이다.

부활과 재림을 메시아의 길, 즉 하나님의 도래라는 개념으로 포괄한 몰트만은 하나님의 도래의 목적을 만유의 새 창조로 이해한다. 몰트만의 이러한 종말론은 그리스 철학의 지평 속에서 상실되었던 히브리 사상과 성서의 종말론을 부각시켰다는 평가를 받는다.

그러나 몰트만이 부활을 하나님의 도래 가운데 일어나는 여러 가지 사건들 가운데 단지 하나의 사건으로 이해하는 것은 문제가 될 수 있다. 부활은 여러 사건들 가운데 단지 하나의 사건에 불과한 것이 아니라, 하나님의 결정적인 자기 계시에 속하는 것이 아닌가? 온 세상에 도래하는 것은 규정되지 않은 미래가 아니라, 예수의 부활 속에서 이미 일어난 사건이라고 말하는 것이 성서적이지 않은가? 부활이야말로 하나님의 결정적인 자기 계시가 아닌가? 이러한 맥락에서 라너는 다음과 같이 말한다. "성서적 종말론은 계시된 현재에 근거해 진정한 미래로 나아가는 진술이다. 현재로부터 미래로 나아가는 진술은 종말론이다. 반면 미래로부터 현재를 말하는(einsagen) 것은 묵시사상이다. …… 묵시사상적 진술은 환상이거나 영지주의다."[5] 현재적 종말론에 대한 비판이 지나쳐 종말론의 근거인 현재적 종말, 즉 부활 사건을 종말의 시작이나 종말에 대한 약속에 한정시키는 것은 옳지 않다는 것이다.

5 K. Rahner, *Schriften zur Theologie*, Bd. Ⅳ. (1962), 418.

2. 예수의 재림

성서에서 예수의 재림은 다분히 신화적 표상 속에서 묘사되고 있다. 하늘로 올라가신 예수께서 구름을 타고 다시 오리라는 것이다. 이러한 표상은 현재 예수께서 제자들을 떠나셨다는 사실을 전제하는 것처럼 보인다. 그러나 이러한 전제는 그리스도교 신앙에서 결코 포기할 수 없는 '현존하시는 그리스도'에 대한 믿음과 상충하는 것처럼 보인다. 다시 오실 분과 현존하시는 분은 논리적으로 모순 관계이기 때문이다. 이러한 의미에서 몰트만은 재림이란 단어가 잘못 해석된 단어라고 규정한다. "재림이란 단어는 잘못된 것이다. 그것은 시간적으로 얼마간의 부재(不在)를 전제하기 때문이다."[6] 몰트만의 비판은 정당하다. 부활하셔서 승천하신 분은 우리를 떠나신 분이 아니기 때문이다.

물론 재림이란 개념의 긍정적인 측면을 간과할 수는 없다. 재림이란 개념은 오실 분이 이미 오셨던 분과 동일하신 분이심을, 심판자로 오실 그리스도가 역사 속에 계셨던 갈릴리 예수와 동일하신 분이심을 지시하기 때문이다. 이러한 맥락에서 틸리히(P. Tillich)는 재림의 신학적 기능을 "예수가 그리스도"[7]이심을 강조하는 데 있다고 본다. 달리 말하자면, 마지막 심판의 기준과 주체는 다름 아닌 십자가에 달리셨던 예수라는 것이다. 그러나 이미 지적했듯이, 재림 표상은 현존하시는 그리스도를 제대로 표현하지 못할 뿐만 아니라, 오실 분이 이미 오셨던 분과 전적으로 다른 형태를 지니신 분이라는 사실을 간과하고 있다.

따라서 다음과 같은 물음이 제기된다. 그리스도교 전통에서 재림으로 번역해 왔던 파루시아(parusia)란 본래 무엇을 뜻하는 개념이었을까? 문자적으로 이 개념은 도래(到來) 또는 현재를 의미한다. 그러나 내용적으로는 그리스도께서 영광 가운데 오심을 뜻한다.

그렇다면 파루시아란 개념 자체는 재림 신앙의 토대가 부활 사건에 있지만 부활로써 예수의 사역이 완성된 것은 아니라는 사실을 암시해 준다. 보다 정확하게 말하자면, 파루시아 개념은 – 다시 살아나셔서 제자들에게 나타나신 분을 묵시사상의 빛에서 새로운 창조의 징표로 간주했지만 부활하신 분의 나타나심이 중단된 후 그리스도의 가시적 부재(不在) 상황을 성령의 현존에 대한 체험 속에서 승천, 즉 현

---

6 위르겐 몰트만/김균진·김명용 옮김, 『예수 그리스도의 길』(서울: 대한기독교서회, 1990), 64.

7 참조. Paul Tillich, *Systematic Theology*, vol. 2, (1957), 163. 틸리히는 계속해서 재림 표상의 또 다른 의미에 대해 다음과 같이 말한다. "새 에온이 도래하지 않았다는 유대인의 비판에 대해 우리도 새 에온을 기다리고 있다고 말하는 것이다."

존하시지만 하나님의 은폐성 안으로 들어가신 분으로 해석했던 – 초대교회 신앙의 귀결이라 할 수 있다. 알트하우스(P. Althaus)는 이러한 해석학적 정황을 다음과 같이 명확하게 해명한다. "그리스도론은 종말론으로 선포될 때 비로소 완성될 수 있다. 그러나 거꾸로 구원을 고대하는 그리스도인의 희망은 그리스도론에 근거되어 있다. …… 그리스도의 영광은 아직 하나님 안에 감추어져 있다.(골 3:3) 이 영광은 세계에는 감추어져 있으며, 우주와 역사의 현실에서도 아직 드러나지 않았다. …… 그리스도의 사역은 아직 완성되지 않았다. 화해된 자도 아직 죄인이며, 새로운 삶도 단편적일 뿐이다. …… 예수의 부활로써 하나님 나라가 영광 중에 이 세상에 완전히 도래한 것은 아니다. 하나님 나라의 영광은 약속으로만 주어졌다. …… 따라서 신앙은 약속의 성취, 즉 그리스도가 드러나는 것(골 3,4)을 신뢰 속에서 기다린다."[8]

요약하자면 파루시아란 부활 사건에 근거한 그리스도인의 소망으로서 그리스도의 정체성이 여실히 드러나는 사건이요, 이러한 드러남의 과정 속에서 온 우주가 새롭게 창조되는 사건을 지시한다고 말할 수 있다. 예수의 재림은 결코 한 인격에 국한되는 사건이 아니라 인격적이면서도 우주적인 사건을 지시한다. 주 예수여 오시옵소서란 고백은 만유를 새롭게 하소서란 고백과 동일하다.

따라서 재림에서는 심판이 중요한 주제로 부각된다. 영성신학자 그륀(A. Grün)이 지적했듯이, 심판 없이는 새 창조가 이루어질 수 없기 때문이다. "새로운 세계가 있다면, 옛 세계와 새 세계 사이에는 순조로운 건너감이 있을 수 없다. 오히려 인간이 새로운 미래에 다시는 옛 것을 가져가지 않도록, 곧 악행과 고통을 가져가지 않도록 심판을 거쳐 새 세계를 향하게 해야 한다."[9]

3. 그리스도교 종말론의 내용

신약성서에서 재림은 심판과 짝을 이룬다. 재림의 목적은 심판이며, 심판의 기준은 예수다. 재림과 심판의 이러한 연관성은 하나님의 현실이 궁극적으로 인간에게 임했을 때 가장 먼저 나타나는 현실이 심판임을 지시해 준다. 전통적으로 심판은 행한 대로 갚아주는 보복으로 이해되어 왔다. 그러나 현대 신학은

---

8 Paul Althaus, *Christologie III*. Dogamtisch in: RGG, 1788.

9 안셀름 그륀/김선태 옮김, 「죽음 후에는 무엇이 오는가?」 (서울: 바오로딸, 2009), 86.

이러한 심판 이해에 이의를 제기하면서 다음과 같은 물음을 던진다. "최후의 심판이란 의인과 죄인을 영원히 분리하기 위한 최후의 선고인가, 아니면 만유구원의 시작인가?"

그러나 전통적인 교의학은 이 주제를 취급하기에 앞서 개인적 종말론의 문제를 다룬다. "최후의 심판 이전에 죽은 자들은 어디에 머무르는 것일까? 그리고 무슨 일을 당하는가?" 이 물음이 중요한 것은 이 물음이 목회 현장에서 제기되는 실제적인 물음이기도 하지만, 신학적으로도 – 개인의 죽음과 최후의 심판 사이에 존재하는 – 중간(中間) 시간이란 중요한 주제를 전면에 부각시키기 때문이다. 현대 신학은 또한 – 고대교회 이후 교리에서 배제되었던 – 천년왕국설을 다시 연구하기 시작했다. 이를 통해 현대 신학은 성서 종말론이 구원의 차안성(此岸性)을 간과하지 않는다는 사실을 제시할 수 있었다.

1) 연옥(purgatorium/煉獄)의 문제

신약성서는 죽음 이후의 삶을 구체적으로 묘사하지는 않는다. 그러나 그리스도교 전통은 죽음 이후의 삶에 관해 다양한 이론들을 제시해 왔다. 이러한 이론들 가운데 가장 주목을 받은 것은 연옥설이다. 사실 연옥설만큼이나 커다란 주목을 받으며 논쟁을 불러일으킨 이론도 없을 것이다.[10]

연옥설에 의하면, 인간의 영혼은 죽음 이후에도 멸망하지 않고 심판을 거쳐 연옥에서 정화의 과정을 거치며 몸이 부활할 때 비로소 육신과 합쳐져 최후의 심판을 받는다고 한다. 여기서 우리는 개신교의 관점에서 가톨릭의 연옥설에 다음과 같은 물음을 제기함으로써 개인적 종말론의 문제를 구체화시켜 보겠다. 첫째, 이러한 이론에서 전제되고 있는 영혼불멸설(靈魂不滅說)은 과연 성서적인가? 둘째, 죽음 이후의 시간을 지상적 시간의 연장으로 표상하는 연옥 개념은 신학적으로 적절한가?

첫째, 성서적 신앙은 플라톤의 영혼불멸설과는 달리 영혼이 몸으로부터 구원받는 것이 아니라, 몸과 함께 구원받음을 강조한다. 대다수의 가톨릭 신학자들도 영혼불멸설의 한계를 인정한다. 그러나 현대 신학자들은 몸의 죽음마저도

---

10 가톨릭교회는 연옥설을 교회의 공식적인 교리로 가르친다. 개신교는 연옥설을 인정하지 않지만, 몰트만 같은 현대 개신교 신학자들은 연옥설의 의미를 강조하기도 한다.

인간의 책임성을 폐기할 수 없다는 영혼불멸설의 메시지는 보존되어야 한다는 주장에서 견해의 일치를 보인다.

둘째, 연옥은 무엇보다도 정화의 장소다. 죽음에 의해서도 면제되지 않는 인간의 책임성과 당신의 피조물에게 신실하신 하나님의 사랑을 감안한다면, 연옥은 죽음 이후에도 구원의 기회를 주시는 하나님의 은총의 시간과 장소로 이해되어야 한다. 그러나 중세 연옥설의 가장 큰 문제점은 무엇보다도 중간(中間) 시간, 즉 죽음 이후의 시간을 지상적 시간의 연장선상에서 이해한다는 점에 있다.

하나님과 인간의 질적인 차이를 감안한다면 죽음 이전의 시간과 죽음 이후의 시간 사이에도 질적인 차이가 존재한다고 말할 수 있다. 루터(M. Luther)는 이러한 맥락에서 죽은 자가 최후의 심판 때까지 잠을 잔다는 이론을 주장했다. 하나님의 시간은 모든 시간에 동시적(同時的)인 영원한 현재의 시간임을 상기시키며 개인적인 죽음 이후의 시간은 지금 여기서 흘러가는 시간이 아님을 강조한 것이다. 현대 신학자 브루너도 루터의 입장에서 다음과 같이 말한다. "죽는 날과 부활의 날 사이에는 수 세기의 시간적 간격이 있는 것이 아니다. 왜냐하면 이러한 시간적 간격은 오직 여기에만 있는 것이지, 천년이 하루와 같은 하나님의 현재에서는 존재하지 않기 때문이다."[11]

그러나 가톨릭과 개신교의 저명한 신학자들은 중간 시간의 신학적 필연성을 역설한다. 예를 들자면, 라너는 개인적 종말론과 우주적 종말론을 분리할 수도 없지만 일치시킬 수도 없다는 사실에서 중간 시간의 가능성을 시사한다. "개인적 종말론과 우주적 종말론은 상이한 두 가지 사실에 대한 두 가지 진술이 아니다. 그럼에도 불구하고 양자는 동일한 것이 아니다. …… 바로 여기서 중간 시간 및 연옥의 한계와 의미가 동시에 나타난다."[12] 죽음 이후의 삶과 최후의 심판은 하나님의 현재 안에 일어나는 사건이라는 공통점을 갖고 있지만, 하나님의 현재 안에서도 일치할 수 없는 차이가 양자 사이에 존재한다는 것이다. 개신교 신학자 몰트만은 보다 분명하게 말한다. "중간 시간, 곧 그리스도의 부활과 죽은 사람들의 보편적 부활 사이의 시간이 존재한다."[13]

---

11 Emil Brunner, *Das Ewige als Zukunft und Gegenwart* (Zürich: Zwingli Verlag, 1953), 167.

12 K. Rahner, *Schriften zur Theologie, Bd. Ⅳ* (1962), 423.

13 위르겐 몰트만/김균진 옮김, 「오시는 하나님」 (1997), 194~195.

하나님의 현재 안에서도 지상의 시간은 아니지만 시간이 존재한다는 것이다. 그렇다면 하나님의 현재 안에서도 시간이 존재한다고 말할 수 있는 이유는 무엇인가? 물론 하나님의 영원성과 지상적 시간 사이의 질적 차이를 감안하면, 루터처럼 중간 시간을 부인하는 것이 옳을 것이다. 그러나 이러한 이론에 전제되어 있는 영원 이해, 즉 하나님의 영원성을 모든 시간에 동시적(同時的)인 영원한 현재로 이해하는 것이 과연 성서적인가라는 물음이 제기된다.

물론 아리스토텔레스의 철학에 기초한 이러한 이해를 단순히 비성서적인 이해로 간주하는 것은 옳지 않다. 하나님의 불변성과 전체적 동시성 또한 성서적 근거를 갖고 있기 때문이다. 그러나 성서는 하나님의 불변성뿐 아니라 피조물에 대한 하나님의 신실하신 사랑, 즉 헌신적인 사랑을 말하고 있지 않은가? 고대교회의 삼위일체 논쟁도 결국은 하나님의 불변성과 하나님의 사랑을 통시적으로 말하려 했던 시도가 아닌가? 그리고 성육신 사상도 하나님을 처음 창조를 폐기하는 분이 아니라 받아들이며 완성시키시는 분으로 제시하고 있지 않은가? 그렇다면 하나님의 도래를 시간을 지양시킬 뿐만 아니라 완성시키는 사건으로 이해해야 하지 않을까? 그리고 하나님의 영원을 시간이 폐기된 무시간적 상태가 아니라 성취된 시간으로 이해할 수도 있을 것이다.

하나님의 현재 안에서도 시간이 존재해야 하는 또 다른 이유가 있다. 라너가 암시한 것을 몰트만은 구체적으로 말한다. "죽음 후에 인간이 이 삶의 시간적 범주들과 공간적 범주들에 더 이상 예속되어 있지 않다 할지라도, 개인적인 완성과 세계의 완성이 반드시 일치하지는 않을 것이다. 우리가 이미 우리 자신의 죽음 속에서 부활한다면, 우리는 '이 구원받지 못한 세계'로부터 구원받았을 것이며, 땅과 우리의 신체적 연대는 폐기될 것이다. …… 새 땅 없이는 '육의 부활'도 없을 것이다. 비로소 새 땅이 인간의 새로운 신체성에 대한 가능성을 부여한다."[14] 즉 개인의 종말과 세계의 종말은 하나님의 현재 안에 있다는 공통점을 갖고 있지만 만유의 연대성 때문에 세계의 구원 이전에는 개인의 구원도 완성되지 않는다는 것이다. 달리 말하자면, 개인은 죽음 이후에도 최후의 심판에 이르기까지, 달리 말하자면 만유 안에서 만유가 되시는 하나님을 발견하기까지 지속적인 정화의 과정을 거쳐야 한다는 것이다. 그 이유를 몰트만은 다음

---

14 위르겐 몰트만/김균진 옮김, 『오시는 하나님』 (1997), 193.

과 같이 말한다. "깨끗한 마음을 가진 사람들만이 하나님을 볼 수 있기 때문이다.(마 5:8)"[15]

요약하자면, 죽음 후 인간은 분명 지상적인 시간과 질적으로 다른 하나님의 현재 안에 살게 된다. 그러나 성서가 선포하는 하나님의 영원이 무시간적인 영원이 아니라 시간의 성취를 뜻한다면, 중간 시간은 존재 근거와 이유를 갖게 된다. 이러한 의미에서 우리는 연옥을 다음과 같이 정의할 수 있을 것이다. 연옥은 하나님의 은총이 죽은 자를 더 깊은 하나님의 신비로 초대하는 과정이다.

2) 최후의 심판

그리스도교 전통은 재림의 목적을 심판으로 규정한다. 산 자와 죽은 자를 심판하기 위해 오신다는 것이다. 그러나 최후의 심판이란 개념 속에 내포된 – 행한 대로 갚아준다는 – 보복과 영벌(永罰)의 이미지 때문에 이 개념은 많은 사람들에게 두려움의 대상이 되었다. 실제로 고대와 중세에는 지옥에 관한 교리가 생겨났으며, 이 교리들은 전통적인 그리스도교 신앙의 일부가 되었다. 심지어 543년 콘스탄티노플 공의회는 만유회복을 주장했던 오리게네스를 사후 정죄하고 파문했다. 영원한 정죄를 완화시키는 것은 이단이라는 것이다.

그러나 계몽주의를 거치면서 이러한 견해에 이의를 제기하고 심판을 정화의 과정으로 이해하는 신학적 분위기가 형성되었다. 이러한 분위기는 현대 신학에서도 감지된다. 가톨릭 신학자 라너는 다음과 같이 말한다. "종말론의 유일한 주제는 …… 은혜의 승리다. …… 가톨릭 교리는 이중예정론을 이단으로 정죄했다."[16] 하나님의 은혜로 말미암아 결국은 만유구원이 마지막 사건이 된다는 것이다.

가톨릭의 영성신학자 그륀도 심판을 다음과 같이 형상적으로 묘사한다. "심판의 목적은 죄인의 구원이다. 하지만 이 구원은 뉘우침이라는 고통스런 과정을 거쳐야 한다. 악인들은 자신 때문에 고통을 겪은 희생자들을 만나고, 자신이 그들에게 어떤 고통을 가했는지를 바라보게 된다. 그들은 또한 예수님의 십자가에서 고통을 겪은 하느님도 만난다. …… 심판은 …… 자신의 악행

---

15 앞의 책, 182.
16 Karl Rahner, *Schriften zur Theologie*, Bd. Ⅳ (1962), 422.

에 직면하여 깊은 통회를 느끼고 이웃과 하느님과 화해하고 사랑하게 하는 가능성을 선사하는 은총이다. 악인들은 심판에서 자신에게 주어지는 은총을 받아들여 믿어야 한다."[17] 그리고 그는 동일한 맥락에서 연옥으로 번역되어 온 'purgatorium'이 공간적 측면을 갖는 말이 아님을 주지시키면서 다음과 같이 말한다. "연옥은 하느님과 예수 그리스도와의 만남을 상징하는 형상이다. 우리는 하느님의 사랑에 직면하여 우리 자신의 참모습과 하느님을 간과하며 살았음을 고통스럽게 깨닫는다. 또한 사람들에게 가했던 상처를 깨닫는다. 연옥은 결국 우리가 자비로우신 하느님을 만나면서 지각하는, 뉘우치는 고통을 가리키는 형상이다. 이런 고통이 얼마나 오래 지속될지 우리는 말할 수 없다. 죽음 이후에 시간과 공간의 범주는 끝나기 때문이다. …… 자비로우신 하느님과의 만남에서 오는 고통이 결국 연옥이다."[18]

심판은 영원한 정죄가 아니라 하나님이 주시는 은총이라는 것이다. 개신교에서도 몰트만이 심판을 정의가 실현되는 만유화해의 과정으로 이해하며 다음과 같이 말한다. "최후의 심판에 대한 선포의 종말론적 의미는 구원하는 하나님의 나라다. 심판은 역사에 관련되는 영원한 하나님 나라의 측면을 가리킨다. 이 살인적이며 고난당하는 세계의 모든 죄, 모든 악의, 모든 폭력행위, 모든 불의가 심판 때에 정죄되고 폐기된다. …… 최후의 심판은 위협이 아니라, 그리스도의 진리 안에서 인간에게 선포될 수 있는 가장 놀라운 것이다. …… 모든 사물의 회복에 대한 종말론적 이론은 이 두 가지 측면을 가지고 있다. 즉 회복시키는 하나님의 심판과, 새로운 생명으로 일으키는 하나님 나라라는 두 가지 면을 가지고 있다."[19] 간략하게 말하자면, 피조물에 대한 하나님의 신실하심과 헌신적인 사랑이 인간의 책임성보다 더 크다는 사실을 받아들인다면 마지막 사건은 만유구원이 될 수밖에 없다는 것이다.

그러나 만유구원론에 이의를 제기하는 신학자들도 엄연히 존재한다. 예를 들자면 브루너는 영원한 정죄의 가능성을 암시하면서 다음과 같이 말한다. "심판은 인간 안에 숨겨진 것이 드러나는 사건일 뿐 아니라 위기, 분리를 의미한

17 안셀름 그륀/김선태 옮김, 『죽음 후에는 무엇이 오는가?』 (서울: 바오로딸, 2009), 9.
18 안셀름 그륀/김선태 옮김, 『죽음 후에는 무엇이 오는가?』 (서울: 바오로딸, 2009), 94~95.
19 위르겐 몰트만/김균진 옮김, 『오시는 하나님』 (2004), 440~441.

다."[20] 가톨릭 신학자 녹케도 심판을 "찌꺼기의 제거, 정화, 구원"으로 이해하면서도[21] 영원한 단죄의 가능성을 내비친다. "영원한 실패는 인격적인 거부로 말미암아 가능하다."[22] 하나님의 자비에 근거한 만유구원의 대전제에도 불구하고 영원한 정죄 가능성은 존재한다는 것이다.

복음서(마 7:13~14; 눅 16:23)는 분명 영원한 분리에 대해 말하고 있으며, 마가복음(9:48)은 꺼지지 않는 지옥 불을 말하기도 한다. 사실 만유구원을 암시하는 성서 구절들(골 1:20; 빌 2:6 이하; 고전 15,28)에 기초해 반대 입장을 표명하는 성서 구절들을 상징적으로 해석하는 것은 이미 정해진 교의학적 전제에 성서 구절들을 짜 맞춘다는 인상을 피할 수 없다.

무엇보다도 만유구원론의 문제는 – 정의를 자비에 포함시키며 가해자에 대한 보복적 징벌을 정의에 포함시키면서 인간의 책임성을 강조하는 – 예언자 전통을 적극적으로 반영하지 못할 뿐 아니라 – 계시되었으면서도 동시에 숨어계신 – 하나님의 신비를 포괄할 수 없는 데 있는 것처럼 보인다. 하나님의 신비 가운데는 아직 드러나지 않은 어두운 부분도 존재한다는 사실을 감안한다면, 하나님의 어둠을 형상화한 지옥 표상들을 과거의 유물로만 간주하는 것은 결코 바람직하지 않다.

요약하자면, 논리적인 일관성을 위해 어느 한편에 침묵을 강요하는 것은 신앙의 신비를 해소시킬 위험이 있다. 오히려 브루너가 말했듯이, 이러한 긴장한가운데서 침묵을 지키며 하나님의 음성을 기다리는 것이 중요하다. "하나님의 말씀은 부르심의 말씀이지 교리가 아니다. 우리는 세계 심판을 말하는 음성을 듣고 하나님을 두려워해야 한다. 그리고 만유구원을 말하는 음성을 듣고 하나님을 사랑해야 한다. 오직 이러한 이중성 속에서만 우리는 하나님의 본질의 – 그러나 하나인 – 이중성을 파악하게 된다."[23]

3) 천년왕국

요한계시록은 그러나 최후의 심판뿐 아니라 – 최후의 심판 이전에 재림하신 예

20 Emil Brunner, *Das Ewige als Zukunft und Gegenwart* (1953), 194.
21 프란츠 요셉 녹케/조규만 옮김, 『종말론』 (서울: 성바오로, 1998), 183.
22 앞의 책, 199.
23 Emil Brunner, *Das Ewige als Zukunft und Gegenwart* (1953), 201~202.

수께서 의인들과 함께 다스릴 - 천년왕국(millennium/chiliasm/千年王國)이 도래할 것이라고 예언한다. 즉 최후의 심판이 있기 전에 그리스도가 이 세상에 재림하여 사탄의 세력을 물리치고 천년 동안 세상을 통치하리라는 것이다. 그리고 그리스도는 부활한 의인들과 함께 이 땅을 다스리게 되며, 이러한 천년이 지난 후 하나님의 나라가 도래한다고 덧붙인다.

물론 천년왕국은 문자적으로는 요한계시록에만 나타난다. 그러나 천년왕국을 이 땅 위에 실현될 하나님의 궁극적 승리로 이해한다면 다니엘(7:18,27)과 에스겔(37:22, 24, 28)뿐 아니라 신정적(神政的)인 평화의 나라를 선포하는 이사야도 천년왕국사상의 범주에 귀속시킬 수 있을 것이다. 천년왕국은 사실 유대인들의 사상이었다. 그러나 천년왕국사상을 계승한 사람들은 유대인이 아니라 그리스도인들이었다. 유대인들은 독립 운동이 실패로 돌아가면서 묵시사상과 천년왕국사상을 내려놓았다. 반면 초대교회는 천년왕국사상을 적극적으로 받아들였다. 콘(N. Cohn)은 다음과 같이 말한다. "다니엘의 꿈의 전승에 담겨 있는 예언들을 간직하고 정교하게 다듬은 사람들은 유대인들이 아니라 그리스도인들이었다. …… 오랫동안 수많은 그리스도인들이 그리스도가 곧 권세와 위엄을 가지고 재림하리라고 확신했을 뿐만 아니라, 그가 재림할 때 그것은 곧 지상에 메시아 왕국을 건설하는 것이라고 확신했다."[24]

그러나 묵시록의 예언을 문자 그대로 받아들인 몬타누스(Montanus)의 열광적 종말 운동의 여파로 고대교회는 천년왕국설을 외면하거나 알레고리적으로 해석하기 시작했다. 오리게네스는 천년왕국을 영혼 안에서 일어나는 개인적 종말론의 맥락에서 해석했으며, 아우구스티누스(Augustinus)는 알레고리적 해석을 통해 천년왕국을 교회와 일치시켰다. 그리고 에베소 공의회(451)가 천년왕국설을 정죄하면서부터 천년왕국사상은 그리스도교의 교리에서 자취를 감추었다. 그러나 천년왕국사상이 그리스도인의 마음에서 완전히 사라진 것은 아니었다. 중세의 수도사 요아킴(Joachim von Fiore), 종교개혁 시기의 뮌처(Thomas Müntzer)와 재세례파, 그리고 19세기에는 종교사회주의자들이 천년왕국사상을 주장하였다.

천년왕국사상은 특정한 교파나 정치적 세력을 신격화시키는 역할을 수행했

---

24 노만 콘/김승환 옮김, 「천년왕국운동사」 (천안: 한국신학연구소, 1993), 24~25.

던 역사를 갖고 있다. 그리고 반(反)사회적인 열광주의 운동이나 시한부 종말론에 근거를 마련해 주기도 했다. 따라서 전통적인 교회가 천년왕국설을 외면한 것도 전혀 이해할 수 없는 것은 아니다. 그러나 현대의 주요 신학자들(P. Althaus, E. Käsemann, H. Ott, J. Moltmann)은 이러한 부정적인 이미지에도 불구하고 천년왕국설의 의미를 새롭게 인식하기 시작했다. 특히 묵시사상의 피안적인 종말론과 예언자 사상의 역사적 종말론을 중재하려는 기능을 높이 평가한다. 예를 들자면, 케제만(E. Käsemann)은 천년왕국사상의 근원을 "의에 주리고 목마른 자들, …… 예수를 제의의 주님이 아니라 땅의 참 주님으로 인식하고자 하는 자들의 믿음"[25]에서 찾는다. 새 하늘과 새 땅이 도래할 때까지 하나님이 창조하신 이 땅을 포기하지 않으려는 믿음 말이다.

요약하자면, 천년왕국설은 본래 – 이 땅 위에서도 실현될 – 하나님의 정의에 대한 희망과 – 자기 절대성을 주장하는 모든 세력에 대한 – 저항의 표현이라 할 수 있다. 그러나 희망과 동시에 사회적 물의도 일으켰던 전례에 비추어볼 때 천년왕국사상에 대한 적절한 해석이 요청된다. 무엇보다도 천년왕국사상이 묵시사상에 속한 것임을 명심해야 한다. 이것은 첫째, 천년왕국사상의 모든 표현과 이미지들이 상징과 암호로 이해되어야 함을 의미한다. 따라서 문자적 해석에 근거해 재림과 천년왕국의 관계를 논하는 "전천년주의(Premillennialism/前千年主義)냐 후천년주의(Postmillennialism/後千年主義)냐"의 논쟁은 무익할 뿐이다.[26] 둘째, 천년왕국은 역사 속에서 이루어지는 실체가 아니라 종말론적 실체다. 따라서 이 땅 위의 그 어떤 교파나 정치적 세력을 천년왕국과 일치시키려는 모든 시도는 거부되어야 한다.

마라나타(Maranatha) 묵상

●

성서는 재림에 있어서 시한부(時限附) 종말론을 견제한다. 그때는 누구도 모

---

25 Ernst Käsemann, *Der Ruf der Freihet* (Tübingen: J.C.B. Mohr Verlag, 1968), 137.

26 미국의 복음주의 신학에서 유래한 이 용어들은 복음주의 신학 내에서 열띤 논쟁을 불러일으켰다. 전천년주의(前千年主義)는 천년왕국 이전에 그리스도의 재림이 있을 것이라는 주장을 펼친다. 달리 말하자면 재림 후 천년 동안 그리스도의 지상 통치가 펼쳐진다는 것이다. 반면 후천년주의(後千年主義)는 천년왕국 이후에 재림이 이루어진다고 주장한다. 교회 시대의 말기에 정의와 평화의 시대가 실현된 후 예수께서 다시 오신다는 것이다.

른다는 것이다. 사실 성서의 종말론은 종말에 이르는 시간표를 제시하려는 것이 아니다. 그러나 다른 한편으로는 갈급한 심정으로 재림을 소망하는 종말론적 자세를 촉구한다.

재림의 지연이 재림에 대한 기대를 약화시킨 것은 분명하다. 그러나 성서에 신실하려는 그리스도인이라면 재림의 지연에도 불구하고 재림을 기다려야 한다. 샤르뎅이 말하듯이, 재림에 대한 신앙이야말로 신앙의 진위를 판별해 주는 기준이 되기 때문이다. "복음서가 선포한 바와 같이 인류와 신 사이에 서서히 축적된 긴장은 세계에 허락된 한계에 도달할 것이다. 그때야말로 세상이 끝날 것이다. 극에서 극으로 질주하는 전광처럼 사물 안에 조용히 증대하는 그리스도의 현존은 돌연히 모습을 나타낼 것이다. …… 성경이 경고하듯이, 이 놀라운 때가 도래할 시기와 양상에 대해 미리 생각하는 것은 무의미하다. 우리는 다만 기다릴 뿐이다. …… 우리 가운데 메시아가 잠시 나타나 모습을 보여주고 만지게 한 것은, 더욱 찬란히 빛나는 미래의 심연 속에 다시금 자취를 감추기 위해서였다. 그는 왔다. 그러나 지금은 선택된 소집단이 아니라 모든 사람이 그를 기다려야 한다. 주 예수는 우리가 열심히 기다릴 때만 서둘러 오실 것이다. 재림은 기다림의 누적이다."[27]

따라서 신학은 재림의 지연에도 불구하고 재림을 신실하게 기다렸던 초대교회의 신앙을 반성하면서 물음을 제기해야 한다. 무엇이 초대교회로 하여금 새 창조의 도래를 신실하게 기다리도록 만들었던 것일까? 여러 가지 요인이 있었겠지만, 가장 중요했던 것은 바로 성령의 현존에 대한 체험이었을 것이다. 요한은 성령으로 거듭나지 아니하면 하나님 나라를 볼 수 없다고 증언한다. 바울도 하나님의 도래를 확신하도록 만들었던 것이 성령의 현존이었음을 시사하고 있다. 그리고 복음서가 예수를 메시아로 고백할 수 있었던 것도 예수 안에 현존하셨던 성령의 임재였다. 왜냐하면 성서 전통의 빛에서 성령은 무엇보다도 종말의 영을 의미하기 때문이다.

사실 재림 신앙은 부활 신앙에서 비롯되었지만, 이 신앙을 유지시켜 준 것은 성령의 현존에 대한 체험이었다. 성령의 현존만이 하나님의 도래를 바라볼 수 있는 눈을 열어주기 때문이다. 교회사를 살펴보더라도 성령의 현존에 대한 믿

---

27 떼이야르 드 샤르뎅/이문희 옮김, 『신의 영역』 (왜관: 분도, 2010), 160~161.

음이 사라질 때 교회의 세속화가 시작되었음을 알 수 있다. 이러한 사실은 성령의 현존이야말로 재림 신앙을 상실하고 세속화되어버린 현대 교회가 가장 먼저 회복해야 할 차원임을 시사해 준다.

성령의 현존에 대한 체험은 물론 만유가 하나님에 의해 새롭게 창조되는 것을 소망하도록 만든다. 이러한 희망은 무엇보다도 기존의 체제와 타협하는 것에 반대한다. 그러나 이러한 희망이 세상에 대한 보복이나 세상으로부터의 도피로 이어져서는 안 된다. 물론 그러한 경향이 존재했던 것은 사실이다. 마르크스(K. Marx)는 종교를 대중의 아편으로 말하기도 했다. 그러나 샤르뎅이 말했듯이, "하늘나라를 바라는 것이 자연적 과업의 인간적 활동을 외면하게 하거나, 적어도 그에 대한 관심을 완전히 소멸시키는 경향이 있는가? 그런 일은 없고 또 있어서도 안 된다."[28]

성서적인 관점에서 보면 하나님의 도래에 대한 소망은 오히려 세상에 대한 책임을 불러일으킨다. 몰트만은 다음과 같이 말한다. "이 희망으로부터 산다는 것은, 이 세계의 기만적 외관과 모든 역사적 성공의 인상들을 거부하고 오늘 여기에서 정의와 평화의 세계에 상응하여 행동하는 것을 뜻한다."[29] 가톨릭 영성신학자 그륀도 다음과 같이 말한다. "보이지 않는 것에 대한 희망은 우리가 세상에 대한 책임을 등한시하게 하지 않는다. 오히려 희망은 정의와 평화를 위해 투신하게 하고 참된 자신이 되도록 헌신하라고 용기를 북돋아 준다."[30]

요약하자면, 새 하늘과 새 땅에 대한 소망은 이 땅에 대한 책임을 배제하지 않는다. 물론 하늘에 대한 소망과 이 땅에 대한 책임은 논리적으로는 서로 대립되는 개념들로 비쳐질 수도 있다. 그러나 천년왕국사상이 암시하듯이 성서적인 관점에서는, 달리 말하자면 성령에 의해 새로운 눈을 가진 사람에게는 양자가 통일을 이룬다. 이러한 의미에서 내일 지구의 종말이 온다 할지라도 나는 한 그루의 사과나무를 심겠다는 루터의 고백은 진정한 종말론적 자세가 무엇인지를 보여준다.

그러나 이 땅에 대한 책임은 – 그것이 정의의 실천이든, 아니면 일상에 책임적인 삶이든 간에 – 하나님의 도래를 예비하는 것이지, 결코 대신할 수 있는 것은 아

---

28 떼이야르 드 샤르뎅/이문희 옮김, 「신의 영역」 (2010), 37
29 위르겐 몰트만/김균진 옮김, 「오시는 하나님」 (2004), 405.
30 안셀름 그륀/김선태 옮김, 「죽음 후에는 무엇이 오는가?」 (2009), 153.

니다. 책임적인 삶은 그리스도의 도래의 도구지 주체가 아니다. 따라서 진정한 책임적 행동은 자신을 그리스도께 맡기는 행동을 내포해야 한다. 행위뿐 아니라, 자신의 무력함을 바라보면서 강한 손에 맡기는 것도 참된 자유에 이르는 길이라는 본회퍼의 통찰력은 바로 이러한 사실을 말한다.[31] 샤르뎅도 수동성에 커다란 의미를 부여한다. 샤르뎅은 죽음을 모든 수동성의 요약으로 보며 다음과 같이 말한다. "우리가 사랑으로 신뢰하기만 하면 신은 본질적으로 우리 생명의 일부를 형성하는 부분적 최종적 죽음마저 우리로부터 멀리하지 않고 더 높은 계획에 통합 변용케 할 것이다."[32] 그는 계속해서 다음과 같이 말한다. "죽음은 우리 자신을 근원적으로 개방시키는 역할을 한다. 죽음은 필요한 해체를 요구한다. 죽음은 신의 불로 우리를 녹여 유기적인 상태로 만들 것이다. 이렇듯 해체되고 분해하는 죽음의 불길한 힘은 생의 작용 가운데 가장 숭고한 것으로 여겨질 것이다."[33]

샤르뎅이 옳다면, 살고 죽는 모든 것이 그리스도의 도래를 예비하는 것이 된다. 단 신뢰와 성실로 임하기만 한다면 말이다. 먹는 일이나 심지어 죽는 일조차도 한 개체만의 일이 아니다. 그 안에는 그리스도의 도래가 숨 쉬고 있다.

31 참조. 디트리히 본회퍼/손규태 · 정지련 옮김, 『저항과 복종』 (서울: 대한기독교서회, 2010), 728.
32 떼이야르 드 샤르뎅/이문희 옮김, 『신의 영역』 (2010), 68.
33 앞의 책, 72.

9

성육신

고대교회의 그리스도론 논쟁
칼케돈 공의회의 그리스도론
성육신 묵상

제9장

성육신

말씀이 육신이 되어 우리 가운데 거하시매
우리가 그의 영광을 보니 아버지의 독생자의 영광이요 은혜와 진리가 충만하더라.

(요 1:14)

최초의 그리스도인들은 예수를 하나님의 아들로 고백했다. 그러나 신학의 배경이 히브리 사상에서 그리스 사상으로 바뀌면서 그리스도교 신학은 하나님의 아들로 고백된 예수의 인격을 동시대인들에게 해명해야 했다. 이러한 상황 속에서 동시대인들에게 널리 알려져 있던 로고스란 개념으로 예수를 설명하려 했던 성육신 사상, 이른바 로고스 그리스도론은 - 예수를 참 하나님이요 동시에 참 인간으로 고백한 - 칼케돈 공의회에 지대한 영향을 끼치면서 오늘날까지도 그리스도론의 주류로 자리매김하고 있다.

그러나 신약성서의 종말론적 성격을 재발견한 현대 신학은 로고스 그리스도론에 의혹의 시선을 보내고 있다. 로고스 신학 때문에 그리스도교 신앙의 종말론적 성격이 오랫동안 잊혀져 왔다는 것이다. 즉 그리스도를 동시대인에게 변증하려 했던 로고스 신학이 전면에 등장하면서부터 예수를 구약성서가 고대했던 메시아로 제시했던 가장 초기의 그리스도론과 종말론은 약화될 수밖에 없었다는 것이다.

그렇다면 로고스 그리스도론은 본질로부터의 이탈이란 말인가? 변증을 통해 그리스도교를 세계 종교로 탈바꿈시키기 위해 결국 그리스도교 신앙의 본질을 저버렸단 말인가? 그러나 로고스 그리스도론의 의도를 간과하고 현대인의 시각에서 단순하게 폄하하는 것은 정당하지 않다. 이러한 맥락에서 로고스 그리스도론의 발전과정을 되짚어보면서 칼케돈 신조의 의미와 문제점을 제시한 후 칼케돈 신조의 토대인 성육신 사상의 메시지를 재조명해 보자.

고대교회의 그리스도론 논쟁

고대교회의 그리스도론 논쟁은 추상적이 아니라 구체적인 물음, 즉 하나님의 아들이신 예수가 어떻게 고난당할 수 있느냐는 물음에서 촉발되었다. 하나님의 아들로 고백된 예수는 분명 고난당하셨던 인간이었다. 그러나 당시의 신학적 전제에 의하면, 하나님은 변할 수 없으며 고난당할 수 없는 분이었다. 이러한 전제는 예수의 신성과 고난을 모순적으로 이해한다. 이러한 상황에서 논리적인 해결책이 등장한다. 양자론과 가현설이 바로 그것이다. 그러나 양자론(Adoptionism/養子論)과 가현설(Docetism/假現說)을 일찍부터 이단으로 정죄한 교회는 불가피하게 다음과 같은 물음 앞에 서게 되었다. 예수가 하나님의 아들이라면, 예수 안에서 고난당하신 존재는 누구인가? 고난당하신 예수를 어떤 의미에서 하나님의 아들로 고백할 수 있는가?

1. 아리우스와 니케아 공의회

그리스도론 논쟁은 고난당할 수 없는 하나님과 그리스도의 실제적인 고난이라는 문제에 합리적인 해결책을 제시한 아리우스(Arius)에 의해 촉발되었다. 그는 하나님의 불변성과 불가고통성(不可苦痛性)이라는 전제 하에 로고스를 피조물로 제시한다. 그러나 그는 동시에 로고스와 다른 피조물의 차이를 부각시킨다. 즉 창조주의 입장에서 보면 로고스는 분명 피조물의 영역에 속하지만, 다른 피조물과는 달리 시간 이전에 창조되었다는 것이다. 달리 말하자면, 로고스는 자신을 통해 창조된 다른 피조물들과는 달리 하나님에 의해 직접 창조되었다는 것이다.[1] 여기서 아리우스의 의도가 밝혀진다. 그는 양자론의 대변자가 아니다. 그의 로고스론에서는 오히려 불변하고 고통당할 수 없는 하나님과 고

---

[1] 참조. 자로슬라브 펠리칸/박종숙 옮김, 『고대교회 교리사』(서울: 크리스찬다이제스트, 1995), 256~257.

난 받는 피조물의 세계를 이어주는 중보자가 강조된다. 하나님의 불변성과 불가고통성이 당대 신학의 전제였음을 감안한다면, 아리우스의 관심은 사실 중보자 그리스도를 부각시키는 데 있다고 말할 수 있다.

이러한 아리우스의 입장은 곧 로고스와 성부의 동일본질을 주장하는 니케아 공의회에 의해 정죄되었다. 니케아 공의회를 주도했던 아다나시우스(Athanasius)에 의하면, 그리스도는 피조물이 아니라 하나님 자신이다. 그에게는 무엇보다도 구원론적 동기가 작용한다. 그리스도가 하나님이 아니라면 – 신성화(神聖化)의 과정으로 이해된 – 구원이 실현될 수 없다는 것이다. 그리고 성례전적 관심도 작용한다. 그리스도가 하나님이 아니라면, 현존하시는 그리스도의 몸에 참여하는 성례전은 기껏해야 기념이나 회상에 그치고 만다는 것이다.[2]

따라서 아다나시우스는 하나님과 동일본질인 로고스의 고난을 불가능한 것으로 보았다. 그러나 아다나시우스도 그리스도의 고난을 외면할 수는 없었다. 그래서 그는 그리스도의 고난을 인성에 돌린다. 즉 고난당할 수 없는 로고스가 아니라, 그 로고스가 받아들인 인성이 고난을 당했다는 것이다. 물론 아다나시우스에게 로고스와 인성의 결합은 충분히 숙고되지 않았다.

동일본질(Homuousios)을 교리로 채택한 니케아 공의회의 결정 이후 그리스도의 신성은 신학적 전제로 간주되고, 아리우스는 부정적인 판단을 받아왔다. 이러한 이해는 오늘날까지 계속되고 있다. 예를 들자면, 가톨릭의 저명한 신학자 카스퍼는 아리우스에 대해 다음과 같이 말한다. "성서의 로고스론은 구원론적으로 규정되어 있는데 이 로고스론이 하나의 우주론적 사변과 하나의 도덕으로 변모한 셈이다. 이처럼 그의 신학은 그리스도교의 헬라화를 의미하며 이 헬레니즘화는 사실 심각하였다. …… 니케아의 교부들이 아리우스의 사변에 말려들어가지 않고 단순히 성서와 전통의 가르침을 보존하려 했다는 것은 주목할 만한 사실이다."[3]

그러나 과연 그런가? 펠리칸이 지적하듯이, "하나님에 대한 초기 기독교의 이해는 모든 사람들에 의해 받아들여진 자명한 원리, 즉 신성의 절대성과 불가고통성에 의해 조절되었다."[4] 그리스도교의 헬레니즘화가 문제된다면 그 책

2 참조. 앞의 책, 270.
3 발터 카스퍼/박상래 옮김, 「예수 그리스도」 (1996), 314~315.
4 자로슬라브 펠리칸/박종숙 옮김, 「고대교회 교리사」 (1995), 298.

임은 당대의 모든 신학에 돌려져야 할 것이다. 아리우스의 로고스 그리스도론은 오히려 하나님의 불가고통성이라는 전제 하에 그리스도의 고난이라는 부인할 수 없는 사실을 진지하게 숙고한 결과다. 가톨릭의 여성신학자 라쿠나는 에우독시우스(Eudoxius)를 인용하면서 다음과 같이 말한다. "아리우스주의자들은 …… 말씀이 인간의 영혼을 입은 것이 아니라 인간의 육체를 입었다고 주장함으로써 고난당하신 하나님 개념을 주장할 수 있었다. …… 아리우스주의는 하나님도 인간과 마찬가지로 고통을 경험하기에 우리를 구원할 수 있고, 우리를 거룩하게 할 수 있다고 주장한 종교적 이론이었다."[5]

아리우스가 구원자 그리스도를 강조한 니케아 공의회에서 정죄되었다 할지라도, 중보자 그리스도와 그리스도의 고난을 강조한 아리우스의 공헌은 인정되어야 한다. 그렇다고 라쿠나가 주장하는 것처럼 니케아 공의회가 중보자 개념을 포기한 것은 아니다.[6] 이러한 사실은 동일본질론과 종속론을 동시에 포괄하려 했던 이후의 발전과정이 명백하게 보여주고 있다. 구원자와 중보자를 동시에 말해야 되는 과제, 성부수난설(Patripassionanism)을 받아들일 수 없는 신학적 상황 속에서 더욱 심각하게 제기되는 그리스도의 고난의 문제는 칼케돈 공의회에 이르기까지 계속 제기된다.

2. 칼케돈 공의회까지의 발전과정

1) 상황과 전제

니케아 공의회 이후 예수의 신성에 대한 고백이 신학적 전제가 된 후 부인할 수 없는 또 하나의 사실, 즉 예수의 실제적인 인성이 신학적 문제가 되었다. 이러한 맥락에서 성육신에 관심이 집중되었다. 성서의 성육신 사상을 하나님이 인간이 되셨다는 명제로 받아들인 고대교회는 성육신을 신이 인간으로 변형되거나, 하나님이나 인간도 아닌 제 삼의 존재로 변화된 사건이 아니라 하나님이 인간을 받아들인 사건으로 이해한다. 하나님은 본성적으로 변하지 않는 분이

---

5 캐서린 모리 라쿠나/이세형 옮김, 『우리를 위한 하나님—삼위일체와 그리스도인의 삶』 (서울: 대한기독교서회, 2008), 70. 물론 여기서 말하는 하나님의 고난이란 성부의 수난이 아니라 로고스의 고난을 말한다. 에우독시우스 인용은 다음과 같다. "그리스도는 온전한 인간이 아니라 영혼 대신 육신을 입으신 하나님이기 때문에 그리스도 안에 두 본성이 존재하는 것이 아니다. 곧 그리스도 전체가 단일 본성으로 이루어져 있다. 그는 수육으로 인해 고난당할 수 있었다."

6 참조. 앞의 책, 85.

며 언제나 동일하신 분으로 이해되기 때문이다. 따라서 그리스도 안에서 신성과 인성의 관계가 신학의 중심주제로 부각되었다.

그러나 한 인격 안에서 신성과 인성의 관계에 대해 묻는 존재론적 물음의 배후에는 철학적 관심만 있었던 것은 아니다. 앞에서 말한 바와 같이, 물음의 배후에는 언제나 그리스도의 고난의 문제가 있었다. 고대교회는 영지주의의 망령 때문에 그리스도의 고난을 신학적 전제로 받아들이지 않을 수 없었다. 그리스도의 십자가는 성육신 신학의 전제요 중심문제였다. 그러나 그리스도의 고난을 신성에 귀속시키는 성부수난설도 신학적 불가능성으로 전제되어 있었지만, 그 고난을 인성에만 귀속시키려는 시도도 설득력이 없었다. 그리스도의 인격적 통일성이 전제되어 있었기 때문이다. 따라서 "신성과 인성 모두를, 그리고 기적들과 십자가 처형 모두를 동일한 한 주체에 귀속시키는 문제"[7]와 씨름하지 않을 수 없었다.

2) 니케아 이후의 그리스도론 논쟁

이러한 신학적 상황에서 임마누엘 신앙을 강조하는 알렉산드리아 학파와 예수 고난의 속죄론적 의미를 강조하는 안디옥 학파가 그리스도론 논쟁을 이끌었다. 전자가 로고스-몸(Logos-Sarx) 그리스도론을 주장하면서 그리스도의 인격적 통일성을 강조한다면, 후자는 로고스-인간(Logos-Anthropos) 그리스도론을 대변하면서 그리스도의 참된 인성을 부각시킨다. 그러나 양자는 성육신의 목적이 인간의 신성화(神聖化)에 있다는 주장에서는 의견의 일치를 보인다.[8]

물론 전혀 다른 전제를 갖고 있지만, 아리우스에게도 로고스-몸 유형이 나타난다. 로고스가 몸만을 받아들였다는 것이다. 그에게 예수의 몸은 로고스의 몸이었다. 아리우스에 대한 아다나시우스의 비판은 로고스의 몸이 아닌 로고스의 피조성에 집중되어 있었다. 아다나시우스는 성육신을 신학적 문제로 인식하지 못했다.[9] 아리우스에게서 예수의 온전한 인성이 위협받고 있다는 사실을 인식한 최초의 신학자는 4세기 안디옥에서 활약했던 유스타티우스(Eustathius)였다. 그는 아리우스의 로고스-몸 그리스도론에 맞서 로고스가 예

---

7 자로슬라브 펠리칸/박종숙 옮김, 『고대교회 교리사』 (1995), 319.
8 참조, 앞의 책, 302.
9 참조, B. Lohse, *Epochen der Dogmengeschichte*, 7. Aufl. (1988), 86.

수의 온전한 인성을 받아들였다고 주장하며, 양자의 결합을 내주(內住)의 모델로 설명했다.[10]

이러한 상황 속에서 아폴리나리우스(Apollinarius)가 등장한다. 그는 유스타티우스에게서 신성과 인성이 분리되는 위험성을 인식하고, 로고스-몸 그리스도론을 강력하게 주장한다. 그는 요한복음 1장 14절을 문자적으로 해석해 로고스가 인간 전체가 아니라 몸만을 받아들였으며, 인간 예수의 영혼은 로고스에 흡수되었다고 설명한다. 그는 이와 같이 성육신을 로고스가 몸을 받아들인 사건으로 설명한다. 이러한 로고스-몸 그리스도론에서는 오직 하나님만이 구원자가 될 수 있다는 구원론적 관심이 대두된다. 이러한 구원론적 동기는 그로 하여금 그리스도의 인격적 통일에 관심을 갖도록 만들었다. 그는 그리스도의 인격적 통일을 몸이 로고스에 의존되어 있는 형태로 설명하며, 그리스도 안에 오직 로고스의 본성만이 존재한다는 단성론(Monophysitism/單性論)을 주장한다. 그러나 아폴리나리우스의 그리스도론은 하나님과 인간을 혼합시켜 결국은 실제적인 인성뿐 아니라 온전한 인성도 충분히 표현할 수 없다는 비판을 받고 381년 콘스탄티노플 공의회에서 정죄되었다.

그리스도론 논쟁은 본래 동방교회의 관심사였다. 동방에서는 362년 알렉산드리아 종교회의(Synode)에서 그리스도론 논쟁이 최초로 다뤄졌다. 이 회의에서는 유스타티우스와 아폴리나리우스 추종자들이 격렬한 논쟁을 벌였다. 보통 안디옥 학파와 알렉산드리아 학파로 불리는 양자의 대립은 칼케돈 공의회까지 계속된다.

3) 5세기의 그리스도론 논쟁

아폴리나리스의 단성론에 안디옥 학파는 지속적으로 이의를 제기한다. 예수가 우리와 같은 실제적인 인간임을 로고스-몸 그리스도론은 충분히 표현할 수 없다는 것이다. 테오도르(Theodor von Mopsuestia)가 먼저 단성론을 비판하며 다음과 같이 주장한다. 로고스는 몸만이 아니라, 인간 전체를 받아들였다. 그러나 로고스와 인간은 하나로 혼합되거나 통일되는 것이 아니라, 서로의 자립성을 침해하지 않는다. 그리스도 안에 두 본성이 구분된 채 존재한다. 그리스

---

10 참조. 앞의 책, 87.

도의 행위와 말씀들은 신성에 의한 것과 인성에 의한 것으로 구분되고, 고난의 능력이 있는 육과 고난당할 수 없는 로고스가 구분된다. 그리고 이러한 양성론에 당연히 제기되는 "로고스와 인간이 분리되는 것이 아니냐?"는 비판에 대해선 로고스의 내주로 양자의 연합을 설명한다.[11]

네스토리우스(Nestorius)도 알렉산드리아 학파의 그리스도론이 로고스의 불가고통성을 위협할 뿐 아니라, 인간 예수의 고난을 무의미하게 만들어 버렸다고 주장한다.[12] 네스토리우스뿐 아니라 안디옥 신학자들은 십자가상의 절규가 성육신하신 로고스의 음성이 아니라 로고스가 취한 인간의 소리라고 주장한다.[13] 그는 이러한 맥락에서 '테오토코스'(theotokos)에 의문을 제기하지만, 결국 431년 에베소 공의회에서 정죄된다.

두 본성이 통일을 이루지 못하면 실제적인 구원은 불가능할 수밖에 없다. 이러한 점을 키릴(Cyrill)은 구원론적이며 성례전적인 관점에서 비판한다. 그는 신성과 인성의 통일을 강조하면서 인성 그 자체는 존재하지 않음을 말한다. 인성은 처음부터 로고스에 속해 있다는 것이다.[14] 키릴은 알렉산드리아 학파의 전통을 따라 예수의 몸을 로고스의 몸으로 이해한다. 두 본성은 이론적으로만 구분될 뿐, 그리스도는 로고스에 의해 인도되는 한 인격이라는 것이다.

키릴에게는 이와 같이 인격의 통일에 대한 관심이 압도적이다. 따라서 인간성을 희생시킬 수도 있는 위험성이 상존한다. 그에게는 신성과 인성이 동등한 구성 요소로 간주되지 않는다.[15] 키릴에 의하면, 로고스는 고통받을 수 없는 분이지만 고통당할 수 있는 육신을 취하였고 그 결과 육신의 고통을 자신의 고통으로 간주할 수 있게 되었다.[16] 그에게는 고난 받으시는 하나님에 대해 말하는 것이 가능하다.

11 앞의 책, 91.
12 참조. 자로슬라브 펠리칸/박종숙 옮김, 『고대교회 교리사』(1995), 301.
13 참조. 앞의 책, 319.
14 참조. B. Lohse, *Epochen der Dogmengeschichte* (1988), 95.
15 참조. 자로슬라브 펠리칸/박종숙 옮김, 『고대교회 교리사』(1995), 322.
16 참조. 앞의 책, 300.

칼케돈 공의회의 그리스도론

1. 칼케돈 신조의 역사적 형성과정

451년의 칼케돈 공의회는 양성론자 네스토리우스와 단성론자 유티케스 (Eutyches)를 정죄하면서 두 본성의 구분과 통일을 고백한다. 공의회는 이로써 키릴의 실체적 결합이나 안디옥의 내주 모델을 받아들이지 않고, 그 대신 양자의 관계를 혼합되지도 않지만 분리되지도 않는 관계로 제시한다. 본성들의 차이가 결합에도 불구하고 해소되지 않는다는 것이며, 두 본성들이 구분에도 불구하고 한 인격으로 존재한다는 것이다. 달리 말하자면, 예수 안에서 신성과 인성은 둘도 아니요 하나도 아니라는 것이다.

이와 같이 모순적인 역설처럼 보이는 칼케돈 신조에는 이 신조의 역사적 형성과정이 반영되어 있다. 디오스코루스(Dioscorus)가 절차를 무시하고 파행적으로 이끌었던 449년의 에베소 종교회의는 단성론을 주장하며 안디옥 학파의 테오도르를 정죄했다. 당연히 교황 레오 1세(Leo I)는 에베소 종교회의의 결정을 인정하지 않았다. 이러한 상황에서 황제는 칼케돈에서 공의회를 소집했다. 따라서 칼케돈 공의회는 처음부터 알렉산드리아와 콘스탄티노플을 염두에 두고 정치적이며 신학적인 타협을 모색해야 했다. 이러한 타협의 과정에서는 서방교회의 신학을 대변하는 교황 레오 1세가 주도적인 역할을 수행했다.[17]

서방교회의 전통을 계승한 교황 레오 1세는 두 본성과 한 인격 교리를 제시한다. 레오 1세는 그러나 단순한 주장을 넘어서서, 케노시스(kenosis) 신학과 속성의 교류(communicatio idiomatum) 교리를 통해 한 인격과 두 본성 교리의 역설을 해명한다. 즉 정적인 양성 교리를 역동적인 구원론과 결합시킨다. 이로써 레오 1세는 그리스도를 참 하나님과 참 인간, 즉 하나님과의 연대성뿐 아니라 인간과의 연대성도 갖는 하나님과 인간 사이의 중보자로 제시할 수 있었다.[18]

따라서 칼케돈 공의회를 통해 레오의 사상이 동방교회의 그리스도론 논쟁을 중재했다고도 말할 수 있다. 동방교회의 물음에 서방교회가 답변을 준 셈이다.

---

17 참조. Basil Studer, *Gott und unsere Erlösung im Glauben der alten Kirche* (Düsseldorf: Patmos Verlag, 1985), 258.

18 참조. 자로슬라브 펠리칸/박종숙 옮김, 『고대교회 교리사』 (1995), 334. "'놀라운 교환'으로 그는 구원의 계약을 맺으셨다. 우리들의 것을 자기가 짊어지시고, 자기의 것을 우리에게 허락하셨다."

그러나 자세히 살펴보면 순종을 통해 참된 인간이 되신 예수 상을 강조하는 안디옥 학파의 입장과 말씀이 인간에게 오신 것이 아니라 인간이 되셨음을 강조하는 알렉산드리아 학파의 입장이 동시에 받아들여졌음을 알 수 있다. 따라서 칼케돈 공의회의 신조에는 동방의 두 학파와 서방교회 신학이라는 세 학파의 주요관심사가 반영되었다고 말할 수 있다. 물론 이 세 학파는 예수가 중보자이심을 강조한다는 점에서는 의견의 일치를 보인다. 그러나 안디옥에서는 로고스와의 교제를 통해 참 인간을 실현한 인간 예수가 중보자라면, 알렉산드리아에서는 인간이 되신 하나님이 중보자가 된다. 그리고 라틴 전통은 하나님과 인간이 함께 연합 속에서 중보자가 되신다. 따라서 칼케돈 신조를 바르게 이해하기 위해선 이러한 세 가지 전통을 포괄적으로 바라보는 시각이 요청된다.

서방교회에서는 칼케돈 신조가 오늘날까지도 커다란 영향력을 행사한다. 그러나 동방에서는 단성론과 네스토리우스주의자들은 물론 많은 교회들이 칼케돈 신조와 거리를 두었다. 오히려 6세기에는 키릴의 그리스도론을 받아들여 그리스도의 실체적 통일성을 강조하고 하나님의 고난을 말하는 신(新)칼케돈주의가 탄생한다.

2. 현대 신학의 칼케돈 해석

칼케돈 신조의 의미와 한계를 제시하기 전에 현대 신학의 칼케돈 신조 해석들을 간략하게 조명해 보는 것이 문제에 집중하는 데 도움이 될 것이다. 이를 위해 먼저 제2차 바티칸 공의회 이후 가톨릭 신학에서 가장 주도적인 역할을 수행해 온 라너(K. Rahner)의 해석을 살펴본 후, 오늘날까지도 중도적인 입장을 견지하며 가톨릭교회와 신학에 큰 영향을 끼치고 있는 카스퍼(W. Kasper)의 해석을 살펴보겠다. 그리고 개신교 신학자들 가운데는 틸리히(P. Tillich), 판넨베르크(P. Pannenberg), 몰트만(J. Moltmann)의 해석을 살펴보자.[19]

---

19 20세기에 자유주의 신학에 맞서 성육신 사상을 다시 그리스도론의 중심에 복권시킨 신학자는 칼 바르트(K. Barth)였다. 그는 칼케돈 신조를 재해석하면서 예수 그리스도를 "참 하나님, 즉 자기 자신을 낮추며, 따라서 화해하시는 하나님"이며 "참 인간, 즉 하나님에 의해 높여지고, 따라서 화해된 인간"으로 정의한다. 이러한 정의는 하나님의 자기 비움과 하나님에 의해 받아들여진 참된 인간을 말하는 가톨릭의 해석과 맥을 같이한다. 따라서 여기에서는 중복을 피하기 위해 바르트의 성육신론을 생략한다.

1) 현대 가톨릭

① 라너

라너는 성육신을 그리스도교 신앙의 토대로 본다. 삼위일체와 교회의 신비도 성육신의 신비로부터 시작된다는 것이다. 라너는 성육신을 하나님과 인간에 대한 계시로 이해한다. 하나님의 역동적인 구원의 행위와 인간의 자기실현 과정이 성육신 안에 나타났다는 것이다.

라너는 성육신 물음을 다음과 같은 역설로 이해한다. 말씀이 육신이 되었다. 그러나 하나님이 어떤 것이 될 수 있을까? 하나님은 변하지 않고 고난당할 수 없는 분이다. 하나님은 순수 행위(actus purus)다.[20] 그러나 라너는 불변의 하나님을 그리스 철학의 전제로 보지는 않는다. 불변의 하나님은 철학의 요청이 아니라 신앙의 교의라는 것이다.[21] 그러나 라너는 이러한 전제 하에서 말씀이 육신이 되었다는 것도 참이라고 말한다.

라너는 절대자가 유한자가 되었다는 성육신의 역설을 다음과 같이 해명한다. 하나님은 인간 본성을 받아들이신다. 왜냐하면 이 본성들은 본질적으로 개방적이고 받아들여질 수 있는 본성들이기 때문이다.[22] 그러나 하나님의 사랑의 행위에서 우선적인 것은 자기 비움이다. 하나님은 자신을 비움으로써 자신 아닌 타자의 현실을 자신의 현실로 받아들인다.[23] 이러한 행위 속에서 타자의 본래적 실존이 실현된다. 달리 말하자면, 하나님이 하나님 아닌 존재가 되기를 원할 때 참된 인간이 생겨난다.[24] 이 참된 인간이 바로 예수 그리스도시다.

그러나 라너는 하나님의 성육신을 인간본질이 유일하게 최고조로 실현된 사건으로 이해한다.[25] 즉 예수는 인간의 실존이 궁극적으로 지향하고 있는 바를 앞당겨 실현한, 결정적인 성육신 사건이라는 것이다. 라너에 의하면, 예수는 중보자시지만, 다른 인간과 배타적으로 구분되는 그리스도는 아니다. 그리스도의 본성과 인간의 본성은 대립되지 않을 뿐만 아니라 본질적으로 동일하다. 성육신 사건은 원칙적으로 모든 사람에게 가능성으로 남아 있다. 하나님의 자

20　참조. Karl Rahner, "Zur Theolgie der Menschwerdung", *Schriften zur Theologie, Bd. IV* (1962), 146.
21　참조. 앞의 책, 146.
22　참조. 앞의 책, 143.
23　참조. 앞의 책, 148.
24　참조. 앞의 책, 150.
25　참조. 앞의 책, 142.

기 비움은 하나님의 존재 양식이며, 인간에게는 자기 초월의 가능성이 주어져 있기 때문이다.[26]

라너에게는 중보자 그리스도보다 중보자 안에서, 그리고 중보자를 통해 일어나는 성육신 사건이 강조된다. 인간은 그리스도를 통해 그리스도가 되어가는 것이다. 그리스도는 오늘도 참 인간으로서 현존하시며, 우리를 참 인간으로 부르신다.

여기서 우리는 라너가 칼케돈 신조의 양성론, 그리고 무엇보다도 서방교회의 케노시스 신학에 의존하고 있음을 알 수 있다. 라너는 서방 가톨릭 신학의 관점에서 가현설과 단성론을 거부하며, 예수 그리스도의 정체성을 참 인간으로 제시한다. 그리고 라너는 이 참된 인간을 통해 우리도 - 하나님의 자기 비움에 의해 실현될 - 참된 인간으로 부름 받고 있다는 사실을 강조한다.

② 카스퍼

카스퍼는 성서의 성육신 메시지(요 1:14)를 구원론적 명제, 즉 믿는 자에게 구원의 길이 열렸음을 선포하는 진술로 이해한다.[27] 그리고 칼케돈 신조 형성과정에서 주도적인 역할을 수행했던 레오의 그리스도론을 다음과 같이 해명한다. "두 본성은 각각 제 고유성을 간직한 채 한 위격 안에서 일치를 이루었다. 그리스도께서 동일한 하느님이요 동일한 인간이면서도 참으로 한 분이 아니셨다면, 그분은 하나님과 인간의 중보자가 아니실 것이다."[28] 즉 칼케돈 신조의 핵심은 예수 그리스도를 중보자로 선포하는 데 있다는 것이다.

카스퍼는 하나님과 인간의 질적 차이 때문에 이 차이를 메울 수 있는 매개 내지는 중보자가 필요함을 말한 후, 인간의 인격만이 이 중보자 역할을 수행할 수 있다고 말한다. "예수 그리스도 안에 이뤄진 바와 같은 매개는 인간의 본질에 전혀 모순이 되지 않는다. 오히려 그 가장 심오한 성취이다. 인간은 그 인격성을 놓고 볼 때 이를테면 하느님과 인간 사이의 비규정적 매개라고 할 수 있다. 그런데 이러한 비규정적 매개가 예수 그리스도 안에서 하느님으로부터 그

---

26 참조. 앞의 책, 142.
27 참조. 발터 카스퍼/박상래 옮김, 『예수 그리스도』(1996), 414.
28 앞의 책, 422.

규정, 그 충만과 완성을 획득하는 것이다."[29]

예수는 인간의 본질을 완전하게 실현함으로써 중보자가 되셨다는 것이다. 그러나 카스퍼가 예수의 신성을 부정하는 것은 아니다. 오히려 카스퍼는 "구별되는 것을 하나로 결합하되, 이 결합 한가운데서도 구별을 존중"[30]하는 하나님의 사랑의 특성 때문에 "하나님과의 일치가 밀접할수록 인간의 자립성도 그만큼 증대한다. 예수는 당신이 아버지와 온전히 하나라고 알고 있었기 때문에 그분은 동시에 온전히 인간적인 의식을 소유하고 있었으며 인간적으로 있을 수 있는 질문도 하고 나이가 듦에 따라 지혜도 자랄 수 있었다."[31]고 말한다. 즉 예수는 하나님과 하나 됨으로써 인간의 본질을 완전히 실현한 인간이며, 이로써 하나님과 인간 사이의 중보자로 선포될 수 있었다는 것이다.

중보자이신 예수가 참된 인간임을 강조한다는 점에서 카스퍼는 라너와 맥을 같이한다. 그러나 그에게는 성육신 사건보다는 성육신하신 분의 인격이 강조되고 있다. 이러한 점은 성육신의 가능성 여부가 아니라 성육신하신 분의 인격을 강조하는 전통적인 개신교 신학에 가깝다.[32]

2) 현대 개신교

① 틸리히

틸리히는 칼케돈 신조를 긍정적으로 받아들인다. 그러나 그는 재해석의 필요성을 역설한다. 칼케돈 신조의 정적인 본성을 문자적으로 받아들이면, 이 신조는 단지 우리에게 반신(半神)의 모습을 보여줄 뿐이라는 것이다. 칼케돈 신조의 정적인 본성 개념은 역동적인 관계의 개념으로 재해석되어야 한다는 것이다. "그리스도 예수가 신성과 인성의 인격적 연합이라는 말은 예수 그리스도 안에서 하나님과 인간의 영원한 연합이 역사적 실재가 되었다는 진술로 대치되어야 한다."[33] 간략하게 말하자면, 예수는 하나님과 부단히 하나가 된 인간이라는 것이다. 틸리히는 인간 인격만이 중보자가 될 수 있다는 점에서 라너나 카스퍼

---

29 앞의 책, 444.

30 앞의 책, 449.

31 앞의 책, 448.

32 참조. 디트리히 본회퍼/이종성 옮김, 『그리스도론』 (서울: 대한기독교서회, 1979), 148. "우리는 성육신에 대해서 말해서는 안 되고 성육신하신 분에 대해서만 말해야 한다. 우리는 신성과 인성을 탐구하는 것이 아니고 하나님께서 인간으로 존재하는 양식을 탐구해야 한다."

33 P. Tillich, *Systematic Theology, vol. 2*, (1957), 148.

와 견해를 같이한다. "구원은 오직 인간 실존의 곤궁에 온전히 참여한 자로부터만 유래될 수 있지, 우리와 모든 면에서 다른 땅 위를 걸어다니는 하나님으로부터 유래되는 것이 아니다."[34]

이러한 틸리히의 견해는 종종 오해를 불러일으켰다. 필만은 다음과 같이 말한다. "종래의 수직적인 신인의 역설(예수 그리스도는 참 하느님이며 참 인간이다.)이 수평적인 인간 안의 역설(예수 그리스도는 본질적 인간이며 실존적 인간이다.)에 의해 대치되었다."[35] 달리 말하자면, 양자론을 대변하는 것이 아니냐는 것이다. 물론 틸리히는 양자론을 긍정적으로 받아들인다. 양자론도 성서적이라는 것이다.[36] 틸리히는 양자론의 '받아들임' 사상이 성육신을 바르게 해석할 수 있는 틀이 된다는 사실을 강조한다.[37] 양자론이 배제될 때 성육신은 오히려 신화적으로 이해될 수밖에 없다는 것이다. 그러나 틸리히는 동시에 양자론의 한계, 즉 양자론은 필연적으로 성육신 사상으로 발전할 수밖에 없다는 견해를 피력한다.[38] 틸리히는 성육신을 하나님께서 당신을 거부하는 존재에 참여하신다는 역설로 이해한다.[39] 그리고 하나님의 이러한 참여를 통해 나타난 것이 바로 본질적인 인간이다. 예수 안에서 본질적인 인간이 나타나는 과정이 동시에 하나님의 실존 방식이 된다. 틸리히의 이러한 성육신론은 칼케돈 신조와 대립되는 것이 아니라, 오히려 그가 칼케돈 신조의 정신을 계승하고 있음을 보여준다. 틸리히는 참 하나님과 참 인간이라는 교리를 포기하지 않는다. 단지 그 신조의 의도를 오늘날의 언어로 재해석했을 뿐이다.

틸리히는 예수 안에 나타난 본질적 인간을 새로운 존재(New Being)라고 부른다. 이는 예수 그리스도 안에서 하나님의 사랑에 의해 생겨난 새로운 피조물이 동시에 타자에게 구원의 은총을 매개해 주는 존재, 즉 중보자가 된다는 뜻이다.

---

34 앞의 책, 146~147.

35 앞의 책, 292.

36 앞의 책, 148.

37 참조. 앞의 책, 149.

38 참조. 앞의 책, 149. "양자론에서 필연적으로 제기되는 '하필 왜 예수신가?'라는 물음은 동정녀 탄생 이야기, 로고스의 선재 사상, 성육신 기독론, 재림사상으로 발전할 수밖에 없다." 하나님에 의해 받아들여진 예수는 그 누구도 능가할 수 없는 존재이며, 따라서 하나님의 실존 방식을 보여주는 계시라는 것이다.

39 앞의 책, 95.

② 판넨베르크

판넨베르크의 그리스도론에서 가장 중요한 역할을 수행하는 것은 부활이다. 부활이야말로 예수의 신성을 입증해 주는 근거, 즉 예수와 하나님의 일치를 해명해 줄 수 있는 결정적인 단서가 되기 때문이다. 그에게 부활은 종말이 시작되었음을 알려주는 사건, 즉 예수가 종말의 선취(Vorwegnahme/先取)이심을 선포하는 사건으로 이해된다.[40] 이러한 부활사상으로부터 부활 이전 예수의 자기주장, 자신이 곧 하나님이라는 주장이 확증된다. 이 사건을 통해 초대교회는 예수가 본질적으로 하나님과 동일한 분이었음을 인식하게 되었다는 것이다. 판넨베르크는 부활에 의해 확증된 이러한 본질적인 일치를 성육신 사상의 의미로 이해한다. "예수의 이러한 자기주장이 헬레니즘적 표상으로 번역된 것이 바로 성육신 그리스도론이다."[41]

판넨베르크에게 성육신은 신성과 인성이 예수 안에서 결합되었음을 고지하는 사상이 아니다. 성육신 사상의 뿌리는 예수를 종말의 선취로 보는 종말론에 있기에 결국에는 예수의 역사가 바로 하나님의 역사이며, 따라서 이 인간 예수가 바로 하나님이심을 말한다는 것이다.

판넨베르크는 이와 같이 성육신 사상의 뿌리를 종말론에서 찾음으로써 예수가 하나님이심을 말하려는 것을 성육신 사상의 메시지로 본다. 따라서 하나님의 초월성과 불가고통성, 그리고 이러한 하나님과 인간을 매개해 줄 중보자 사상들은 성육신 사상에서 본질적인 것이 아니라, 해석학적 상황의 변화 속에서 나타난 것으로 이해된다.

판넨베르크의 그리스도론에서 성육신론은 출발점이 아니라 결론이다. 그에게 중요한 것은 부활이다. 부활이 예수의 신성을 입증해 주기 때문이다. 물론 판넨베르크의 그리스도론은 예수의 신성을 강조한다는 점에서 알렉산드리아 학파와 유사해 보인다. 그러나 판넨베르크가 예수의 인성을 무시하거나 외면하는 것은 아니다. 판넨베르크는 예수의 인성이나 중보자 예수를 결코 포기하지 않는다. 오히려 하나님과 예수의 일치는 예수의 인간적인 순종을 통해 이루어짐을 강조하며, 이러한 순종을 통해 예수는 하나님과 우리 사이의 중보자가

---

[40] 참조. W. Pannenberg, *Grunzüge der Christologie* (Gütersloh: Gütersloher Verlaghaus, 1964), 62.
[41] 앞의 책, 64.

된다고 말한다. 판넨베르크에게 예수는 신성과 인성이 종합된 제 삼의 존재도 아니며, 인성이 신성에 흡수된 존재도 아니다. 그가 말하려는 것은 순종하는 인간 예수가 바로 하나님이라는 것이다.

③ 몰트만

몰트만은 한걸음 더 나아가 예수 안에서 고난당하신 분은 하나님 자신이라고 주장한다. 몰트만에게 신학의 중심은 예수의 수난과 죽음이다. 그러나 몰트만은 수난이 이미 성육신에서 시작된 것으로 이해한다. 그는 성육신에 관해 다음과 같이 말한다. "아들의 성육신을 통해 삼위일체의 하나님은 제한되었고 유한한 상황과 관계한다. 그는 이 인간 존재와 관계할 뿐 아니라, 그것을 또한 취하며 그것을 그 자신의 영원한 생명의 일부분으로 삼는다. 그는 인간적인 하나님이 된다. …… 이것이 아들의 성육신의 의미라면, 하나님의 자기비하는 아들 예수의 수난과 죽음에서 완성된다."[42] 몰트만은 하나님의 케노시스에서 출발한다는 점에서 라너의 성육신론과 유사하다. 그러나 라너가 하나님의 케노시스로 말미암아 생겨난 참된 인간에 강조점을 둔다면, 몰트만은 하나님의 케노시스를 예수의 수난과 같은 맥락에 위치시킴으로써 예수의 몸과 고난을 하나님의 몸과 고난으로 제시한다. 라너에게 예수의 수난은 하나님의 고난이 될 수 없으며, 단지 하나님의 케노시스로 말미암아 생겨난 참된 인간의 고난으로 이해된다.

몰트만은 고대교회의 신학적 전제였던 신성의 불가고통성에 의문을 제기한다. 물론 몰트만도 하나님의 불가고통성이 그리스 철학의 신론에서 비롯된 것이 아니라 성서적이며 신학적인 정당성을 갖고 있는 것임을 알고 있다. 즉 하나님의 불가고통성이 간과된다면, 창조주와 피조물의 구별이 해소되고, 하나님에게 참여함으로써 얻게 되는 구원, 즉 구원받은 삶의 불멸성과 불가고통성이 문제가 된다는 사실도 알고 있다. 그러나 몰트만은 이러한 고난과는 다른 자발적인 고난, 사랑의 고난이 존재하며, 하나님의 고난이 바로 이러한 사랑의 고난이라고 주장한다. "하나님은 피조물처럼 존재에 있어서의 결핍 때문에 고난을 당하지 않는다. 그런 점에서 그는 무감정하다. 그러나 그는 자기 존재의

---

42 위르겐 몰트만/김균진 옮김, 『삼위일체와 하나님의 나라』(서울: 대한기독교서회, 1982), 147.

넘쳐 남을 듯한 사랑으로 인하여 고난을 당한다. 이런 점에서 그는 감정을 가지고 있다."[43] 몰트만은 하나님의 사랑이 십자가뿐 아니라 창조에도 나타난 하나님의 본질이라고 말한다. "하나님은 사랑이시다.(요일 4:16) 하나님에게 있어서 창조는 자기 제한과 자기 자신의 철회, 자기 낮추심을 뜻한다. 창조적인 사랑은 언제나 고난을 당하는 사랑이기도 하다. 다른 한편 하나님은 그의 사랑으로부터 생성된 창조물에게 참여한다. 그러므로 창조는 사랑으로부터 오는 고난을 하나님이 받게 됨을 뜻한다."[44] 몰트만은 이러한 맥락에서 "하나님의 아들은 단지 사람의 죄 때문에 사람이 된 것이 아니라(안셀무스), 창조의 완성을 위하여 사람이 되었다."[45]고 말한다.

몰트만의 그리스도론도 판넨베르크의 그리스도론과 마찬가지로 그리스도의 인격적 통일을 강조하고, 이 인격을 하나님의 인격으로 이해한다는 점에서 로고스-몸 그리스도론에 더 가깝다. 가톨릭 신학의 관점에서 보자면, 몰트만은 루터의 충실한 후계자다.[46] 그러나 몰트만이 알렉산드리아 학파처럼 실체적 통일을 주장하는 것은 아니다. 몰트만도 예수가 온전한 인간, 메시아적 인간임을 말하고 있다. 단지 이 메시아적 인간이 바로 하나님이시라는 것이다. 이러한 의미에서 그는 십자가에 달리신 하나님을 말할 수 있었다.

3) 현대 신학을 통해 본 칼케돈 신조의 의미

앞에서 살펴본 바와 같이 라너와 카스퍼, 그리고 틸리히는 신성과 인성의 연합 속에서도 구분을 강조하는 칼케돈 공의회의 성육신론을 계승한다. 그들에게 예수는 무엇보다도 참 인간이다. 예수 그리스도 안에서 참 인간의 실현과 하나님의 성육신이 동시적인 사건으로 제시되면서도 양자는 구분된다. 이러한 칼케돈 신조의 정신을 이어받는 신학에서는 예수가 중보자로 제시되며, 하나님은 예수 그리스도 안에서도 결코 해소되지 않는 신비 그 자체로 나타난다.[47]

---

43 앞의 책, 47.

44 앞의 책, 81.

45 앞의 책, 145.

46 가톨릭 신학자 사르토리(T. Sartory)는 다음과 같이 루터를 비판한다. "루터는 분명 예수의 인성을 부정하지는 않았다. 그러나 인성에 충분한 가치를 부여하지도 않았다. 하나님의 전적인 은혜의 원리 하에 그리스도의 인격의 신비를 축소시킨 것이 아닌가?" 참조. Hans Asmussen · Thomas Sartory, *Gespräch zwischen der Konfessionen* (1959), 56.

47 사르토리는 공의회의 의도가 그리스도의 인성을 왜곡됨 없이 고백하고 그리스도의 인간적 중재직(Mittlertum)을 부각시키는 데 있다고 말한다. 참조. Hans Asmussen · Thomas Sartory, *Gespräch zwischen der Konfessionen* (1959), 56.

반면 몰트만과 판넨베르크는 칼케돈 신조보다는 신칼케돈주의에 더 가까운 것처럼 보인다. 그들에게는 예수와 하나님의 일치가 강조된다. 그러나 예수의 인성을 부정하거나 하나님과 인간의 실체적 통일을 말하려는 것은 결코 아니다. 예수의 완전한 인간성은 그대로 보존된다. 이러한 신학이 말하려는 것은 단지 이 인간 예수가 바로 하나님이시라는 역설이다. 그리고 하나님의 자기 비움에서 하나님과 인간의 일치라는 역설을 해명해 줄 수 있는 근거를 찾는다.

그러나 현대 가톨릭과 개신교 신학은 인간의 고난을 대신 짊어질 수 있는 분만이 우리를 구원할 수 있다고 말하는 점에서 일치한다. 사실 칼케돈 신조에는 고난당하신 중보자 예수의 참된 인간성이 동시에 하나님의 실존 방식이고 말할 수 있는 가능성이 있으며, 몰트만과 판넨베르크도 하나님의 고난을 말할 때 인간의 고난을 전제한다. 다름 아닌 이 인간의 고난이 곧 하나님의 고난이라는 것이다. 전자도 예수의 신성을, 후자도 예수의 인성을 부정하는 것은 아니다. 라너와 카스퍼가 하나님의 사건으로서의 성육신을 부정하지 않듯이, 몰트만과 판넨베르크도 신성과 인성의 실체적 통일을 말하지는 않는다.

양자는 신성과 인성, 즉 하나님의 성육신과 참 인간의 실현을 동시적인 한 사건으로 보고 있다는 점에서도 일치한다. 따라서 이 인간이 하나님이라고 말하는 것이나, 참된 인간이 하나님의 실존 방식이라고 말하는 것은 강조점의 차이야 있겠지만 결국은 하나님께서 참 인간으로 현존하심을 말하는 것이다. 그러나 이러한 동시성은 실체적 사고에서는 불가능하며, 한 존재는 오직 타자와의 관계를 통해 자신을 실현한다는 인격적 사고에 의해서만 해명될 수 있다.[48] 실체적 사고에서는 상호모순적인 것처럼 보이는 것이 인격적 사고에서는 심오한 진리로 이해된다. 인격적 사고에 의하면, 하나님은 자신을 비우고 타자를 받아들이면서 당신의 존재를 실현해 나가시며, 인간도 하나님과의 관계를 통해 자신의 본래적 존재를 실현해 나간다. 양자는 자기실현을 위해 타자를 필요로 한다. 따라서 하나님이 당신을 실현하는 과정이 인간이 자신을 실현하는 과정이 된다. 실체적 사고에서는 모순일 수밖에 없는 성육신 사상이 우리에게 인격적 사고로 거듭날 것을 촉구하고 있는 것인지도 모른다.

48 인격적 사고에 대해선 참조. H. Ott, *Wirklichkeit und Glaube, Zweiter Band: Der persönliche Gott* (Göttingen Zürich: Vandenhoeck & Ruprecht, 1969), 67~102.

이러한 하나님의 자기 비움을 하나님과 인간의 일치에 이르기까지 철저하게 사고하는 것이 개신교라면, 가톨릭은 예수 안에서도 해소되지 않는 하나님의 신비를 보존하기 위해 일치 속에서 양자의 구분을 말하고 있을 뿐이다.

3. 칼케돈 신조 비판

역사적 형성과정이 암시해 주듯이, 칼케돈 신조는 니케아 신조와는 달리 전 그리스도교를 포괄하는 표준적인 교리가 아니다. 그리고 카스퍼가 말했듯이 칼케돈 신조는 "그리스도의 신비를 그대로 간직해 주는 일종의 부정적 그리스도론"(christolgia negativa)[49]이다. 그럼에도 불구하고 칼케돈 신조가 양자론과 가현설에 맞서 성서의 메시지를 변화된 상황 속에서 포괄적으로 해석하려 했다는 점은 어떠한 경우에도 높이 평가되어야 한다. 그러나 동시에 로고스–인간 그리스도론이 전면에 부각됨으로써 예수를 종말론의 지평 속에서 이해했던 메시아 그리스도론이 퇴조하기 시작했음도 부인할 수 없는 사실이다. 그 결과 그리스도론이 종말론과 분리되기 시작했고, 이러한 분리로 인해 본래적인 형태에서 벗어난 종말론은 주류 교회에서 외면당하고 열광주의적인 종파 내에서만 명맥을 유지할 수 있었다.

혹자는 이러한 사실이 그리스도에 대한 해석 지평이 히브리 사상에서 그리스 사상으로 바뀌면서 나타나는 자연스러운 현상이라고 말할지도 모른다. 그러나 그리스도론에 있어서 구약성서 종말론은 해석학적 지평 이상의 의미를 갖는다. 고대교회가 마르키온(Marcion)을 이단으로 정죄하면서 구약성서를 그리스도교 경전에 포함시켰던 사실이 암시하듯이, 그리고 현대에 들어와서는 몰트만이 열정적으로 강조하고 있듯이,[50] 종말론과 그리스도론은 결코 분리될 수 없으며, 서로에게 구성요소가 되어준다. 따라서 종말론이 배제된 그리스도론은 그리스도의 정체성을 온전히 표현할 수 없다. 바로 여기에 칼케돈 신조의 가장 큰 문제점이 놓여 있다.

그렇다면 칼케돈 신조 내의 그 무엇이 종말론적 관점을 차단시켰는가? 성육

---

49 발터 카스퍼/박상래 옮김, 『예수 그리스도』 (1996), 424. 슈투더(B. Studer) 또한 칼케돈 공의회의 의도를 "그리스도교 전통을 부정적으로 방어하려는" 시도로 본다. 참조. Basil Studer, Gott und unsere Erlösung im Glauben der alten Kirche (Düsseldorf: Patmos Verlag, 1985), 261.

50 참조. 위르겐 몰트만/김균진 · 김명용 옮김, 『예수 그리스도의 길』 (1990), 15~21.

신 사건을 존재론적으로 전개시켰기 때문일까? 그러나 예수 안에서 하나님과 인간의 통일을 해명하려 했던 칼케돈 신조의 존재론은 오히려 예수의 존재를 – 하나님이 만유 안에서 만유가 되시는 – 종말의 선취로 말할 수 있는 토대를 철학적으로 해명해 줄 수도 있었다. 예수가 하나님이라는 신앙이야말로 유대교 종말론과 구분되는 그리스도교 종말론의 출발점이기 때문이다. 또한 존재론을 통해 그리스도 존재의 연속성을 제시함으로써 현존하시는 그리스도의 인격적 존재 방식을 해명하려 했다는 점도 칼케돈 신조의 커다란 공헌이 아닐 수 없다. 현존하시는 그리스도에 대한 신앙이야말로 그리스도교 종말 소망의 실질적 근거가 되기 때문이다. 신약성서에서는 현존하시는 그리스도에 대한 믿음이 신자로 하여금 영원의 현존에 안주하는 대신 종말을 소망하도록 만든다. 따라서 몰트만처럼 칼케돈 신조의 존재론에서 종말론 차단의 원인을 찾는 것은 정확한 비판은 아니다.[51] 일반적으로 존재론은 종말론과 대립 관계에 있는 것처럼 보이지만, 칼케돈 신조에서는 존재론이 제한적으로 적용되면서 종말론의 길을 예비해 주는 역할을 수행한다.

그렇다면 칼케돈 신조 내의 그 무엇이 그리스도론과 종말론의 결합을 방해했는가? 그것은 바로 본회퍼가 비록 단편적이지만 통찰력을 갖고 지적했듯이[52] 성육신의 해석 지평이 인간학적으로 축소된 데 있는 것처럼 보인다. 그리고 몰트만이 정확하게 지적했듯이, 그리스도론을 "영원의 수직적 전망 속에서"[53] 하나님과 인간의 관계로 기술한 데 있는 것처럼 보인다. 성육신이 하나님의 창조의 한 부분에서 일어난 사건으로 이해되지 않는 한, 보다 정확하게 말하자면 성육신이 창조의 전체 연관성 내에서 일어난 사건으로 이해되지 않는 한, 예수를 종말의 선취로 말할 수 있는 가능성은 배제되기 때문이다.

그러나 여기서 물음이 제기된다. 종말론 배제의 책임이 궁극적으로는 성서의 성육신 사상에 있는가? 몰트만은 종말론 차단의 책임을 성육신 신학에 돌린

---

51 몰트만은 메시아 그리스도론을 전개하며 고대교회의 그리스도론을 자신의 토대로 삼지 않는다고 천명한다. 참조. 위르겐 몰트만/김균진 · 김명용 옮김, 『예수 그리스도의 길』 (1990), 11.

52 본회퍼는 그리스도교가 고대교회 이후 신약성서의 주요개념들을 종교적으로 해석함으로써 세상을 신학의 영역에서 배제하고 개인의 구원에만 주력하게 되었다고 비판한다. 참조. 디트리히 본회퍼/고범서 옮김, 『옥중서신』 (서울: 대한기독교서회, 1967), 226. "종교적 행위가 기독자를 만드는 것이 아니라 이 세상의 생활 속에서 신의 고난에 참여하는 것이 기독자를 만든다."

53 위르겐 몰트만/김균진 · 김명용 옮김, 『예수 그리스도의 길』 (1990), 20.

다.[54] 그러나 여기서 다음과 같은 물음이 제기되어야 한다. 말씀이 육신이 되었다는 요한복음의 선포를 로고스-인간 그리스도론으로 해석하는 것이 과연 성육신 사상에 부합되는가? 달리 말하자면, 성육신 사상의 계승자로 자처하는 칼케돈 신조와 성서의 성육신 사상을 구분하며 성육신 사상을 새롭게 해석할 수 있는 가능성은 없는가?

성육신 묵상
●

칼케돈 신조가 그리스도의 정체성으로 제시한 참 인간 예수는 부활 이전의 예수에 대해서는 적절한 표현처럼 보인다. 그러나 부활하신 그리스도나 승천하신 그리스도를 감안하면 참 인간이란 개념은 예수의 정체성을 포괄할 수 없는 것처럼 보인다. 부활은 소생이 아니며, 따라서 현존하시는 그리스도는 인간적인 형태로 나타나는 분이 아니기 때문이다. 따라서 참 인간을 어제나 오늘이나 영원히 동일하신 그리스도의 정체성으로 제시하는 칼케돈의 양성론 교리의 한계가 드러난다. 그렇다면 성육신 사상은 어떠한가?

1. 성육신 사상과 몸 사상

성육신 사상은 분명 하나님이 인간이 아니라 몸(육신)이 되었다고 말한다. 그렇다면 요한에게 몸은 인간으로 해석될 수 있는 개념인가? 아니면 요한의 몸 개념에는 특정한 의도가 담겨 있는가? 신약성서의 전체 맥락을 살펴보면 요한복음이 몸 개념을 선택한 것은 우연이 아닌 것처럼 보인다. 사실 신약성서의 그리스도론 전승에는 항상 몸 개념이 부각된다. 성령으로 수태되었지만 실제적인 몸으로 태어났음을 고백하는 동정녀 수태 전승과 예수가 육신의 고난을 당했음을 전하는 수난 전승은 물론이고 몸의 부활을 강조하는 전승과 그리스도의 현존을 몸의 현존으로 말하는 바울서신도 몸을 그리스도의 실존 형태로 제시하고 있다. 본회퍼가 지적하고 있듯이, "하나님의 아들은 몸으로 오셨고 몸으로 다시 살아나셨다."[55]

54 참조. 앞의 책, 20.
55 디트리히 본회퍼/문익환 옮김, 『신도의 공동생활』(서울: 대한기독교서회, 1964), 23.

물론 그리스도의 인격적 본질을 몸으로 말하는 것은 로고스—몸 기독론을 극단적으로 발전시켜 이단으로 정죄된 아폴리나리우스의 단성론을 연상시켜 준다. 로고스가 몸만을 받아들였다는 아폴리나리우스를 정죄한 것은 앞에서 살펴보았듯이 신학적으로 정당하다. 그러나 아폴리나리우스의 몸 개념은 신약성서의 몸 개념과는 다르다. 아폴리나리우스나 그를 비판했던 신학자들에게는 ‒ 몸과 영혼을 구분하면서 몸을 열등하고 수동적이며 부정적인 것으로 바라보는 ‒ 플라톤의 몸 이해가 전제되어 있었다. 그들은 몸을 단지 신체성과 질료로만 이해했다.

그러나 히브리 사상은 헬라 사상과는 달리 몸에서 인간의 한 부분이 아니라 전체를 본다. 몸 안에 존재의 중심이 있다는 것이다. 신약성서도 이러한 몸 이해를 계승하며, 인간의 구원을 영혼 구원이 아니라 몸의 부활로 이해한다. 카스퍼는 성서적 몸 사상의 이러한 특징을 다음과 같이 설명한다. "히브리 사람에게 육체란 그리스 사람에게서처럼 영혼의 무덤도 아니요 더구나 영지주의자에게서처럼 악의 원리가 아니다. 그러기에 인간의 본연적 자아가 이 육체로부터 해방되어야 할 것도 없는 것이다. 육체는 하느님의 피조물이다. 그리고 그것은 언제나 인간의 전부를 표시한다. 육체는 인간의 한 부분이 아니다."[56]

성서에서는 몸이 존재의 중심으로 제시된다. 그러나 성서적 사고에서 몸이 존재의 중심으로 제시되는 것은 몸이 ‒ 타자와의 관계를 통해 자신을 실현해 나가는 ‒ 인격 존재(person)의 자기실현 장소가 되기 때문이다. 이러한 사실을 카스퍼는 다음과 같이 해명한다. "그러나 이 인간의 전부를 고전적 그리스에서처럼 제 안에 폐쇄된 모습으로 파악하지도 않으며 유물주의에서처럼 하나의 육괴(肉塊)로 생각하지도 않으며, 관념론에서처럼 하나의 개성으로 이해하지도 않는다. 육체는 하느님과, 함께 사는 이웃 사람과 더불어 관계를 맺고 있는 전인간(全人間)이다. 육체는 인간이 하느님과 자기의 이웃 사람을 만나는 장소이다. 육체는 사귐의 가능성이요 그 현실이다."[57]

몸은 타자와의 관계가 실현되는 장소이기 때문에 존재의 중심이 된다는 것이다. 이러한 사상에는 ‒ 인간은 완결되고 닫힌 존재가 아니라 타자에게 열린 존재이며, 타자와의 교제를 통해 비로소 자신을 실현해 나가는 존재라는 ‒ 인격주의

56 발터 카스퍼/박상래 옮김, 『예수 그리스도』 (1996), 267.
57 발터 카스퍼/박상래 옮김, 『예수 그리스도』 (1996), 267.

(personalism)의 주장이 전제되어 있다.[58] 간략하게 말하자면, 성서에서 몸과 인격은 서로 바꾸어 쓸 수 있는 개념이라 할 수 있다. 현대 신학자들도 이러한 견해에 동의한다. 예를 들자면, 저명한 개신교 신학자 브루너(E. Brunner)는 몸의 본질을 인격성으로 제시하며,[59] 가톨릭 신학자 녹케(Franz-Josef Nocke)도 몸을 인격적 실체로 규정하고 있다.[60]

이러한 관점에서 우리의 논의와 관련해 두 가지 사실이 입증된다. 첫째, 로고스가 인간 전체를 받아들였음을 강조하는 로고스-인간 그리스도론이 로고스가 인간의 한 부분만을 받아들였다는 로고스-몸 그리스도론보다 신약성서의 성육신 사상에 더 가까운 것처럼 보인다. 성서 전통에서는 몸이 존재의 전체를 지시하기 때문이다.

둘째, 그러나 성서는 몸 개념을 인간에게만 적용하지는 않는다. 달리 말하자면, 인간만이 몸을 갖는 것이 아니며, 인간만이 인격 존재가 아니라는 것이다. 신약성서는 부활을 소생이 아니라 변형으로 제시하면서도 부활하신 분이 몸으로 현존함을 강조한다. 새로운 존재로 변형되신 분도 인격으로 현존할 수 있다는 것이다.

그렇다면 하나님의 영광 속에 계신 분, 하나님 나라와 하나님으로 현존하시는 분의 실존 형태를 몸으로 제시하는 것은 무엇을 의미하는가? 성서적 몸 사상의 관점에서 볼 때 이러한 사실은 다음과 같은 의미를 갖는다. 부활하신 분은 부활 이전의 몸과는 전적으로 다른 신비, 곧 하나님 나라로 현존하지만, 부활 이전과 마찬가지로 오늘도 우리에게 당신을 내어주시며 우리를 당신께 부르시는 인격 존재로 현존하신다. 따라서 부활 이전과 이후의 동일성은 인간 존재가 아니라 인격 존재에 있다고 말할 수 있다. 사실 그리스도교 전통이 부활 이후에도 몸 사상을 포기하지 않았던 것은 현존하시는 그리스도가 보이지 않는 하나님의 신비 속에 존재함에도 불구하고 여전히 인격 존재로 현존하신다는 믿음 때문이었다.

이러한 정황을 감안하면, 요한이 몸 개념을 사용한 것이 결코 우연이 아님을

---

58 참조. Heinrich Ott, *Wirklichkeit und Glaube, Zweiter Band: Der persönliche Gott* (Göttingen und Zürich: Vandenhoeck & Ruprecht, 1969), 67~102. '공동체로 존재하는 그리스도'(Christus als Gemeinde existierend)로 요약되는 본회퍼의 교회론 사상도 이러한 인격주의에서 비롯되었다

59 참조. Eill Brunner, *Das Ewige als Zukunft und Gegenwart* (Zürich: Zwingli Verlag, 1953), 164.

60 참조. 프란츠 요셉 녹케/조규만 옮김, 『종말론』 (1998), 170.

알 수 있다. 사실 성육신 사상이 부활절 이후에 형성된 사상임을 감안하면, 성육신 사상이 부활 이전의 예수뿐 아니라 부활 이후의 예수도 포괄하려는 시도였다는 사실을 쉽게 받아들일 수 있을 것이다. 그렇다면 성육신 사상은 - 하나님의 현존 자체가 아니라 - 하나님의 인격적 현존이 예수의 비밀임을 공포하는 사상이라 할 수 있다. 예수는 부활 이후 새로운 존재로 변형되었지만 여전히 인격 존재로 현존한다는 것이다.

2. 성육신 사상과 종말론

그러나 예수의 정체성을 성육신으로 선포하는 사상이 종말론적 메시지라는 사실도 간과되어서는 안 된다. 사실 예수를 종말의 선취(先取)라고 말하는 것이나, 예수를 인격으로 존재하는 하나님 나라로 부르는 것은 강조점의 차이야 있겠지만 성서의 종말론적 관점에서 바라보면 결국은 동일한 사실을 지시한다. 말씀이 육신이 되었다는 선포는 하나님께서 당신의 창조 가운데 한 부분을 당신의 현존으로 충만케 하셨다는 것이요, 이로써 하나님의 새 창조가 선취되었음을 공포하는 것이기 때문이다.

논리적으로 하나님의 새 창조는 하나님의 행위의 결과다. 그러나 하나님의 새 창조는 옛 창조와는 달리 하나님께서 만유 안에서 만유가 되시는 행위다.[61] 달리 말하자면, 하나님의 새 창조는 하나님께서 세상을 당신 안으로 받아들여 새롭게 변화시킬 뿐 아니라 이러한 창조 행위를 통해 당신의 정체성을 여실히 드러내는 종말론적 행위다.

사실 로고스 그리스도론은 본래 예수의 죽음과 부활, 아니 예수의 전 생애의 우주적 의미를 표현하려 했던 우주적 그리스도론이었다. 교회사가 펠리칸(J. Pelican)은 다음과 같이 말한다. "예수의 사후 첫 세대가 채택했던 여러 가지 '그리스도의 위업을 나타내는 칭호' 중에서 4세기 무렵까지 가장 중요한 칭호는 바로 로고스였다. …… 한마디로 말해 이 칭호에 의해서 예수를 우주적 그리스도라고 해석할 수 있었던 것이다."[62] 달리 말하자면, 성육신 사상은 하나님의 새 창조를 - 역사의 범주를 뛰어넘어 - 우주로 확산시켰던 사상이라 할 수 있다.

그러나 우주적 그리스도론은 요한만의 사상이 아니다. 바울도 예수가 부활과

---

61 참조. 엡 1:20~23; 골 1:15~20.
62 야로슬라프 펠리칸/김승철 옮김, 『예수 그리스도 2000』(1999), 112~113.

승천을 통해 하나님의 영광 속에서 하나님의 새로운 창조에 참여하는 분이 되셨음을 선언한다.[63] 그리스도의 사역이 시간과 공간의 제약을 벗어나 온 우주로 확장되었다는 것이다. 이러한 맥락에서 성육신 사상은 하나님의 우주적 새 창조를 말하는 묵시사상과도 상통한다. 단지 강조점이 다를 뿐이다. 후자가 하나님의 우주적 새 창조가 궁극적으로 실현되는 미래적 종말을 소망한다면, 전자는 하나님의 새 창조가 이미 시작되었음을 강조한다. 그렇다고 전자가 미래적 종말을, 후자가 현재적 종말을 부정하는 것은 아니다.

이로써 성육신 사상을 복음의 헬라화 내지는 비종말론화로 보는 것은 옳지 않다는 사실이 밝혀진다. 요한복음의 저자는 ─ 구약성서의 빛에서 바라본 예수가 아니라 구약성서로부터 자유로운 예수를 주장했던 ─ 마르키온(Marcion)이 아니다. 오히려 마르키온의 영지주의를 강하게 비판한다. 그리스도교 전통에서 신앙의 우주적이며 종말론적 차원을 약화시킨 책임을 굳이 묻자면 성육신 사상 그 자체가 아니라 성육신 사상을 인간학적으로 발전시킨 칼케돈 공의회에 물어야 할 것이다.

성육신 사상은 예수 안에서 하나님 나라가 도래했다고 고백했던 가장 초기 공동체의 그리스도론(메시아 그리스도론)을 단지 다른 개념으로 표현했을 뿐이다. 그러나 성육신 사상은 도래하는 하나님 나라의 인격성을 강조함으로써 하나님의 종말론적 새 창조가 자동적으로 이루어지는 것이 아니라 살아계신 그리스도에 의해 중재되며, 따라서 그리스도의 부르심에 응답하는 인간의 순종을 필요로 한다는 사실을 덧붙였을 뿐이다.

우리는 앞에서 칼케돈 신조의 로고스─인간 그리스도론에 문제를 제기하고, 성육신 사상을 성서의 몸 사상의 맥락에서 고찰해 보았다. 이를 통해 예수의 정체성을 인격적인 하나님 나라로 제시할 수 있었다. 이를 통해 성육신 사상이 예수를 메시아로 고백하는 가장 초기의 그리스도론과 대립되는 것이 아니라, 오히려 메시아 그리스도론을 심화시키려는 시도였다는 사실을 깨닫게 되었다.

그러나 성육신 신학이 보다 큰 설득력을 갖기 위해선 그리스도의 몸을 드러내는 과제에 더 충실해야 할 것이다. 그리스도의 몸을 드러내는 일이야말로 하나님의 백성으로서의 교회에 주어진 가장 큰 과제이기 때문이다.

---

63 참조. 엡 1:20~23; 빌 2:6~11.

예수의 정체성 물음

●

동정녀 수태와 성육신을 고백하는 그리스도교 전통은 오늘날 교회 안팎에서 강력한 도전을 받고 있다. 하나님의 존재를 전제하지 않는 계몽주의 사조뿐 아니라, 성서에 대한 비평적인 연구를 통해 신앙의 그리스도와는 다른 역사적 예수의 모습을 찾아내려는 성서학자들도 그리스도교 전통에 우호적이지만은 않다. 그러나 동시대인과 소통해야 하는 그리스도교 신학은 이러한 비판들을 받아들이면서도 동시에 그리스도교 전통이 말하려는 메시지를 해명해 주어야 한다.

여기서 먼저 다음과 같은 물음이 제기된다. "그리스도교 전통은 왜 – 예수의 인격보다 사역을 중시하며, 예수를 메시아로 고백하는 – 초기의 전통을 넘어서서 예수의 정체성을 존재론적으로 규정하게 되었을까?" 하르낙이 주장하듯이, 이것은 복음이 그리스 문화의 옷을 입으면서 생겨난 현상인가? 그렇다면 예수의 정체성 물음은 그리 중요한 문제가 아닐 것이다. 그러나 우리가 이미 살펴보았듯이, 그리스도의 정체성을 규명하려는 시도에는 존재론을 추구하는 그리스적 사유보다는 현존하시는 그리스도에 대한 체험이 더 큰 영향력을 행사했다. 현존하시는 그리스도에 대한 체험은 필연적으로 정체성 물음을 제기할 수밖에 없기 때문이다. "당신은 나사렛 예수와 동일한 분이십니까? 그렇다면 제가 동일한 분을 만나고 있다는 증거가 무엇입니까?"

그리스도교 전통은 어제나 오늘이나 한결같은 예수의 정체성을 동일한 몸에서 찾는다. 부활절 이전뿐 아니라 이후에도 예수는 몸을 가지신 분으로 나타난다는 것이다. 그러나 이미 앞에서 해명했듯이, 예수의 정체성을 몸에서 찾는 것은 현존하시는 그리스도께서 오늘도 나사렛 예수로 나타나신다는 말이 아니라, 나사렛 예수와 동일한 인격 존재로 우리를 만나신다는 사실을 지시해 준다. 예수는 항상 당신의 몸을 내어주며 사람들을 당신의 몸으로 부르시는 인격 존재라는 것이다.

그렇다면 예수의 구체적인 인격적 특성은 무엇인가? 예수의 탄생과 수세, 그리고 수난 이야기는 예수의 인격적 특성을 순종과 겸손, 그리고 자기희생으로 묘사한다. 그러나 순종과 자기희생은 넓은 의미의 겸손에 포함될 수 있기 때문에, 겸손을 예수의 인격적 특성으로 제시하는 것이 바람직할 것이다. 겸손한 자만이 순종할 수 있으며, 자신을 희생할 수 있기 때문이다. 사실 마태복음은 예수의 인격적 특성을 겸손으로 요약한다. "나는 마음이 온유하고 겸손하니 나의 멍에를 메고 내게 배우라 그리하면 너희 마음이 쉼을 얻으리니."(마 11:29)

빌립보서도 겸손을 예수의 실존방식으로 설명한다. "그는 근본 하나님의 본체시나 하나님과 동등됨을 취할 것으로 여기지 아니하시고 오히려 자기를 비워 종의 형체를 가지사 사람들과 같이 되셨고 사람의 모양으로 나타나사 자기를 낮추시고 죽기까지 복종하셨으니 곧 십자가에 죽으심이라."(빌 2:6~8) 그리고 요한복음에서도 제자들의 발을 씻기시는 예수의 겸손이 제자들의 모범으로 제시되고 있다.[1]

겸손이란 상대를 높이고 자신을 낮추는 것이다. 그러나 성서가 말하는 겸손이란 우선 하나님 앞에서의 겸손이며, 하나님을 위해 자신을 비우는 것을 뜻한다. 마태복음은 겸손한 자를 "심령이 가난한 자"(마 5:3)로 부른다. 가난 속에서 하나님을 찾는 것이 진정한 겸손이라는 것이다. 달리 말하자면, 곤궁 속에서 하나님을 찾는 것은 자신을 낮추는 삶의 내적 동인이 된다고 말할 수 있다.

그러나 예수에게 하나님 앞에서의 겸손이란 성령 앞에서의 겸손을 의미한다. 성령모독죄에 대한 언급이 암시하듯이, 예수는 자신 아니라 성령을 구원의 직접적인 주체로 선포했으며,[2] 언제나 성령을 위해 자신을 비우셨다. 예수는 성

---

1 참조. 요 13:4~17.
2 참조. 마 12:31~32.

령을 들이마시고 내쉬는 분이셨다. 요한은 이러한 사실을 깊이 인식했던 것처럼 보인다. "아버지께서 나를 보내신 것 같이 나도 너희를 보내리라 이 말씀을 하시고 그들을 향하사 숨을 내쉬며 이르시되 성령을 받으라."(요 20:21~22)

예수는 성령의 통로가 되기 위해 자신을 비우는 분이시다. 이러한 자기 비움이야말로 부활 이전의 예수와 이후의 예수를 아우르는 예수의 정체성이다. 그분은 오늘도 자신을 비우심으로써 성령의 통로가 되고자 하신다. 그러나 예수의 인격이 성령 안에서 해소되고 마는 것은 아니다. 예수께서 살아 계시다는 것은 그분이 성령으로 현존한다는 것을 뜻하지 않는다. 성령도 자신을 비워 순종하는 자를 그리스도의 몸으로 인도하신다는 사실이 지시해 주듯이, 그리스도는 성령과 분리될 수 없으면서도 구분되는 인격적 존재다.

그리스도인의 길
●

영성의 길

그리스도인은 모름지기 예수를 닮아가는 삶을 살아야 한다. 이러한 존재만이 세상을 품고 새롭게 변화시킬 수 있기 때문이다. 그러나 예수를 닮아간다는 것은 윤리적 행위가 아니라 영성적 행위다. 즉 자신을 비워 그리스도로 하여금 내 안에서 충만토록 해야 한다. 신비주의의 언어로 말하면 살아계신 그리스도와 하나 되어야 한다.

오직 믿음만을 강조하는 개신교에서는 이러한 주장이 낯설게 느껴질지도 모른다. 그러나 열매를 맺지 못하는 믿음이 자신의 참됨을 입증할 수 없듯이, 참된 믿음은 그리스도를 닮아가는 삶의 열매를 맺는다. "그런즉 이제는 내가 사는 것이 아니요 오직 내 안에 그리스도께서 사시는 것이라."(갈 2:20)는 바울의 고백은 모든 그리스도인의 고백이 되어야 한다.

하나님이 인간이 되신 것은 우리로 하여금 하나님이 되도록 하기 위함이라는 동방교회 교부들과 수도사들의 메시지는 정당하다. 그리스도를 따르기 위해 가난을 주장했던 아시시의 프란체스코(San Francesco d'Assisi, 1182~1226. 10. 3)와 '영혼 속에서의 신의 탄생'을 위해 초탈(超脫)과 돌파(突破)의 길을 주장했던 도미니크 수도회의 마이스터 에크하르트(Meister Eckhart, 1260~1327년경), 『그리스도를 본받아』의 저자 토마스 아 켐피스(Thomas a Kempis, 1379~1471)로 이어지는 수도원의 신비주의 전통은 특정한 신자들의 전유물이 되어서는 안 된다. 라너(K. Rahner)가 주장했듯이, 미래의 그리스도인은 신비주의자가 되어야 한다.

살아계신 그리스도를 보여주지 못하는 교회와 신자의 삶은 그리스도교에 대한 불신을 초래할 수밖에 없기 때문이다. 그러나 삶 속에서 그리스도를 드러내기 위해선 은총이 선행되어야 한다. 신학적으로 말하자면, 살아계신 그리스도로 말미암아 신자들에게 부어지는 성령의 부르심을 지각하고 순종해야 한다.

신약성서가 말하는 성령의 주된 사역은 우리의 의지와는 무관하게 주어지는 성령의 은사(恩賜/charisma)가 아니다. 물론 은사도 중요한 기능을 수행한다. 그러나 은사보다 중요한 성령의 사역은 듣는 사람을 순종으로 부르는 세미한 음성에 있다. 이러한 맥락에서 겸손을 실천하는 첫걸음은 성령의 세미한 음성에 주의를 기울이는 것이라고 말할 수 있다. 왜냐하면 우리는 성령의 음성뿐 아니라 악한 영의 유혹이나 옛 자아의 음성도 듣기 때문이다.

그러면 성령의 부르심을 어떻게 분별할 수 있을까? 바울은 고린도전서 12장 31절에서 성령의 은사들을 열거한 후에 가장 큰 은사를 구하라고 권면한다. "너희는 더욱 큰 은사를 사모하라." 다름 아닌 사랑의 은사를 사모하라는 것이다. 요한도 분별의 지혜를 요구하면서 다음과 같이 말한다. "사랑하지 아니하는 자는 하나님을 알지 못하나니 이는 하나님은 사랑이심이라."(요일 4:8) 사랑을 그리스도인의 삶의 기준으로 제시하는 바울과 요한의 메시지는 원수 사랑을 선포하는 산상설교의 메시지와도 일치한다. 이러한 메시지를 감안한다면, 구체적인 상황에서 우리를 사랑과 자비로 부르시는 음성만큼은 – 물론 성령의 자유에 근거한 성령의 다양한 음성들을 부정해서도 안 되지만 – 성령의 음성으로 간주해도 무방할 것이다.

그러나 그 음성이 성령의 음성이었다는 깨달음은 오직 순종을 통해 그리스도의 몸에 참여해 본 사람에게만 주어진다. 달리 말하자면, 순종을 통해 그리스도의 몸에 참여해 본 사람만이 성령의 음성을 분별할 수 있는 것이다. 그렇다면 그리스도의 몸에 참여할 때 나타나는 삶의 변화는 무엇인가? 성서는 말한다. "평안을 너희에게 끼치노니 곧 나의 평안을 너희에게 주노라 내가 너희에게 주는 것은 세상이 주는 것과 같지 아니하리라 너희는 마음에 근심하지도 말고 두려워하지도 말라."(요 14:27)[3]

인간의 내면 깊은 곳에서 일어나는 이러한 변화야말로 인간이 그리스도의 신비에 참여하고 있다는, 따라서 성령의 부르심에 순종했다는 증거다. 그러나 그리스도 안에 있는 존재라도 평강 속에 오래 머물 수는 없다. 그리스도는 자신을 비워 성령의 통로가 되시면서 우리를 다시 성령의 부르심 앞에 세우기 때문이다. 현상학적으로 말하자면, 그리스도 안에서 평강을 체험한 사람은 동시에 세상으로 나아가 평화의 도구가 되라는 성령의 부르심을 받는다고 할 수 있다. 아직 고통과 분쟁 속에 신음하는 이 세상에 평화가 이루어질 때까지 예수처럼 십자가를 지라는 것이다.

평화의 길

사실 평화란 인류의 염원이었고, 그만큼 다양하게 해석되어 왔다. 그리스인들은 평화(eirēnē)를 소극적인 방식으로, 즉 전쟁이나 분쟁이 중지되는 상태로 이해했다. 그러나 몇몇 그리스 철학자들은 끊임없는 전쟁의 참화를 목격하면서 실현될 수 있는 평화에 초점을 맞추며 '마음의 평정'(ataraxia)을 추구했다. 그러나 형이상학적 사고보다는 실천적 사고에 익숙한 로마인들은 힘에 의한 평화를 주장했다. 강력한 힘만이 전쟁이나 분쟁을 억제하고 평화를 가져올 수 있다는 것이다. 이것이 바로 로마의 평화(Pax Romana)다. 그러나 성서는 마음의 평화나 로마의 평화와는 다른 평화를 주장한다.

성서에서 평화로 번역되는 히브리어 샬롬(שָׁלוֹם, šālom)은 일반적으로 이스라엘 사람들이 안부를 주고받는 인사말로 알려져 있다. 아마 병자의 쾌유(렘 6:14; 사 38:17)나 삶의 형통(신 23:6; 욥 15:21; 시 35:27)을 뜻하기도 하는 다양한 의미 때문에 상대의 안부를 묻는 인사말로 사용되었을 것이다.(참조. 창 43:27; 출 18:7; 삿 19:20; 삼상 25:6; 대상 12:8) 신약성서도 샬롬을 인사말로 사용한다. 부활하신 후 제자들에게 나타나신 예수도 샬롬이란 말로 인사했으며(눅 24:36; 요 20:19), 바울 또한 은혜와 평강이라는 인사말로 편지를 시작하고 있다.

3 참조. 눅 24:36 "너희에게 평강이 있을지어다."

그러나 샬롬은 본래 예언자들이 고대했던 하나님 나라의 현실을 가리키는 말이었다. 메시아도 종종 평화의 왕으로 소개된다.[4] 달리 말하자면, 샬롬은 전쟁의 부재(不在) 상태라는 소극성을 넘어서서 온전함(wholeness)이나 충만함(fullness), 즉 모든 관계와 개체가 자신의 본질을 온전하게 실현한 상태를 뜻한다고 말할 수 있다. 그러나 그리스 사상과 비교해 보면, 샬롬이 개체나 전체보다 개인의 사회적 관계에 초점을 맞추고 있는 것을 알 수 있다. 사회적 관계의 회복 속에서만 개인의 자아실현도 이루어질 수 있다는 것이다. 사실 빼앗긴 자에게 빼앗긴 것을 되돌려 주는 정의를 실천하고 죽어가는 피조물을 동정하고 생명마저도 나누려는 자비도 결국 관계 회복에 초점을 맞추고 있다. 따라서 강제적인 법 집행보다는 자발적인 소통과 대화가 중시되어야 한다. 이러한 소통과 대화의 과정에서만 개인이 자신을 실현하는 – 자발적인 죄의 고백과 용서, 그리고 마음에서 우러나오는 나눔과 감사의 – 행위가 나오기 때문이다.

그러나 구약성서는 온전한 의미의 샬롬을 하나님의 종말론적 새 창조라고 말한다. 샬롬은 인간의 노력이 아니라 만유를 새롭게 하시는 하나님의 은총에 의해서만 이루어질 수 있다는 것이다. 그렇다고 평화를 이루려는 인간의 노력이 배제되는 것은 아니다. 인간의 노력은 단지 새 창조의 도구가 될 뿐임을 인식하라는 것이다.

신약성서도 구약성서의 샬롬을 계승한다. 그러나 신약성서는 하나님의 종말론적 새 창조인 샬롬을 그리스도와 연관시킨다. 즉 평화를 그리스도로부터 이해할 뿐 아니라 그리스도의 본질도 평화로부터 이해한다. 요한은 다음과 같이 말한다. "그는 우리의 화평이신지라."(엡 2:14) 그리스도께서 가져오신 것도 평화로 기술된다. "평안을 너희에게 끼치노니 곧 나의 평안을 너희에게 주노라." (요 14:27) 그리스도께서 주시는 것은 결국 자기 자신이기 때문이다. 그렇다면 모든 관계가 사랑과 정의에 의해 회복되고, 이를 통해 개체들이 자신의 본질을 실현하는 것이야말로 하나님의 은총에 의해 새로운 창조가 이루어지는 순간이요, 그리스도께서 당신의 몸을 드러내는 순간이라 할 수 있다.

믿는 자들은 이러한 평화로 부름을 받았다. 그러나 우리를 평화의 도구로 부르는 음성은 아직 구원받지 못한 세상 한가운데서 하나님의 종말론적 새 창조

4 사 9:6.

이신 그리스도를 드러내라는 음성이면서도 우리를 더 깊은 구원의 세계로 초대하는 음성이기도 하다. 이러한 맥락에서 고난과 신음 속에서 나를 찾아온 형제야말로 나를 더 깊은 구원의 세계로 인도하시려는 하나님이라고 말하는 프란체스코의 감사기도는 되새겨볼 만하다.

"주여, 저를 당신의 평화의 도구로 써주옵소서 / 미움이 있는 곳에 사랑을 / 다툼이 있는 곳에 용서를 / 분열이 있는 곳에 일치를 / 그릇됨이 있는 곳에 진리를 / 의혹이 있는 곳에 믿음을 / 절망이 있는 곳에 희망을 / 어둠이 있는 곳에 빛을 / 슬픔이 있는 곳에 기쁨을 / 가져오는 자 되게 하소서 / 위로 받기보다는 위로하고 / 이해 받기보다는 이해하며 / 사랑받기보다는 사랑하게 하여주소서 / 우리는 줌으로써 받고 / 용서함으로써 용서 받으며 / 죽음으로써 영생을 얻기 때문입니다."

우리도 프란체스코와 함께 고통과 갈등 속에서 나를 찾아온 이웃들을 하나님이 내게 주신 은총이요 부르심으로 받아들이는가? 아니면 그렇게 할 때 주어질 무거운 짐들과 고통을 생각하며 이러한 부르심을 회피하는가?

살아계신 그리스도는 오늘도 우리를 신앙의 용기로 부르신다. 무거운 짐들인 정의와 자비를 위해 결단하는 삶 말이다. 그러나 정의와 자비의 삶도 열린 마음과 대화에서 비롯되어야 한다는 사실이 또한 지적되어야 한다. 강제적인 법집행이나 무력을 통해 정의를 실현하거나 상대와 마음을 나누지 않고 일방적으로 자선을 베푸는 것은 또 다른 폭력과 갈등의 악순환을 가져오기 때문이다. 기도가 필요한 이유가 바로 여기 있다. 하나님 앞에서 겸손해질 때 비로소 이웃에게도 겸손해지기 때문이다. 이러한 의미에서 미가 예언자의 말씀은 오늘을 사는 그리스도인에게도 여전히 살아계신 하나님의 계명으로 간주되어야 한다. "사람아 주께서 선한 것이 무엇임을 네게 보이셨나니 여호와께서 네게 구하시는 것은 오직 정의를 행하며 인자를 사랑하며 겸손하게 네 하나님과 함께 행하는 것이 아니냐."(미 6:8)

고난의 길

그리스도인은 선(善)을 행해야 한다. 그러나 선을 행하는 것보다 더 중요한 것이 있다. 선을 행하다가 포기하지 않는 것이다. 바울은 그리스도인에게 다음

과 같이 말한다. "형제들아 너희는 선을 행하다가 낙심하지 말라."(살후 3:13)

사실 선을 행하면 지치고 절망하기 쉽다. 선한 행동을 돕는 사람보다 이용하려는 사람이 더 많고, 선한 사람을 인정하는 사람보다 질투하는 사람이 더 많기 때문이다. 자신들의 기득권이 침해받는다고 생각하는 사람들은 선한 사람들을 핍박하기도 한다. 그러나 무엇보다도 선한 행위를 위축시키고 선한 사람들을 고난의 한복판에 몰아넣는 것은 다름 아닌 믿는 자에게 선한 행위를 요청하셨던 하나님의 침묵이다.

그러면 성서는 고난을 어떻게 이해하는가? 성서에서 고난은 신앙의 중심적인 문제다. 이스라엘의 초기 예언자들은 고난을 하나님의 심판으로 이해했다. 그들에게 하나님은 윤리적인 존재이며, 이러한 신론에서 도덕적인 세계관이 나온다. 도덕적 세계관에서는 역사가 법정이며, 기쁨과 고난은 인간의 행위에 대한 하나님의 보상과 심판이다. 이와 같은 예언자들의 윤리적 유일신론(monotheism/唯一神論)은 고난의 원인을 악한 신에게 돌리는 페르시아의 이원론적 종교를 비판하면서 하나님의 선하심과 고난에 대한 인간의 책임을 선포한다. 인간의 고난에 대한 책임은 선하신 하나님이 아니라 죄를 지은 인간에게 있다는 것이다.

그러나 구약성서에는 또 다른 사상이 존재한다. 욥기는 의인의 고난을 제시함으로써 죄와 고난을 인과응보로만 이해할 수 없음을 선포한다. 물론 욥기는 욥이 자신의 한계를 인식하며 회개하는 것으로 끝난다. 의인의 고난이 하나님에 대한 고발로 끝나서는 안 된다는 것이다. "네가 내 공의를 부인하려느냐 네 의를 세우려고 나를 악하다 하겠느냐."(욥 40:8) 이것은 다분히 예언자적인 사상이다. 그러나 욥기는 분명 모든 고난이 죄에 대한 하나님의 형벌이 아님을 분명하게 밝힌다. 욥 앞에 나타난 하나님은 윤리적 하나님이 아니라, 윤리의 차원을 넘어서는 하나님이었다. 간략하게 말하자면, 죄인만이 고난 받는 것이 아니라 인간이 이해할 수 없는 고난 또한 존재한다는 것이다.

시편은 한걸음 더 나아가 의인의 고난을 말한다. "의인은 고난이 많으나 여호와께서 그의 모든 고난에서 건지시는도다."(시 34:19) 이러한 고백에는 세상의 악함이 전제되어 있다. 악한 세상에는 의로운 자가 고난을 더 많이 당하지만, 결국은 하나님의 승리로 끝난다는 것이다. 이사야는 의인의 고난에 적극적인 의미를 부여한다. "그는 실로 우리의 질고를 지고 우리의 슬픔을 당하였거늘 우리는 생각하기를 그는 징벌을 받아 하나님께 맞으며 고난을 당한다 하였노라 그가 찔림은 우리의 허물 때문이요 그가 상함은 우리의 죄악 때문이라 그가 징계를 받으므로 우리는 평화를 누리고 그가 채찍에 맞으므로 우리는 나음을 받았도다."(53:4~5) 의인의 고난은 세상 죄를 짊어지는 속죄의 행위라는 것이다.

이러한 성서 메시지들을 종합해 보면, 성서를 신뢰했던 예수가 자신의 고난을 ― 의인의 고난에 속죄의 능력이 있다는 ― 성서의 빛에서 이해했을 개연성이 매우 크다 할 수 있다. 복음서에 의하면, 예수는 시시각각 다가오는 생명의 위협 앞에서 자신에게 다가오는 죽음의 의미를 성서 묵상뿐 아니라 기도를 통해서도 깨달으려 했다. 겟세마네에서 기도드리는 예수는 기도 중에 자신의 죽음에 주어진 의미를 깨닫고 담대함을 회복한다. 그래서 고난과 죽음 속에서도 낙담하지 않고, 자신이 짊어진 세상 죄를 소멸시킬 하나님의 진노의 은총을 기다릴 수 있었다.

이것이 바로 선을 행하다 낙심하는 그리스도인이 마음속 깊이 새겨야 할 형상이다. 자신에게 다가온 고난을 성서와 기도의 빛에서 이해하고 자신과 자신이 행해 왔던 모든 행위를 하나님께 맡기는 자세야말로 자신이 행했던 선이 자신이 아니라 살아계신 주를 드러내려는 행위였음을 입증해 주는 증거이기 때문이다.

교황 베네딕토 16세/최호영 · 김하락 옮김. 『나자렛 예수』. 서울: 김영사, 2010.

그닐카, 요아킴/정한교 옮김. 『나자렛 예수』. 왜관: 분도출판사, 2002.

까쌩제나–트레베디, 프랑스와/서인석 옮김. 『말씀의 불꽃』. 왜관: 분도출판사, 2002.

녹케, 프란츠 요셉/조규만 옮김. 『종말론』. 서울: 성바오로, 1998.

라이트, 톰/박문재 옮김. 『하나님의 아들의 부활』. 서울: 크리스찬다이제스트, 2005.

로핑크, 게르하르트/정한교 옮김. 『예수는 어떤 공동체를 원했나?』. 왜관: 분도출판사, 1996.

류성민. 『성스러움과 폭력』. 파주: 살림출판사, 2013.

메이슨, 스티브/유태엽 옮김. 『요세푸스와 신약성서』. 서울: 대한기독교서회, 2002.

몰트만, 위르겐/김균진 · 김명용 옮김. 『예수 그리스도의 길』. 서울: 대한기독교서회, 1990.

벵스트, 클라우스/정지련 옮김. 『로마의 평화』. 천안: 한국신학연구소, 1994.

비앙키, 엔조/이연학 옮김. 『말씀에서 샘솟는 기도』. 왜관: 분도출판사, 2001.

슈나켄부르트, R/조규만 · 조규홍 옮김. 『하느님의 다스림과 하느님 나라』. 서울: 가톨릭출판사, 2002.

스템베르거, 귄터/이수민 옮김. 『미드라쉬 입문』. 서울: 바오로딸, 2008.

안셀름/이은재 옮김. 『인간이 되신 하나님』. 서울: 한들출판사, 2001.

엘리아데, M./정진홍 옮김. 『우주와 역사』. 서울: 현대사상사, 1976.

예레미아스, 요아킴/황종렬 옮김. 『비유의 재발견』. 왜관: 분도출판사, 1991.

오먼, 조던/이홍근 · 이영희 옮김. 『가톨릭 전통과 그리스도교 영성』. 왜관: 분도출판사, 1991.

오토, 루돌프/길희성 옮김. 『성스러움의 의미』. 왜관: 분도출판사, 1991.

이영헌. 『신약성서에 따른 예수의 어머니 마리아』. 서울: 바오로딸, 2000.

지라르, 르네/김진석 옮김. 『희생양』. 서울: 민음사, 1998.

카스퍼, 발터/박상래 옮김. 『예수 그리스도』. 왜관: 분도출판사, 1996.

큉, 한스/정지련 옮김. 『교회』. 서울: 한들출판사, 2007.

펠리칸, 야로슬로프/김승철 옮김. 『예수 그리스도 2000』. 서울: 동연, 1999.

프리드리히, 게르하르트/박영옥 옮김. 『예수의 죽음』. 서울: 한국신학연구소, 1992.

한국천주교주교회의 편. 『제2차 바티칸공의회 문헌』. 서울: 한국천주교중앙협의회, 2009.

허성준. 『수도 전통에 따른 렉시오 디비나』. 왜관: 분도출판사, 2003.

Asmussen, Hans · Sartory, Thomas. *Gespräch zwischen der Konfessionen*. Frankfurt am Main: Fischer Bücherei KG, 1959.

Aulen, Gustaf. *The Faith of the christian church*. Translated from the fifth Swedish edition of 1956 by Eric H. Wahlstrom. Philadelphia : Fortress, 1981.

Brown, Raymond E. *The Birth of Messiah: A Commentary on the Infancy Narratives in the Gospels of Matthew & Luke*. New Haven: Yale University Press, 1999.

_____. *The Virginal Conception and Bodily Resurrection of Jesus*. New York · Paramus · Toronto: Paulist Press, 1973.

Brunner, Emil. *Das Ewige als Zukunft und Gegenwart*. Zürich: Zwingli Verlag, 1953.

Calvin, John. *Unterricht in der christlichen Religion*. Neukirchen—Vluyn: Neukirchen Verlag, 1988.

Gadamer, Hans—Georg. *Wahrheit und Methode*. Tübingen: Mohr, 1986.

Grundmann, Walter. *Die Geschichte Jesu Christi*. Berlin: Evangelische Verlagsanstalt GmbH, 1959.

Hanson, Paul D. *The Dawn of Apocalyptic*. Philadelphia: Fortress Press, 1979.

Lapide, Pinchas. *The Resurrection of Jesus. A Jewish Perspective*, translated by Linss, Wilhelm C. Oregon: Augsburg Fortress Publishing House, 1982.

Lohse, Bernhard. *Epochen der Dogmengeschichte*. 7. Aufl. Stuttgart: Kreuz Verlg, 1988.

Lohse, Eduard. *Die Entstehung des Neuen Testaments*. Stuttgart, Berlin, Köln, Mainz: Kohlhammer, 1972.

Macquarrie, John. *Jesus Christ in modern Thought*. London: SCM Press Ltd, 1990.

Pannenberg, Wolfhart. *Grunzüge der Christologie*. Gütersloh: Gütersloher Verlaghaus, 1964.

Rahner, Karl. *Schriften zur Theologie, Bd. IV*. Einsiedeln · Zürich · Köln: Benziger Verlag, 1962.

Schulz, Siegfried. *Neutestamentliche Ethik*. Zürich: Theologischer Verlag, 1987.

Schweizer, Albert. *Reich Gottes und Christentum*. Hrsg. von hrsg. von Urlich Luz, Johann Zürche. München: Beck, 1995.

Sölle, Dorothee. *Stellvertretung*. Stuttgart: Kreuz Verlag, 1982.

Stuhlmacher, Peter. *Vom Verstehen des Neuen Testaments*. Göttingen: Vandenhoeck und Ruprecht, 1986.

Tillich, Paul. *Systematic Theology, vol. 2*. Chicago: The university of Chicago press, 1957.

Thomas von Aquino. *Summe der Theologie*, Bd. 1. Hrsg. von Joseph Bernhart. Stuttgart: Alfred Kröner Verlag, 1985.

Trebolle Barrera, Julio C. *The Jewish Bible and the Christian Bible: an introduction to the history of the Bible*. trans. Wilfred G. E. Watson. Leiden, New York, Köln: Brill, 1997.